CHINA

TAXLAWYERS

REVIEW

中国税务律师评论

（第4卷）

刘天永◎主编

中华全国律师协会财税法专业委员会　编

中国税务出版社

图书在版编目（CIP）数据

中国税务律师评论. 第 4 卷/刘天永主编；中华全国
律师协会财税法专业委员会编. -- 北京：中国税务
出版社，2017.12（2018.7 重印）
ISBN 978 - 7 - 5678 - 0626 - 9

Ⅰ.①中… Ⅱ.①刘…②中… Ⅲ.①税法 - 基本知识 -
中国 Ⅳ.①D922.22

中国版本图书馆 CIP 数据核字（2017）第 291019 号

书　　名：	中国税务律师评论（第 4 卷）	
作　　者：	刘天永　主编	
	中华全国律师协会财税法专业委员会　编	
责任编辑：	刘　菲　范竹青	
责任校对：	于　玲	
技术设计：	刘冬珂	
出版发行：	中国税务出版社	
	北京市丰台区广安路 9 号国投财富广场 1 号楼 11 层	
	邮政编码：100055	
	http：//www.taxation.cn	
	E-mail：swcb@ taxation.cn	
	发行中心电话：（010）83362083/86/89	
	传真：（010）83362046/47/48/49	
经　　销：	各地新华书店	
印　　刷：	北京虎彩文化传播有限公司	
规　　格：	787 毫米×1092 毫米　1/16	
印　　张：	19.75	
字　　数：	428000 字	
版　　次：	2017 年 12 月第 1 版　2018 年 7 月第 4 次印刷	
书　　号：	ISBN 978 - 7 - 5678 - 0626 - 9	
定　　价：	60.00 元	

如有印装错误　本社负责调换

序 一

改革开放三十余载，我们在见证中国社会飞速变迁的同时，也见证了中国律师队伍的不断壮大。律师行业是法治建设的重要标志，其演进过程折射出我国法治建设的快速发展。

"税务律师"曾经对我们来说是一个陌生的名词。而今，随着我国社会主义市场经济的发展，企业交易规模不断扩大，商业活动日趋频繁，投资者和经营者取得所得的形式日益复杂，社会对专业税务法律服务的需求逐渐升温。在国内律师业精细化分工的进程中，一批精通税法、会计知识的税务律师应运而生，税务律师在维护纳税人的合法权益，促进税务法制建设中的作用日益彰显。

党的十八届三中全会对深化财税体制改革提出了明确要求，财税问题已成为我国政治、经济、社会领域的"聚焦点"，财税法治建设成为全面深化改革、推动经济社会发展的"突破口"和"发力点"，未来财税法律服务需求必将持续增加，税务律师发展的新时期已经来临。

基于目前国内财税法改革以及经济发展的迫切需要，中华全国律师协会于2012年适时成立了财税法专业委员会。财税法专业委员会的成立将推动我国税务律师行业的队伍建设，并将对国家财税法制建设以及经济发展发挥积极作用。专业委员会的成立和下一步的具体运作，对促进律师行业精细化分工和提高律师财税法律服务业务水平也具有重要的意义。

我们欣慰地看到，财税法专业委员会成立后，在加强税务律师人才建设、完善税务法律服务工作和推动依法治税的法治实践进程中作出了积极贡献。本书是广大税务律师顺应经济社会发展要求，在融会贯通法学理论基础上，多年来在税法实务工作中孜孜不倦探索、研究的成果。本书选录的2016年中国税务律师论坛的优秀论文，反映了税务律师业务领域近几年来遇到的部分典型问题和实务操作过程中已经取得的阶段性成果，同时也对一些基础性、变革性、全局性的热点话题在税法理论高度进行了有益探讨。激情岁月风雨同舟，笔耕砚田艰苦创业。我们相信，本书不仅将启迪税务律师职业发展之路，也能够为所有税务工作者提供另外一个"税眼看世界"的独特视角和"法眼看税收"的全新高度。

我们衷心地希望，本书的出版能吸引更多的专业人士探索中国税收法治建设中的重大课题和前沿问题，解决困扰我国税法建设和纳税人的关键问题，鼓舞更多年轻的律师投身于税务法律服务领域，为维护纳税人合法权益、服务于我国税收法治进程、进一步促进依法纳税作出应有的贡献。

司法部律师公证工作指导司司长 周院生

原中华全国律师协会秘书长

2017 年 11 月

序　二

党的十八届三中全会把"推进国家治理体系和治理能力现代化"与"完善和发展中国特色社会主义制度"并列为全面深化改革的总目标，这意味着党的执政理念由政府自上而下的"管理"转变为政府自上而下与社会自下而上相结合的"治理"。政府简政放权，在国家治理中引入社会力量，通过合作、协商、建立伙伴关系和确立认可共同目标等方式实施对公共事务的管理，建立科学、合理的公共权力体系，依法科学配置公共权力。

国家实现多元主体社会治理在税收领域中的体现，就是拥有健全的税务代理制度，具备较高的社会化、专业化办税程度。在发达国家先进的税收体制、制度中，对税务代理组织机构资格认定、市场准入、执业范围和标准等都有一套完善规范的规定。从事税务代理的中介机构在纳税服务体系中充当主要角色，承担了大部分与纳税相关的专业性、服务性、事务性工作，如申报前置性审核、涉税鉴证、代理申报纳税、咨询服务等，对提高办税效率、降低税收征纳成本发挥了不可替代的重要作用。

近年来，当中国从中等收入国家向较高收入国家行列迈进之际，税务中介服务行业在我国也方兴未艾。截至 2013 年年底，中国注册税务师行业的税务师事务所达到5200个，执业注册税务师近4万人，从业人员超10万人，总收入达到131多亿元，成为全国第三大社会中介组织。与此同时，市场中也涌现出了一批精通法律、财务会计、税法知识的优秀税务律师。在下一步财税体制改革中，国家将继续推进营改增，逐步加大直接税比重，降低间接税比重，这一改革会对税制结构和税收征管方式带来重大和深远的影响，也必然为税务中介行业的发展创造更加广阔的空间和前景。随着社会经济的发展，国家对税务中介行业建设日渐重视，市场对税法服务需求不断提高，税务中介服务行业蓬勃发展的春天已经到来。

税法作为国家法律体系的重要组成部分，其实施贯穿于立法、执法、司法和遵从的全过程。税务律师致力于法律与税务的结合，在贯彻税收法定原则、保护纳税人权利的同时，也有助于提高纳税人的税法遵从意识。在目前我国税制大变革时期，督促税务机关依法征税和保障纳税人依法纳税是完善税收管理和实现税收法治的当务之急。作为纳税人权利救济的重要保障，由税务律师介入税务行政复议和行政诉讼，有利于规范税务行政自由裁量权的行使，也有利于对税务机关依法行政进行有效的社会监督。

《中国税务律师评论》一书作为税务律师行业专业性刊物的首创之作，收录的论文充分体现了税法这门学科的综合性和开放性，展示出以法学原理和方法分析税务问题的独到和严谨，为税务执法工作者和涉税专业服务人员进行理论研究和实务处理，提供了丰富的素材及翔实的指引。我们衷心地祝愿中国税务律师实现不断创新和长久发展，与注册税务师等行业优势互补，为我国税务中介代理行业开创一个更美好的明天。

中国注册税务师协会副会长兼秘书长 李林军

2017年11月

序 三

　　中国已成为仅次于美国的世界第二大经济体，企业的生产经营、组织架构、跨境交易和投融资等安排日趋复杂、专业，创新业务模式、经济行为的国际化以及交易方式的网络化，无论对企业还是税务机关税法适用都带来不小的难度。

　　在发达国家，税务律师作为法律服务行业的一项专业化分支，在诉讼和非诉领域都扮演着十分活跃的角色，为企业提供税法咨询、税收筹划、税务诉讼代理服务等。以美国为例，截至2010年3月31日，美国律师协会税法委员会共有税务律师成员15806名，但事实上大多数律师都会在本州律师协会的税法委员会下面注册成为会员，而各州并未完全披露所有的注册人员信息。除供职于律师事务所以外，还有很大一部分税务律师工作于大型会计师事务所，联邦税务局及其地方分支机构也雇有税务律师，美国联邦税务局在全国48个城市内共有1600名律师。2015年美国联邦税务局共受理80120件税务案件，其中，31372件属于税务诉讼案件，涉税金额25.61亿美元，303件属于退税案件，涉税金额14.68亿美元。在我国，税务律师是律师业中一类较新的领域和业务类型，在执业律师规模、专业水准、服务能力等方面明显滞后于社会经济的发展。近年来，随着市场对于税务法律服务的需求不断加大，金杜、君合等大型律师事务所纷纷成立了专业的税务部门，诸如华税律师事务所的专业化精品税务律师事务所也实现了业务的跨越性发展。我在过去十多年从事税法实务的过程中，体验了市场对于税务律师专业服务的逐步认可。我认为，现阶段中国税务律师可以在税收立法、执法及纳税人权益救济等方面发挥更加重要的作用：

第一，协助纳税人综合考虑每一笔交易的经济实质和税法适用标准，向纳税人指明纳税义务和涉税风险，在降低纳税人涉税风险及税务成本、维护纳税人合法权益的同时提高纳税人的税法遵从意识；

第二，在税收征管过程中与税务机关积极沟通、协调，帮助税务机关明确商业行为中的经济实质并剖析税收协定、法律、行政法规、规范性文件的各项规定及其内部层级关系；

第三，在立法层面上为国家法律法规的制定、税收规范性文件的出台提供合理建议，就税收法规不明确的地方向有权机关发出呼吁，请求有权机关对类似问题作出明确的解释或说明答复。

自 2011 年以来，由中华全国律师协会和中国注册税务师协会联合主办、华税律师事务所等承办的中国税务律师论坛已成功举办了六届，对引领提升广大律师、税务师从事涉税专业服务和国家法治建设发挥了积极作用。《中国税务律师评论（第 4 卷）》选录的是 2016 年中国税务律师论坛及 2017 年"华税杯"税法论文大赛的优秀成果，同时也有幸收录了国家税务机关领导和著名税法专家的部分优秀论文，是广大税务律师顺应经济社会发展要求，在融会贯通法学理论基础上，在税法实务工作中孜孜不倦探索、研究的成果。反映了当前税务律师业务领域遇到的部分典型问题和实务操作过程中已经取得的阶段性成果，同时也对一些基础性、变革性、全局性的热点话题从税法理论高度进行了有益探讨。

本书共分为"立法前沿""制度评析""税法实务""国际视角"四部分，从不同的角度反映中国税法领域的热点、难点问题，既是当前中国税收法律实践、税收征管环境的反映，也是中国财税体制改革、税收法治建设推进的大时代下有志之士不懈努力的一个缩影。衷心希望本书能激励更多的优秀学子、青年律师投身于税法服务领域，继续探索中国税收法治建设中的重大课题和前沿问题，聚力推进涉税专业服务创新与升级，适应税收治理现代化和法治化的新形势，更好地承担起中国税务律师的历史使命，维护纳税人合法权益，更好地服务于现代国家治理和法治中国建设，进一步促进依法纳税。

最后，《中国税务律师评论（第4卷）》的出版得到了很多领导和业界同仁的关心和支持，特别是司法部律师公证司司长周院生、中华全国律师协会秘书长韩秀桃、中国注册税务师协会副会长兼秘书长李林军、国家税务总局税收科学研究所所长李万甫、国家税务总局大企业司副司长王福凯，以及中国政法大学施正文教授等，在此一并表示衷心的感谢！

是为序。

华税律师事务所主任　刘天永

2017 年 11 月于北京

目　录

完善《税收征管法修订草案（征求意见稿）》的若干建议①

■ 李万甫

国家税务总局税收科学研究所所长

内容摘要：《税收征管法修订草案（征求意见稿）》向社会公布已两年有余，但法律的修订仍步履维艰，这期间国内外税收环境发生了重大变化，因此，需要从更高更新的视角来推进税收征管法的修订。本文结合目前的立法、征管现状，从六个方面对征求意见稿提出修改意见。

关键词：税收征管法 修订 建议

《中华人民共和国税收征收管理法》（以下简称《税收征管法》）于 1992 年 9 月 4 日由第七届全国人民代表大会常务委员会第二十七次会议通过，历经 1995 年、2001 年两次修订。《税收征管法》的制定实施已经 20 多年，2001 年修订通过的现行《税收征管法》及其实施细则也已运行十余载。十几年来，国内外经济形势发生了很大变化，尤其是随着我国税制改革逐步深入，相应的税收征管实践也在不断推陈出新，同时国外先进的征管理念和措施也被逐渐引进到我国税收征管实践中，这些都需要在法律上进一步明确，再次修订《税收征管法》被提上议事日程。2015 年 1 月 5 日，国务院法制办公室公布了《中华人民共和国税收征收管理法修订草案（征求意见稿）》（以下简称《征求意见稿》），公开征求社会各界意见和建议。基于此，国家税务总局于 2015 年 3 月立项开展"《税收征管法》修订的若干重大制度"课题研究，由税务总

---

① 本文是国家税务总局于 2015 年 3 月立项的"《税收征管法》修订的若干重大制度"课题的序言。

局税收科学研究所牵头，课题组成员来自税务系统、高校、中介机构等相关单位。经过近两年持续不断的跟踪研究，课题组成员对涉及的若干重大制度在法理分析、国外立法经验借鉴、目前存在问题剖析的基础上，对《征求意见稿》中的法律条文提出了明确的修改意见，并附上了修改理由。

《征求意见稿》向社会公布已两年有余，但法律的修订仍步履维艰，这期间国内外税收环境发生了重大变化。因此，需要从更高更新的视角来推进《税收征管法》的修订，当前亟须关注以下几点。

一、构建自然人税收管理体系，适应直接税改革的需要

我国传统意义上的税收征管都是面向企业，对于面向自然人征收的个人所得税、房地产税等直接税方面，尚未形成一套以自然人为中心的较为系统的征管体系。党的十八届三中全会明确提出了"深化税收制度改革，逐步提高直接税比重"的要求，但现行征管模式难以适应直接税比重逐步提高、自然人纳税人数量增长迅速的征管要求。

个人所得税改革、房地产税立法一直是社会关注的热点问题。分类和综合相结合的个人所得税改革一直没有实现，很大程度上是由于自然人征收管理制度还存在一些缺陷。例如，收入的归集问题、收入来源确认问题和纳税人申报的真实性确认问题。现行《税收征管法》对自然人的征收管理规定较为单薄，如果将自然人纳税人的税收管理作为下一步的重点工作内容，会对现有税收征管体系带来很大挑战。可以说，个人所得税的改革、房地产税的立法，将倒逼自然人税收征管制度尽快实现法治化、体系化。因此，建立较为完善的自然人税收征管制度体系是这次《税收征管法》修订的重点之一。《征求意见稿》虽然新增了一系列关于自然人税收征管的具体条款，但也只是试图在原有对企业的征管制度上植入一些对自然人的管理措施。例如，作为基本征管程序启动环节的纳税人识别号制度、作为核心环节的税额确认制度，很大程度上还只是基于对企业纳税人的管理需要。就完善自然人税收征管制度来说，更多的考虑应该是如何为个人所得税改革、房地产税立法等直接税改革提供程序法支撑，这是当前《税收征管法》修订迫切需要解决的问题。

二、强化"税收至上"理念，推动第三方涉税信息的提供

第三方涉税信息的提供一直是税收征管中的重点和难点问题，也是《税收征管法》修订要解决的核心问题。实际上，这个问题根源于目前的行政协助制度存在法律缺失，没有明确的法律制度对行政机关间协作关系加以约束。现行《税收征管法》中其他部门的税务协助义务只是一种原则性的规范，部门间协助只是一种建议或是一种指导性的要求，这种合作方式缺乏稳定的法律制度作为支撑，而解决这个问题的前提和基础应该

是各部门要达成"税收至上"理念上的共识。

税收问题是国家利益的最高体现,税收利益是国家至上利益。在现代国家治理进程当中,税收发挥着基础性、支柱性和保障性作用。对国家而言,没有税收就没有国家,税收是国家的命脉;对社会成员而言,税收和死亡是不可避免的两件事。社会发展、国家运转都离不开税收,税收利益作为国家最高利益的体现必须加以强化。在这方面,其他国家有很多先进经验值得学习。例如,美国制定的《海外金融账户的税收合规法案》要求所有的国外金融机构要向美国政府(国内收入局)提供美国公民5万美元以上的账户信息。美国境内的金融机构也要按照征税机关的要求,提供美国公民的涉税信息。相比之下,我国金融机构在这方面还有很大差距,归根结底并非制度问题,而是缺少"税收至上"理念的共识。只有在"税收至上"理念的引领下才能够建立起有效的第三方涉税信息提供机制,相关部门为税务机关履行征税职责提供必要信息才会得到法律的真正认同。

三、以落实《深化国税、地税征管体制改革方案》为契机,推动税收征管改革成果法治化

2015年12月,中共中央办公厅、国务院办公厅印发《深化国税、地税征管体制改革方案》(以下简称《方案》),这是中央有史以来首次专门针对我国税收改革发展制定的纲领性文件,为我国税收事业的可持续发展、为未来税收征管改革指明了方向。《方案》共提出六大类30多项具体举措,不仅解决了国税与地税、地税与其他部门的税费征管职责划分问题,还包括"最大限度便利纳税人、最大限度规范税务人"等一系列制度安排,它更多承载的是未来税收征管改革的方向目标和战略举措,是《税收征管法》修订中应予充实的重要成熟规定。

《方案》中有广泛认同的制度安排不能仅停留在文件中,要上升到法律层面加以落实。可以说,这些制度安排已经在中央决策层面取得共识,这种共识有必要通过法律化固定下来。在下一步《税收征管法》修订工作中,应该以落实《方案》为契机,长远规划,充分发挥立法的引领和推动作用,将这些年税收征管改革积累的经验和成熟做法及时转化为基本税收征管法律制度,为进一步深化税收征管改革提供强有力的法律支撑;尚未成熟的做法和措施也可以预留立法接口。总之,要为构建现代化的税收征管体系做好顶层设计。

四、以税收确定性为核心,保障纳税人合法权益

"相对确定的社会生活不仅符合人类直觉性的安全偏好,而且有利于我们对社会生活作出主动计划和安排,增进社会生活的品质"。在税收领域,税收确定性原则的确立,不仅是为了防止征税机关的任意专断征税,影响纳税人税收实体负担,还要求征税的方

式、步骤、时限和顺序确定，从程序角度满足纳税人对税收确定性的需求。

《税收征管法》是税务机关与纳税人进行征纳活动的基本规范，进一步强化税收确定性原则是《税收征管法》修订的基本要求之一。《征求意见稿》引入了税收预约裁定制度，用来克服税收实体法的不确定性和相对滞后性，保障纳税人的实体性权利，这是一项非常值得关注的征管制度创新之举。同时，我们还应当看到，现行《税收征管法》中什么是税务机关权力，什么是纳税人权利，是分开设定的。纳税人权利没有同征税权力行使相匹配或者有机对应起来，在整个税收管理过程当中没有充分体现出来。

在纳税人权益保护方面，我们也要注意处理好实体与程序的关系。征税权是一种公权力，现行《税收征管法》及《征求意见稿》对税务机关如何行使征税权有较多的"笔墨"，但大多都出于维护征税权的角度进行权力配置。从行政法"控权"角度考虑，《税收征管法》也应对纳税人的"防御权"进行明确。现行《税收征管法》及《征求意见稿》对纳税人权益的保障性条款规定得比较笼统，纳税人在征税程序中如何行使陈述申辩权、异议权及保密权等基本权利，没有与税务机关征税程序对应。从纳税服务的角度来说，不但要解决纳税人办税便利，更深层次的要求是让纳税主体知道自己有哪些权利，同时也清楚如何行使。征管程序设计要体现这一思想，要把纳税人的权利设定和税务机关的重要执法环节有机结合起来，这样才能进一步提升税收确定性。

五、落实税基侵蚀和利润转移（BEPS）行动计划，提升税收国际话语权

BEPS 是二十国集团（G20）领导人在 2013 年圣彼得堡峰会委托经济合作与发展组织（OECD）启动实施的国际税收改革项目，旨在修改国际税收规则、遏制跨国企业规避全球纳税义务、侵蚀各国税基的行为。近年来，我国积极参与联合国和 G20 国际税收规则的制定，深入参与 BEPS 所有行动计划，国际税收征管制度有了重大发展。2013 年 8 月，中国成为《多边税收征管互助公约》（以下简称《公约》）的第 56 个签约方，这也是中国签署的第一份多边税收条约。国家税务总局专门成立了 G20 税制改革工作领导小组，为落实 BEPS 行动计划在中国的落地制定工作方案，明确职责分工、时间表和路线图，全面推进此项工作。

为了巩固和提升我国在国际税收征管协作领域已取得的成绩，同时，承担作为缔约国的税收征管的国际义务，我国应落实 BEPS 行动计划，把国际法的国际惯例、好的制度融入我国国际税收征管制度当中，而不是停留在法律层级较低的税收规范性文件当中予以规定和落实（这显然与"大国税收治理"的要求不相吻合），因此，有必要在《税收征管法》中体现 BEPS 行动计划内容。应通过修订《税收征管法》，将国际条约、协定完成国内法的转化，形成系统、合理的国际税收征管国内法体系；用约束力更强的法律文件增强我国在国际税收事务中的话语权，建设更具稳定性和可预测性的国际营商税收环境。

六、顺应数字时代的发展，强化税收征管现代化的法治支撑

数字时代的到来，使人们的生活习惯、工作方式、商业模式等社会生活的方方面面都发生了巨大变化。法律不能脱离于社会生活，从《税收征管法》修订的角度来看，税收征管程序的设计，应当充分考虑当前征管工作面对的社会状况，数字化变革就是很重要的因素之一。一方面，电子商务蓬勃发展，是影响税收征管程序的重要外部因素。越来越多的行业通过互联网从事交易活动，基于"互联网＋"的新兴商业模式应运而生。从税收实体角度看，应税行为在互联网上发生，纳税义务人、征税对象、纳税义务发生时间等课税要素的识别标准需要重新设计；从税收程序角度看，针对互联网经济的税收管辖权、涉税电子数据的检查权、电子发票的使用、征纳双方数字签章的效力等基本制度还需要通过修订《税收征管法》建立和完善。另一方面，电子政务的长足发展，是影响税收征管程序的内在重要因素。互联网革命发端于技术领域，发展于经济领域，如今已经渗透到经济社会的各个角落，对政府治理方式也带来了新的挑战和机遇。除了可以实现政府部门间的数据共享，税务机关与纳税人的绝大多数涉税业务都可以在互联网上完成；税务部门之间的任务下达、结果反馈、信息共享也完全可以通过数据交换。信息化、数字化不仅仅是一种手段，更成为一种"生态"基础，应对新问题，《税收征管法》在修订时应当有所体现。

目前，数字经济下的税收征管面临的诸多问题尚未形成广泛共识，这是此次《税收征管法》修订的重大"痛点"。可以考虑对其确立具有一定导向性的征管原则，体现在《税收征管法》修订中，并为下位法的补充完善和征管实践预留一定的操作空间，彰显税收征管的原则性和操作性的有机结合。

论我国核定征收制度的法律构建

■ 施正文

中国政法大学财税法研究中心主任、教授，中国财税法学研究会副会长、中国税务学会学术委员

内容摘要：核定征收是完全由征税机关确定税额的税收确定行为，充分体现了税收债务的法定性和强制性。为保护纳税人权利，核定征收应当遵循法定的程序和方法。在税收确定处理决定作出前，应当赋予纳税人必要的通知权、陈述和申辩权、申请权等，让其有效参与纳税评定、核定征收等税收确定程序，确保其实现税收程序权益。

关键词：核定征收　推定课税　适用范围　法定程序

一、核定征收的适用范围

核定征收是指由征税机关单方行使确定权，核定应纳税额的税收确定方式。在适用核定征收方式时，纳税人应当向征税机关提交有关计税依据等应税事实的纳税资料，但这只是为征税机关实行核定征收提供必要的课税资料，而没有纳税义务的确定力，不像申报纳税方式那样由纳税人自己确定应纳税额。由于申报纳税已成为确定纳税义务的基本方式，所以核定征收方式只是对申报纳税方式的补充措施。核定征收适用于下列情形。

（一）法律未规定实行申报纳税方式而是规定由征税机关直接核定征收

它是在适用申报纳税方式有困难的情况下采用的，在这种情形下，纳税人没有办理纳税申报的义务，同时也没有通过纳税申报确定应纳税额的权利。例如，日本对特殊场合下的关税和消费税以及地方税实行赋课纳税方式（但地方税的纳税人仍需申报计税依据）。我国所有税

种一般实行申报纳税方式，① 核定征收方式只在特殊情形下适用：一是《中华人民共和国税收征收管理法》（以下简称《税收征管法》）第三十七条规定，对未按照规定办理税务登记的从事生产经营的纳税人以及临时从事经营的纳税人，由税务机关核定其应纳税额。二是《税收征管法》第三十八条规定，税务机关有根据认为从事生产经营的纳税人有逃避纳税义务行为的，可以在纳税期之前责令其限期缴纳税款；如果纳税人不据此缴纳税款，或者在限期内发现纳税人有明显的转移、隐匿应纳税的商品、货物以及其他财产或者应纳税收入迹象的，纳税人又不按照税务机关的责成要求提供纳税担保的，则税务机关应当采用核定征收方法来确定其提前缴纳的应纳税额，并据此实施税收保全措施。

本情形下的核定征收一般为预先核定，是指在税款征收存在危险的情况下，为了保证税款的及时、安全征收，而由征税机关对应纳税额采取的一种简易、快捷的确定方法。预先核定的适用情形一般包括：纳税人即将出境；纳税人转移或者隐藏财产；纳税人解散清算；纳税人财务状况严重恶化；纳税人身份不明或地点不固定等。② 适用预先核定时，由于没有得到纳税人的申报，征税机关一般需要通过已掌握的涉税信息，采用推定课税方法核定税额。税额核定后，要求纳税人立即支付税款，并可以采取扣押财产等强制执行措施。为保护纳税人权利，应允许纳税人提供担保，以中止征收程序；为预先核定提供行政审查和司法审查救济渠道。

我国税法规定了两种预先核定。一是上述《税收征管法》第三十八条规定的提前核定，是指在税款发生期限尚未结束之前，或者在税款发生期限结束后至申报缴纳期限届满之前，由征税机关采取的预先核定。二是上述《税收征管法》第三十七条、第三十八条规定的紧急核定，是指在特定的紧急情况下采取的预先核定，只要符合法定的情形，无论是在纳税申报期限届满之前还是在其届满之后，都可以采取紧急核定。未来可以将解散清算等纳入紧急核定范围。

（二）法律规定了申报义务但纳税人不申报

在这种情形下，只有在纳税人没有履行申报义务的前提下才能适用核定征收。《税收征管法》第三十五条第一款第五项规定，发生纳税义务，纳税人未按照规定的期限办理纳税申报，经税务机关责令限期申报，逾期仍不申报的，由税务机关核定其应纳税额。根据该条规定，适用核定征收必须是纳税人未按期办理纳税申报且必须经责令限期申报，逾期仍不申报时才能采用；这种情形下不仅可以适用据实课税，还可以采用推定课税。

（三）个体工商户定期定额征收

定期定额征收，是指税务机关对纳税人的应纳税经营额或所得额进行核定，并以此

---

① 个人所得税除了部分情形要求纳税人自行申报外，一般实行扣缴纳税，不要求纳税人办理纳税申报，但扣缴义务人必须办理扣缴申报，所以在实质上也是申报纳税方式。

② 熊伟. 美国联邦税收程序［M］. 北京：北京大学出版社，2006：107.

为计税依据，确定应纳税额的税款征收方式。2006 年 6 月 28 日国家税务总局发布的《个体工商户税收定期定额征收管理办法》（国家税务总局令第 16 号）对定期定额征收进行了系统规定。

1. 适用于生产经营规模小、达不到设置账簿标准的个体工商户

从税收征管的效率考虑，我国对于经主管税务机关认定和县以上税务机关批准的生产经营规模小，达不到国家规定的建账标准的个体工商户，实行定期定额征收方式。

2. 在纳税义务发生之前确定应纳税额

适用定期定额征收方式，其定额（应纳税经营额或所得额）和应纳税额是在纳税义务发生之前确定的，是事先申报和事先核定，这是它与其他方式的最大不同，由此也决定了它在定额确定中的特殊程序和特征。例如，定额核定中纳税人自行申报的经营额或所得额是预估数，定额核定中运用了推定课税方法，定额核定带有较大裁量性。

3. 以核定征收方式为主确定应纳税额

核定征收方式为主表现在：一是税务机关根据纳税人对经营额、所得额的自行申报情况，参考典型调查结果，采取规定的核定方法核定定额，并计算应纳税额。二是核定定额时采用的是推定课税方法。三是税务机关的定额核定结果具有法律效力，纳税人对核定的定额有争议的，可以提出异议和申请救济，但在未接到重新核定定额通知、行政复议决定书或人民法院判决书前，仍按原定额缴纳税款。由此可见，在定期定额征收方式中，定额和应纳税额主要由税务机关核定的，纳税人的申报只是提供参考课税资料。

申报纳税方式体现在：一是在定额核定中，纳税人必须向税务机关自行申报其未来每月的预估经营额、所得额，这是定额核定的基础和第一道程序。二是必须按照税务机关规定的申报期限、申报内容向主管税务机关申报。三是纳税人在定额执行期结束后，应当以该期每月实际发生的经营额、所得额向税务机关申报，申报额超过定额的，按申报额缴纳税款；申报额低于定额的，按定额缴纳税款。四是纳税人当期发生的经营额、所得额超过定额一定幅度的，应当在申报期限内向税务机关进行申报并缴清税款。五是纳税人的经营额、所得额连续纳税期超过或低于税务机关核定的定额，应当提请税务机关重新核定定额，税务机关应当根据规定的核定方法和程序重新核定定额。

对于定期定额征收，可以采用简易申报和简并征期等特定纳税申报方式。

二、核定征收的程序

核定征收是完全由征税机关确定税额的税收确定行为，充分体现了税收债务的法定性和强制性。为保护纳税人权利，核定征收应当遵循法定的程序和方法。我国目前核定征收的程序是，首先，审查是否具备适用核定征收的条件和情形。只有在纳税人应当申报而不申报或不适用申报纳税方式时才能适用核定征收，即核定征收是在没有纳税申报时依职权主动进行的；而纳税评定必须是在纳税人已进行了纳税申报的基础上才能进行，这是两者最重要的区别。其次，采用税收检查手段收集各种纳税材料和证据，查明

课税要件事实。再次，作出税收处理决定，确定应纳税额，及时主动向纳税人送达纳税通知。由于适用核定征收方式是由征税机关单方确定应纳税额，为了保护纳税人的知情权，客观准确地确定纳税义务，征税机关在作出税收处理决定之前，应当告知纳税人作出处理决定的事实、理由及依据，并告知纳税人依法享有的权利。纳税人有权进行陈述和申辩，征税机关应当充分听取纳税人的意见。但征税机关在作出正式的税收处理决定前，不需要给纳税人提供救济渠道，而是作出处理决定后即发生确定效力。最后，纳税人对此发生争议可申请复议或提起诉讼，但此时税收确定已生效，适用救济不停止征税决定执行的原则。

在美国的税收确定程序中，税收确定处理决定正式生效前，必须给纳税人提供解决争议的救济渠道。即税务局经过稽查后，如果发现纳税人存在欠税，首先会向纳税人发出一份"30日函"，在此期间纳税人可以向联邦税务局申请复议。如果纳税人没有在30日内申请复议，税务局有义务向纳税人发出欠税通知（notice of deficiency）。这种欠税通知是一种税收认定（tax determination），但它确定的税额并不产生法律效力，纳税人可以自税务局邮寄欠税通知之日起90日内对此提出异议，并无须缴纳税款就可向税务法院起诉。纳税人没有起诉的，必须等待90日期满，或者起诉后必须等待裁决作出后，税务局才能正式确定税收（tax assessment）。在税收确定后，纳税人即使不服税收确定结果，也只能先行缴纳税款，之后才能向税务局申请退税，或者向普通法院起诉请求返还退税。由此，在税收确定之前的争议为"欠税争议"，税收确定之后的争议为"退税争议"。[①] 本文认为，美国税法区分欠税争议和退税争议有其合理性，它使纳税人在应纳税额确定之前获得了更多的法律救济，从而有助于税收确定的民主、公平和正确，有利于税收确定作出后税款的顺利缴纳。但这种程序制度的设计较为复杂，税额确定时间比较长，其运行机制需要很好的法治环境、税收征管能力和纳税遵从水平。而我国目前并不具备这些条件，所以我们不主张在税收程序制度改革中引入美国的做法，而是赋予纳税人在税收确定处理决定作出前必要的获得通知权、陈述和申辩权、申请权等，让其有效参与到纳税评定、核定征收等税收确定程序中，确保其实现税收程序权益。

三、核定征收的处理决定

与纳税评定处理决定一样，税收核定处理决定是确定纳税人应纳税额的税收行政处理。由于纳税义务于法定税收构成要件满足时即已成立，所以税收核定处理决定在性质上为确认行为，是对纳税人纳税义务的具体内容的确定，其本身并不创设纳税义务，税收债务请求权不因之而成立或消灭。税收核定处理决定一般以书面形式作出，其记载的主要内容包括应税事实、理由及依据、税款所属期间、税款金额、缴纳期限及地点等。

---

① 熊伟. 美国联邦税收程序 [M]. 北京：北京大学出版社，2006：99 - 105.

四、核定征收的方法

征税机关进行核定征收的基本任务和关键问题，是取得真实、全面、准确的税收要件事实资料（简称课税资料），特别是有关税基的资料，在此基础上再适用税率以确定税额。征税机关取得课税资料的方法有两种：一是取得真实、充分的直接资料；二是在特定情形下取得间接资料。由此，核定征收的方法包括据实课税和推定课税两种。

（一）据实课税

据实课税又叫实额课税，是指征税机关依据直接资料认定税收要件事实，并在此基础上确定税额的方法。据实课税建立在真实充分的纳税资料基础之上，符合实质课税原则和举证责任客观配置原则，是核定应纳税额基本和首选的课税方法。法律赋予征税机关税收检查权，其主要目的正是保证为公平、确实地确定税收而取得课税资料，即税收检查程序在广义上也属于税收确定程序的内容。

（二）推定课税

1. 推定课税的概念界定

推定课税，是指征税机关在行使税收确定权时，不是根据直接资料，而是运用各种间接资料认定课税要件事实，并在此基础上确定税额的方法，它尤其适用于所得税。[①]推定课税的对象或标的是课税要件事实（特别是有关税基的事实），对税率等法律规则的适用不得采用推定的方法，必须严格依照税法规定进行，这是征税合法性原则的要求。运用直接资料认定课税要件事实最为理想，但如因无法取得直接资料而放弃课税，则对诚实保存课税资料并据实报税的纳税人来说，违背了税收公平原则和量能课税原则，这就需要采用推定课税，也符合稽征效率原则和实质课税原则。[②]

推定课税与核定征收是不同的概念。核定征收是与申报纳税相对应的税收确定方式，凡是由征税机关直接确定应纳税额的就是核定征收方式，凡是在纳税人纳税申报基础上通过征税机关纳税评定而最终确定应纳税额的就是申报纳税方式，两者区别的标准是应纳税额是由哪个主体确定的。而推定课税是与据实课税相对应的税收确定方法，凡是具备直接资料就应当采用据实课税，凡是只能取得间接资料就可以采用推定课税，两者区分的标准是所依据课税资料的不同。无论采用申报纳税方式还是采用核定征收方式，征税机关都可以根据情况分别采用据实课税或者推定课税。

需要特别指出的是，我国《税收征管法》并没有像其他国家那样明确规定"推定课税"的概念，但该法第三十五条等规定的核定征收在实质上就是推定课税。另外，

---

① 日本学者认为："推算课税，是指税务署长在对所得税或法人税实施更正或决定行为时，不是根据直接资料，而是运用各种间接资料进行所得认定的方法。"参见：[日] 金子宏. 日本税法 [M]. 战宪斌，等译. 北京：法律出版社，2004：437. 我国台湾学者认为："推计课税是指稽征机关在为课税处分（尤其是所得税的核定）之际，不根据直接资料，而使用各种间接资料，认定课税要件事实（所得额）的方法。"参见：陈清秀. 税法总论 [M]. 台北：元照出版有限公司，2014：531.

② 郭维真. 我国推定课税制度的法理解析 [J]. 税务研究，2014（2）：49.

《税收征管法》并没有将核定征收与推定课税相区分，而基本上是作为同一个概念来使用的，即《税收征管法》以及各税种法上规定的核定征收都可以采用推定课税方法。实际上，在适用核定征收方式时，虽然较多采用推定课税方法，但并不必然都采用该方法。例如，《税收征管法》第三十五条第一款第（五）项规定的纳税人不申报情形，如果通过征税机关的调查能够取得直接课税资料，就应当据实课税；在第三十六条规定的情形下，也是如此。我国将核定征收与推定课税的混同使用，特别是用核定征收这一个概念，表达核定征收与推定课税两种不同范畴，违背了概念同一性原则，给税收确定和法律适用带来诸多困惑和错乱，应当在修法时予以明确界定和区分。

2. 推定课税的适用范围

税收确定最一般的方式是在纳税申报的基础上，由征税机关依据直接资料进行据实课税；只有在无法取得直接资料时才允许采用推定课税方法。所以，推定课税是作为据实课税的补充手段，是在不能适用实额课税时才适用的一种特殊的事实认定方法。它是在课税事实无法调查的特定情形下，相对降低征税机关的证明责任。《德国税收通则》第162条规定："（1）征税机关无法调查或计算课税基础时，应推计之；在此情形下，应参考与推计有关的一切重要情形。（2）纳税人对于申报事项未能作充分的说明，或拒绝作进一步的陈述，或拒绝做成代替宣誓的保证，或违反提供境外涉税资料的协助义务，尤其应进行推计；纳税人依法应制作账册或会计记录而未能提出，或其账册、会计记录不具有证明力而不能作为课税依据的，亦适用推计课税。（3）应于基础裁决中核定的课税基础也可适用推定。"

因此，推定课税只有在"推定有必要性"时才能被允许适用。一般来说，推定课税在下列三种情形下适用：①纳税人未设置账簿凭证，根据直接资料无法查明其收入、支出情况；②虽设置账簿凭证，但记载遗漏较多，或与同行相比所得率等偏低，或制作两套账簿等，其内容不准确而缺乏可信性；③纳税人或交易关系人对税收检查不予配合，导致无法取得直接资料。所以，概括来说，在纳税人对于课税事实的查明违反协助义务，并导致征税机关在客观上不能进行确实充分的调查与计算的情形下，推定课税才有适用的正当理由，缺乏必要性的推定课税是违法的。

按照我国现行法律的规定，下列几种情形下适用推定课税方法：

（1）《税收征管法》第三十五条规定了推定课税适用的一般情形，即纳税人有下列情形之一的，税务机关有权推定其应纳税额：①依照法律、行政法规的规定可以不设置账簿的；②依照法律、行政法规的规定应当设置账簿但未设置的；③擅自销毁账簿或者拒不提供纳税资料的；④虽设置账簿，但账目混乱或者成本资料、收入凭证、费用凭证残缺不全，难以查账的；⑤发生纳税义务，未按照规定的期限办理纳税申报，经税务机关责令限期申报，逾期仍不申报的；⑥纳税人申报的计税依据明显偏低，又无正当理由的。

（2）《税收征管法》第三十七条规定，对未按照规定办理税务登记的从事生产、经营的纳税人以及临时从事经营的纳税人，由税务机关核定其应纳税额，责令缴纳。根据

《税收征管法实施细则》第四十七条的规定，其推定课税的具体方法与上述相同。

（3）《税收征管法》第三十六条规定，企业或者外国企业在中国境内设立的从事生产、经营的机构、场所与其关联企业之间的业务往来，应当按照独立企业之间的业务往来收取或者支付价款、费用；关联企业不按照独立企业之间的业务往来收取或者支付价款、费用，而减少其应纳税的收入或者所得额的，税务机关有权进行合理调整。《中华人民共和国企业所得税法》第四十一条作出了相同的规定。

（4）《中华人民共和国企业所得税法》第四十四条规定，企业不提供与其关联方之间业务往来资料，或者提供虚假、不完整资料，未能真实反映其关联业务往来情况的，税务机关有权依法核定其应纳税所得额。

3. 推定课税的方法

推定课税方法主要有两种：一种是比率法，是指对采购金额、销售金额、收入金额等构成税基计算要件的金额，适用一定的比率推定其税基金额的方法。二是效率法，是指以耗电量、从业人数、销售数量等，乘以比照同业者进行调查取得的相当于上述指标一个单位的税基金额的平均值（"同业者单位额"），推算出税基金额的方法。上述两种方法并用的也不少（如先用效率法，再用比率法）。

在我国，纳税人有《税收征管法》第三十五条规定的情形之一的，税务机关有权采用下列任何一种方法推定其应纳税额：①参照当地同类行业或者类似行业中经营规模和收入水平相近的纳税人的税负水平核定（税负比较法）；②按照营业收入或者成本加合理的费用和利润的方法核定（成本加成法）；③按照耗用的原材料、燃料、动力等推算或者测算核定（效率法）；④按照其他合理方法核定。采用一种方法不足以正确推定应纳税额时，可以同时采用两种以上的方法推定。2008年3月6日国家税务总局发布了《企业所得税核定征收办法（试行）》，对企业所得税适用推定课税作出了具体规定，包括核定应税所得率（属于比率法）和核定应纳所得税额两种形式。

推定课税必须合理地进行，符合经验法则。因此推定课税方法的选择应当符合"推定有合理性"的要求，不得完全由征税机关任意判断。一是尊重契约自由，不得超越市场交易的一般水平；二是在拥有若干间接资料时，应当运用最能反映税基的资料进行推算；三是在比率法中使用的比率和在效率法中使用的效率，应当以合理的方法计算得出；四是被实行推定课税的纳税人有显著的特殊情况时，在推算时应当将特殊情况考虑进去。缺乏合理性的推定课税也是违法的。

4. 推定课税的法律救济

推定课税中，征税机关在推定情形的判断和推定方法的选择上，都存在较大的自由裁量权，所以必须健全推定课税的实体和程序制度，用法律来规制推定课税权的滥用。

征税机关如认为其推定处理决定不合法或不适当，可以基于征税职权或应纳税人请求，作出有利于纳税人的变更或撤销。我国《税收征管法实施细则》第四十七条规定，纳税人对税务机关采取推定课税方法核定的应纳税额有异议的，应当提供相关证据，经税务机关认定后，调整应纳税额。

由于推定课税并非对于法律效果的行政裁量决定，而是在欠缺充分证据方法时的证据评价，是由征税机关以间接证据方法确认客观上已经成立的纳税义务的具体内容，所以在德国和日本等国，有关推定课税争议的税收行政诉讼中，征税机关对于适用推定课税的必要性和推定方法的合理性，承担举证责任。倘若其已经加以证明，则就推定数额与真实数额之间的差异，应由纳税人提出反证（称为"实额反证"）。也就是说，纳税人可以在救济程序中履行其协助义务，提出账簿凭证等纳税资料（不受证据失权限制），从而推翻征税机关的推定课税决定，法院也可以无限制地审查推定课税依据的事实和结果，这对保护纳税人权利是有利的。

在违反协助义务而进行推定课税案件中，如果并无确实证据证明逃漏税，原则上仅应补税，不能给予处罚。因为给予纳税人行政处罚或刑事处罚，必须确实证明其有违法事实；如果不能以确实的逃漏税事实为依据，则应适用有利于纳税人原则，而不能以盖然性的推定方式进行推定处罚。否则，就违背了疑则有利于被告的原则，侵犯了纳税人享有的诚实纳税推定权。所以，如果单纯以征税机关推定课税的结果作为逃漏税额，而不证明其确实程度即据以作出处罚，应属违法征税。

关于加快实现增值税税收法定目标的思考

■ 孙岩岩

国家税务总局政策法规司税制改革处处长

内容摘要： 我国当前的增值税制度由国务院颁布行政法规确立，包括营改增在内的很多具体政策都是依据财政部、国家税务总局下发的规范性文件来实施的，可归纳为四个层次的立法体系。这一体系存在着行政立法为主体、立法活动质量不高等缺陷。下一步增值税改革应按照全面依法治国的要求，以落实税收法定原则为出发点，加快制定税收基本法，改进提高行政立法质量，尽快制定完备的增值税法。

关键词： 增值税　立法　路径

税收是在国家和居民之间分配社会财富的重要手段。现代法治国家要求在经济利益主体多元化、经济利益冲突增加的情况下，国家和纳税人的权利义务关系明确、稳定、可预期，这就客观上要求用法律来规范征纳双方的行为，依法征税，依法纳税。2014年11月召开的党的十八届四中全会审议通过了《中共中央关于全面推进依法治国若干重大问题的决定》，进一步确立了税收法定原则，为实现税收法治、规范税收制度明确了法治层面的新要求。2016年5月1日起，营改增试点扩大到建筑业、房地产业、金融业和生活服务业，基本实现了营改增全面推开的改革目标。下一步，对于我国第一大税种的增值税应当遵循法治的原则，适应法治的趋势，践行法治的精神，加快推进增值税法制建设，实现增值税税收法定目标，从而形成"良法善治"的发展新局面。

一、增值税法制建设现状

目前，《中华人民共和国增值税暂行条例》（以下简称《增值税暂行条例》）是我国增值税制度中法律级次最高的基本性法规。根据国务院的授权，围绕增值税暂行条例的规定，财政部、国家税务总局出台了《中华人民共和国增值税暂行条例实施细则》（以下简称《增值税暂行条例实施细则》），并以部门规章形式对一些重要的税收政策问题和管理要求做了专门规定。同时，财政部、国家税务总局还以财税文件的形式，发布了大量的政策规定和细化解释，对增值税的税额计算、特定行业增值税政策、申报纳税方法等予以明确。国家税务总局专门发布了税法公告，规定了基层税务机关的操作性、程序性、服务性等内容。这些政策解释、征管条款、程序规定等构成了我国增值税制度的基本法规体系和内容框架。

第一层级：增值税暂行条例。

《宪法》第五十六条规定"中华人民共和国公民有依照法律纳税的义务"。《宪法》第八十九条第（一）项规定，国务院有权"根据宪法和法律，规定行政措施，制定行政法规"。据此，1985年4月10日，六届全国人大三次会议授权国务院对于有关经济体制改革和对外开放方面的问题，在必要时可以根据宪法，在同有关法律和全国人大及其常委会的有关决定的基本原则不相抵触的前提下，制定暂行的规定或条例并颁布实施，报全国人大常委会备案。经过实践检验，条件成熟时由全国人大或者全国人大常委会制定法律。这次授权之后，国务院依此授权制定了各个税收暂行条例，其中包括增值税暂行条例。可以说，这是增值税领域的根本大法。

第二层级：增值税暂行条例实施细则等财政部、国家税务总局颁布的规章。

规章是国务院组成部门及直属机构，省、自治区、直辖市人民政府及省、自治区政府所在地的市和设区市的人民政府，在它们的职权范围内，为执行法律、法规需要制定的事项，或属于本行政区域的具体行政管理事项而制定的规范性文件。因此，《增值税暂行条例实施细则》属于财政部发布的规章。2000年立法法正式授予国务院直属机构以规章制定权。国家税务总局从2002年开始使用总局令的形式对外发布税法规章。财政部、国家税务总局颁布的部长令、局长令也属于规章。

根据国家税务总局公布的数字，截至2010年年底税收政策方面的税务规章有41个，2011—2015年又陆续制定了17个规章。因此，截至2015年年底，税务规章数量有58个，其中专门针对增值税的规章有2个，即《电力产品增值税征收管理办法》（国家税务总局令第10号）和《增值税一般纳税人资格认定管理办法》（国家税务总局令第22号）。

第三层级：财政部、国家税务总局经国务院批准发布的税收规范性文件。

按照我国目前的税政职责划分，财政和国家税务总局有权报请国务院对税收行政法规的内容进行解释，对税收制度执行中的具体内容作出细化。在实践中，财政部和国家税务总局发布了很多部门通知，对税收政策问题作出具体规定。根据江苏省国家税务局网站数据库进行统计，2001—2015 年，财政部、国家税务总局向社会公开发布涉及各个税种的财税字文件 721 份，其中专门针对增值税作出具体政策规定的已经公开的财税字文件有 100 份。

第四层级：国家税务总局下发的内部通知、批复、公告等具体管理性文件。

国家税务总局是全国税务系统的最高机关，是国务院主管税收工作的直属机构，负责具体起草税收法律法规草案及实施细则并提出税收政策建议，与财政部共同上报和下发，制定贯彻落实的措施，并负责对税收法律法规执行过程中的征管和一般性税政问题进行解释。根据江苏省国家税务局网站数据库的统计，2001—2015 年，国家税务总局向社会公开发布的涉及各个税种的国家税务总局名义的有关通知、批复、公告等属于税收征收管理具体规定的文件有 2773 份，其中专门针对增值税作出具体政策规定的文件有 297 份。包括营改增的绝大部分政策性和管理性、操作性文件，都是采取国家税务总局公告等规范性文件形式公布实施的。

二、增值税法制建设存在的问题

（一）以行政立法为主体

要保证增值税制度的有效贯彻落实，必须有两个因素作保障：一是管理保障，必须有可靠、管用的增值税管理手段；二是法制保障，必须有健全、完备的增值税立法。其中，法制是增值税制度得以顺利实施的最基础、最根本、最有力的条件。否则，增值税缺乏稳定性、确定性，制度权威会大打折扣。而一旦增值税失去执法刚性，无法在实践中立足，将导致大量"跑冒滴漏"的现象，偷逃骗税肆意横行，增值税的实际意义也就不存在了。因此，营改增给下一步阶段完善我国增值税制度带来了新的挑战和任务，加快法制建设是增值税制度建设不可缺失的重要内容。

目前，我国增值税法规中，法律级次最高的是国务院颁布的《增值税暂行条例》，属于行政法规。但由于其条款过于笼统、立法粗疏，实际工作中不得不依赖财政部、国家税务总局发布的具有效力的行政解释和补充规定；同时针对具体征收管理问题，国家税务总局不得不制定大量的操作办法、业务规程、评估制度，等等，这些都是国家行政机关为了维护正常的社会秩序和经济运转，在法律授权的范围内对全社会公民、全体经营者发出的具有普遍约束力的政令，但并不是法律。因此，从总体上看，我国增值税的法制建设属于行政立法。各种通知、规定、批复、公告、规程等凡是以文件形式公布的，都属于规范性文件，是行政立法的具体形式。

（二）立法活动整体质量不高

税法本身应是一门严谨的经济法。但是，由于当前我国对税法进行了大量的行政解释，并以规范性文件形式出台，充斥于增值税法规体系之中，使得整体形式不够规范。更大的问题在于，规范性文件制定得并不完全"规范"，透明度不高，既多又繁，缺乏应有的权威性、规范性和稳定性，给征纳双方执行造成非常大的困扰，反而在一定程度上扰乱了税法体系；在实际执行中也往往受到来自各方面的冲击和干扰，使依法治税不能很好地落到实处。

1. 立法水平不够高

（1）法律级次较低。目前，增值税政策的出台形式既有法律、行政法规，也有财政部和国家税务总局发布的规章、通知、公告等文件。这种低层次的政策规定缺乏必要的权威性和足够的稳定性，与创建法治、高效、透明的营商环境的总体要求不相符合。

（2）与上位法相抵触。某些文件的规定或者突破了上位法的规定，或者不符合上位法的立法原意，或者放宽了对纳税人的限制，给予了纳税人超出上位法规定以外的特殊政策，或者在上位法的规定之外增加了对纳税人的实体性限制和程序性义务。这种做法容易引起各级税务机关上行下效，以合理性和加强管理为由损害国家税法的统一性和严肃性，增加基层执法的法律风险，一旦引发争议诉诸法律，必然败诉。例如，根据《增值税暂行条例》的精神，纳税人转让全部产权不征收增值税，后来又规定转让部分产权也不征收增值税。实际上企业转让部分产权情况非常复杂，从某种程度上讲，销售货物也可以认为是部分地转让了企业的货物产权。因此，这一政策如何在实践中加以理解，是否符合增值税的立法精神，需要深入探讨。

（3）制定过程不透明。增值税政策直接关系到纳税人群体的切身利益。为示公平，必须公之于众，由纳税人广泛参与讨论，立法机构充分听取意见，深入论证必要性、可行性与公平性。但目前我国的增值税政策，特别是增值税优惠政策主要是由财政部、国家税务总局等部门研究后由国务院批准实施的，制定过程一般局限在少数几个业务部门，几乎很少向社会公开征求意见，存在程序内部化现象，这就产生了两个弊端：一是由于公众对政策背景和必要性缺乏了解，容易引起攀比心理，特别是对个别企业的税收优惠容易引起其他企业的攀比，为平衡政策，国家只能再开新口子，结果是优惠政策越来越多，口子越开越大，严重破坏了税法的统一性和严肃性，使依法治税的目标难以实现。二是由于对某些情形缺乏充分的考虑，政策制定不够严谨细致，政策内容粗疏，某些文件规定存在相互矛盾或逻辑关系不严密的情况，从而导致税收政策有漏洞，导致文件下发后脱离征管实际，基层无法操作，只能靠不断制发补充通知、政策解释等手段加以弥补，"打补丁"的结果更加剧了政策制定的随意性和不稳定性，无法遏制政策制定简单化倾向。

2. 立法修改跟不上

与立法随意性相对的是，很多政策不能随着实际情况的发展变化而相应调整，变得不合时宜，不能适应现在的实际情况，日益偏离调控目标。

（1）有些文件对某些内容和政策反复作出规定，就单一文件来看似乎体例上很完整，但放到税法体系中考虑时，却造成了适用上的困难。这些重复性的规定虽然标的基本一致，但前后表述口径和逻辑角度不尽相同，加之规定了不同的执行、生效日期，使基层税务机关和纳税人在处理相关涉税事项时，必须将不同时期的不同文件进行比对、分析，找出有效条款后才能适用，人为增大了税收成本。同时，重复性发文的做法有时会造成两种错觉——似乎老文件规定的内容如果没有新文件重申就不能适用或者老文件的内容迟早要被新文件重申，这更加剧了理解上的混乱。实际上，要解决制度、规定落实不到位的问题，应当通过监督检查、加强管理、听取纳税人意见等方式来实现，单纯依靠文件去落实文件的做法只是徒增了文件数量，影响了税法体系的简洁性，反而不利于税法的贯彻执行。

（2）有些政策制定时间较早，在税法体系中长期沉淀，严重老化，与实际情况偏离甚远。应当承认，这些政策在制定时都是为了解决实际生活中的具体问题，也都发挥了相应作用，但时移势易，税收政策理应随着调控任务的完成或者调控目标的变化而不断修正、调整、完善，否则将成为"僵尸法条"，徒然增加税法体系的复杂程度，却不能发挥应有的作用。特别是一些长期执行的增值税优惠政策，在政策制定背景已经发生极大变化的情况下，更应该及时变更、修订、取消。

（3）政策间不协调，即某一文件的规定与其他同位阶文件的规定相互冲突，且没有明确的修改或替代关系。从法理上说后法优于先法，特别法优于普通法，但如果文件之间出现的问题恰恰是后法的统一规定没有对前法中的特别规定进行明确，这就会出现政策间不协调的情况，使基层税务机关在具体执法时，不知是适用后法的统一规定还是适用前法的特别规定。类似这类问题直接造成了基层税务机关在适用税法上的混乱，下级不断地上报请示，上级不断地下发批复，形成了很多"补丁打补丁"的重复或冗余文件，有时反而更加剧了"文件打架"的现象。

三、实现增值税税收法定的路径设想

税收法定是税制建设和税收治理的基本原则，加强增值税法制建设，实现增值税的税收法定，对于规范增值税制度、更好地发挥增值税职能作用、促进经济社会发展有着重要而又深远的影响。

（一）渐进式改革是增值税法制建设的基本现实

我国是一个大国，各地经济社会发展状况存在很大的不平衡性，各方面情况非常复杂，而增值税因其覆盖面广，具有牵一发而动全身的经济效应，因此在我国实行全面广泛的增值税改革，是很难一蹴而就的。实际上，我国增值税改革是"摸着石头过河"的渐进式改革的典型案例之一。

我国很早就发现传统的间接税存在严重的重复征税问题，并意识到增值税制度具有难以比拟的优越性，因此我国早在改革开放之初的1979年就开始探索征收增值税。当时选择在部分城市、部分行业试点征收增值税，1981年国务院将工商税按性质划分为产品税、增值税、营业税和盐税4个税种，在法理上正式确立了我国的增值税制度。1984年10月1日《中华人民共和国增值税条例（草案）》正式实施，标志着历时5年的增值税试点取得了阶段性成果。在经历10年之后，到1994年，《中华人民共和国增值税暂行条例》在全国范围内统一施行，其基本架构与国际通行增值税制度基本接轨。

至此，先后历经 16 年我国才初步建立了现代意义上的增值税制度。自 2003 年开始，我国在东北地区 8 个行业开始了增值税转型改革试点，历经 6 年，直至 2009 年 1 月 1 日我国才统一实行了增值税转型改革。2012 年启动营改增改革到 2016 年全面完成营改增，也历时 5 年之久。

由此可见，我国增值税制度一直沿着"先试点、后推广，先部分行业、后所有行业，先部分地区，后全国推行"的颇具我国特色的改革之路逐渐发展、演变。主观上，人们对增值税内在机理的认识、增值税固有规律的了解，都需要一个过程；客观上，增值税制度有效实施所依赖的很多社会配套条件都不够健全，因此，不可避免地出现了制度设计不全面、改革配套不到位、征管实施不完备等问题。这是我国增值税制度存在不够完善之处、增值税法制建设滞后的重要原因。

（二）长远规划是增值税税收法定目标的基本遵循

税收法制建设不是一蹴而就的，也非一朝一夕之功。常言道，"冰冻三尺非一日之寒"。针对当前增值税立法规格低、稳定性差的现状，考虑到现阶段社会现实，应当有法制建设长期性的意识，树立"于法有据、立法先行"的原则，循序渐进，稳中求变，分步实施，以税制改革促进法制建设，以法制建设保障税制改革，逐步改善当前增值税法制建设的状况，有序实现增值税税收法定的目标。

因此，增值税法治建设的总体思路应是加强最高层次的立法，相应提高立法规格；长远目标应是按照市场经济的要求，根据需要与可能相结合的原则，有步骤地完善增值税立法，尽快构建完整统一的增值税法律法规体系。当前，需要正确处理好改革时期经济情况的多变性与税法相对统一性或固定性的矛盾，力求兼顾税法在阶段性变革中的稳定性和灵活性。可从税收规范性文件入手，着力提高增值税行政立法的质量，抓紧时间实现增值税立法。

1. 加快制定税收基本法

税收基本法是税收的母法，其主要作用是规范和指导税收法律体系，提高税收执法、司法的法律效力，从而为依法治税提供法律依据。这是一个国家税收法制是否健全的标志之一。在税收实践中也需要一部统帅现行税收法规以及税收立法、执法与司法的根本性法律，它应当是各种税收活动的依据。因此，要加快建立税收一般性规范，将增值税征收、管理的基本原则在基本法中加以适当明确。

2. 全面规范增值税行政立法

现代法治理念要求立法活动要慎重、严谨，宁可多花些时间研究，也要确保立法质量，进而从根本上提高执法的效率和遵从度。在制度和机制建设上，需要调整和完善目前的税收行政立法机制，逐步规范新的税收规章和规范性文件的制定。在完善税收行政立法机制方面，尽管增值税行政立法仅是税收行政立法的一小部分内容，但增值税的征收范围广，涉及产业、行业众多，具有广泛的社会影响力，正所谓"麻雀虽小，五脏俱全"。加强增值税行政立法，实际上也是加强整个税收行政立法的要求。

（1）加强税收行政立法的前期调研和准备工作，提高税收行政立法活动的民主化、科学化和透明度。特别是对于税收规章，应当实行严格的计划、成本效益分析、听证与咨询、审查、集体审议等一系列程序管理。对于税收规范性文件，尽管可不完全依照规章程序办理，但也应尽量加强前期调研和准备的工作，特别是要广泛征求各方面意见，确保制度建设的必要性、可行性、科学性和一定的前瞻性。

（2）完善税收行政立法的规则，提高立法技术。涉及特别规定的要与一般规定相衔接，新规定要明确被其废止或失效的旧规定，立法语言要简洁、规范，授权内容和对象应当明确，解释权不得下放，施行时间要晚于公布时间，等等。

（3）建立和完善税收规章、规范性文件的定期清理和评估制度。通过政策清理和评估，为下一步政策修订和完善提供依据，有利于及时调整，降低执法风险。通过分析存在问题的原因，为今后制定新的税法积累经验，有助于进一步完善税收立法机制。特别是税目注释，不应是一劳永逸、一成不变的，应当随着经济社会生活的发展变化，根据不断出现的新情况、新问题、新趋势，及时进行调整、补充和完善，始终跟上时代的步伐。

（4）保持税法体系的简洁和规范。对于涉及纳税人等税务管理相对人的权利义务内容的公文，包括财政部令、国家税务总局令和财政部、国家税务总局等发布的具有对外效力的税收规范性文件，应统一以公告形式发布，改变当前财政部、国家税务总局发布通知的做法，并且对于具有普遍约束力且可以反复适用的文件、只针对具体事项具体对象而不对其他事项或对象产生效力的文件、只规范税务机关内部管理事项不对税务管理相对人产生效力的文件进行严格的区分。"通知"是将税收政策告知各地财税部门，由政府机关履行征收职能；而"公告"是将税收政策告知全体纳税人，由纳税人履行申报义务，这里体现出尊重纳税人主体权利和义务的理念，也是现代社会个人主体责任的具体体现，更符合经济新常态下加强和改进社会治理的实际需要。

3. 制定完备的增值税法

目前，我国增值税制度尚有很多不尽完善之处，还有不少过渡性措施。因此，完善我国增值税立法，不必急于立法，而应做好立法前的准备工作，尽快解决过渡性措施过多的问题，使增值税制度尽量向规范的方向靠拢。同时以立法为契机，边立法边完善，以立法促完善，将立法与改革结合起来。这样，既可以避免增值税立法后再变动税制的不便之处，又可以更加灵活地应对营改增过渡阶段的各种突发情况。一部完备的增值税法是提高增值税管理质量、和谐征纳双方关系的重要条件，也是增值税改革的又一个历史性任务，应当同时也必然在征纳双方的共同关心和推动下最终实现。

公共财产法视野中的财政民主[①]

■ 张学博

中央党校政法部副教授

内容摘要： 财政民主是指由人民通过正当程序来决定财政的收入、支出和监督整个过程并为此而负责的原则。传统的财政民主理论局限于议会民主，而从公共财产法视角出发，财政权是带有公色彩的财产权，因而作为主权者的人民有权利直接行使自身的财产权。作为国家治理现代化的现实路径，有必要从财政立宪、落实财政法定原则、强化公众财政决策机制、财政透明度规则、财政问责制、预算改革六方面入手，构建体现财政民主原则的现代财政制度。

关键词： 财政民主　人民主权　公共财产法　财政法定原则　公众财政决策机制

一、问题的提出

学术界对于财政民主原则的内涵已经有一些研究。王源扩探讨了财政民主原则的基本内容，即财政决策的民主、意义及在我国财政法制中的重要地位。"民主制的核心就是财政民主制。民主政治，其核心也是财政民主制。"[②]

财政民主的具体制度问题的相关研究则集中于预算改革和参与式预算方面。"浙江温岭……广州等地在不同层面进行了积极的探索，也取得了不错效果。"[③]

[①] 本文原载于《桂海论丛》2017 年第 3 期。
[②] 李炜光. 建立公共财政体制之理论探源 [J]. 现代财经, 2001 (2).
[③] 连家明. 政治生态、财政民主和参与式治理 [J]. 经济研究参考, 2011 (9).

总之，虽然对现有财政民主的定义、历史渊源、权利内容、地方实践、体系构建均有一定的探索，但是整体上仍显得单薄。相比传统法学学科，如民法之诚实信用原则、刑法之罪刑法定原则等帝王原则，财政民主之于财政法学同样处于核心地位，但目前的研究对于财政民主的理论渊源和基础、理论内涵仍然需要进一步深入，尤其是随着现代财产权概念的演变，国家治理现代化理论的创新，民主理论的发展，地方财政预算试验的进展，都使得有必要对财政民主原则进行进一步的梳理，为正在进行的财税体制改革和国家治理现代化提供理论支撑。

二、财政民主原则的理论基础

（一）人民主权理论

"要寻找出一种方式，使它能保卫每个结合者的人身和财富，并且仍然像以往一样地自由。"[1] "政府行使公共权力极有可能滥用权力，信息不对称是造成代理问题的根源。"[2] 而为了解决人民与政府之间的信息不对称，财政透明度规则就被认为一项十分有效的理论被提炼出来。传统观点认为财政是政治的核心范畴，属于国家机密。但随着社会的发展，这一观点受到挑战。欧洲的民主财政理论与社会契约理论有着十分密切的关联。

"政府债务、政府风险和……通过公共算透明度来换取民众的支持。"[3] 与此相关联的现象就是：包括欧盟、经济合作与发展组织、联合国等国际组织近年纷纷倡导提高政府财政信息透明度。尽管各自有其自身的目的，但这些国际组织的提议有一个共同的目标：政府应该是对民众负责的政府。这正是基于政府与人民之间的契约决定的。即政府是为委托人人民的福利服务的，而不能谋取自身利益让人民为此买单。

卢梭忠实地信奉直接民主，对代议制持强烈批评态度。"它只能是一个意志，而绝不能是中间的东西。"[4] 古希腊罗马的人民可以直接行使其权利，因为城邦很小。而现代民族国家普遍实行代议制，人民要履行其权利，只能通过财政透明度规则来体现其权利。

（二）公共选择理论

"民主政府在财政领域……坚持立宪态度。"[5] "公共选择……导致人们重视规则、宪法……规则问题是一致如何达成……的关键问题。"[6] 基于公共选择理论对于管理机构的分析，作为最高规则的宪法规则显得十分重要，因为宪法很难修改，因而更能够体现人民的主权意志。那些很容易修改而不稳定的行政规则，很容易为行政机关的官僚们

---

① ［法］卢梭. 社会契约论［M］. 何兆武，译. 北京：商务印书馆，2014：19.
② Florini，A. M. Increasing Transparency in Government［J］. International Journal on World Peace，2002，19（3）：3-5.
③ 王威，马金华. 论历史视角下财政民主的理论逻辑［J］. 中央财经大学学报，2013（3）.
④ ［法］卢梭. 社会契约论［M］. 何兆武，译. 北京：商务印书馆，2014：35.
⑤ ［美］詹姆斯·M·布坎南. 民主财政论［M］. 北京：商务印书馆，2015.
⑥ ［美］詹姆斯·M·布坎南，戈登·塔洛克. 同意的计算——立宪民主的逻辑基础［M］. 陈光金，译. 北京：中国社会科学出版社，2000.

所滥用，为自己的私利而随意调整。财政制度是规则之后的规则，因而通过财政民主来迫使财政制度成为几乎是永久不变的制度，是实现民主和法治的前提性条件之一。

（三）公共财产权理论

近年财税法学界"公法之债"的提出打破了传统观念中私法与公法之间的界限。公法之债理论将税不再视为一种国家权力对公民单方强制的行为，而是一种公法意义上的债权债务关系。日本学者北野弘久主张彻底的税收债务关系说。"以法律的落实情况为标准来考察，租税法律关系可被归结为公法上的债权债务关系。"①

在此基础上，有学者对财产权理论概念进行了进一步拓展。"从财产权绝对到财产权承担社会义务的转变可得知其功能从保障私人自由任意使用变为承担社会利益再分配。"② 基于现代财产权概念的发展和公共财产权的提出，将财政税收视为政府的公共财产权具有正当性。"公共财产的取得应当公开透明……。……对公共财产权行使的正当性约束……还应依托于符合民主要求的程序规则……流程管控和支配监督。"③ 财政税收作为政府的公共财产权，必须符合民主要求的程序规则，这就导致财政民主原则成为财政税收法律领域的基础性原则。

三、财政民主原则的内涵

基于人民主权理论、公共选择理论和公共财产理论，财政民主原则构成了财政法的基本原则。财政民主原则还具有宪法依据。《中华人民共和国宪法》（以下简称《宪法》）第二条明确规定："中华人民共和国的一切权力属于人民。"《宪法》第十二条规定："社会主义的公共财产神圣不可侵犯。国家保护社会主义的公共财产。"

（一）传统财政民主原则的内涵

1. 无代表则无纳税（收入民主）

"随着17世纪新兴资产阶级的兴起……契约论和自由主义思想广为传播……税收成为政府的购买和平的对价。"④ 征税需要得到人民的同意，成为财政民主的基本内容，得到各国承认。而民众通过议会来控制征税权也成为体现人民民主的基本内容。英国的光荣革命、美国独立战争都是因为民众对征税权的争夺而启动。税收民主的相关内容在各国宪法中均得到相应表述。

2. 预算民主规则（支出民主）

到了20世纪之后，财政民主从对征税权的关注开始转向对预算的控制。"随着财政规模的膨胀……财政领域纳入法律视野之中……税收法定扩展到预算法定。"⑤ 以

① ［日］北野弘久．税法学原论［M］．第4版．陈刚，杨建广，等译．北京：中国检察出版社，2001；161－163．
② 张翔．财产权的社会义务［J］．中国社会科学，2012（9）．
③ 刘剑文．公共财产权的概念及其法治逻辑［J］．中国社会科学，2014（8）．
④ ［英］霍布斯．利维坦［M］．黎思复，黎廷弼，译．北京：商务印书馆，1985．
⑤ ［日］美浓部达吉．议会制度论［M］．邹敬芳，译．北京：中国政法大学出版社，2004．

美国为例，虽然 1789 年宪法即已确立国会的征税权，但现代意义上的预算制度却一直未能建立。"在 19 世纪末期经济腾飞、财政扩张……财政支出爆发了普遍的严重腐败现象。……纽约市 1908 年编制首份现代预算为先导……联邦也于 1921 年通过《预算与审计法》。"①

3. 程序正义规则（程序民主）

民主的重要标志就是程序的合法性。"财政决策的民主性……首要要求，是指国家的一切财政收入和支出……由民主程序作出，以保证真正由人民当家作主。"②

4. 预算监督机制（事后民主）

财政民主原则不仅要求财政的民主决策，更要求对财政事务进行有效的民主监督。我国对财政的监督体首先体现为人民代表大会的监督。各级人大常委会是宪法赋予的对行政机关工作进行监督的机构。《宪法》第六十七条第六款明确规定，全国人大常委会监督国务院、中央军事委员会、最高人民法院和最高人民检察院的工作。由选举产生的各级人大代表所讨论的重大财政问题应是透明的、具体的，对纳税人和所有公民郑重负责的。

（二）财政民主原则的新发展

传统的财政民主原则越来越受到挑战。20 世纪后半期资本主义国家滞胀出现，凯恩斯主义被严厉批评，公共选择学派应运而生。由于传统的间接民主理论和传统财政民主原则无法实现人民主权，立宪主义和财政透明度规则应运而生。

1. 财政立宪主义

所谓财政立宪主义，即要求对财政权予以宪法上的根本约束。因为一般法律法规修改十分容易，因而不利于对人民形成稳定的预期，也不利于对纳税人权利予以保护。"对所有决策，包括公共决策使用全体一致规则，是个人可借以确保不给他造成成本的唯一方法。"③ 然而严格的全体一致规则的社会成本太高，以致实践中并不可能在一个大国中实施，那么最接近这种全体一致规则的规则制定就是立宪，即通过绝对多数的刚性规则来降低规则修改的外部成本，使得法律规则被操纵的可能性大大降低。

2. 财政透明度规则的发展

国际货币基金组织财政事务部制定的《国际公共部门会计准则》和《财政透明度手册》具体涵盖："政府应当明确其职责；政府必须全面公开预算信息；政府公开其预算编制和决策程序；政府提供真实的数据。"④ 多数学者认为，透明度的提升会降低腐败发生的可能性，并进一步带来经济绩效的提升。但也有学者发现透明度和信任之间的关系是复杂的，过分的依赖透明度也许会损伤信任。⑤ 初期对财政透明度规则的理解重

---

① 刘剑文. 论财政法定原则 [J]. 法学家，2014（4）.

② 王源扩. 论财政法的民主原则 [J]. 安徽师范大学学报（人文社会科学版），2007（5）.

③ [美] 詹姆斯·M·布坎南，戈登·塔洛克. 同意的计算——立宪民主的逻辑基础 [M]. 陈光金，译. 北京：中国社会科学出版社，2000：76.

④ Dawn Elizabeth Rehm, Taryn Parry. Manual on Fiscal Transparency（2007）[M]. INTERNATIONAL MONETARY FUND.

⑤ O'Neil, O. A Question of Trust（the 2002 Reith Lectures）[M]. Cambridge University Press, 2002.

点关注于财政透明，即财政公开，但最新的研究开始关注"度"的问题。即很多实质研究表明财政透明度过高有可能降低政府公信力。而政府公信力过低则可能与财政透明度规则的初衷产生矛盾。财政透明度规则除了体现财政民主之外，同时也是为了提高政府公信力，否则政府很难有动力去推动这项工作。

四、中国财政民主原则的现状

（一）制度层面的缺失

1. 无宪法制约

公共选择学派给我们的最大启示就是不能把政府假设为无私的抽象的主体，而是必须加以约束的对象。传统的代议制民主是无奈之下的选择，只有在源头加以近乎永久性的刚性约束，才可能防止政府以税收名义合法地侵犯公民的财产权。"乱收费并非简单的财政收支问题……只能靠中央—地方关系的改革和地方财政民主制度的建立。"① 这些问题实质上就是宪制问题，而我国对于财政问题尚无宪法上有效的制约。

2. 财政法律缺失

在我国现有的法律中，许多存在理念陈旧的问题，且法律规定普遍过于原则化，可操作性较弱。而由全国人大及其常委会制定的专门性财政法律只有 5 部，距离 30～40 部的应然规模相去甚远，从而导致大量的财政行为无法可依。

3. 公民参与决策机制缺失

"上海市闵行区在人大预算初审中引入了协商机制……通过法治途径确保预算公开……而增加社会公众、政府官员参与财政预算听证会的程序机制……则达到了预算的民主控制。"② 然而，在中国的绝大多数地区，公民参与财政决策机制仍然十分欠缺。

（二）制度实施层面

1. 财政信息不透明

"目前无论在财政信息公开机制……财政监督机制与财政救济机制上均存在不同程度的不足，基于人民主权原则和法治原则……应强化公民财政决策机制，提升财政监督……财政救济机制的功能。"③ 现行的国务院组织法除部门机构无数量限制、副职人数无限制、监督机制不足等广为诟病的缺陷外，一个重大缺陷就是对于各部门的职责没有清晰界定。地方政府组织法也存在类似的问题。

上海财经大学已经连续七年跟踪评价中国政府的财政透明度情形。在中国的五级财政政府制度之下，省级政府是相对比较规范、人员素质较高的一级政府。以省级政府财政透明度为对象的最新研究显示："省级财政透明度……31 个省份的平均得分仅为

---

① 樊纲. 地方乱收费的治理与地方财政民主制 [J]. 财政研究，1999 (4).
② 戴激涛. 协商机制在预算审议中的引入：财政民主之程序构造 [J]. 苏州大学学报（哲学社会科学版），2010 (6).
③ 胡伟. 论完善实现中国财政民主的法律机制 [J]. 政治学研究，2014 (2).

36.04 分；……各项财政信息公开状况很不均衡……部门预算及相关信息……相对较低。"① 省级政府尚且如此，那么市县乡级政府的财政信息可想而知。简而言之，自 2008 年《政府信息公开条例》实施以来，中国的财政信息公开有进步，但是离财政民主的要求还比较远。

2. 财政责任不明确

目前的制度安排更多地依靠道德感召而非制度强制来推进财政透明度规则。《政府信息公开条例》第三十五条规定："行政机关违反本条例的规定……情节严重的，对行政机关直接负责的主管人员……处分。"正是由于《政府信息公开条例》本身对于违反财政透明度规则的行为惩罚的可操作性较差，使得目前的财政透明度建设进展缓慢。

在目前的中国政治实践中，对于财政信息公开本身尚存在很大的争议。财政权力是政府的核心权力，所以财政民主和财政法治就是人民民主的集中体现。但目前很多官员和学者都似乎偏向于法治应该优先于民主的观点。所以对违反财政信息公开就要对主管官员进行责任追究，似乎还未形成一致的观点。所以尽管《政府信息公开条例》进行了规定，但无相关配套法律法规与之对接，则无法落实财政责任之追究。

五、中国财政民主原则的现实路径

（一）财政的宪法约束

从长远来说，目前《宪法》中第五十六条规定的人民有依法纳税的义务不足以表达人民对于财政的主权，而应以单独的条款对于人民的财政主权地位予以明确，从而从根本上约束政府任意课税的权力。

（二）落实财政法定原则

在财政基本法缺失情况下，2015 年通过的立法法修正案，加强了对于税收的宪法性约束，但仍然存在某些不明确之处。2014 年年底全国人大立法法草案二审稿中"税种、纳税人、征税对象、计税依据、税率和税收征收管理等税收基本制度只能由法律规定"的表述在最后变更为"税种的设立、税率的确定和税收征收管理等税收基本制度只能制定法律"。党的十八届三中全会通过的《中共中央关于全面深化改革若干重大问题的决定》第十章专门强调"强化权力运行制约和监督体系"，而财政控权乃是权力制约之本，财政权力法治化是整体权力法治化的核心和关键。具体来说，目前要加快推动包括增值税法在内的 15 部条例上升为法律的立法工作，同时积极推动个人所得税法修订工作，房地产税和资源税法的立法工作。

（三）强化公民财政决策机制

首先是要对人大财政决策权科学化、规范化。基于此一方面，将立法法和预算法的相关规则进一步细化，突出程序性规则。

---

① 杨丹芳，吕凯波，曾军平. 中国财政透明度评估（2015）［J］. 上海财经大学学报（哲学社科版），2015（5）.

其次要构建公民参与财政决策制度。间接民主存在天然的缺陷，只是没有办法的选择。经过几百年的政治实践，公众参与政治决策已经成为共识。"包括公民参与财政决策启动程序……以及决策问题解决程序……论证程序、评议程序、咨询程序等。"① 尤其是关于听证程序等，对于公民积极参与财政决策有着十分重要定义。

（四）财政透明度规则

为了推进财政透明度建设，除了在宪法或宪法性法律中加入前述对财政透明度内涵的界定，还需配套制定相关法律规则体系。首先是修改各级政府组织法，包括国务院组织法和各级人民政府组织法。这个问题不解决，党的十八届三中全会提出的"处理好政府与市场的关系"无法从源头上厘清。"负面清单"模式自然是大大的进步，但仍然属于行政内部措施，属于不稳定、非常态的政策范畴。

其次要制定行政程序法，构建公民参与财政监督机制。在民主恳谈基础上建设符合地方实际的参与式民主机制。

然后，将《政府信息公开条例》上升为《政府信息公开法》。为了真正实现真实透明适度的政府信息公开，借鉴各国通例，制定法律规则层面的《政府信息公开法》是不二选择。现行《政府信息公开条例》与《中华人民共和国保密法》《中华人民共和国立法法》《中华人民共和国档案法》存在冲突。这些冲突需要通过提高《政府信息公开条例》的法律位阶予以解决。关于财政透明度的适度问题，应该以《中华人民共和国保密法》为限。因长期以来，我国将公共事务几乎均视为保密内容，所以当下首先是推进财政透明度规则的全面实施，以公开为原则，不公开仅以法律为限。

（五）财政问责规则

最后是建设责任政府，实行财政问责制度。由于财政透明度规则的实施出于整个公众的利益，对财政透明度规则的违反往往侵犯的也是整个公众的利益，具体的公民很难感受到自身利益被侵害，因而通过司法诉讼方式来追究违反财政透明度规则的政府和官员变得很难操作。

所以在现实国情下，唯一可行的责任追究方式是通过政治问责的方式来推动财政透明度规则的实施。首先要强化人大及其常委会对政府财政权力的监督职能。《宪法》第六十九条规定，"全国人大常委会有职责监督国务院的工作"。第七十三条规定"全国人民代表大会代表……有权依照法律规定的程序提出对国务院或国务院各部委的质询案"。

其次考虑修改《关于实行党政领导干部问责的暂行规定》，将政府官员违反财政透明度规则的行为视为应该进行政治问责的情形之一。稳妥起见，财政问责制度可以在部分地区先行进行试点，视其效果再进行推广。

（六）进一步完善预算法

2014 年新的《中华人民共和国预算法》（以下简称《预算法》）已经通过，表明中

---

① 胡伟. 论完善实现中国财政民主的法律机制［J］. 政治学研究. 2014（2）.

央对于预算推动改革的共识已经达成。"美国通过政府预算改革约束政府行为的历史经验，从各方面来看，这恐怕也是最现实可行的一条改良路径。"① 而我国先行试点地区闵行区的经验主要是三点："细化预算，提前公开预算信息，落实人大预算审查权。"构建公民参与预算的协商机制，首先应当贯彻预算公开原则。其次在预算公开的基础上，建立起制度化的公民协商程序，通过辩论给予预算参与者发言机会，逐步推动预算民主。新的《预算法》第一条明确指出预算法的目标是："建立健全全面规范、公开透明的预算制度。"但是之后的规定基本上还是将预算权局限于人民代表大会、常委会和政府财政部门手中，并未考虑公民的预算权问题。《预算法》第十四条关于预算报告的公开也都是事后公开，这对于公民的预算知情权、预算参与权都十分不利。

未来预算改革应该着手从几个方面入手，进一步完善预算法。首先是建立有效的公民预算权利保障制度，尤其是预算透明度建设，进一步细化预算，而且是让公众看得懂的预算。从事后公开进一步朝着事前公开迈进，让公众可以在预算决策中发挥重要作用。其次是建立制度化的预算协商机制。闵行区的经验可以复制。通过制度设计让社会各界广泛参与到预算讨论中来，形成科学化、民主化的财政。

---

① 连家明. 政治生态、财政民主和参与式预算 [J]. 经济研究参考，2011（9）.

虚开增值税专用发票罪若干疑难问题研究

——以"以票控税"的发票制度为缘起

■ 刘天永

北京华税律师事务所主任，全国律师协会财税法专业委员会副主任兼秘书长

内容摘要： 以票控税的增值税税制和刑法关于发票犯罪规定的不足和缺陷是我国虚开增值税专用发票犯罪现象严重的制度性原因。本文通过对几起虚开发票犯罪案件的分析研究，透视当前我国虚开增值税专用发票犯罪案件司法审判实践中的主要争议焦点和问题，并基于刑法犯罪构成要件的基础理论对《刑法》第二百零五条规定的危害结果要件、主观要件及审判实践中虚开税款数额的认定及量刑标准进行研究，同时结合当前我国增值税税制现状及刑法规制现状反思发票犯罪现象，找到问题的解决路径。

完善我国的刑法制度是有效解决发票犯罪现象严重的重要手段之一，也是促进我国刑法公平、公正、保障刑事被告人合法权益的必然要求。《刑法》第二百零五条规定的犯罪构成要件中，要增加本罪的目的要件和结果要件。同时，最高人民法院有必要就《刑法》"危害税收征管秩序罪"尤其是《刑法》第二百零五条规定作出新的司法解释，针对本罪各犯罪构成要件、罪与非罪、此罪与彼罪、一罪与数罪以及量刑标准等实务问题作出详细而充分的界定。

关键词： 虚开增值税专用发票　目的要件　结果要件　量刑标准

一、引言

在我国现行刑法中，存在以发票为犯罪对象而设置的一组罪名，

或称为一个罪群。这一组罪名，是在我国实行增值税"以票控税"制度的背景下为了惩治和打击猖獗泛滥的发票犯罪尤其是利用增值税专用发票危害税收利益的犯罪，通过1995年单行刑法而增设的，被称为"发票犯罪"。但自立法上设置这一罪群以来，在理论上存在颇多的分歧争议，在司法实践中也出现各种法律适用难题，至今未有统一的定论，导致司法统一、权威和公正在一定程度上被破坏。其中，尤以《刑法》第二百零五条即虚开增值税专用发票罪的司法实践问题最为严重，核心表现在本罪的结果犯行为犯之争、目的犯之争、虚开税款数额认定等。

增值税专用发票违法犯罪活动屡禁不止的主要原因有两个：一个是犯罪分子有利可图，利用虚开、伪造、非法销售增值税专用发票牟取非法利益乃至侵害国家税收收入；另一个原因便是我国增值税税制的缺陷和不足。自20世纪90年代以来，我国开始实施生产型增值税向消费型增值税的改革，确立的"以票控税"的增值税税制体系本身存在严重缺陷，无法充分保障增值税纳税人对国家的税收债权，无法准确反映增值税纳税人的纳税负担能力，与量能课税原则相违背，从宏观层面看明显存在"国进民退"的不足。可以说，增值税税制改革绝不应仅停留在税率档位调整、营改增等技术性层面，更需要从良法善治、促进税收公平正义、保障民生的目的出发进行深度变革。

二、虚开增值税专用发票罪的主观要件分析

（一）案例引入：芦某虚开用于抵扣税款发票罪案

1. 案情介绍

被告人芦某，个体运输户。1997年7月—1998年12月，芦某在以A公司名义经营运输业务期间，为少缴税款，先后从自己承租的B公司以及C托运站等5家运输企业接受虚开的表明营业支出的联运发票、浙江省宁波市公路集装箱运输专用发票及浙江省公路货运专用发票等运输发票共53张，价税合计6744563.77元，并将上述发票作为成本费用全部入账，用于冲减其以旭日公司名义经营运输业务的营业额，实际偷逃营业税200379.25元、城市维护建设税14026.66元、企业所得税333965.41元，合计偷逃税款548371.21元。

此外，芦某为帮助其他联运企业偷逃税款，将接受的53张发票的发票联提供给其他企业用于虚开，虚开的发票联金额总计4145265.32元，上述发票均已被接受发票的企业用以冲减营业额，实际偷逃营业税122728.84元、城市维护建设税8591.01元、企业所得税204548.07元，合计偷逃税款335867.92元。

1999年6月，芦某因涉嫌虚开用于抵扣税款的发票犯罪被逮捕。宁波市人民检察院以其犯虚开用于抵扣税款的发票罪提起公诉。

2. 法院裁判

宁波市中级人民法院对本案开庭审理，认为芦某在挂靠运输企业经营运输业务期间，违反国家税收法规，故意采用虚假手段，虚增营业支出，冲减营业数额，偷逃应纳

税款共计548371.21元，且偷逃税额占应纳税额的30%以上；又为他人提供或虚开虚假的运输发票，帮助其他运输企业虚增营业开支，冲减营业数额，偷逃应纳税款共计335867.92元，其行为已构成偷税罪。公诉机关指控芦某犯罪事实清楚，证据确实、充分，但指控芦某的行为构成虚开用于抵扣税款的发票罪依据不足，指控罪名错误，应予纠正。宁波市中级人民法院一审判决芦才兴构成偷税罪，判处有期徒刑6年，并处罚金100万元。

一审判决后，公诉机关提出抗诉，认为芦某让他人为自己以及为他人虚开的运输发票具有抵扣增值税税款的功能，其行为已经触犯了《刑法》第二百零五条的规定，构成虚开用于抵扣税款的发票罪，一审判决认定罪名不当。

浙江省高级人民法院受理了宁波市人民检察院的抗诉，对本案进行了审理，认为本案中所有用票单位都是运输企业，均不是增值税一般纳税人①，无申报抵扣税款资格。因此，芦才兴让他人为自己或者为他人开具的虚假发票均无法被用于抵扣税款，被告人芦才兴在主观上没有骗取国家增值税税款的故意，仅持有冲减营业额从而偷逃税款的故意，其行为符合偷税的构成要件，不符合虚开用于抵扣税款的发票罪的构成要件。浙江省高院最终裁定驳回抗诉，维持一审原判。

（二）本罪是否为目的犯

否定说：部分刑法学者及司法人员认为，《刑法》第二百零五条不属于目的犯。《刑法》第二百零五条并未将行为人具有偷、逃税目的作为虚开增值税专用发票犯罪构成的必要要件，因此，只要行为人着手实施犯罪并达到法律要求的程度就是完成了犯罪行为。至于行为人有无偷逃税的目的，以及行为人有无实际骗取、抵扣税款，并不影响犯罪的认定。②

肯定地说：有部分学者及司法人员认为，本罪属于目的犯。③ 尽管《刑法》第二百零五条并未将其规定为目的犯，但将其规定为危害税收征管罪，具有偷骗税款的目的应当是该罪的应有之意。正如有的金融诈骗犯罪，刑法并未明确规定行为人必须具有非法占有的目的，但并不妨碍对其进行目的犯的认定一样。同时，侵犯国家税收征管制度的客体要求客观上决定了该罪的目的犯性质。

例如，最高人民法院的牛克乾曾指出："刑法将虚开增值税专用发票规定为犯罪，主要是为了惩治那些为自己或为他人偷逃、骗取国家税款虚开增值税专用发票的行为。因此，对于确有证据证实行为人主观上不具有偷、骗税目的，客观上也不会造成国家税款流失的虚开增值税专用发票行为，不以虚开增值税专用发票罪论处。"④ 上海市杨浦区人民检察院的赵罡认为："虚开增值税专用发票罪即属于非法定的目的犯，且必须以

---

① 营改增前运输企业是营业税的纳税义务人，非增值税纳税义务人。
② 张忠斌. 虚开增值税专用发票罪争议问题思辨 [J]. 河北法学，2004 (6).
③ 徐庆天. 虚开增值税专用发票罪的认定 [J]. 人民检察，1996 (5).
④ 牛克乾. 虚开增值税发票、用于骗取出口退税、抵扣税款发票犯罪法律适用的若干问题 [M].//刑事审判参考（第49集），北京：法律出版社，2006.

偷逃税款的目的为该罪成立的必要条件。只有主观上具有骗税目的，客观上危害国家税收且达到一定程度时才应列入刑法的打击范围。因此，将虚开增值税专用发票罪解释为非法定目的犯，符合罪刑相适应原则。"① 陈兴良教授认为："这种犯罪的危害实质上并不在于形式上的虚开行为，而在于行为人通过虚开增值税专用发票抵扣税款以达到偷逃国家税款的目的，其主观恶性和可能造成的客观损害，都可以使得其社会危害性程度非常之大。因此，《刑法》虽然没有明确规定该罪的目的要件，但是偷骗税款的目的应当作为该罪成立的必要条件。"②

本文认为，从《刑法》第二百零五条规定之罪状描述来看，刑法并没有明确规定本罪属于目的犯，但是，探究本罪究竟是否属于目的犯不能仅依据刑法规定的罪状描述，还要综合考察刑法规定的立法目的、制定背景及刑法基本原理加以判断。

从立法目的角度考察，《刑法》第二百零五条之规定源于 1995 年的《全国人民代表大会常务委员会关于惩治虚开、伪造和非法出售增值税专用发票犯罪的决定》（以下简称《决定》）。《决定》明确指出："为了惩治虚开、伪造和非法出售增值税专用发票和其他发票进行偷税、骗税等犯罪活动，保障国家税收，特作如下决定……"据此可以看到，国家设立本罪的立法目的是为了保障国家税收，为了打击侵害国家税收收入的犯罪行为。因此对于行为人不以骗抵国家增值税税款为目的的"虚开"行为不是《刑法》第二百零五条适当的评价对象。彼时犯罪分子虚开发票的主要目的是为了骗取出口退税和虚假抵扣增值税税款，为其他目的虚开的情形十分少见。因此，1995 年的《决定》和 1997 年刑法修订时对本罪是否配置法定目的要件没有过多的研究和考虑。从罪责刑相适应角度考察，《刑法》第二百零五条属于重刑犯罪，最高可判处无期徒刑，因此其所评价的犯罪行为应当具有极高的社会危害性，方可符合罪责刑相适应的原则。行为人如果在主观上不具有骗抵国家增值税税款的目的，而是为了其他一些目的而实施"虚开"行为，由于其主观恶性不大，以本罪追究其刑事责任与罪责刑相适应原则相违背。因此，《刑法》第二百零五条应属目的犯，行为人在主观上具有骗抵国家增值税税款的目的应是成立本罪的必要要件之一。

《刑法》第二百零五条规定的罪状的一个重大缺陷就是其主观故意要件无法涵盖行为人侵害国家税收的目的因素。如果单从《刑法》第二百零五条的罪状来考察，行为人虚开增值税专用发票的主观故意分为认识因素和意志因素。认识因素的内涵是行为人明知发票没有对应真实交易关系或与真实交易关系不符，所开发票将会违反国家发票管理规定；意志因素的内涵是行为人积极追求或放任违反规定开具发票的行为发生。如果法院在司法审判实践中对《刑法》第二百零五条的立法目的不进行考察，单纯而又严格地依循法律文本主义来判定行为人的主观故意状态，则根本上没有一个容许法官考察行为人是否具有骗抵增值税税款目的的路径，必然导致刑法适用的偏差和错误。在本案

① 赵昱. 虚开增值税专用发票主观目的研究 [J]. 经营管理者，2011（11）.
② 陈兴良. 不以骗取税款为目的的虚开发票行为之定性研究 [J]. 法商研究，2004（3）.

例中，宁波市中级人民法院和浙江省高级人民法院认为，行为人构成虚开增值税专用发票的，其应具有偷逃国家税款的故意，这一观点打破了严格的法律文本主义下对主观故意要件内涵的认识，矫正了主观故意要件的认识因素和意志因素，尽管没有明确表达本罪属目的犯的观点，但为法院在考察行为人是否具有骗抵增值税税款的主观目的提供了路径指导，即把此处的"目的因素"之考察纳入到"认识因素"和"意志因素"的考察之中。① 在这种司法审查语境下，虚开增值税专用发票的主观故意要件就被修正为：认识因素——行为人明知开具发票与真实交易不符且该虚假发票的使用将会造成国家税款被骗取的后果；意志因素——行为人积极追求或放任国家税款被骗取后果的发生。

三、虚开增值税专用发票的危害结果要件分析

（一）案例引入：某煤炭企业虚开增值税专用发票罪案

1. 案情介绍

四川省甲投资集团有限公司（以下简称甲集团）成立于 2010 年 2 月，经营范围系项目投资、房地产开发、房屋建筑工程等。

四川省乙煤业集团有限公司（以下简称乙煤业）成立于 1998 年 4 月，经营范围系货运、煤炭销售等。案发前，乙煤业是甲集团的控股子公司。

四川省丙煤业有限公司（以下简称丙煤业）成立于 1996 年 10 月，经营范围系煤炭采掘、销售等。案发前，丙煤业是乙煤业的控股子公司。

自然人何某持有顺天集团90%的股权，同时担任甲集团、乙煤业及丙煤业的法定代表人，是上述企业集团的实际控制人，详见图1。自然人罗某是乙煤业的财务处长。

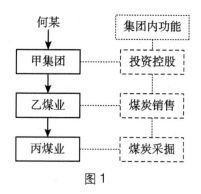

图1

---

① 2015 年 6 月 11 日，最高人民法院刑法研究室向公安部经济犯罪侦查局作出的《〈关于如何认定以"挂靠"有关公司名义实施经营活动并让有关公司为自己虚开增值税专用发票行为的性质〉征求意见的复函》（法研〔2015〕58 号）也比较隐晦地表达了对本罪是否属于目的犯的看法，所提出的路径与引入案例中法院的审判意见类似，即将行为人"具有骗取国家抵扣税款的故意"纳入到本罪行为人的主观故意要件之内涵中。该复函指出："虚开增值税发票罪的危害实质在于通过虚开行为骗取抵扣税款，对于有实际交易存在的代开行为，如行为人主观上并无骗取的扣税款的故意，客观上未造成国家增值税款损失的，不宜以虚开增值税专用发票罪论处。"

四川省丁煤矿（以下简称丁煤矿）系个人独资企业，经营范围系煤炭开采、销售，2003年2月被核准为增值税一般纳税人。李乙系丁煤矿的会计。

2009年7月，李甲与他人共同出资设立戊煤业有限责任公司（以下简称戊煤业），并于2011年7月成立戊煤业有限责任公司己煤矿（分公司），欲对原丁煤矿进行改制重组。2011年7月之后，丁煤矿原经营人退出经营，李甲对其进行实际控制。

在对丁煤矿改制重组过程中，2012年4月，李甲与何某达成合意，李甲将其持有的戊煤业的股权转让给甲集团，并由甲集团继续完成对丁煤矿的改制工作。2012年4月，李甲及其他股东与甲集团签订了股权转让协议，将戊煤业的全部股权进行了转让。2012年5月，丁煤矿停产，戊煤业及丁煤矿的机械、设备、物品陆续完成移交。

股权转让完成后，甲集团内的企业架构如图2所示。

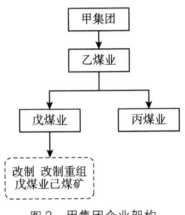

图2　甲集团企业架构

2012年5月，丙煤业开采、生产的煤炭产量超出了许可范围，根据国家发改委及当地主管部门关于整顿煤炭行业的有关规定，不得在生产和销售额度许可范围外进行销售。由于，丙煤业已经用完了自己的生产指标，故无法将多余的大量煤炭对外销售。

由于丁煤矿已于2012年5月停产，在2012年仍然具有2000余吨的生产指标。此时戊煤业的股权转让变更已完成，但李甲仍然在负责丁煤矿的改制扫尾工作，故何某找到李甲，要求李甲将丙煤业超额生产的煤矿以丁煤矿的名义向乙煤业销售，并由丁煤矿向乙煤业开具增值税专用发票。

2012年5—9月，何某安排乙煤业从丙煤业运煤，以丁煤矿的名义过关并销售给乙煤业，李乙按照丙煤业向乙煤业销售的实际数量和货款金额以丁煤矿为开票方向乙煤业开具增值税专用发票共38份，价税合计逾400万元，增值税60多万元。同时，李乙虚造了丁煤矿的工人工资表等资料，并制作了虚假账目，虚增了煤矿的产量和生产费用。2013年2—6月，上述涉案人员以同样的方法进行操作，丁煤矿共向乙煤业开具增值税专用发票67份，价税合计逾750万元，增值税100多万元。

2012 年 5 月—2013 年 6 月，丁煤矿将上述开具增值税专用发票所对应的收入进行了申报，并申报缴纳增值税 180 多万元（包括向其他公司销售的部分）。乙煤业取得丁煤矿为其开具的增值税专用发票后全部向主管税务机关申报认证抵扣，共计抵扣税款 169 万余元。

2. 法院裁判

本案一审及二审法院均认为，严重的社会危害性是任何犯罪都具有的本质特征。一行为如果没有严重的社会危害性，则不属于犯罪的范畴。虚开增值税专用发票罪也不例外。其社会危害性体现在行为人既侵犯了国家增值税专用发票监督管理制度，又破坏了国家税收征管，造成了国家应税款大量流失。无论是 1995 年的《决定》，还是之后的《刑法》规定，从立法宗旨和立法体系可以判断，国家刑事法律无不是从保障国家税收不流失这一根本目的出发而规定一系列危害国家税收犯罪的。如果不严厉惩治这些犯罪行为，则必然造成国家税收流失，危害国家税收征管。如果根本没有造成国家税收流失的可能，则不在危害税收征管犯罪的评价范围。

如果不从立法宗旨和立法体系认识到保障国家税款不流失的立法目的，也不从社会危害性方面认识到客观上不会、也没有造成国家税款流失的行为不具有严重的社会危害性，而仅从形式上将只要有虚开行为一律以虚开增值税专用发票罪追究刑事责任，则明显违背了主客观相一致的基本定罪要求，属于客观归罪。就本案而言，李甲、李乙在协助何某办理丁煤矿扫尾工作期间，何某基于解决其所控制的丙煤业超能生产煤炭对外销售的实际问题，伙同罗某及二原审被告人虚增了丁煤矿向甲集团销售煤炭这一交易环节，利用丁煤矿实际停产但具有煤炭生产指标的有利条件，在此期间，由丁煤矿开具煤炭过关票和相应 38 份增值税专用发票，从而将丙煤业超能生产煤炭对外销售。上列开具增值税专用发票的行为虽与实际交易行为不符，但行为人主观上没有偷逃国家税款目的，而是为了促成超产煤炭的外销，根据销售煤炭数量如实向国家上缴了增值税和相关税费，即使在下一销售环节将增值税发票进行抵扣，客观上也不会造成国家税款流失。因此，各被告人在主观上没有偷逃国家税款目的，客观上也没有造成国家税款流失，不具有危害国家税收征管的严重社会危害性，不应构成虚开增值税专用发票罪。

（二）本罪是否为结果犯

否定说：部分学者及司法人员认为，由于《刑法》第二百零五条规定的罪状并没有将国家税款损失作为成立本罪的一项必要条件，只是把国家税款损失作为一项量刑情节予以适用，从严厉打击虚开发票犯罪的国家情势出发，本罪应理解为行为犯而不是结果犯。①

与此同时，最高人民法院现行有效的司法解释也没有将行为人实际造成了国家税款损失作为本罪构成的必要条件。《最高人民法院关于适用〈全国人民代表大会常务委员

---

① 参见：张忠斌.虚开增值税专用发票罪争议问题思辨［J］.河北法学，2004（6）；孙光.浅谈虚开增值税专用发票犯罪的法律适用［J］.法学天地，1995（4）；于伟伟.如何认定虚开增值税专用发票罪［J］.山东审判，2002（4）.

会关于惩治虚开、伪造和非法出售增值税专用发票犯罪的决定〉的若干问题的解释》（法发〔1996〕30 号，以下简称法发〔1996〕30 号文件）第一条第一款明确规定："根据《决定》第一条规定，虚开增值税专用发票的，构成虚开增值税专用发票罪。"据此规定，行为人实施了虚开增值税专用发票的行为即成立虚开犯罪。

此外，张明楷教授认为，《刑法》第二百零五条既不是行为犯，也不属于结果犯，而是属于抽象的危险犯，"虚开增值税专用发票罪属于抽象的危险犯，司法机关应以一般的经济运行方式为根据判断是否具有骗取国家税款的可能性。如果虚开、代开增值税等发票的行为根本不具有骗取国家税款的可能性，则不宜认定为本罪。"①

肯定地说：在刑法学界及刑事司法实务界，明确认为本罪属于结果犯的不多见，但有部分学者及司法人员认为，行为人虚开发票的行为造成国家税款损失的后果是成立本罪的必要条件之一。如果行为人在客观上未造成国家税款损失的，则只具有一般的行政违法性，不具有应受刑罚处罚的刑事违法性，因此不成立本罪。

最高人民法院刑法研究室在《〈关于如何认定以"挂靠"有关公司名义实施经营活动并让有关公司为自己虚开增值税专用发票行为的性质〉征求意见的复函》（法研〔2015〕58 号）中指出："行为人利用他人的名义从事经营活动，并以他人名义开具增值税专用发票的，即便行为人与该他人之间不存在挂靠关系，但如行为人进行了实际的经营活动，主观上并无骗取抵扣税款的故意，客观上也未造成国家增值税款损失的，不宜认定为刑法第二百零五条条规定的'虚开增值税专用发票'；符合逃税罪等其他犯罪构成条件的，可以其他犯罪论处。"

本文认为，从立法目的角度考察，1995 年的《决定》明确指出，"为了惩治虚开、伪造和非法出售增值税专用发票和其他发票进行偷税、骗税等犯罪活动，保障国家税收，特作如下决定……"据此可以看到，国家设立本罪的立法目的是为了保障国家税收，为了打击侵害国家税收收入的犯罪行为。因此对于行为人客观上未造成国家税款损失的"虚开"行为不是《刑法》第二百零五条适当的评价对象。

从法益侵害及犯罪的本质角度考察，《刑法》第二百零五条是"危害税收征管秩序罪"之一，所侵害的法益是国家的税收征管秩序，突出表现为对国家税收收入的侵害。如果行为人所实施的"虚开"行为仅仅扰乱了国家的发票管理秩序，但对国家税收收入没有造成侵害，则无法构成本罪的客体要件，不具有严重的社会危害性，不应受到刑罚处罚的刑法评价。

从罪责刑相适应角度考察，《刑法》第二百零五条属于重刑犯罪，最高可判处无期徒刑，因此其所评价的犯罪行为应当具有极高的社会危害性，方可符合罪责刑相适应的原则。如果行为人所实施的"虚开"行为在客观上未造成国家税款的任何损失，则不具有严重的社会危害性，以本罪追究其刑事责任将与罪责刑相适应原则相违背。

综上所述，行为人构成虚开增值税专用发票罪应当以行为人在客观上造成国家增值

---

① 张明楷．刑法学（第 3 版）［M］．北京：法律出版社，2007．

税税款损失的后果为必要条件。

四、虚开增值税专用发票罪的虚开数额认定分析

（一）案例引入：张某虚开增值税专用发票罪案

1. 案情介绍

2012 年 10 月，张某出资设立了甲农副产品购销公司（以下简称甲公司），自 2012 年 10 月—2013 年 7 月，在无真实货物交易的情况下，张某以甲公司名义向 11 家企业虚开增值税专用发票 197 份，价税合计 2064 万元，税款约 300 万元。该 11 家企业取得发票后均全部抵扣，抵扣税款 300 万元。张某通过虚开增值税专用发票共取得开票费 70 万元。

同时，为了抵扣甲公司自身增值税税款，在 2012 年 11 月—2013 年 7 月，张某通过虚构农民与甲公司之间的农产品收购交易，为自己虚开农副产品收购专用发票共计 561 份，票面金额共计 2307 万元，税款约 300 万元，已在每月纳税申报中抵扣增值税税款 300 万元。

2014 年 1 月张某因涉嫌虚开增值税专用发票罪被逮捕。鹤岗市人民检察院对张某涉嫌虚开增值税专用发票案提起公诉。公诉机关认为，张某违反增值税专用发票管理规定，虚开增值税专用发票、用于抵扣税款发票，虚开税款数额巨大，其行为触犯了《刑法》第二百零五条第一款，犯罪事实清楚，证据确实、充分，应当以虚开增值税专用发票、用于抵扣税款发票罪追究其刑事责任。

2. 法院裁判

鹤岗市中级人民法院经审理认为，张某违反国家税收征管和发票管理规定，在无真实货物购销的情况下，为他人虚开增值税专用发票，其行为已构成虚开增值税专用发票罪，且骗取国家税款数额巨大，公诉机关指控张某犯虚开增值税专用发票罪事实清楚，证据确实、充分，指控罪名成立，应予支持。但公诉机关指控张某犯虚开用于抵扣税款发票罪，因甲公司自成立以来即无真实货物交易，张某为自己虚开农副产品收购专用发票这一用于抵扣税款发票的目的系掩盖其对外虚开增值税专用发票的事实，张某的这一行为不符合虚开用于抵扣税款发票罪的构成要件，公诉机关指控该罪名有误，应予纠正。综上，根据《刑法》第二百零五条的规定，张某犯虚开增值税专用发票罪，判处无期徒刑，剥夺政治权利终身，并处没收个人全部财产。

（二）虚开税款数额的认定

虚开税款数额是《刑法》第二百零五条规定的法定量刑情节。所谓虚开税款数额，是指行为人虚开的增值税专用发票上所载明的税额，即应税货物的计税金额和其适用增值税税率的乘积。在虚开增值税专用发票犯罪案件中，存在诸多行为人双向虚开的情形，即行为人既实施了让他人为自己或自己为自己虚开又对外虚开的行为。对于行为人实施双向虚开的犯罪，究竟应定一罪还是数罪，抑或虚开的进项税额与销项税额是否应

当累加计算的问题在司法实务界一直存在较大争议。由于《刑法》第二百零五条是选择性罪名，对应不同的犯罪对象，同时在实践中行为人存在单向虚开或双向虚开的情形，因此在认定本罪虚开税款数额时需要区别不同情形具体分析。

1. 单向虚开的虚开税款数额认定

如果行为人仅实施了向他人虚开增值税专用发票或其他用于抵扣税款发票的行为，则以行为人对外虚开的增值税专用发票记载的税额或其他用于抵扣税款发票的可抵扣增值税税额为其虚开税款数额。

如果行为人仅实施了让他人为自己虚开增值税专用发票或其他用于抵扣税款发票的行为，则以行为人接受虚开的增值税专用发票记载的税额或其他用于抵扣税款发票的可抵扣增值税税额为其虚开税款数额。

2. 双向虚开的虚开税款数额认定

行为人双向虚开增值税专用发票的情形。双向虚开可以分为两种情形：一是行为人双向虚开增值税专用发票，即行为人既让他人为自己虚开增值税专用发票又为他人虚开增值税专用发票，通常表现为倒买倒卖发票的"开票公司"，在购和销两个环节均没有真实的货物交易，且受票和开票均是增值税专用发票；二是行为人让他人为自己虚开农产品收购专用发票、废旧物资发票等用于抵扣税款发票的同时又为他人虚开增值税专用发票，是"开票公司"的特殊情形，既引入案例 3 中张某及其甲公司的情形，由于行为人受票行为和开票行为涉及不同的发票对象，这就不仅涉及虚开税款数额的计算问题，而且还涉及一罪还是数罪的罪数问题。

（1）行为人对外虚开增值税专用发票的行为构成犯罪。对于纯粹倒卖发票的开票公司，其通过对外向其他企业虚开增值税专用发票赚取开票费的行为符合《刑法》第二百零五条规定的虚开行为，且其主观上具有利用对外虚开的增值税专用发票（帮助）偷逃国家增值税税款的故意状态，符合虚开增值税专用发票罪的犯罪构成，构成本罪。

（2）行为人让他人为自己虚开增值税专用发票、用于抵扣税款发票的行为不构成犯罪。在行为人实施双向虚开的犯罪过程中，行为人的受票行为并非以偷逃国家税款、抵扣真实的增值税销项税额为目的，而只是为了平衡账目，掩盖其对外虚开增值税专用发票的事实，在主观上不符合虚开增值税专用发票、用于抵扣税款发票罪的主观故意要件。如在前述张某虚开增值税专用发票案中，鹤岗市中院认为张某为自己虚开农产品收购专用发票的目的并非偷逃国家税款，而是掩盖其对外虚开增值税专用发票的事实，不符合虚开用于抵扣税款发票罪的犯罪构成，因而对公诉机关的指控罪名进行了纠正。

综上所述，行为人在购销两个环节均无真实交易的情况下，既让他人为自己虚开增值税专用发票、用于抵扣税款发票，又对外为他人虚开增值税专用发票的，其对外虚开的行为构成虚开增值税专用发票罪，受票行为不符合虚开增值税专用发票、用于抵扣税款发票罪的犯罪构成，应以虚开增值税专用发票罪一罪论处，虚开税款数额仅以行为人对外虚开的增值税专用发票所记载的增值税销项数额计算。①

（3）在双向虚开案件中，行为人的受票行为也可能会构成犯罪。上述双向虚开情形的特点在于，行为人自始至终在购销两个环节均没有真实交易，因此行为人主观上并没有利用取得虚开的发票偷逃国家税款的故意。但不可否认的是，也存在另一种不同的双向虚开，即行为人在购销两个环节中部分或大部分的交易是真实的，只有一部分购销交易是虚假的情形。针对这种双向虚开的情形，应如何认定行为人的罪数和虚开税款数额呢？

第一，行为人受票和开票均是增值税专用发票的情形。在受票环节，行为人让他人为自己虚开增值税专用发票后用此抵扣其真实的增值税销项税款，或尚未抵扣其真实的增值税销项税款但侦查机关有证据证明行为人取得虚开的增值税专用发票的目的是为了抵扣其真实的增值税销项税款的，行为人的受票行为也符合虚开增值税专用发票罪的犯罪构成。与此同时，若行为人也实施了为他人虚开增值税专用发票行为的，应当以虚开增值税专用发票罪论，虚开税款数额应当将行为人受票的增值税进项税额及对外虚开的增值税销项税额累加计算。

第二，行为人虚接受用于抵扣税款的发票又对外虚开增值税专用发票的情形。在受票环节，行为人让他人为自己虚开用于抵扣税款发票后用这些发票抵扣了其真实的增值税销项税款，或尚未抵扣其真实的增值税销项税款但侦查机关有证据证明行为人取得虚开的用于抵扣税款发票的目的是为了抵扣其真实的增值税销项税款的，行为人的受票行为符合虚开用于抵扣税款发票罪的犯罪构成。与此同时，行为人也实施了为他人虚开增值税专用发票的行为，也符合虚开增值税专用发票罪的犯罪构成。那么，对该行为人应当定一罪还是数罪呢？

这里涉及选择性罪名的适用问题。《刑法》第二百零五条属于典型的选择性罪名，即虚开增值税专用发票、用于骗取出口退税、抵扣税款发票罪。这一罪名针对三类不同的犯罪对象（增值税专用发票、用于抵扣税款发票、用于骗取出口退税发票），既可以概括适用，也可以拆分适用。对于行为人同时触犯其中两个以上罪名的，直接概括适用罪名即可，不分别定多个罪名。如在案例3中，公诉机关认为张某受票和开票的行为均构成犯罪，指控张某构成虚开增值税专用发票、用于抵扣税款发票罪一个罪名，而并没有指控张某构成虚开增值税专用发票罪和虚开用于抵扣税款发票罪两个罪名。只是在本案中张某的受票行为不构成犯罪，因此尽管公诉机关对本罪的选择性罪名的适用方式是恰当的，但是在本案中其指控的具体罪名是错误的。

---

① 在实践中，对于行为人双向虚开增值税专用发票的情形，在认定虚开税款数额时，有些法院持以下观点：①当行为人虚开的销项税额与虚接受的进项税额相等时，以销项税额认定行为人的虚开税款数额，而不是将进项税额与销项税额简单相加；②当行为人虚开的销项税额大于虚接受的进项税额时，以较大的对外虚开的销项税额为准；③当行为人虚开的销项税额小于虚接受的进项税额时，司法人员在案件侦办中可能还有未查明的销项税额被虚开，此时应当以查明的虚开的销项税额为准认定虚开税款数额。但是，在司法实务中也有另一种情形，即司法人员已经查明多出来的虚假的进项税额是行为人为下一期因真实交易所带来的销项税额备存抵扣的，在这种情况下，应当以较大的虚接受的进项税额作为虚开税款数额。在引入案例1中，法院即持这类观点。

综上，如果行为人的受票行为和开票行为均符合《刑法》第二百零五条规定的犯罪构成，且其犯罪行为涉及两个或两个以上的犯罪对象的，法院应直接以本罪的概括罪名即一个罪名定罪，不定数罪。但是，在计算虚开税款数额时，应将行为人虚接受的增值税进项税额和对外虚开的增值税销项税额累加计算。

五、虚开增值税专用发票罪的量刑分析

（一）案例引入：胡某虚开增值税专用发票罪案

1. 案情介绍

2010 年 12 月—2012 年 1 月，胡某在没有实际货物交易和真实资金往来的情况下，采取按增值税专用发票票面金额 6% 支付开票费的方式从张某处购买增值税专用发票共计 33 份，价税合计为 3432366.54 元，税额合计为 498719.92 元，已向税务机关申报并实际抵扣增值税税款 449090.63 元。

2012 年 4 月，胡某自动向湘潭市公安局投案，如实供述了自己的主要犯罪事实，并在公安机关侦查阶段向公安机关退缴违法所得 400000 元。在诉讼阶段，胡某向一审法院再次退缴违法所得 49090.63 元。

2. 法院裁判

一审法院经审理后认定，胡某让他人为自己虚开增值税专用发票，造成国家税款损失，情节特别严重，构成虚开增值税专用发票罪；考虑其有自首情节，加之已将违法所得全数退缴，依法可予以减轻、从轻处罚；判处有期徒刑 3 年，缓刑 5 年，并处罚金人民币 10 万元。胡某未提请上诉，一审法院判决生效。

（二）法发〔1996〕30 号文件量刑过重

法发〔1996〕30 号文件对虚开增值税专用发票罪等与增值税专用发票有关的犯罪的定罪量刑数额标准作出了具体规定。1997 年全国人民代表大会发布了修订后的《刑法》，将 1995 年《决定》，中关于犯罪和刑事责任的规定纳入其中。之后，最高人民法院没有废止法发〔1996〕30 号文件，在司法审判实务中，法发〔1996〕30 号文件一直得以适用和援引。

时过境迁，法发〔1996〕30 号文件所规定的虚开增值税专用发票罪的量刑数额标准太低，已经严重违背了罪责刑相适应的基本原则，不利于保障刑事被告人的正当权益，直接导致了危害税收征管秩序罪混乱的刑罚体系。若机械适用法发〔1996〕30 号文件规定的数额标准量刑，将导致类似犯罪之间的量刑明显失衡，严重影响司法公正。比如，同样是涉税犯罪，根据《最高人民法院关于审理骗取出口退税刑事案件具体应用法律若干问题的解释》（法释〔2002〕30 号）（以下简称法释〔2002〕30 号文件）的规定，以假报出口或者其他欺骗手段，骗取国家出口退税款 250 万元以上的，处 10 年以上有期徒刑或者无期徒刑；而根据法发〔1996〕30 号文件规定，虚开增值税专用发票，虚开税款数额 50 万元以上的，也处 10 年以上有期徒刑或者无期徒刑。而从犯罪性

质、危害后果看，两罪并无多大区别，仅因制发解释的时间不同，两罪的定罪量刑标准却相差数倍。特别是对于骗取国家出口退税罪，虽然骗取税款数额相同，但一个采取虚开增值税专用发票手段，另一个采取其他手段，两者就可能量刑差异巨大，显然不够公平合理。

目前，最高人民法院一直没有出台关于本罪的新司法解释。对于当前正在审理的虚开增值税专用发票案件，是否继续依据法发〔1996〕30 号文件司法解释规定的数额标准定罪量刑，在审判实践中有不同意见。

（三）法释〔2002〕30 号文件的适用困境

西藏自治区高级人民法院在审理一起虚开增值税专用发票案件的过程中，对于是否继续依据法发〔1996〕30 号文件的规定进行定罪量刑向最高院进行请示。最高人民法院发布《最高人民法院研究室关于如何适用法发〔1996〕30 号司法解释数额标准问题的电话答复》（法研〔2014〕179 号）（以下简称法研〔2014〕179 号文件），答复"原则同意你院第二种意见，即为了贯彻罪刑相当原则，对虚开增值税专用发票案件的量刑数额标准，可以不再参照适用法发〔1996〕30 号司法解释；在新的司法解释制定前，对于虚开增值税专用发票案件的定罪量刑标准，可以参照《最高人民法院关于审理骗取出口退税刑事案件具体应用法律若干问题的解释》（法释〔2002〕30 号）的有关规定执行。"对此，黄应生在《人民法院报》刊文作出了解释，[①] 法研〔2014〕179 号文件看似已经解决了虚开增值税专用发票罪的量刑适用依据问题，但自 2014 年 11 月至今，在司法审判实务中，绝大多数的法院仍坚持适用法发〔1996〕30 号文件对虚开增值税专用发票罪进行定罪量刑，并非按照法研〔2014〕179 号文件的指示适用法释〔2002〕30 号文件司法解释。

根据《全国人民代表大会常务委员会关于加强法律解释工作的决议》及《中华人民共和国人民法院组织法》的规定，最高人民法院对于在审判过程中如何具体应用法律、法令的问题有权进行解释，其解释具有法律效力。

根据《最高人民法院关于司法解释工作的规定》（法发〔2007〕12 号）（以下简称法发〔2007〕12 号文件）的规定，司法解释的制定应当符合法定的程序，并且符合法定的形式。法定程序主要包括立项、起草、报送和讨论。法定形式主要包括"解释""规定""批复""决定"四种，司法解释应以最高人民法院公告形式发布，应在《最高人民法院公报》和《人民法院报》刊登。同时，司法解释的废止也应参照司法解释制定程序的相关规定办理，并由审判委员会讨论决定。

法研〔2014〕179 号文件是最高人民法院研究室制定的电话答复，其制定程序不属于司法解释的制定程序，其形式也不符合司法解释的形式，因此在性质上不属于司法解释，不具有法律效力，只具有参照适用的效力，当然也就无法产生废止法发〔1996〕30 号文件的效力。因此，在司法审判实务中，法院无法在判决书中援引法研〔2014〕179

---

① 黄应生．虚开增值税专用发票案件的数额标准确定［N］．人民法院报，2016－07－20.

号文件的规定从而对虚开增值税专用发票罪的量刑数额标准适用法释〔2002〕30号文件。如果法研〔2014〕179号文件的规定内容以最高人民法院制定的符合法发〔2007〕12号文件的司法解释为载体，则可以产生"新法优于旧法"的适用效果，从而在效力上废止法发〔1996〕30号文件，法院便可以直接援引之并适用法释〔2002〕30号文件对虚开增值税专用发票罪进行量刑。

虽然法发〔1996〕30号文件的量刑规定违背了罪责刑相适应的原则，但若法院直接根据《刑法》第二百零五条的规定并参照但不援引法释〔2002〕30号文件作出判决，回避法发〔1996〕30号文件的规定，将会面临较大的风险。首先，法发〔1996〕30号文件在形式上未被废止，虽然不应施行但仍具备司法解释形式上的效力，由于各级法院对这一问题所持的看法不同，如果不作充分地理由阐释便直接回避之将可能导致"有法不依"的风险，被上级法院或者检察院指责。其次，既然法发〔1996〕30号文件在形式上仍有效，那么虚开增值税专用发票罪的法定刑标准就是充分和具体的，如果审判人员不依照法发〔1996〕30号文件的规定量刑就构成"不具有减刑情节在法定刑以下处罚"。而根据《刑法》第六十三条第二款规定："犯罪分子虽然不具有本法规定的减轻处罚情节，但是根据案件的特殊情况，经最高人民法院核准，也可以在法定刑以下判处刑罚。"法院无法绕开报请最高院核准的程序，从而导致司法成本上升，司法效率下降，司法审判人员将面临更多的压力。正是基于上述两个理由，导致法研〔2014〕179号文件虽然公布出来，但绝大多数法院仍对法释〔2002〕30号文件置之不理。

六、结论

（一）对《刑法》第二百零五条进行修正

当前，由于我国实行以票控税的增值税税制，发票本身便具有了增值税税款的意义和价值，成为企业偷逃增值税税款最为便捷的载体和税务机关最为薄弱的征管漏洞。可以说脆弱的以票控税税制是导致虚开发票犯罪现象严重的客观原因之一。与此同时，由于我国的以票控税的税收征管十分落后，缺乏有效的税收基础理论滋养，一贯不重视税收债权债务的性质，增值税的纳税义务人在货物、服务流转环节无法充分取得对国家的税收债权，导致增值税专用发票的违规行为多发，加之我国刑法关于虚开增值税专用发票的规定十分粗陋，使得发票犯罪的入罪门槛很低，这也是发票犯罪现象严重的原因之一。从这个意义上看，完善我国的刑法制度是有效解决发票犯罪现象严重的重要手段之一，也是促进我国刑法公平、公正、保障刑事被告人合法权益的必然要求。

现行《刑法》第二百零五条规定存在犯罪构成要件不明确、违背罪责刑相适应原则等问题，导致司法实践中争议不断，司法结果不统一。刑法规范的明确性原则的核心是"要求对犯罪的描述必须明确，使人能准确地划分罪与非罪的界限"，即立法者必须用明确的语言描述各种具体的犯罪构成。① 结合本文就虚开增值税专用发票犯罪的构成要件分析，立法者可以采取对《刑法》第二百零五条进行修正的方式补充和改革本罪的罪状，从而完善本罪的犯罪构成要件，包括：

（1）增加本罪的目的要件，即在本罪罪状中增加"行为人以非法骗抵国家增值税税款为目的"的表述，明确规定行为人在主观上具有骗抵国家增值税税款的目的是成立本罪的必要要件之一。

（2）增加本罪的危害结果要件，即在本罪罪状中增加"造成国家增值税税款损失"的表述，明确规定行为人在客观上造成国家增值税税款损失是成立本罪的必要要件之一。

（二）尽快出台新的司法解释

除了对《刑法》的修正外，完善我国刑法制度的另一重要方面就是尽快出台新的全面而具体的司法解释。由于我国现行1996年司法解释已经无法适应司法审判实践的需要，且对于犯罪构成要件的具体规定严重落后，量刑标准过于严苛，严重违背罪责刑相适应的原则；与此同时，最高人民法院出台的有关虚开增值税专用发票犯罪的司法解释性文件效力位阶不足，不具有普遍的适用效力，难以起到统一司法实践、维护刑法适用的正确和公平、正义等作用。因此，最高人民法院有必要就刑法"危害税收征管秩序罪"尤其是《刑法》第二百零五条规定作出新的司法解释，针对本罪各犯罪构成要件、罪与非罪、此罪与彼罪、一罪与数罪以及量刑标准等实务问题作出详细而充分的界定。

（三）增值税税制改革的方向

在我国，增值税税制以票控税的核心体现在发票扣税法。我国虽然引进了西方的发票型增值税税种，但却没有西方的税收收入结构的土壤，导致我国以票控税的模式越走越远，问题越来越多，已经到了非改不可的地步。由于西方国家的主体税种并非流转税，而是所得税，因此并没有在发票管理上下苦功夫；同时配合电子化、银行业、现代化的管理手段，能够较好地控制发票所可能引发的偷逃税行为。但在我国，发票型增值税是我国的主体税种，承担较重的税收任务，导致发票管理工作负担沉重、成本高昂，纳税人普遍无法树立起纳税意识，薄弱的发票税控环节使得纳税人普遍实施偷逃税的行为，在高昂的管理成本之下非但没有实现监管目标、无法培养纳税人的纳税意识，反而加剧了发票的复杂性，带来了一系列问题，降低了经济活动的效率。现实情况是发票不仅不能正常、准确地成为计税凭证，而且无法正常履行经济活动的记录职能，甚至成为交易的障碍。

与此同时，由于我国现行增值税税制欠缺对税收债权债务理论的支撑，导致税制往往忽略纳税人的权益问题，而纳税人的权利在通常意义上是可以享受、处分和放弃的，这就导致在规制虚开案件时，由于税法的欠缺而刑法无法将税法的欠缺加以弥补，一旦发票不合规就立即进入到犯罪的认定，使犯罪的门槛过低。如果能够有效吸收税收债权

---

① ［意］杜里奥·帕多瓦尼. 意大利刑法学原理［M］. 陈忠林，译. 北京：中国人民大学出版社，2004.

债务理论，则税务机关可以在处理发票不合规的案件中，通过考察纳税人所拥有的对国家的税收债权和债务的状况，明确其发票不合规行为对国家税款造成的损失问题，在税务机关这一层面减少发票犯罪案件的认定和移送，在进入到刑事司法领域时法院有章可循、有据可查，也就必然会减少整体的发票犯罪案件数量，并有效起到保障纳税人合法权益的作用。

因此，未来我国增值税税制改革要注重对税收债权债务理论的汲取，首先要确定增值税债权债务的概念及其产生，打破以发票作为单一增值税扣税凭证的限制，以经济行为而不是发票开受作为确定纳税人税收债权的根据，并在一定程度上充分赋予纳税人行使、处分、放弃、变更其增值税债权的权利，深化对纳税人扣税权的规定和保障，在此基础上彻底地以信息管税取代以票控税。唯此方可在真正意义上推动和实施全面的增值税转型，实现增值税抵扣税款范围的扩大，并在市场经济中实现作为中性税种的增值税税负公平。

非税收入法治化征管刍议

■ 李 娜

北京市石景山区地方税务局局长

内容摘要：在我国，非税收入是财政收入的重要补充，在缓解财政收支矛盾、促进社会经济发展中起到了重要作用。非税收入管理不仅涉及特定的经费收支，更与政府的行动范围、政府负担的经济与社会管理职责，以及国家的整个经济体制息息相关。但是，相较于税收征管，我国非税收入管理才刚刚起步，长期处于认识不统一、机制不完善和管理不规范的状态，还存在许多亟待解决的困难和问题。加强和改进政府非税收入管理，进一步健全非税收入法律制度和运行机制是推进依法行政、依法理财，建设法治政府的重要举措。

关键词：非税收入　法治化　税收法治

非税收入，是指除税收以外，由各级国家机关、事业单位、代行政府职能的社会团体及其他组织依法利用国家权力、政府信誉、国有资源（资产）所有者权益等取得的各项收入。① 广义上的非税收入涵盖税收和政府债务之外的所有政府收入，其征收依据是国家权力、政府信誉、国家资源（资产）和政府提供的特定公共服务，征管主体是各级政府的职能部门及其授权的事业单位和其他组织。从财政管理的角度分析，非税收入可以分为预算内非税收入②、预算外非税

---

① 参见《政府非税收入管理办法》（财税〔2016〕33号）关于非税收入的定义。

② 财政预算内的非税收入，主要项目有：行政性收费收入；国有企业上缴利润；国家能源交通重点建设基金收入；各种专项收入，如排污费收入、基本建设收入等；国家预算调节基金收入；事业收入，如公立高校的学费收入等；公产收入等；罚没收入。该部分非税收入在管理上比较规范。

收入①以及制度外收入②。2011年政府收入分类科目将非税收入分解为七大类，即政府性基金收入、专项收入、行政事业性收费、罚没收入、国有资本经营收入、国有资源及资产有偿使用收入和其他收入。财政部《政府非税收入管理办法》将非税收入分为行政事业性收费收入、政府性基金收入、罚没收入、国有资源（资产）有偿使用收入、国有资本收益、彩票公益金收入、特许经营收入、中央银行收入、以政府名义接受的捐赠收入和其他收入等十三类。

人们常以"费"来概指所有的非税收入。"费"与"税"都是国家财政收入的重要组成部分，是政府参与国民收入初次分配和再分配的重要形式。公共财政理论认为，政府通过收税提供纯公共产品，通过收费提供准公共产品。相对于"税"而言，"费"的征收较灵活，可以针对特定群体和受益范围提供差异性的公共产品和服务，可以将政府公共服务的受益与成本分摊相结合，由受益者承担成本，从而能够提高经济效率，更好地体现公平。但是，在不同级别政府中，收费的适用程度不同。一般而言，级别越低的辖区越适合以收费筹措公共服务资金。世界各国政府收入结构各异，但不论发达国家还是发展中国家，总体格局基本相同，都是以税为主，以非税为辅，而且非税收入在地方政府收入中的比重明显高于中央政府，是地方政府可支配财力的重要来源。

在我国，非税收入也是财政收入的重要补充，在缓解财政收支矛盾、促进社会经济发展中起到了重要作用。非税收入管理不仅涉及特定的经费收支，更与政府的行动范围、政府负担的经济与社会管理职责，以及国家的整个经济体制息息相关。但是，相较于税收征管，我国非税收入管理才刚刚起步，长期处于认识不统一、机制不完善和管理不规范的状态，还存在许多亟待解决的困难和问题。加强和改进政府非税收入管理，进一步健全非税收入法律制度和运行机制是推进依法行政、依法理财，建设法治政府的重要举措。

一、我国非税收入征收管理现状

（一）思想认识偏差，法治理念缺失

当前，我国处于市场经济发展的初级阶段，受诸多因素影响，非税收入管理的法治化进程明显落后于税收。无论学术界还是实务部门，普遍存在"重税轻费"的思想，法治观念缺失。宏观层面，政府的职能定位、不同层级政府事权财权的划分、非税收入

---

① 预算外非税收入，主要包括由中央政府及其财政、计划部门和省级政府及其财政、计划、物价部门批准设立的行政事业性收费和基金、以政府名义接受的捐赠收入、国有资产和公共资源等租金收入。根据《财政部关于公布行政事业性收费和政府性基金目录清单的公告》（财政部公告2014年第80号）全国性及中央部门和单位行政事业性收费项目113项，全国性及中央部门和单位涉企行政事业性收费85项，全国性政府基金25项。省级政府及有关部门的收费和基金项目则更多，据估计达千余个项目，而且多数属于预算外项目。

② 制度外收入，该部分非税收入是指没经政府或有关部门批准的，既没有纳入财政预算，也没有归入预算外财政管理的，凭借行政权力或垄断地位取得的收入，属于制度外的有待清理的收费、集资和摊派等非税项目。其主要集中于地方政府各部门手中，尤其是集中于县、乡两级政府手中。

收支范围与结构的厘定都模糊不清；微观层面，非税收入项目和标准的确立、收支安排的预算管理、信息公开和非税资金的收缴、使用及监管等方面制度分散零乱、执行乏力。认识上的偏差导致实践中利益相关方对非税收入的规制在思想上抵触，行动上拖延，许多管理改革措施难以落实到位。一方面，一些政府部门对非税收入的财政属性及所有权、使用权和管理权的认识不到位，把收费、政府性基金等非税收入视为单位自有资金，"谁收谁用，多收多用，多罚多返"的思想根深蒂固，认为政府不必调控，财政无须管理；另一方面，由于执收监管乏力，违法成本低，缴付人的权益保障也不充分，导致缴付人遵从意愿普遍不高，恶意欠费、隐瞒、截留、坐支等问题大量存在，甚至有人把政府或行政事业单位为履行或代行政府职能依照法律法规收取的行政事业性收费和政府性基金与"三乱"联系在一起，一概加以指责和否定。

（二）法制基础薄弱，管理制度缺位

近年来，随着财税体制改革的不断推进，非税收入制度建设得到明显加强，为依法加强非税收入管理奠定了基础。从设立依据来看，以国务院公布的行政事业性收费和政府性基金目录清单中所列的非税收入为例，全国人大或人大常委会制定的法律有7个，国务院制定的行政法规16个，地方性法规1个，财政部、相关部委的部门规章和规范性文件32个。[①] 从管理依据来看，国务院和财政部先后印发了《彩票管理条例》《政府性基金管理暂行办法》《行政事业性收费项目审批管理暂行办法》《行政事业性收费标准管理暂行办法》《财政票据管理办法》《政府非税收入管理办法》等一系列法规和规章。地方层面，湖南、云南、广西、内蒙古、甘肃、青海、浙江、湖北、吉林等多个省区先后出台《非税收入管理条例》《非税收入管理办法》《财政票据管理办法》等。中央制定的制度多为针对某类非税收入或某方面管理事项的单行条例、规章或政策性规定，总体而言，层级低、权威性差，设定事项的确定性和稳定性不强，管理规定不够全面配套，管理方式的规范性和强制力都偏弱，操作性不强。地方颁布的相关地方条例或政府规章，除效力低、执行难度大外，也存在各自为政、管理水平参差不齐等问题。尤其是我国至今还未有一套规范统一的非税收入征收管理制度，相关规定散见在各层级、各类别的规章制度中，对非税收入的征管范围、征管权限、票据管理、资金解缴、预算编制、监督检查等规定较为原则和分散，对管理部门和执收单位的职责定位、管理权限，以及缴付人的权利义务、法律责任等问题也缺乏具体明晰的规定。尽管非税收入管理正逐步趋向规范，但在实际管理过程中仍存在项目管理混乱、资金征收使用不规范、监督管理不完善等诸多问题，导致非税收入管理混乱的原因是多方面的，但制度和法规不健全仍是最大的现实"瓶颈"。

（三）管理体制零乱，征管力量分散

目前，我国非税收入缺乏统一的征收机构，征收主体分散于各级政府职能部门及其授权事业单位和其他组织，交通、政法、人事、劳动、教育、城建、农业、海洋等多个

---

① 国家税务总局财行税司指导全国税务领军人才课题组. 非税收入由地税部门征收的相关问题研究.

政府部门都有收费项目，且大多自行进行征收，征管体制呈现出"多方征收、多头管理"的特点。多方征收、多头管理的格局肢解了财政管理职能，非税收入的政策制定、标准确定、票据管理、预算编制、支出监管相对分离。各类管理规定相互交织、错综复杂，看似面面俱到、处处设防，实际执行却漏洞百出、效率极低。同时，在部门利益的驱动下，各部门巧立名目报批、超范围超标准征缴、随意减免、擅自将行政事业性收费转化为经营服务性收费等问题也时有发生。管理模式松散导致管理信息分散，难以对非税收入进行全面、深入的统计和分析，导致非税收入的规模与发展趋势、地方政府的真实财力都缺乏翔实数据的支持。总体而言，非税收入征管体制机制不顺，征管主体多元，职责权限不清，使得非税收入的所有权、使用权和管理权难以真正归位，加之地方政府财权事权不匹配、非税收入违法违纪成本低等因素，导致收入流失、分配失控、管理脱节、监督失灵，不仅增加了非税收入管理的成本，降低了管理效益，而且不利于财政资金的统筹安排。

（四）征缴模式多样，执收随意性大

非税收入征收主体分散多元，征缴模式纷繁多样，执法权限不明确，收缴依据不透明，征收部门多、层次多、环节多，造成征收过程混乱、执收行为失范、管理水平不一、随意性较大。对同一征收对象，从不同角度有不同的征收主体，在不同行政级次有多重征收主体，多层收费、多头收费、重复收费、越权收费、不按标准收费的情况时有发生。例如，行政事业性收费与罚没收入，其收缴单位多而分散，监管难以到位；国有资源有偿使用收入，由于其收缴管理主体及权利边界不清，仍旧大量采用"谁开发、谁所有、谁使用"的管理模式，由各行政事业单位收缴，极易出现产权虚置、收入流失现象；彩票公益金由民政、体育、财政三个部门共同管理，实际上管理权与资金使用权主要掌握在民政与体育部门，财政部门的管理处于边缘化状态。票据管理混乱也是非税收入征管中的突出问题。征管主体多元导致执收票据使用分散，管理难度大，核销与监控体系不完善，一些执收执罚部门使用内部结算票据，甚至打白条、乱收费和贪腐等现象时有发生，以票管费的作用未能有效发挥。部门收支"明脱暗挂"问题突出，"乱收"与"缺收"现象并存，"收缴分离、收支分离"未能彻底实现。

（五）信息化应用不足，征管效率较低

非税收入征管在统一性和规范性方面的缺失也导致非税收入管理方面信息化建设滞后。与全国税务系统税收管理信息系统的日新月异相比，非税收入管理领域信息化手段应用严重不足。各地普遍存在政府对非税收入的立项审批、标准制定、票据管理、预算编制、决算及支出管理，以及相关监管信息流程的断裂。制定政策的对执行政策的情况不了解，无法及时解决出现的问题；负责核算和决算的对收入来源真实情况不清楚，无法对收入增减变化情况作出准确分析；负责预算编制的，编制收入计划时难以衡量执收部门上报的收入计划是否符合实际，管理的科学性、及时性、全面性更是无从谈起。亟须推进财政与银行、财政与执收执罚单位、财政部门内部及其上下级之间的计算机联网，以全面监控非税收入的收缴和支出情况，提高收缴效率和管理质量。

（六）约束机制缺乏，内外监管乏力

从我国目前的情况看，非税收入领域的财政秩序仍然比较混乱，无法可依、有法不依、执法不严、违法不究的现象还比较严重。这固然与法律制度的不完善有关，同时也是监督机制不够有力，违法行为不能得到有效查处和纠正的结果。非税收入的监督依据以红头文件居多，法律法规很少。仅有的一些规定，对于监管主体、监管对象、监管范围、监管内容，以及违法案件的调查取证程序都不够具体，监管主体和客体的权利义务、法律责任也不明晰，导致监管的权威性、严谨性和强制性都严重缺失。监督主体上，从制度规定看主要有人大的监督、政府审计部门和财政部门的监督、公民监督等，但现实中人大监督由于多方面原因一直不够强势，审计和财政部门的监督也不够及时和全面，公民监督受非税收入管理信息透明度低的影响难以发挥作用。监督内容上，政府相对重视对执收结果的监督，而忽视对执收过程的监督；相对重视对非税收入预算收入的监督，而忽视支出方面的监督。监督环节上，事后监督多，事前事中监控少。监督方法上，集中性突击性监督多，制度性长效性监督少。责任承担上，由于制度规定不够明确，政府非税收入监管部门往往对违反非税收入管理制度的行为不直接享有处罚权，只能借助财政监督检查部门才能进行处罚。这样不仅增加了监督检查的环节，降低了执法效率，并且一定程度上影响了对违规行为的打击力度，征纳双方的违法成本都不高，监管工作的权威性和威慑性难以树立，遵从意愿较低。

（七）信息透明度低，权益保护不充分

公共财政理论认为，国家为了弥补市场缺陷、提供公共产品，可通过人民普遍同意的渠道筹集财政收入，使部分资金从私人所有权中剥离出来，形成供养国家机器的公共财产，继而将这部分"取之于民"的公共财产"用之于民"，达到社会财富的有效运作和国家的良性运转。孟德斯鸠在《论法的精神》中曾指出："因为国民相信赋税是缴纳给自己的，因此愿意纳税。"[①] 在非税收入项目及标准的确定中坚持民主、公开，对非税收入的收入与支出情况主动公示，加强非税收入立法及征收管理的透明度，是公民保护自身利益和监督政府财政行为的有效手段，是法治政府的必然选择。目前，我国政府在收入项目的立项、收入征管和支出安排上都缺乏民主性和透明度，缺失听证协商制度和公众参与机制，缴付人的知情权和参与权未能得到保障。对执收过程中的投诉及争议也尚未建立有效的应对处理机制，服务投诉和缴费争议难以得到及时、妥善的处置。

"税"与"费"都是公共财政收入的支柱，都应纳入理性的管理轨道，宜税征税，宜费收费，税费并重，同步推进。非税收入不能成为公共财政管理的短板，尤其在规范管理方面更应该加大力度。近年来我国一直在强调依法理财，建设法治财政。各级财政部门加大改革力度，完善政策措施，健全管理制度，积极推动非税收入规范化管理取得明显成效。但是，由于长期以来的人治传统根深蒂固，非税收入相关法律法规的完善和贯彻执行与法治政府建设的要求相比都还有明显的差距。

---

① 孟德斯鸠. 论法的精神 [M]. 张雁深，译. 北京：商务印书馆，1997：212.

二、非税收入征管的国际经验

相对于发达市场经济国家非税收入管理的质效而言，现阶段我国政府非税收入管理还存在很多缺陷和不足，有必要以比较的视角去审视中西方政府非税收管理模式，以找到改进我国政府非税收入管理现状的策略。

世界各国受到自身经济发展水平、集权分权模式、市场发育程度和政府管理体制等因素影响，在非税收入的规模、构成和管理方式等方面差异明显，但归纳起来，管理质效较高的发达市场经济国家在非税收入管理中都具有一个最突出的特点，就是坚持法定、民主、透明的原则。

在非税收入项目及标准的设立方面，为取得缴付人的理解和支持，避免向缴付人收取不合理费用，西方市场经济国家一般要在收费项目设立过程中与服务对象进行磋商，通常包含宣传政策、评估研究、听取意见等程序。各国对收入项目及其标准的确定都有明确的法律依据，并严格按照法令执行。在美国，政府非税收入的项目和标准，以及开征、变更等都必须按照法定程序由议会或选民投票表决。加拿大联邦、省和地方三级政府各自依据联邦宪法等有关法令分级管理非税收入，各级政府必须经议会批准才能设立收费项目。设立新的收费项目或修订收费标准之前，实行听证协商制度，政府需与未来缴付人就可能出现的问题进行磋商，达成一致意见后才能开始收费。澳大利亚政府通过严格的法律程序确定收费项目，收费审批权集中在联邦和州两级，收费机构必须按隶属关系向相应层级政府申请，提交议会审议通过后，以法律形式颁布实施。

在规范非税收入的收缴管理方面，许多市场经济国家对规范非税收入收缴渠道都作出了严格的规定，并采取收缴机构直接收缴、银行自动划转、金融机构代办代缴、电话委托缴付、邮局付款等灵活多样的收缴方式，取代传统单一的人工收缴方式。通过充分利用先进的信息技术，在全国范围内建立起发达的计算机信息征缴网络系统，对征缴实施全过程监管。如加拿大的卡尔加里市为公众缴纳各种政府收费共设置了邮寄付款、直接向征收机构缴纳、预先授权银行支付、金融机构代办缴付以及通过电话委托缴付等五种方法，十分科学、便利。这些众多的收缴方式通过强大的计算机网络联系起来，能使管理者能及时了解各地、各类非税收入的征缴信息。

在非税收入的使用管理方面，各国均规定政府各类非税收入必须统一纳入财政预算，并实施严格的监督制约。美国相关法律明确了非税收入的专用性，以法律形式明确限定其专用范围和使用方向，收费收入通常被单独用于提供相关服务或福利项目，但所有的非税收入都要纳入政府的预算管理。加拿大联邦《财政管理法》规定，非税收入应当在收缴后统一缴存到出纳总署的综合收入基金账户中，纳入财政预算管理统一安排使用，不规定专项用途，与部门收支脱钩。无论对政府非税收入的使用是否明确规定了专款专用，各国均以法律形式明确非税收入要纳入政府统一的财政预算，实行严格的财政收支统管，并对非税收入的使用实施严格监督。比如，新加坡的非税收入管理部门要分别接受审计机构的审计、公平竞争管理调查局的调查和有关部门的监督检查。加拿大专门设置了"收费检查委员会",并通过法律规定政府部门和机构应当向国库部和省及地方政府设立的该委员会报告非税收入的使用管理情况,接受其审计。[①]

在非税收入管理的透明度建设方面,多数市场经济国家规定,中央(或联邦)政府部门和机构应当定期向公众展示非税资金的征收和使用情况,接受法律咨询,遵循法律规定的审批程序,向社会披露收费征收和使用的详细情况。公众只要愿意,可以在政府门户网站查看非税收入的征收和使用情况。在年度总结时,各级政府会对非税收入的基本情况进行详尽的总结和归纳,在此基础上接受议会的审查。同时,还通过公示、报告、接访等制度加强对收费的监督。政府通过公开信息主动构建公开透明的监督环境,积极接受社会和民众监督,较好地保护了缴付人的合法权益,从而使政府和民众在非税项目确定和征收的博弈过程中保持了基本良好的平衡。

总体而言,成熟的市场经济国家在非税收入项目和标准的确立、非税收支安排的预算管理、非税资金收缴使用、非税项目相关信息的公开,以及非税收入的监管方面,都有明确的法律依据,都遵循法定、民主、透明的原则,既注意保护利益相关方的合理诉求,使各相关主体拥有稳定而明确的预期,又主动接受专门机构和公众、媒体的广泛监督,对市场主体的行为和政府行为进行最有效的规范。

三、实现非税收入征管法治化的具体思路

现阶段,我国正处在社会主义市场经济建设初期,要牢固树立非税收入是财政收入重要组成部分的观念,要在承认非税收入客观性与合理性的基础上,把规范政府非税收入征管与加强税收征管放到同等重要的地位,比照税收管理实践,借鉴国外成功管理经验,渐进、系统地寻找非税收入征管法治化的路径。政府既要从理顺市场与政府的关系、合理配置中央与地方财权事权、系统推进财税体制改革、完善地方税费体系建设等方面进行顶层设计,也要对非税收入的项目、标准、收缴与使用等问题进行基础性、专业性、细节性的制度安排。只有这样,才能在及时回应实践所需、解决突出问题的同时,整体构建科学完善的非税收收入法律规制体系,有效推动非税收入管理的法治化进程。

(一)树立正确理念,引领行动方向

"认识是行动的先导",推进非税收入管理法治化,同样应该理念先行。

首先,应该确立现代财政理念,要充分认识非税收入是财政收入重要组成部分,把非税收入管理改革置于财政改革与经济发展的全局来考虑,摆正政府与市场、政府与企业、整体与局部的关系,摒弃狭隘的地方保护主义、本位主义和分散主义的倾向,把认识统一到非税收入"所有权属国家,使用权归政府,管理权在财政"上来。有效约束

---

① 马洪范,蒋义. 政府非税收入管理国际经验及借鉴 [J]. 地方财政研究,2009(9).

政府的财政权力，对于合理存在的非税收入，政府也应当遵循最少干预、对价平等的原则进行管理。通过改革规范非税收入管理，减轻社会负担，优化经济发展环境，为建立健全统一、开放、竞争、有序的现代市场体系打下坚实基础。

其次，应该确立法治财政理念。在现代民主社会，一切权力的占有与行使都必须以合法性为基础和前提。税收权力和非税收入权力作为国家财政权的核心内容，其合法性不但直接影响着国家政治权力和政治制度的合法性，而且直接影响着国家财政制度的合法性和财政职能的实现。要将非税收入纳入公共财政体制改革的框架下，推进非税收入管理向规范化方向转型，根据经济发展程度、政府职能、财政体制等因素"正税清费"，对非税项目进行清分和确认，该取消的取消，该保留的保留，该改税的改税，使之"分流归位"，从总体上理顺税费关系，以彰显财政管理在经济功能基础上的社会本位和公平正义。

据此，我国非税收入征管法治化应坚持以下一些基本原则。一是"统筹安排，收支分离"。有效推进各项非税收入的全预算管理，各级财政部门要通过编制综合财政预算，实现政府税收与非税收入的统筹安排。持续深化"收支两条线"管理改革，强化非税收入收缴管理，相关部门和单位执收的非税收入必须全部缴入国库或财政专户，其部门支出与其征收的非税收入彻底脱钩，确保"收支两条线"落实到位。二是"分类规范，统一征管"。政府非税收入范围广、项目多、分布散、差异大，应在科学分析各项非税收入的收入属性、收缴集中度等因素的基础上，对非税收入进行科学的分类，与政府收支分类科目相衔接，分类明确征管主体，分类明确征管思路和管理制度，通过科学化、精细化管理全面促进非税收入管理工作规范化。为妥善解决非税收入征管主体多元化问题，可以考虑除法律、行政法规另有规定外，政府非税收入可以由财政部门直接征收，也可以由政府专门成立的非税收入征管机构集中执收。三是"公开透明，高效便民"。政府主动公开非税收入项目、标准、执收单位、非税票据、资金使用情况等，实行"阳光财政"，广泛接受社会监督，从源头上遏制"三乱"等违规违纪行为。按照提高征收效率、方便缴付人的原则，建立健全政府非税收入收缴系统，以信息化管理为手段，实现网络化征收管理。通过信息化手段，将收缴信息与预算编制、国库集中支付联动，对非税收入的收缴与使用进行全方位监督，不断提升非税收入的使用和管理质效。

（二）完善法律体系，保证有法可依

首先，要中央与地方联动，建立健全非税收入法律体系。中央主要是加快法律层面的体系化建设，以营造政府非税收入管理的法治环境。制定和完善《非税收入法》等基础性法律法规，为政府非税收入项目体系、资金运行体系和监督体系的建立健全提供相关的法律指引和制度保障。以立法的形式进一步明确各层级政府的非税收入设定权限、设定范围和设定程序，避免地方政府以"自我赋权"的方式随意设定非税收入项目。同时，为了规范政府非税收入的征收、使用和管理，还应根据"分类规范"的原则，加快制定《行政事业收费法》《政府基金法》《彩票法》《国有资源和国有资产有偿使用收入管理办法》等法律法规。地方则要根据中央颁布的非税收入法律法规，结合地区实际，加强政府非税收入管理相关问题研究，制定配套的地方法规与地方规章，形成规范有序的非税收入法律规范体系，确保中央有关非税收入法律法规的贯彻实施。

其次，应着力加强非税收入征管制度建设。一是明确财政部门对非税收入统筹管理的主管职责；二是明确各类别非税收入的征管部门及其征管范围；三是借鉴税务管理的方法和理念，细化政府非税收入征管的费源管理、票据管理、资金解缴、稽核检查的规则和程序；四是强化政府非税收入预算管理；五是建立健全政府对非税收入的监督检查机制；六是明确征缴双方不履行法定职责、不遵守法定义务的法律责任。

（三）推进配套改革，优化征管机制

首先，应该明确非税收入是财政收入的组成部分，其征管机制的优化直接或间接地受制于财税体制及行政管理体制的完善与否，因此优化非税收入征管机制的前提是加快推进政府管理的相关配套改革。一是积极推进行政管理体制改革和政府职能转变。正确界定政府与市场之间的关系，进一步转变政府职能，加快机构改革步伐，确保政府承担的事权得到足够的财力保障，降低地方政府"以费补税"的内在冲动。二是建立科学合理的地方税收体系，向地方分享地方税立法权，使地方政府具有一定的地方税目、某些税种的开征与否的决定权、税率减免和调整的权力等，在合理保障地方财力的基础上进一步理顺地方政府收入中的税费关系。三是进一步健全综合预算制度，加大部门预算的编制改革力度，逐步将非税收入全部纳入预算管理体系，全面加强政府预算编制执行监督。

其次，要积极探索建立非税收入管理新机制，实行"财政集中管理、分类实施收缴"的管理模式。所谓"财政集中管理"，是指根据非税收入的根本属性和国家法律法规规定，强化财政部门作为非税收入唯一主管机关的核心地位，对所有非税收入实行统一管理和统一安排，真正从源头上杜绝"三乱"。"分类实施收缴"是指各项非税收入因征收目的、收入用途的不同，在预算类别、法律规定性和征缴特点等方面各有不同，尤其是在征缴对象、征缴环节、征缴依据等方面存在明显差异。[①] 对于与政府部门履行管理职责联系密切、征缴专业性较强，收费和服务具有直接对应性的非税收入项目，如河道采砂管理费、船舶损害赔偿基金、医疗事故鉴定费，以及各类登记费、工本费、检验检测费、考试费等，从征缴便利的角度考虑，可由相关行政主管部门在作出行政行为的同时实施征收。对零星分散的小额非税收入可委托各职能部门在执法过程中现场收缴。对于收入数额大、来源稳定、征收环节相对集中的非税收入，如社会保险费、文化事业建设费、残疾人保障金、彩票公益金等，可考虑设立专门的政府非税收入征管机构进行统一征收，以切实改变非税收入征管主体过于"多元"的局面，逐步建立"集中管理与分类收缴相结合，收入征缴、预算管理、资金使用相协调"的政府非税收入规范化管理新模式。

---

① 国家税务总局财行税司指导全国税务领军人才课题组. 非税收入由地税部门代征的相关问题研究.

最后，要重塑非税收入征管主体。在前一阶段的改革试点中，一些地方政府在财政部门原有的预算外收入管理机构基础上陆续成立非税收入征收局，专职负责非税收入执收工作，这为加强非税收入的规范化管理提供了组织保障，是加强和完善非税收入管理的有益探索。营改增后，地税部门职能出现重大调整，有必要将地税部门转型为专业的非税收入执收部门，专门负责政府非税收入的征管，计划的编制、执行，决算的审核、汇编，以及政策执行情况的检查和执收稽查等工作。可考虑将收入额度较大，来源稳定，征收依据及征收方式与税收相近，与企业销售收入、利润、人数、资源占用等因素密切相关的政府性基金或行政事业性收费交由地税部门统一征收。除征管经验、人员素质等方面的优势外，地税部门还可以充分发挥税费同征的优势，通过税收征管中收集的纳税单位或个人的业务往来、货币资金流动、缴纳的其他税种等信息判断征收标准，评估缴付风险，强化执收管理，将分散的非税收入征管职能加以整合，以统一政府收入管理政策，协调好税收与非税收入的关系，增强政府调控能力。

（四）规范征管行为，强化征管力度

一是完善征管流程。首先，应建立非税收入缴付人登记制度，为掌握费源、实施日常征收与管理奠定坚实基础。其次，要改进和创新收缴模式。以"依法收缴、以票控收、应收尽收"为原则，采取电话申报、网上申报、网络划款等多种方便缴付人的收缴办法，普及政务大厅"一站式"办理和涉企收费"一票制"征缴等简便高效的收缴方式，节约成本，提高效率，加大收缴力度。最后，应对非税收入的减免缓退严格把关。要将非税收入缓减免审批权力集中在财政部门，对确因特殊情况需要缓减免的非税收入，要按照政策规定的范围和审批程序，从严审核，逐级报批，不得擅自缓减免非税收入，杜绝受托代收单位越权减免和收取"人情费"。同时，应强化罚没物资管理，改变相关部门单位各自为政的局面，探索建立罚没物资公务仓制度，规定罚没物资的收缴、保管、处理等程序和方式，确保罚没物资依法、规范处置和变现入库。

二是严格规范票据管理。票据管理是非税收入政策实施的重要依托和非税收入征管的主要手段，加强票据管理是强化非税收入征管职能的重要方面。当前应该严格落实《财政票据管理办法》，规范和统一政府各类非税收入票据，建立起以"政府非税收入一般缴款书"为主体、专用票据为辅助的政府非税收入新型票据体系，实行票据使用与执收项目相结合，票据发放与专户管理相结合，票据管理与稽查相结合。充分发挥票据的源头控管作用，通过非税收入票据的发放、审查、核销，从源头上预防和治理乱收费，通过对非税收入票据的监管，监督各项非税收入及时足额上缴财政，实现"以票管收、以票促收"。加强非税收入票据管理应该充分利用好"后发优势"，注意吸收和借鉴税务管理中推行电子发票的有关经验，对一些缴付主体广泛、收入规模持续稳定的非税收入项目也可以尝试使用电子票据。

三是强化对非税收入的稽查和监督。建立非税稽查、举报、违规处罚和责任追究等监督管理制度，强化非税收入征管部门的稽查职能，赋予其对违规违法案件实施调查取证和行政处罚的权力，以《财政违法行为处罚处分条例》的有关规定为基础，进一步明确非税收入征收、使用和管理中的各种违法违规情形，按照非税收入的种类、性质和违规金额大小等因素明确处罚种类、罚款额度或幅度，以及处罚执行机构。现阶段，应重点打击和查处偷逃政府非税收入的重大违法违规案件，增强执法刚性，树立非税收入管理部门权威，避免国家财产不必要的流失，保证国家财政收入的完整性。

四是健全统计分析和绩效评价指标体系。按照政府非税收入的收支分类，建立全面反映非税收入征收及使用情况的非税收入统计制度，为加强管理提供基础数据和依据。改革统计分析方法，健全政府非税收入统计分析报告制度和绩效评价指标体系，对政府非税收入的规模、结构、负担和收支运行情况进行科学测算，对政府非税收入的管理绩效进行科学考核，切实提高政府非税收入管理水平。在地税部门集中征管非税收入的情况下，还可以积极探索将税收收入分析与非税收入分析相结合，科学分析评估"税"与"费"的相互关系，全面反映政府财政收入情况。

（五）加快信息系统建设，提升管理水平

以便捷征管、规范流程和科技控权为原则，按照"金财工程"总体规划加快中央和地方非税收入信息系统建设。首先，应该在全面清理非税收入管理规范的基础上，整合非税收入政策信息，建立健全非税收入政策信息系统，实现管理依据的全面公开和便捷查询。其次，应该以"金财工程"收入管理系统为依托，根据政府非税收入管理的内容，兼顾与其他财政业务管理系统的衔接（地税部门集中征收非税收入的情况下，还应该兼顾与"金税工程"的衔接），建立和完善以政府非税收入监管子系统为核心，银行代收子系统为前台，票据管理子系统、会计核算子系统、执收台账子系统和对账查询子系统为辅助的政府非税收入管理信息系统，实现各级财政部门和征管部门之间资源共享、信息互通，为实现政府非税收入管理透明、运转高效提供技术支撑，切实提高非税收入管理水平和效率。在此基础上，对系统进行持续升级和完善，不断拓展功能，将非税收缴管理系统、法规政策系统和统计报告系统融为一体，并实现各级财政部门之间、财政部门与银行、税务、非税执收单位之间的资源共享、信息互通及省、市、县三级联网，切实提高非税收缴管理水平。

（六）健全监督体系，形成监督合力

首先，应该在有效落实现行制度已规定的财政监督、审计监督和社会监督为主的非税收入监督模式的基础上，更新监督内容，健全监督机制，强化监督手段，逐步建立起一个以立法机关监督为保障，财政、监察、审计监督为主体，公众和媒体舆论监督为基础的，集法律监督、职能部门监督和社会监督于一体，多层次全方位非税收入监督体系。其次，应该整合监督资源，形成监督合力，加强非税收入的监督管理和相关法律责任。多级监督模式包含了中央监督、专业部门监督、征收和使用单位的内部监督，以及社会监督等，这些监督要取得实效，需要各方监管力量相互协同、相互补充。以人大、财政与审计等机构对非税收入管理的监督为例，这些机构对非税收入监督的目标虽然一致，但监督方式不尽相同，监督内容各有侧重，应该在区分和明确各自监督责任的基础上，加强沟通协作，实现信息共享，以避免出现不必要的交叉监督和重复监督，并降低监督成本，发挥监督实效。此外，人大、财政、审计机构还需要与纪检监察部门及司法部门紧密合作，共同建立严格的执法监督机制，运用经济、行政、法律等手段，对在政府非税收入管理过程中出现的违规违法行为进行严厉处罚，以促进政府非税收入管理规范化。总之，立法、行政和社会监督相协调的综合监督体系，收入、支出和管理监督相统一的立体监督体制，以及事前预防、事中管控和事后追究相结合的全流程监督机制是非税收入管理法治化的基本保障。

当前，要充分发挥财政、审计、社会中介组织等专职机构的职能作用，建立起严格规范、高效运作的融事前、事中、事后监督检查为一体，经常性监督检查与专项监督检查相结合的监督检查机制，加大监督检查力度，特别是对非税减免、退付、分成、票据使用及教育收费等进行重点督查，严厉查处乱收乱罚行为，确保非税收入依法收缴、应收尽收、规范运作。同时，也要切实加强社会监督，大力完善非税信息披露制度，政府应定期或不定期地向公众披露非税收入征收和使用的具体情况，做到信息公开，接受群众监督。为了鼓励社会监督，财政部门可以建立明确的奖励制度，对举报违反政府非税收入管理规定的单位和个人予以表彰和奖励，真正将政府非税收入管理置于群众的监督之下，以推动非税收入合法的进程。

（七）保障缴付人权益，从法治到善治

党的十八届三中全会把财政放到"国家治理的基础和重要支柱"的地位来认识。治理作为一种实现国家社会公共管理职能的新理念、新方式和新方法，特别强调政府与公民和其他社会组织的协调与合作，并希望通过这样的合作和互动达到"善治"的目标。就政府非税收入而言，其规则制定和管理实施必须以尊重和保障缴付人的财产权利和民主权利为基础，才能有效构建公民与公权之间相互信任、互动协作的良好治理格局。当前，在强化缴付人的权利保障方面应重点做好以下几方面工作：一是健全非税公共决策程序。要建立非税项目设立的申请、听证、决策、公示程序，实行决策咨询和听证制度。在新的非税收入政策法规编制过程中，要进行民意调查，选取民意代表参与编制，逐步实现非税收入从政策制定到贯彻执行全过程的信息公开。二是建立非税项目公示制度，将全部非税项目从中央到地方分级分类编制非税项目目录，定期向社会公布项目名称、收缴对象、缴付人、计收依据、收缴标准、收缴期间、收缴办法等，接受社会监督。在具体管理上，要对全部非税项目进行统一编码，建立非税项目库，并随非税项目增减及时进行调整，实行动态管理。非税收入目录或项目库应在财政部门官方网站指定栏目上公布，可供非税缴付人随时查阅。凡非税目录或项目库中没有的项目，当事人可拒绝缴款，并有权向相关部门举报。公众知晓非税收入的各个征收环节后，就可以有效地监督执收执罚人员的工作情况，促进非税收入管理的规范化进程。三是完善缴付人复议诉讼制度，使缴付人可以对政府及其工作人员的财政违法行为提起复议或诉讼，畅通争议解决渠道，保障缴付人权益。

征管法治化只是非税收入法治化的一个方面，但是，正所谓"牵一发而动全身"，这个局部目标的实现也受诸多因素的影响和制约。推进非税收入法治化征管也是一个系

统工程，既要充分吸收既有经验，又要勇于突破善于创新；既要做好顶层设计，又要注重切实管用；既要讲近功，又要求长效。在新一轮财税体制改革和地方税费体系建设的关键期，可以按照"整体规划，分步实施；统筹推进，重点突破；内外结合，上下互动"的路径逐步实现非税收入征管法治化。

从国家到社会

——论所得税法的两次转型与未来变革

■ 杨大春

中国财税法治战略研究院（常州大学）研究员

内容摘要：所得税法的发展演变大致可以分为从国家财政型到个人权利型，再到社会福利型的两次转型。在这两次转型中，所得税法分别经历了国家本位、个人本位和社会本位，形成了与之相对应的各种具体的规范制度，实现了所得税法从追求效率到追求公平，再到追求和谐的三步目标。未来的中国所得税法会沿着社会福利的方向发展变革。由于社会福利原则可能带来的财政收入下降问题，应当通过发展经济，增加总量，宽税基，扩税源和严征管，强稽查的方式将以解决。

关键词：所得税法　历史　国家本位　个人本位　社会本位　社会福利

所得税是当今世界第一良税，无论是对于筹措财政资金，还是对于调节市场、维护民生都举足轻重，具有其他税种不可取代的作用。学界和实务界已经有很多人对所得税的历史、性质、变迁作了深入研究。所得税法是所得税制度运行的基本准则。学界和实务界真正从法学的角度专门研究所得税历史，分析其来龙去脉，以鉴往知来的成果却不多。本文从法律史的角度研究所得税的历程、变化规律、所形成的所得税类型、当今主要类型的基本原则以及具体制度与基本原则之间的对应关系。最后，通过分析历史规律，预测当代中国所得税法的未来变革方向、可能会产生的问题，以及解决问题之道。

一、中外所得税法的简明历史、两次转型与三个本位

（一）所得税法的简明历史

世界所得税法的源头在英国。1798 年，英国首相彼特为应付拿破仑战争而在英国发起征收三步合成捐。这就是所得税的雏形。次年（1799 年），彼特将三步合成捐直接改成了所得税（the income tax）。世界所得税由此诞生。所得税在英国并没有一直延续下去。在战争结束后，1815 年该税种被废止；1842 年才得以恢复，成为英国的固定税种。所得税自在英国诞生后，1861 年，因为美国内战，财政缺紧，又传入美国。但是，所得税在美国也不是一帆风顺。内战结束后，该税也同样被废止。1894 年美国国会才重新提请立法，开征此税。不过，此时提案因为所得税"是按照所得来征税，而不是按人头征收的，故不可能做到按照人口在各州平均分配税负"，涉嫌违反宪法而遭到搁置。[①] 直到 1913 年，美国国会通过第 16 次宪法修正案，才正式确认了所得税法。德国是在 1871 年正式开征所得税。1887 年 7 月，日本正式施行所得税法，标志着日本近代租税法制体系的建立。日本知识界根据日文中的汉字，将"income tax"直接对译成了"所得税"。此名称在甲午之后中国学生的留日高潮中，和其他一系列专有名词一起被直接译成了中文，传入国内。1897 年，奉旨出洋游历的地方官员顾厚焜在抄录日本政府财政收入时，使用了"所得税"这个名词。[②] 这应当是中国人第一次使用"所得税"一词。1901 年 1 月 11 日出版的《江南商务报》发表了中国"驻扎神户兼管大阪领事署"翻译的"日本所得税法"。这是中国人第一次通过出版物公开介绍所得税。从此之后，所得税由理念而制度，由制度而实践，由外来而内生，在中国影响越来越大，家喻户晓，直至今日。所得税在中国的发展传播史，就是一部中国现代化的历史。1910 年10 月，为了推行新政，晚清政府度支部草拟了一份《所得税章程》，但是最后并未颁布。此为中国所得税立法活动之始，不过仅是草案，并非正式法律。1914 年 1 月，北洋政府明令公布了《所得税条例》，共 27 条。此为中国第一部所得税法，但由于时局动荡，经济凋落，该条例并没有得到真正执行。1927 年，南京国民政府成立。在当时的财政部长孔祥熙领导下，财政系统开始重新策划制定所得税法，开征所得税。不过，中途因为美国财政顾问甘末尔（E. W. Kemmerer）的不宜开征意见而临时中止。1931 年"九一八"事变后，中日两国开战的危险日益加重。为了寻找财源，备战抗日，1936 年10 月 1 日，国民政府正式实施新的《所得税暂行条例》，这成为中国全面征收所得税的正式开始。为了拓展财源，增加财政收入，同时抑制抗战开始后重庆等后方暴涨的房地产价格，1938 年 10 月 28 日，国民政府明令公布《非常时期过分利得税条例》，开征具有特殊所得税性质的过分利得税。1938 年 10 月 6 日，国民政府公布并在各地陆续实施

① 郑幼锋．美国联邦所得税变迁研究 [M]．北京：中国财政经济出版社，2006：84.
② 杨大春．中国近代财税法学史研究 [M]．北京：北京大学出版社，2010：165.

《遗产税法》。1943 年 2 月 17 日，国民政府制定实施《所得税法》，取代原先的《所得税条例》。《所得税法》所调整的所得税分为综合所得税和法人事业所得税两类。大约分别相当于个人所得税和企业所得税。综合所得税、法人事业所得税、过分利得税、遗产税共同构成了民国时期的直接税，由国民政府财政部直接税局负责征管。此外，直接税局还兼管印花税。在抗日的烽火中，在高秉坊、朱偰、崔敬伯等人领导下，直接税局一面认真地进行内部队伍建设，严格招收税务工作人员，行之有效地设计打造"税风""税训"，一面科学严格地执法，针对形势变化而及时设计改进征收办法，提高征收效率。以所得税征收为主体的国民政府直接税局在抗战中朝气蓬勃，积极向上，呈现出良好的精神面貌。他们所征收的税款总额虽然不多（1946 年，"当年综合所得税征收效果很差，全年核定预算 70 亿元，实收仅 3.6 亿余万元，仅为预算数的 5%"。[1]），但是在那烽火连天、兵荒马乱、民生凋蔽、税源极其困窘的形势下，直接税局能够有此成绩已经算是难能可贵，已经为抗战的胜利竭尽所能了。不仅如此，而且抗战期间，我国的所得税立法、队伍建设、执法征管工作都取得了相当大的进展，从立法到执法，甚至到司法，形成了中国税法史上第一个基本完善的所得税法系统。抗战胜利后，国民政府又于 1946 年、1948 年两次对《所得税法》加以修订。《非常时期过分利得税法》也于 1946 年被修改成《特种过分利得税法》，成为支持国民党军队打内战的工具。

1950 年，中国统一新的税制。1950—1980 年，中国除了在工商业税中有极少部分的工商业所得税，相当于所得税外，实际上已经废止了所得税。1978 年年底开始改革开放。为了吸引外资、发展经济，中国制定了第一批所得税法（包括 1980 年 9 月 10 日颁布的《中华人民共和国中外合资经营企业所得税法》和《中华人民共和国个人所得税法》、1981 年 12 月 13 日颁布的《中华人民共和国外国企业所得税法》）。在《中华人民共和国中外合资经营企业所得税法》颁布前，1979 年 12 月 27 日，广东省五届人大二次会议原则通过了《广东省经济特区条例（草案）》。之后，经过十余次反复修改，于 1980 年 4 月 14 日将正式稿提请广东省人大常委会审议。1980 年 8 月 26 日，五届全国人大常委会批准施行《广东省经济特区条例》。该条例规定特区企业应当缴纳企业所得税，外籍职工、港澳职工、华侨职工应当缴纳个人所得税。这是改革开放以后我国涉及所得税的最早立法。1993 年 12 月，为了配合即将开始的分税制改革，全国人大合并了多项有关企业所得税和个人所得税的法律法规，形成 3 部基本的所得税法，分别是《中华人民共和国企业所得税法》《中华人民共和国外商投资企业和外资企业所得税法》《中华人民共和国个人所得税法》。2007 年 3 月 16 日，全国人大十届五次会议又将两部内外资企业所得税法加以合并，使之成为一部内外一致的《中华人民共和国企业所得税法》。总体而言，改革开放将近 40 年，中国有关所得税的立法大体经历了三个阶段：第一阶段，20 世纪 80 年代，14 部法律法规多法并立，纷繁复杂；第二阶段，1994—2007 年，分税制后内外制企业两税并存，所得税三分天下；第三阶段，2008 年起内外资企

---

① 金鑫. 中华民国工商税收史——直接税卷 [M]. 北京：中国财政经济出版社，1996：118.

业两税合并，企业与个人所得税在立法上双峰并峙，法律结构工整稳定。

改革开放以来，中国所得税法律经过的三个阶段见表1。

表1   我国所得税法经历的三个阶段

	第一阶段	第二阶段	第三阶段
1	中华人民共和国中外合资经营企业所得税法（1980.9.10）	中华人民共和国外商投资企业和外资企业所得税法（1991.4.9）	
2	中华人民共和国外国企业所得税法（1981.12.13）		中华人民共和国企业所得税法（2007.3.16）
3	中华人民共和国国营企业所得税条例（1984.9.18）	中华人民共和国企业所得税暂行条例（1993.12.13）	
4	国营企业奖金税暂行规定（1984.6.28）		
5	国营企业调节税征收办法（1984.9.18）		
6	集体企业所得税暂行条例（1985.4.11）		
7	集体企业奖金税暂行规定（1985.8.24）		
8	事业单位奖金税暂行规定（1985.9.20）		
9	私营企业所得税暂行条例（1988.6.25）		
10	中华人民共和国个人所得税法（1980.9.10）	中华人民共和国个人所得税法（1993.10.31第一次修正）	中华人民共和国个人所得税法（1999年8月30日第二次修正；2005年10月27日第三次修正；2007年6月29日第四次修正；2007年12月29日第五次修正；2011年6月30日第六次修正）
11	国营企业工资调节税暂行规定（1985.7.3）		
12	城乡个体工商营业户所得税暂行条例（1986.1.7）		
13	个人收入调节税暂行条例（1986.9.25）		
14	关于征收私营企业投资者个人收入调节税的规定（1988.6.25）		

（二）所得税法的两次转型

纵观英美德日等国，以及我国所得税法的200余年历史，可见世界发达国家的所得税法律大致都经历了两次原则性的转型。第一次，由满足国家财政需求的聚财性的所得税向量能课税，多征富者，少征贫者，保护弱者，保护纳税人权利的均富性的所得税转型。第二次，由量能课税，保护纳税人权利的均富性所得税向扩大纳税人福利性支出的扣除，鼓励纳税人承担社会责任，改善民生，促进社会和谐的社会性所得税转型。

第一次转型发生在各个国家或者地区所得税法开征一段时间之后。世界各国开始征收所得税的时间虽然前后不一，但是大多数国家有一个共同特征，即一开始都是因为战争或者内乱而导致国家财政紧张，为了开辟财源，集聚财富，支持战争胜利或者内乱后的经济重建而匆匆开征所得税。这显然是一种以聚财为目的的税收。如1799年，英国开征所得税是为应对与拿破仑战争。1808年，普鲁士在第四次反法同盟失败后，开征所得税是为筹措对德赔款。1871年，普鲁士取得普法战争胜利，完成德国统一，开征所得税是为了弥补战争损失，尽快恢复战后经济。"由于第一次世界大战给德国造成了严重的财政负担，1919年颁布的《魏玛宪法》将该立法权（所得税）移交给德意志帝国行使。"① 1861年，在内战中财政日益困窘的美国议会制定《1861年收入法案》，提议开征所得税。1862年，议会对法案加以修正后正式实施。1887年，为了扩充军费，筹备对朝鲜和中国的侵略战争，日本立法开征所得税。"作为筹措战争的资金，澳大利亚联邦所得税于1915年开征。"② 1914—1917年，处在第一次世界大战中的法国制定三部所得税法律，形成了法国所得税体系。"作为一项为第一次世界大战筹措资金的临时措施，加拿大于1917年首次开征联邦所得税。"③ 中国开征所得税的历史也是受战争的影响，从满足财政目的聚财型所得税开始。1900年后，中国留学生和官员之所以开始关注所得税，1910年晚清政府度支部之所以拟制《所得税章程》，都是出于八国联军战争后《辛丑条约》的巨额赔款给中国造成的沉重经济压力，出于国家自救，同时也是国家现代化的需要。南京国民政府之所以在1936年推出《所得税条例》，正式开征所得税，直接目的就是为了筹措资金，准备应对步步紧逼，随时都有可能爆发的抗日战争。改革开放后，中国在1980年开征中外合资企业所得税和个人所得税，而且是以法律公布之日为实施之日，显得匆匆忙忙地开征，原因就是十年内乱之后民生艰困，财政紧缀，国家急需要引进外资，发展经济，增加财政。

这一时期的所得税都是以满足国家财政为目的，具有明显的聚财的特征，可以称之为国家财政型所得税。

当国家财政型所得税开征一段时间，国家战争或者动荡的危机已经过去，社会恢复稳定，经济恢复发展之后，以聚财为目的的所得税立法开始发生转型。无论是直接修改法律，保持税法连续不中断的转型（如日本在1887年开征所得税后，于1899年修改法律。旧中国的国民政府1936年开征所得税，1943年制定《所得税法》后，于20世纪50—60年代在台湾地区修改法律。新中国在1980年开征所得税后，于1994年施行新税制，实现所得税法的大规模转型）；还是战事已过，先停征一段时间所得税，然后再立法开征的转型（如英国，1799年第一次开征所得税后，于1815年停征。在1842年又重

---

① ［美］休·奥尔特，［加］布赖恩·阿诺德，等. 比较所得税法——结构性分析［M］. 丁一，崔威，译. 北京：北京大学出版社，2013：65.

② ［美］休·奥尔特，［加］布赖恩·阿诺德，等. 比较所得税法——结构性分析［M］. 丁一，崔威，译. 北京：北京大学出版社，2013：3.

③ ［美］休·奥尔特，［加］布赖恩·阿诺德，等. 比较所得税法——结构性分析［M］. 丁一，崔威，译. 北京：北京大学出版社，2013：26.

新立法，使所得税成为固定税种；美国在 1862 年开征所得税后，在 1872 年停征。在 1909 年又开征公司所得税，1913 年增加宪法第 16 次修正案，重新开征个人所得税；德国在 1808 年开征后，又于 1871 年重新立法开征），总之，所得税在各国战争结束，经济复苏之后都进行了不同程度的调整，都开始从单纯追求国家经济收益、满足财政需求向保障纳税人权利、追求税负公平方向演进。从国家财政型向个人权利型转型，这就是所得税法的第一次原则性转型。

第二次转型发生在世界经济更加繁荣，法治程度更加成熟的 20 世纪下半期，直到现在。在这段时期里，整个社会不仅追求保护公民个人权利，实现个体之间的公平正义，而且追求整个社会的和谐共处，注重保护弱势群体，推行社会福利，实现整个社会成员的公平正义。这种追求在法律上表现为世界发达国家由民法的时代向社会法的时代转型。这种追求表现在所得税法上，就是各国普遍实现了新型的社会福利型所得税。这种所得税法律不仅关心纳税人个人权利，而且关心纳税人个人常规性民事权利（如生存权、财产权、平等权）之外的福利，用减免税的形式间接增加纳税人的福利待遇，同时也用减免税的形式鼓励纳税人多承担自身之外的社会福利事业，追求社会和谐。如在税前扣除中增加纳税人基本社会保险之外的人身性商业保险，增加纳税人及其抚养子女的教育费用，增加纳税人向社会公益事业的捐赠，等等。所得税法律的这种转型是根本性的、重大的，是世界所得税法律史上的第二次原则性转型，可以称为由个人权利型向社会福利型的转型。

（三）所得税法的三个本位

通观世界所得税法律史，可见经过两次重大转型形成了三种立法原则，本文称其为三个本位，即国家本位、个人本位、社会本位。与此相应，形成的三种所得税分别是国家财政型、个人权利型、社会福利型。

国家财政型所得税，以国家利益为本位，以满足国家财政需求为首要目标。这种类型的所得税虽然征收对象不是财产本身，而是财产在交易中的增值部分，即保护纳税人的本体财产，使其本体财产不受侵害，只针对本体财产的所得部分征税，具有了所得税的最基本特征；但是立法内容比较简单，多采用比例税率，而不一定采用累进税率。采用累进税率时，级距不多，边际税率很高，让多财富者尽可能地多交税。税前免征项目和扣除项目都比较少。计税模式通常采用简便易行的分类征收。征管模式通常采用源泉扣缴、代扣代缴制度。这种类型的所得税立法原则就是国家财政，或者说就是效率。一切以满足国家统治的财政效率为中心。这种国家财政型所得税都出现在一个国家开始征收所得税的初期，即从产生到第一次转型前的时期。因为所得税从一开始的性质就是只针对所得，不针对本金征税，天然具备保护纳税人财产权的属性，所以国家财政型所得税时期都不会太长，待战争结束，动乱已平，社会转入正常时期之后，这一时期通常都会逐渐结束而向个人权利型转变。

个人权利型所得税是迄今为止所得税历史的主体阶段。在所得税完成第一个国家财政型任务，满足了乱世（通常是因为战争）国家财政的需求之后，转入和平建设时期，国家逐渐注重民主民生，所得税法必然进入以个人为本位的个人权利型时期。虽然这一转型的时间有长有短，速度有快有慢，但是转型是必然的。这一时期，所得税立法的主要特征是贯彻量能课税原则，普遍采用累进税率，及时调整税前免征额，保障纳税人最低生活能力，增加税前扣除项目，降低纳税人负担，包括降低最高边际税率，以便减少对高收入高财富人群过重的税负。税收征收模式也逐渐放弃分类征收模式而转向综合征收或者混合征收，税收征管模式也从源泉扣缴、代扣代缴转向以自行申报为主。这一时期，税收征收的基本目标已经从保证财政收入的效率转向保护纳税人的基本权利，注重税收负担的公平。人的权利是多层次、多样化的。此处之所以说是"基本权利"，主要是指纳税人作为公民应该享有的正当权利，相当于民法上的权利。如通过最低免征额保障纳税人的生存权；通过不侵害本体财产保障纳税人的财产权；通过累进税率实现纳税人相互之间的纵向公平，保障纳税人的平等权。这些措施都是纳税人正当民事权利在税收领域的实现，体现了所得税法对纳税人个人权利的尊重和保护。这种类型的所得税在欧美发达国家，包括我国台湾地区通常都持续到 20 世纪 70—80 年代。

　　社会福利型所得税是各国所得税目前正在经历，或者将要采用的类型，是所得税法第二次转型的结果，是社会本位的法律观在所得税领域的体现。社会福利型所得税不仅要维护国家财政的基本需要，以达"效率"的目的，不仅要保护纳税人的基本民事权利，实现纳税人之间的实质平等和公平正义，而且要在效率和公平的前提下，扩大对纳税人基本民事权利的保护，注重纳税人与纳税人之间的差异性，注重纳税人之外的社会弱势群体，保护纳税人个人的社会福利性权利，鼓励纳税人积极承担社会福利义务。在具体制度上，社会福利型所得税不仅要坚持本体财产不受侵害、最低生活保障、量能课税的原则，以保护纳税人权利，实现纳税人之间的公平正义，而且更加要保护纳税人的福利性权利，同时鼓励纳税人积极参与社会公益性捐赠，关爱弱者，承担社会责任，促进社会福利和社会和谐。目前，世界上一部分先进的欧美国家和我国台湾地区都已经进入了社会福利型所得税国家和地区。纵观他们的法律进程，欧美国家和我国台湾地区基本上是在 20 世纪 70—80 年代，或者更长一段时间里，通过税收改革逐步实现转型，进入社会福利型所得税时期。当然，税法的转型是逐步的、渐进的，不像税收的开征那样有明确具体的时间。一种转型，从一种旧模式进入一个新模式，往往需要很长时间。在这中间，就存在着两个阶段并列的时间，不能将二者绝对分割，划分成截然分明的两个时期。

　　我国所得税如果从 1914 年北洋政府实施《所得税条例》算起，1949 年后延续到台湾地区的历史，大致经历了 1914—1950 年的国家财政型所得税、1950—1980 年的个人权利型所得税 1980 年后的社会福利型所得税三个阶段。我国所得税如果从 1980 年开征外资企业所得税和个人所得税算起，大致经历了 1980—1994 年的国家财政型所得税、1994 年迄今的个人权利型所得税两大阶段。大约自 2007 年起。我国所得税开始向社会福利型所得税转型，目前正处在向社会福利型转型的过程中。

（四）所得税转型的原因

所得税发生两次转型，特别是自 20 世纪 70—80 年代起，各国相继发生从个人权利型向社会福利型转型，不单纯是所得税一个税种的现象，其实也是整个世界形势转型的反映。在所得税转型的背后，有着整个世界形势转型的大背景。简单地说，这种背景表现在法律上走向社会法、经济上走向社会经济、财政上走向民生型财政三个方面。

法律上走向社会法，即社会法运动。人类的法律由原始社会的习惯逐渐强化而来。自从进入文明时期，人类有了国家的组织就有了法律。人类的法律史大致可以分为王法时代、民法时代和社会法时代。王法时代指漫长的君主专制时代。法律是专制统治的工具，终极目的是维护君主及其王朝的专制统治。在这个时代里，每个个体都从属于某个家族或者集体，几乎没有个体的独立自由可言。这是一个家族本位或者其他封建单位为本位的时代。这个时代与原始社会的氏族部落文化有天然的承续关系，强调血缘、地缘等人类天生的纽带关系。中国古代法制、欧洲古代法制，以及其他国家和地区的古代法基本如此，虽然其中存在某些个别时代的特例。如古代雅典的民主制度。民法时代是将个体从家族或者其集体中解放出来，承认个体的独立自由、平等自主，主张以法律保护个体的自由平等权利。民法意识在古代希腊罗马和英国都有漫长的历史，民法作为一部法律明确确定下来是以 1804 年拿破仑制定的《法国民法典》为标志。自 1804 年诞生《法国民法典》之后，从欧美开始，各个国家陆续进入民法的时代。美国实际上自立国起就进入民法时代。中国从 20 世纪初的清末修律才开始逐渐变化。民法时代在人类历史上只持续 100 余年。随着工业革命引起的社会变革，民法所坚持的个人本位，单纯保护个人权利自由平等的制度已经不能适应时代需要，而且在民法制度下贫者愈贫，富者愈富，社会两极分化扩大，社会矛盾加剧。两次世界大战的发生都与民法的单纯个人本位观念有关系。在 19 世纪，民法产生之后，在英国逐渐有了保护弱者、抑制富者、调节社会贫富差距的观念和法律，社会法观念开始萌芽。20 世纪初，社会法的观念在德美法等国铺展开来，并传入中国。第二次世界大战后，社会法成为世界法律发展的主流，以法律的手段抑富济贫，不仅注重保护个体的自由平等，而且发扬人本精神。注重保护弱者利益，以权利换和谐，成为当今世界法律发展的主要方向。与此相适应，欧美各国先后制定各种社会法律、福利法律，各国先后进入福利型国家。在美国，"在 20 世纪的第二个 25 年，公法发展中最重要的一点就是为正在出现的福利国家奠定了宪法基础"。1937 年之后，"这个国家最重要的特点就是政府的福利开支呈几何增长"。"这种政治秩序被简要地称为福利国家。"[①] "从宪法的观点看，正如从政治的观点看一样的，到 20 世纪中期，福利国家已成为一种既定的事实。"[②] "直到 10 年前（注：指 20 世纪 60 年代）完全在立法者和执法者的努力之下，美国社会福利法的面貌发生了重大变

---

① ［美］伯纳德·施瓦茨. 美国法律史［M］. 王军，等译. 北京：法律出版社，2011：143－144.

② ［美］伯纳德·施瓦茨. 美国法律史［M］. 王军，等译. 北京：法律出版社，2011：200.

化"。① 英国自 19 世纪 30 年代开始初创社会保障法。"在税制理论上，自 18 世纪至 20 世纪初，英国的税制理论经历了由重商主义税制理论到古典政治经济学税制理论，再到新古典政治经济学税制理论的转变。……在新古典政治经济学税制理论的影响下，英国政府也开始认识到税收不能仅仅用于为政府提供财政收入，而且还应该更多地用于缓解社会不公正等问题。政府要在解决社会问题上承担更多的责任和义务。"② 目前，英国法治的重点方向就是"公共事业立法的绵延不断"和"社会保障法的全面建构"。③

马克思说："法律没有自身的历史。法律以经济的历史为它的历史。"20 世纪，欧美国家的法律社会化运动，是这些国家经济发展逐步注重"社会价值学说"的结果。工业化革命之初个人主义盛行，每个人都以追求利润为目标。但是，盲目追求利润的结果是社会贫富差距拉大，导致底层反抗，甚至于暴力革命。社会成员之间难免有贫富阶层之分，但是贫富差距不能过大，否则底层反抗，只会导致玉石俱焚的社会灾难。因此，19—20 世纪，经济学界逐渐注重资本的"社会价值"，开始主张企业和财富承担社会责任，提高社会福利，化解劳资纠纷。④

在经济关注社会价值、法律追求社会和谐的大背景下，国家财政体制也遵循相同的路径演变发展。这个发展的方向就是民生财政。在我国，这条路径就是"计划财政—公共财政—民生财政"。以 1994 年分税制改革为界，我国财政制度由计划财政向公共财政转型。经过分税制后 20 余年的经济发展和财富积累，今后我国财政制度应当向民生财政发展。"民生财政的基本出发点是民生需求的满足"，基本内容尤其集中于住房、医疗、教育和社会保障 4 个方面。⑤

二、社会福利型所得税的四项原则与对应制度

所得税从产生之日起就体现了三项基本原则：不侵害本体财产、最低生活保障、量能课税。但是，这些原则在不同阶段的体现程度不一样。在国家财政型所得税中，这三项基本原则相对比较简单，体现不够充分。在个人权利型所得税中，这三项基本原则在具体制度上被加以重视和扩张，内容更加丰富，对纳税人的公平性得到更好体现。社会福利型所得税是所得税形态的发展和升华，是所得税在具备了健全成熟的法律制度，能够满足国家的财政需求和保护纳税人个人权利之后，向保护纳税人个人和家庭权利，增进社会弱势群体的福利待遇角度的进一步优化。社会福利型所得税是所得税实现其自身使命后对社会义务的积极承担，是早期的国家财政型所得税和中期的个人权利型所得税的升级换代版。

---

① ［美］伯纳德·施瓦茨. 美国法律史 ［M］. 王军，等译. 北京：法律出版社，2011：217.
② 滕淑娜. 税制变迁与英国政府社会政策研究，18 世纪—20 世纪初 ［M］. 北京：中国社会科学出版社，2015：218.
③ 王霄燕. 英国法治现代化研究 ［M］. 北京：法律出版社，2012：253 - 254.
④ ［英］威廉·史考特. 经济思想史 ［M］. 台湾：三民书局，1996：341.
⑤ 吕炜，等. 民生财政：中国财政改革的新坐标，北京：中国社会科学出版社，2012：32.

（一）个人权利型所得税的三项原则

所得税从产生之日起就针对纳税人经营或者劳动后的收入征税，而不是针对用以经营或者劳动的财产本身。所得税从产生之日起就有免征额，只针对高收入者征税，让低收入者享有一定的免征额，并且规定了差别税率，让多收入者以更高比例纳税，承担税收义务。这些特征概括而言，即所得税的不侵害本体财产、最低生活保障、量能课税三项原则。这三项原则在国家财政型所得税中已经有所体现，在个人权利型所得税中得以完善和加强。

具体而言，表现在以下三点：

1. 不侵害本体财产

不侵害本体财产是指所得税只针对所得部分征税，不针对本金。这一点在各国开征所得税之始即已明确，也是所得税作为直接税与传统间接税的主要区别。但是，什么是所得？纳税人的哪些财产属于所得？这是一个不断变化，并且逐渐丰富的问题。可以说，所得是一个动态的概念，随着所得税从国家本位到个人本位而不断扩张。1914 年，民国政府颁布的第一部所得税法律《所得税条例》中规定企业可以税前扣除的只有"本年度之支出金、前年度之赢余金、各种公课及保险金、责任预备金"。现在，就企业所得税而言，不仅原材料等生产成本，而且劳务成本、管理费用、营业费用、财务费用、税金、损失都可以计入本体财产之中而在税前扣除。个人所得税法规定出租财产的所得中允许扣除对出租财产的维修费用，转让财产所得中允许扣除财产的取得所得，按转让价格和取得价格之间的差价计算所得。对职工个人以股份形式取得的仅作为分红依据，不拥有所有权的企业量化资产，不征收个人所得税。保险赔款也是因为被保险人所获得的保险赔款相当于被保险人在损害发生之前的本体财产。这些都是出于"不侵害本体财产"的原则考虑。由此可知，现在所得税中的本体财产范围已经大大超出了所得税的初创时期。

2. 最低生活保障

最低生活保障是指所得税必须预留税前免征额，以满足纳税人的基本生活需要，保障纳税人的生存权利。所得税在创办初期，对最低生活保障的规定都很简单，没有细致的区分。如 1799 年，彼特在英国首次开征所得税时就规定"所得低于 60 英镑免征"。[①] 1914 年《所得税条例》只是规定个人所得税"五百元以下者免税"。1936 年《所得税暂行条例》规定"每月平均不及三十元者"免征个人所得税。现在出于最低生活保障而规定的税前扣除项目除了每人每月的 3500 元工资薪金外，还包括很多方面，内容大大超出了 100 年前的草创时期。例如，现在个人所得税法规定的按照国家统一规定发给干部、职工的安家费、退职费、退休工资、离休工资、离休生活补助费免税；按照国家有关城镇房屋拆迁管理办法规定的标准，被拆迁人取得的拆迁补偿款，免征个人所得税；个人转让自用达 5 年以上，并且是唯一的家庭生活用房取得的所得，暂免征个人所

---

① 滕淑娜. 税制变迁与英国政府社会政策研究，18 世纪—20 世纪初 [M]. 北京：中国社会科学出版社，2015：76.

得税；对国有企业职工，因企业依照《中华人民共和国企业破产法》宣告破产，从破产企业取得的一次性安置费收入，免予征收个人所得税；职工与用人单位解除劳动关系取得的一次性补偿收入（包括用人单位发放的经济补偿金、生活补助费和其他补助费用），在当地上年职工年平均工资 3 倍数额内的部分，可免征个人所得税。为了保障纳税人的基本人权，特别是生存权，现代税收国家对计税模式也予以重视，采用综合计税模式，而非分类计税模式，从而全面衡量纳税人的综合纳税能力，保障其基本生活资金与需求。与综合计税收模式相对应，税收征管也由以效率为先的源泉扣缴、代扣代缴模式转向自行纳税申报。由此可见最低生活保障原则在当代个人所得税法中应用范围的扩大。

3. 量能课税

量能课税是指法律应当规定根据纳税人可能的纳税能力大小决定各自的税负。与量能课税相对应的概念是量益课税，即不管纳税人的纳税能力大小，而只管根据纳税人的实际收益决定各自的税负。量能课税和量益课税都是税收中公平价值的体现，但是二者有质的区别。量益课税是只根据纳税人的收益，而不考虑纳税人的实际负担。这种课税原则最直接的表现就是比例税率制度。同样的收入，或者说同样的所得承担同样比重的税收。这种制度没有考虑到同样收益背后，不同纳税人的成本、负担差异，以至于导致实际纳税能力的差异。这是一种表面公平的税收制度。量能课税不仅考虑纳税人的收益，而且要考虑纳税人的实际负税能力。因为即使同样的企业或者家庭结构、同样的收入水平，也可能由于纳税人成本、费用、住房、教育、医疗等负担的不同而导致扣除生产或者生活成本后的实际负税能力不一样。所以，量能课税反对简单无差别的比例税率原则，而主张差别比例税率或者累进税率，尤其是超额累进税率。1799 年，彼特在英国初次开征所得税，规定"年所得收入超过 200 英镑，税率为 10%；所得低于 60 英镑免税；在 60～200 英镑，其所得税税率按浮动折算制计算"。[①] 差别比例税率如我国当前企业所得税法规定的 25%、20%、15% 三档税率。当然，超额累进税率也不是绝对的量能课税。因为超额累进税率只是顾及了高低收入不同的人群之间的纳税能力差异，使得可能具有较好纳税能力的高收入者更多地纳税，初步实现了纳税人之间的纵向公平。但是，同样收入的纳税人之间的纳税能力也有差异，如何实现纳税人之间的横向公平，累进税率对此却无能为力。欲实现纳税人之间的横向公平，体现量能课税原则，还是需要针对税法中的征税对象和计税依据做文章，要考虑应开征或者免开征的征税对象，以及针对不同征税对象的计税方法。例如，个人所得税法中规定在计税方法上工资薪金所得采用超额累进税率，税负最减。个人所得税法又规定对劳务类税收和财产类税收予以 800 元或者 20% 的税前扣除，征收比工资薪金类所得相对较重的所得税，对偶然所得或者股息、利息、红利等资本类所得不作任何税前扣除，直接征收 20% 的最重的所得税。这些制度在所得税开征的早期阶段都还没有出现，是所得税法律逐渐完善后的

---

① 滕淑娜. 税制变迁与英国政府社会政策研究，18 世纪—20 世纪初［M］. 北京：中国社会科学出版社，2015：76.

产物，也是所得税由国家财政型向个人权利型转型后的产物。当然，量能课税原则不仅保护了每个纳税人公平纳税，拒绝超负担负税的权利，而且也区别对待了不同收入或者不同生活成本的纳税人之间的税收负担，有调节财富分配，缩小贫富差距的功用，是所得税法具有社会法性质的体现，为所得税法从个人权利型向社会福利型转型奠定了基础。

（二）社会福利型所得税的第四项原则

社会福利型所得税是早期的国家财政型所得税和中期的个人权利型所得税的升级换代版。社会福利型所得税首先兼容了前面两代所得税的不侵害本体财产、最低生活保障和量能课税三项原则。在此基础上，社会福利型所得税又发展出第四项原则——社会福利原则。

社会福利就是公民在正常享有民法所确认的生存权、人身权、财产权之外，还应当享受到的在个人能力不足，需要国家、集体和他人照顾的利益。在民法的时代，每个公民都以个人为本位，只需充分享有自身的权利和承担与自身权利相对应的义务。民法的时代，每个人都可以自我为中心，在法律授权的范围内，在不干涉他人自由的前提下自由行使自己的自由。但是，社会法的时代不一样。在社会法的时代，"在法律上，强调的重点从普遍安全中的利益（谋生和交易的安全）转到个人生活中的社会利益"。①"谋生和交易的安全"即公民的民法权利。"社会利益"即公民的社会法权利，其集中表现就是公民享有社会福利的权利，依此原则建设的国家被称为社会福利型国家，尤其表现在公民的住房、医疗、教育和社会保障等四个方面。

社会福利型所得税就是要通过税收的方式，增加纳税人或者纳税人的家庭或者社会的福利供给，改善他们的福利状况，从而改善公民和整个社会的生活状况，提高全体公民的生活质量。通过社会福利政策所实现的所得税社会福利化，其实也是国家主动介入的一种社会福利建设方式之一。国家建设社会福利的方法通常都是发生在所得税纳税之后，国家将所获税款再投入到社会福利建设中去。这是一种先通过税收获取税款，形成财政收入，然后再通过财政拨款方式进行社会福利建设的方法，可称为财政拨款式社会福利。除此之外，国家还可以采取税前减免的方法，即通过特定的减免税款或者所得额税前扣除方式，增加纳税人及其家庭的税前减免或者扣除，扩大纳税人的福利待遇，改善纳税人生活；或者通过特定的减免税款或者所得额税前扣除方式，鼓励纳税人向社会弱势群体或者公益性慈善机构捐赠善款，改进全社会的福利事业。这种通过所得税的税前退让而改善纳税人、纳税人家庭以及全社会福利状况的所得税就是从国家财政型到个人权利型升级换代之后的社会福利型所得税。在保障国家财政型所得税的财政收入，实现"效率"的目标，又保障个人权利型所得税中的个人权利，抵制不合理税负，实现"公平"的目标之后，社会福利型所得税以保障纳税人、纳税人家庭、社会弱势群体的福利待遇为宗旨，其要实现的法治目标是"和谐"。

---

① ［美］伯纳德·施瓦茨. 美国法律史［M］. 王军，等译. 北京：法律出版社，2011：188.

从"效率"到"公平"，再到"和谐"，是人类所得税历史从国家本位的财政型所得税，到个人本位的权利型所得税，再到社会本位的福利型所得税所经历的三种历史形态。这三种形态的层层递进，反映了整个人类社会的进步轨迹和方向。

社会福利型所得税的对象包括纳税人、纳税人家庭以及社会三个方面，与之相对应的社会福利型所得税的具体制度也分为这三个方面。

1. 纳税人福利

纳税人福利表现为所得税要照顾纳税人的住房、医疗、教育和社会保障需求，在这些方面予以减免税或者税前扣除。目前，我国个人所得税法在这方面已经有所规定。如单位和个人缴付的住房公积金、基本医疗保险费、基本养老保险费、失业保险费，可以从纳税人的应纳税所得额中扣除。具备《失业保险条例》规定条件的失业人员，领取的失业保险金免予征收个人所得税。是否可以将纳税人购买生活用房的贷款利息计入个人所得税税前扣除项目，以及纳税人的上学进修费用等都是我国个人所得税在纳税人福利方面会进一步考虑的方向。

此外，前文在纳税人个人权利保护中已述的量能课税原则，兼具保护纳税人个人权利和保护弱势群体，调节财富分配的社会法功能。量能课税原则虽然不是直接增加纳税人的社会福利，但是间接地减轻了弱势群体的税收负担，有利于改善弱势群体的生活质量，也是所得税法促进纳税人福利的一种方式。

2. 纳税人家庭福利

家庭是社会的细胞。家庭是纳税人天然的情感依归和责任所系。纳税人天然地负有承担家庭责任的义务。所得税法不仅要照顾纳税人个人的福利，也应当在照顾纳税人家庭福利、减轻纳税人负担方面有所作为。这方面首先的表现就是纳税申报采用家庭申报模式，允许纳税人将家庭全体成员作为纳税人，综合分摊个人所得，按照纳税人负担家庭支出的实际情况分摊个人所得税，切实降低纳税人的税负，增强纳税人家庭福利。以家庭为单位的综合计税模式，会将纳税人家庭的住房贷款利息、教育和医疗费用，甚至于家庭成员从事家务劳动的支出都考虑计入税前扣除，从而增强纳税人家庭福利，改善民生。

3. 社会福利

此处的社会福利指税法将纳税人从事社会福利的支出纳入减免税，或者税前扣除的范围，以税收退让方式促进对纳税人和其家庭之外的弱势群体的利益保护，促进社会福利的发展，追求社会和谐。社会福利原则在所得税法中的最直接表现就是法律规定纳税人间接从事社会公益性捐赠的扣除比例，鼓励社会捐赠。目前，我国个人所得税的规定是不超过应纳税所得额30%的部分可以扣除，向红十字事业、农村义务教育、公益性青少年活动场所的间接性公益性捐赠可以100%全额扣除。此外，还有一些根据自然灾害等情况制定的临时扣除项目。企业所得税法的规定是不超过企业利润总额12%的部分可以扣除。

除了公益性捐赠外，企业所得税法还鼓励企业多招受残疾人员工，多从事残疾事业，减轻企业在这方面的税负，促进社会福利。如税法规定，企业安置残疾人员就业的，可以在按照规定将支付给残疾职工工资据实扣除的基础上，按照支付给残疾职工工资的 100% 加计扣除。2016 年 10 月 24 日，财政部、国家税务总局、民政部联合发布《关于生产和装配伤残人员专门用品企业免征企业所得税的通知》（财税〔2016〕111号），规定了自 2016 年 1 月 1 日至 2020 年 12 月 31 日期间，对符合规定的生产、装配、销售伤残人员专门用品的居民企业，免征企业所得税。

总之，在保障国家财政收入和纳税人个人权利的前提下，税法进一步关心纳税人个人和家庭的福利，鼓励支持纳税人主动承担社会公益事业，促进社会福利，是现代国家所得税法的立法重点，也是我国所得税进一步的发展方向。

三、中国所得税法的未来变革与伴随问题及其解决

时至今日，虽然中国所得税法在纳税人个人权利保障方面还有不少工作要做，不过总体衡量，中国所得税法已经走过了国家财政型所得税和相对比较成熟的个人权利型所得税两大步，目前正逐步转向社会福利型所得税。当然，这个转型的速度不完全取决于所得税制度建设本身，还要依赖于中国财政体制改革和国家整体改革开放、经济建设和法治化建设的程度。

纵观历史的进程，衡量中外所得税法的历史经验，可见今后中国所得税法的发展变化方向必然是贯彻不侵害本体财产、最低生活保障、量能课税和社会福利四项原则，完善社会福利制度，增加政府在社会福利方面的税收退让，促进社会和谐发展。一句话，中国所得税正从国家本位到社会本位，正从权利的时代迈向福利的时代。

但是完善社会福利制度，增加政府在社会福利方面的税收退让，实际上就是扩大所得税的税前扣除。这实际上就是一种结构性减税。这种税法改革势必又会因我国所得税的贯彻执行而给国家带来另一个财政问题，即国家财政收入减少。在国家建设过程中，因受环境影响，在某个短时间内，在一定程度上，财政收入有所减少是可以接受的。但如果是制度因素影响，人为地使国家财政收入稳定地减少，从长远来看，这也是不可取的。那么，该如何解决因贯彻社会福利原则实施结构性减税，导致财政收入减少和国家建设对财富需要之间的矛盾呢？本文认为出路在于三点：发展经济，增加总量；宽税基，扩税源；严征管，强稽查，补漏洞。

（一）发展经济，增加总量

税收的根本是经济。增加所得税收入的根本依靠还是经济发展、民生改善、全民收入增加。经济发展、市场景气、全民收入增加、国家 GDP 总量不断放大，自然就增强增厚了所得税和其他各项税收的税基，从根本上支持了国家财政。只要国家经济发展、总量增加，国家预决算的财政收入就会不断增加，因为贯彻社会福利原则而带来的结构性减税缺陷就会被自然填平，矛盾迎刃而解。

（二）宽税基，扩税源

"宽税基，低税率，简税制，严征管"是公认的这一波30多年的世界税改浪潮的原则。暂且排除经济发展、总量增加的因素不论，受低税率、简税制影响而导致税收总量和财政收入总量的减少是难免的。除了发展经济、增加总量的根本途径外，从税收内部解决矛盾的最佳方法还是宽税基、扩税源。财政和经济学家们要发挥自己的聪明才智，在不违背世界税改原则和所得税社会福利原则的前提下，研究探索新的征税对象，以宽税基、扩税源，解决上述矛盾，弥补税改损失。

（三）严征管，强稽查，补漏洞

"徒法不足以自行"。无论多么优秀的法律制度都需要有人去认真严格地执行。发展经济、增加总量，或者宽税基、扩税源的改革方法，最终都需要有人去贯彻落实。贯彻落实时，一定要保证严格高效。各级税务机关要恪尽职守，一面拓展税基税源，一面严加征管，加强稽查督促力量，争取严格执行法律，既不违法征收，不侵犯纳税人权益；又查遗补缺，堵塞税收征管漏洞，保证税款按时按量入库，杜绝税失流失。

四、结论

回顾所得税法实施200余年的历史，可见其大致可以分为国家财政型、个人权利型和社会福利型三种类型和三个阶段。各个类型和阶段之间并无绝对的分界线，各种类型和阶段之间都互相渗透和交错在一起。但是总的趋势和特征仍然明显，将来的发展态势也非常清楚。这个态势就是在坚持不侵害本体财产、最低生活保障和量能课税基础上，将采取多种措施，着力遵守所得税中的社会福利原则，使所得税法治的追求目标从效率到公平，再到和谐稳步推进。

要实现中国所得税法的社会福利型转型，除了要认真研究四大原则及其相应制度，认真设计税改方案，严格贯彻执行之外，还有赖于全国税收立法的进一步科学改进和对税收执法的督察执行，包括严格执行税收稽查制度，做好税收稽查工作。总之，中国所得税法从个人权利型向社会福利型的转型与变革需要依靠的途径是科学立法，税收法定，认真学法，严格执法。

冲突与衡平：对我国税收规范性文件若干问题的思考

——从税法行政解释的角度

■ 李冬锴
　　海南省海口市地方税务局副科长
■ 杨　媛
　　海南方圆律师事务所专职律师

　　内容摘要：我国税收立法有待于进一步完善，现阶段税收规范性文件是税法行政解释的重要载体。本文从税法行政解释的角度，及"税收法定"原则出发，对我国税收规范性文件体系相关问题进行剖析，特别是对税收规范性文件及个案批复的效力冲突、实践应用、行政解释主体、司法审查、纳税人遵从等问题进行研究，提出构建全面清理税收规范性文件、优化整合税收规范性文件汇编、完善司法审查、以全面公开为基础的纳税人信赖保护等多项衡平机制。

　　关键词：税收规范性文件　行政解释　冲突

　　近年来，我国税收立法的进程不断加快，特别是 2015 年《中华人民共和国立法法》（以下简称《立法法》）修订后，"税收法定"直接呈现在《立法法》条文中①，为税收立法提供了法律保证。《中华人民共和国税收征收管理法》（以下简称《税收征管法》）的全面修订工作已经达 9 年之久，提交人大审议已经可以预期。我国税收立法目前正全面进入提速的阶段，我国目前仅有 5 部税收法律的局面②将彻底改

---

　　① 《中华人民共和国立法法》第八条："以下事项只能制定法律：……（六）税种的设立、税率的确定和税收征收管理等税收基本制度；……"

　　② 目前已经生效实施的税收法律有《中华人民共和国企业所得税法》《中华人民共和国个人所得税法》《中华人民共和国车船税法》《中华人民共和国税收征收管理法》4 部，2018 年 1 月 1 日即将生效实施的《中华人民共和国环境保护税法》1 部。

变。现阶段我国的税收法律法规体系主要以人大授权国务院进行行政立法为主，大量税收规范性文件为辅，由于当前税收立法解释、司法解释的缺位，使税收规范性文件作为税法行政解释而实际处于"垄断"的地位，指导和调整全国范围内的涉税事项、涉税法律行为。

税收规范性文件有着数量大、种类杂、时效性强等特点，在税法实践中，很多税收规范性文件起着重要的税法行政解释（税收行政执法行为依据）的作用。但目前我国关于税法行政解释的研究几乎是法学研究的空白领域。从税收实务的角度来看，我国税收规范性文件发布实施过程中常常存在着内在或外在冲突，而由于税收规范性文件自身的封闭性等原因直接导致在具体税收行政行为外观上很难得以显现。税收规范性文件制定、实施过程中所呈现的冲突在行政法律实践中具有一定的代表性，需要对作为税法行政解释重要载体的税收规范性文件相关问题进行深入辨析，从而推动税收法律法规立法及解释体系的完善，推进税收法律研究的发展。

一、问题提出的背景

（一）关于税收规范性文件

根据国家税务总局《税收规范性文件制定管理办法》（国家税务总局令第 41 号）的规定，税收规范性文件是指"县以上税务机关依照法定职权和规定程序制定并发布的，影响税务行政相对人权利、义务，在本辖区内具有普遍约束力并反复适用的文件①"。《税收规范性文件制定管理办法》所称的税收规范性文件应当以"规定""规则""规程"等命名，实际上这是对于税收规范性文件外延的限制，这种限制对税务依法行政的可操作性方面有着必要的意义。

本文在税收法律研究方面，对于税收规范性文件的外延做了适当的扩张，即并不拘泥于以"规定""规则""规程"等命名的文件，因为从历史的角度来看，大量"国税发""国税通""国税函"甚至"财税字"等文件都具有普遍拘束力并能够反复适用，同时对税务行政相对人产生权利、义务实质影响。因此，本文对于税收规范性文件的辨识是从一个中观的角度，既不属于税收法律法规严格意义上的法律文件（如规章），同时又不囿于《税收规范性文件制定管理办法》的规定，本文的研究对象是这样一类在目前我国税收行政执法过程中起着衔接上位税法、数量庞大的税法行政解释文件②。

---

① 《税收规范性文件制定管理办法》（国家税务总局令第 41 号），该办法于 2017 年 7 月 1 日起正式实施。本文采用了国家税务总局对于税收规范性文件最新的定义。

② 这是本文自行设定的研究范围，因而与具体税收行政中关于税收规范性文件的标准定义有着一定区别。税法行政解释的发布形式以《税收规范性文件制定管理办法》（国家税务总局令第 20 号）为界大致可分为前后两大阶段，前一阶段，在采用国家税务总局令以税务部门规章形式发布的同时，通常也采用"通知""办法""批复""答复""规定"等形式发布；而后一阶段，除国家税务总局令的形式之外，基本采取"公告"的形式发布。参见：徐志嵩. 税法的行政解释辨析［J］. 中共乐山市委党校学报（新论），2012，14（5）：46-47.

（二）税收规范性文件是重要的税法行政解释载体形式

霍姆斯在《普通法》一书中指出："法律的生命不在于逻辑，而在于经验。"霍姆斯的实用法学主义在税收法律法规的实践中有一定指导意义，在已有税收法律法规的前提下，税收规范性文件无权创设权利义务，但却要作出细化的解释，对实体法律概念的内涵和外延予以明确，对已有程序进行细化，属于典型的应用型行政解释①。据学者考证，我国目前关于税收行政解释的文件种类主要有 12 种之多，包括了通知、办法、说明、解释、答复、复函、规定、函、标准、意见、批复、公告等②。上面所列的文种尽管名称不同，在其发布生效的时期或多或少扮演着税收规范性文件的角色，调节着税收征纳法律关系。另外，从法律渊源的角度，自金字塔顶端的宪法所派生出的法律、法规、规章、规范性文件是一种递进式的法律解释关系，即宪法由法律解释，法律由法规解释，法规由规章解释，规章由规范性文件解释，而这一递进关系更是呈现出由法律解释向行政解释的不断过渡。本文认为，税收规范性文件就是对上位税收法律法规的行政解释，在纷繁复杂的税收法律关系中扮演着税收法律法规和具体行政行为的桥梁作用。随着我国行政执法不断规范化，税收规范性文件将逐渐取代因历史原因而产生的种类繁多的红头文件，成为最重要的税法行政解释载体。

税法具有法律规范的一般特征，但因税法所调整税收关系的特殊性，其在立法层面表现出多层次性和形式多样性、相对稳定性与适当灵活性、实体性规范和程序性规范的统一性等特点③，同时税收法律关系关联着大量民商事、行政法律关系，导致了税收法律实践的多姿态化④。我国作为成文法国家，税收法律实践以税收规范性文件作为调节工具对较为稳定的税收法律法规予以行政解释是一种必然选择。但是，大量税收规范性文件的制定和执行，必将牵涉自身体系上因历史的复杂性和现实的规范性之协调、不同地区的效力适用、不同执法者的理解、相关部门机关的协作认同、行政相对人（纳税人）的遵从等多方面的问题，如何衡平化解这些冲突和问题，正是本文所研究探讨的。

二、税收规范性文件与"税收法定"原则

2014 年党的十八届三中全会通过的《中共中央关于全面深化改革若干重大问题的决定》明确提出"落实税收法定原则"，2015 年修订后的《立法法》明确税种的设立、税率的确定、税收征管等基本税收法律制度属于必须由法律规定的内容。"税收法定"原则已基本在我国税收法律立法体系中予以确认，学界对于"税收法定"原则入宪也

---

① 《关于行政法规解释权限和程序问题的通知》（国办发〔1993〕12 号）首次把对行政法规的解释分为行政法规性解释和具体应用解释两类，税收规范性文件绝大多数属于具体应用行政解释。
② 武劲松．我国税法行政解释制度之反思［J］．税务研究，2010（298）：70 - 71．
③ 刘剑文．税法学［M］．北京：人民出版社，2002：6 - 9．
④ 例如税收征管法赋予税务行政机关民商法上特有的代位权、撤销权。实际上，税法的实施与民商事法律有着十分密切的关联，因为税务行为的基础之一就是民商事行为，在税法的行政解释上，参照民商事法律概念、界定的例子很多，税法行政解释不能也不可能脱离民商事法律相关内容而独立存在。

呼声甚高。那么作为税法行政解释的税收规范性文件与"税收法定"原则的关系如何？本文认为，税收规范性文件应当严格遵循"税收法定"原则，税收规范性文件在制定过程中一方面是对具体税务行政行为的程序予以明确和细化；另一方面要对高度抽象的税收法律法规在合理、合法的限度内予以释义，实际上需要严格地遵守"税收法定"原则，这是税收规范性文件合法、有效性的基础。

（一）税务行政机关的行政解释权的权力来源

行政机关的行政解释权源于 1981 年全国人大常委会第十九次会议通过的《全国人民代表大会常务委员会关于法律解释问题的决议》（以下简称 1981 年决议）对行政机关的行政解释权的明确，即"（3）不属于审判和检察工作中的其他法律解释问题，由国务院及主管部门负责"。对税务行政领域来说，1981 年决议实际上赋予了国家税务总局、财政部、海关等税收主管部门的行政解释权，此后国家税务总局、财政部等税收主管部门通过一系列文件的形式，对我国税收法律法规的实施进行行政解释并作为税务执法依据指导着各级税务行政机关的各项具体税收工作，影响着每一个纳税人的权益。《立法法》修改实施，并未否定 1981 年决议，甚至对 1981 年决议部分内容予以了确认①。尽管《立法法》未将 1981 年绝对中关于行政解释的内容列入法条，但 1981 年决议的有效性不容置疑。基于 1981 年决议，作为最高税务行政机关的国家税务总局拥有税收法律法规行政解释权力是确定的，而这种权力就是通过制定大量的税收规范性文件来体现，同时通过转授权的方式赋予县级以上税务行政机关有限的行政解释的职权。基于有效的授权的税收法律法规的行政解释是"税收法定"原则体现的一个方面。但应注意的是，在解释内容上应是"税收法律、行政法规具体应用性问题，属于立法性解释的问题不在行政解释之列"②。

（二）"税收法定"原则是以税收规范性文件进行行政解释的"度量衡"

税法解释是指由一定主体在具体的法律适用过程中对税收法律文本的意思所进行的理解和说明，其特征包括解释主体的法定性、解释对象的固定性、解释目标的决定性三个方面③。"法律语言无法完整将法律调整的社会关系准确表达出来"④ 导致了相应的解释成为必要，作为税法行政解释重要载体形式的税收规范性文件就是对税务行政行为中不确定法律概念的阐释和解读。税法行政解释的大前提就是明确的税收法律法规，解释的方法有多种多样，不管是文义解释、历史解释、体系解释、实证解释都不能背离基本的税收法律规定，不能与上位税收法律冲突，这是税法行政解释的基本前提。"税收法定"原则既是税收规范性文件进行行政解释的"度量衡"，"税收法定"原则也是解决

---

① 2015 年《立法法》新增加一条作为第 104 条，对于最高人民法院、最高人民检察院作出的司法解释予以了明确，这是对 1981 年决议的部分承接。从这一方面也可以看出，学界主张因《立法法》的出台，而导致 1981 年决议的失效是不正确的，1981 年决议依旧对我国法律解释体系起着指导作用。
② 徐志嵩. 税法的行政解释辨析 [J]. 中共乐山市委党校学报（新论），2012，14（5）：46.
③ 刘剑文. 税法学 [M]. 2 版. 北京：人民出版社，2003：207－208.
④ 武劲松. 行政法上不确定法律概念之解释 [J]. 广东行政学院学报，2010，22（3）：59.

税收规范性文件进行行政解释发生冲突时如何解决应当遵循的基本原则。"税收法定"原则的确定是本文对我国税收规范性文件体系中所发现的冲突进行研究、进而提出解决方法、路径的基本前提。

三、我国税收规范性文件体系的冲突

法律的解释是法律适用的前提，法律的适用是法律解释的必然结果，我国税收规范性文件体系是我国税收行政解释的主要体系，由于经济形势的复杂多变，我国不同地域社会经济文化差异，税收行政解释主体的历史性、客观性的局限，在税收实践中，发生税收规范性文件体系的内在和外在冲突是客观存在的，这些冲突带了税法解释上的矛盾和税法执行上的诸多不便。

（一）税收规范性文件的内在冲突

1. 税收规范性文件的效力适用问题

税收规范性文件体系按照层级模式自国家税务总局到县级税务机关针对同一涉税事项按照各自的权属范围制定税收规范性文件。由于不同地区的经济发展水平、文化差异导致统一的税收法律规范需要税收规范性文件予以细化甚至"差异化"处理。实践中往往存在对于上一级的税收规范性文件再一次细化的情况，这就出现了用"解释"来阐述"解释"的现象，而最终落实在税务行政执法实践中时，可能会出现对最初法律法规立法意图的背离。

在税务行政自由裁量权规范的制定过程中，由于自由裁量权源自法律概念的不确定性，特别是在税务行政处罚中，对违法情节轻微、一般、严重的认定，均需要予以具体解释，那么在税收规范性文件中就必须对不确定的法律概念予以明确甚至量化①。但是问题在于，随着时间和税收实践的变化，旧的裁量权准则不再适用新的情况，修订后新的裁量准则替代旧准则，那么对于《税收征管法》等相关税收法律法中规定的连续性违法行为（如连续未申报行为）如果横跨新旧两个税务行政处罚裁量准则文件，新的行政解释已经替代旧的行政解释，这种连续违法行为如何适用新旧裁量准则的问题就摆在面前②。

根据《行政处罚法》第二十六条规定，情节显著轻微的行为可以不予行政处罚，而《税务行政处罚裁量权行使规则》（国家税务总局公告 2016 年第 78 号）第十一条对上述规定引申"首违不罚"的法律概念，各省级税务税务机关在本省的税务行政处罚

---

① 《税务行政处罚裁量权行使规则》（国家税务总局公告 2016 年第 78 号）将税务行政裁量权的裁量基准的制定权授予了各省级国税、地税机关。

② 对于税收规范性文件效力，一般不溯及既往，但会规定如果有利于纳税人的可以溯及既往。在对于连续税收违法行为横跨两个税收规范性文件（税务行政处罚裁量行使规则），适用这种"从旧兼从轻"的原则时，因旧的规范处罚轻而适用旧的规范性文件，但对于发生在新的规范生效后的同样性质的连续性违法行为，按照新的规范处罚，这就导致了主观恶性大（连续违法行为时间长）的行为因适用旧规范而处罚轻，主观恶性小（连续违法行为时间短）的行为因发生在新规范生效后而处罚重的奇怪现象。

自由裁量权规范中予以了确认，那么"首违不罚"的情节应当如何解释适用，哪一级别的税收规范性文件进行解释比较合理，目前没有统一明确。

同时，历史上很多没有经过税收规范性文件制定程序的文件，但却仍旧有效的带有规范性文件性质的文件，这些准税收规范性文件的效力也存在如何确认的问题①，两部《税收规范性文件制定管理办法》（国家税务总局令第 20 号和国家税务总局令第 41 号）均不能取代 2004 年 11 月 1 日开始实施的《全国税务机关公文处理实施办法》（国税发〔2004〕132 号），该办法将继续规范诸如"国税发""国税函"以及税务部门内设机构签发的"便函"等类文件的制定和发布。上述文件中经常包含了广泛适用的实质性行政法律规定，是税务机关对法律的解读②。

2. 个案批复的参照适用问题

被学者广泛引用的厦门鼓浪屿水族博物馆诉厦门市地方税务局案件中，国家税务总局针对厦门市地方税务局作出"国税函〔1996〕678 号批复③"，对"免征营业税的博物馆"范围进行界定。实际上，国家税务总局通过批复对"博物馆"作出了限定性的行政解释，从而使"博物馆"在税法上成为了一个特定概念。但类似该批复的行政解释效力是否能够被全国税务机关参照引用一直模糊不清。

目前，国家税务总局从严把控个案批复，实际上是为了避免对个别案例过多的税务行政解释。个案批复特别是《税收个案批复工作规程（试行）》出台实施以前，对于转发各级税务机关的个案批复至今仍旧有税收规范性文件的效力，也即属于税法行政解释；对于没有转发的个案批复，其他各省市在遇到类似问题时往往是参照适用的。正是如此，个案批复行政解释的参照作用是否具有法律效力就是一个有待解决的问题，如国家税务总局对广东省地方税务局的《关于股权转让收入征收个人所得税问题的批复》（国税函〔2007〕244 号），对于承债式股权转让个人所得税的征收问题进行了解释，该批复并没有转发各省，但该批复的参照适用作用一直延续至今。另外还如《关于行政机关应扣未扣个人所得税问题的批复》（国税函〔2004〕1199 号），该批复实际上是对《税收征管法》中扣缴义务人应扣未扣是否加收滞纳金的行政解释，同样在未转发各省的情况下，也被各省税务机关参照援引。

3. 税收规范性文件的实践应用性问题

税收规范性文件作为税收法律的行政解释，其应当具有指导功能和可操作性。由于我国税收种类较多，不同税种间存在着密切关联，以及不同税种法律规范制定者的认知程度、历史因素经济考量等多方面的原因，很容易导致对同一涉税事项不同税种解释上的竞合，从而引起冲突。如在"家庭唯一住房"的税收优惠认定中，根据《全国税务

---

① 主要是国家税务总局出台《税收规范性文件制定管理办法》之前的文件的效力确认。

② 张杨，崔威. 美国联邦税收体系中规范性文件的使用及其对我国实践的启发〔M〕//施正文，主编. 中国税法评论（第 1 辑）. 北京：中国税务出版社，2012.

③ 《关于对"博物馆"免税范围界定问题的批复》（国税函〔1996〕678 号）："免征营业税的博物馆，是指经各级文物、文化主管部门批准并实行行政预算管理的博物馆。"

机关纳税服务规范》中对于"家庭唯一"住房情形认定资料的规定，符合"家庭唯一"的契税减免的需要提供身份证、结婚证、户口本等身份证明资料，而符合"家庭唯一"的个人所得税减免需提供资料中仅规定了身份证资料，同一事项不同的规范要求极容易导致基层税收执法人员的执法困惑，也容易引起行政相对人的负面情绪。再如《关于个人转让住房享受税收优惠政策判定购房时间问题的公告》（国家税务总局公告 2017 年第 8 号）中对于"法律文书的生效日期视同房屋所有权证书的注明时间"，那么"法律文书生效时间"如何认定，公告并没有明确，解读也没有清楚告知，实际上法律文书生效时间的判定，因一审生效还是二审生效而存在不同，同时法律文书一般是送达当事人时发生效力，那么对于法律文书生效时间的判定，税务工作人员除非亲自前往人民法院查询文书生效时间或者由纳税人提供人民法院出具的判决文书生效证明，否则无法准确认定法律文书生效时间，这很容易成为基层税收执法人员的执法难题。

（二）税收规范性文件的外在冲突

1. 国税、地税行政解释主体的选择

营改增后，国税、地税合作日益密切，特别是对营改增项目的税收征管，各地国税、地税机关均在不断创新合作模式。自 1994 年分税制改革以来，国家税务局和地方税务局一直保持独立运行，随着营改增的全面展开，双方将要共同面对、共同合作的税收事宜日益增多。根据《国家税务总局 财政部关于全面推开营业税改征增值税试点的通知》（财税〔2016〕36 号）和《国家税务总局关于营业税改征增值税委托地税机关代征税款和代开增值税发票的公告》（国家税务总局公告 2016 年第 19 号）等规定，"纳税人销售取得的不动产和其他个人出租不动产的增值税，国家税务局暂委托地方税务局代为征收"，但相关政策的解释权主体并没有明确，根据委托代征的定义，实际上真正拥有该增值税征收业务的行政解释权应为国税机关，而实际上地税机关作为征收部门一直具有政策解释优势，"委托代征"并没有解决国税、地税实际上引起的解释权力主体的内在冲突[①]。

另外，税务机关与其他行政机关同样存在着行政解释权力的冲突，在行政实践中，由于部门利益、地方利益倾向，严重影响了行政机关的中立性。同时由于政府部门职权存在一定的交叉，在具体行政过程中，不同的部门或者出于各自的利益考虑，或者由于解释方法上的差异，作出的行政解释也会产生冲突。

2. 税收规范性文件的司法尊重

税收规范性文件的制定和发布一直处于税务机关的自身掌控之中，有权税务机关作出的税法行政解释活动几乎游离于法律监督之外，实际上是税务行政机关对税收法律法规的行政解释权的全面掌控。近年来，随着法治建设不断完善，纳税人维权意识普遍提

---

① 尽管可以存在国税、地税机关联合下发文件解决涉及行政解释权的问题，例如厦门市国家税务局、厦门市地方税务局 2016 年 4 月联合下发《厦门市国家税务局 厦门市地方税务局关于营改增委托代征事项的告知书》，明确营改增后纳税人销售其取得的不动产和其他个人出租其不动产的政策解答由厦门市地方税务局全面负责。但是应当注意的是，地方国税机关和地税机关是否有权对税法行政解释权限作出约定缺少法律依据或国家税务总局授权。

高，涉税复议、涉税诉讼日渐增多。在司法实践中，如果没有规范性文件的存在，法院甚至可能出现无法引用合适的裁判法律依据的局面。税务工作人员作出税收具体行政行为时，对于涉税事项往往需要税收规范性文件作为执法行为的依据，在提起复议诉讼时，其争议焦点往往就是对税收法律法规的解释问题：一方面纳税人按照自身的理解对税收法律法规进行解读；另一方面税务机关通过税收规范性文件对税收法律法规予以解释。人民法院在税务行政诉讼裁判过程中，由于对税收法律知识的熟悉程度较低（税法对于人民法院行政审判人员来说，明显是一个生僻的法律种类，税法是财会与法律深度结合的产物，对于行政审判人员的综合知识水平要求较高），实际导致了税法的司法解释缺位，从而导致人民法院对税收规范性文件的合法性审查或者过于严格，对税务机关的行政解释予以否定；或者完全地适用税收规范性文件作为定案的依据。由于国家税务总局出具的税收规范性文件级别高，人民法院很难对高位阶的行政解释予以合法性审查，一般会予以必要的司法尊重①。人民法院对于税收规范性文件的审查本质上是司法权与行政权的博弈问题，司法权力对行政权力特别是行政解释权的干预程度最终将影响我国现行的税收征管体系。

3. 税收规范性文件的纳税人遵从

税收规范性文件的纳税人遵从就是行政解释的执行力的问题，税收规范性文件是具有普遍拘束力抽象行政行为，从行政解释的角度来看，税收规范性文件是税务行政机关依据职权对税收上位法进行解释的载体形式。除已经公开的税收规范性文件外，现阶段还存在着大量不予公开的内部文件、通知起着行政解释功能，同时不符合税收规范性文件制定主体资格的税务机关往往出于工作需要也制定一些内部规定，而这些规定往往会影响纳税人的权益。税收规范性文件的更新速度快，纳税人对于税收规范性文件的遵从往往存在滞后性，税务机关工作人员与纳税人对于税收规范性文件的获取和更新不对称，从而引起信赖保护原则在税务行政法律关系中的适用困难。

纳税人对税收规范性文件是否必须要遵从，也就是说存在纳税人对税收法律有不同的解释理解的时候，是否必须强势适用行政机关的行政解释？基于行政行为的拘束力和执行力，答案是肯定的。纳税人实际上就有权要求税务行政执法工作人员对引用税收规范性文件作出公开和说理，使得纳税人得以信服、遵从②。

---

① 《中华人民共和国行政诉讼法》第五十三条明确了人民法院对规范性文件的审查权力，但是在现实的司法裁判中，鲜有这样的判例出现。

② 特别是在企业所得税汇算清缴、土地增值税清算中，由于周期长，税收规范性文件（税法的行政解释）变化大，行政相对人基于有效的税法行政解释作出的具体经济行为，应当受到信赖保护，而税务行政执法人员对于税收规范性文件的效力及适用问题有义务进行解释和说理。特别地，基于信赖保护原则，《中华人民共和国税收征管法（征求意见稿）》第四十六条引进的预约裁定制度，就是对现行税收规范性文件解读有争议或者没有适合的行政解释时对纳税人的应税行为的行政确认。该征求意见稿第四十六条规定："税务机关应当建立纳税人适用税法的预约裁定制度。纳税人对其预期未来发生、有重要经济利益关系的特定复杂事项，难以直接适用税法制度进行核算和计税时，可以申请预约裁定。省以上税务机关可以在法定权限内对纳税人适用税法问题作出书面预约裁定。纳税人遵从预约裁定而出现未缴或少缴税款的，免除缴纳责任。"

四、我国税收规范性文件体系的衡平

税法的适用就是税法的解释过程，如果将解释和适用割裂开，那么税法的解释特别是以税收规范性文件为载体的税法行政解释将失去存在的合理性和必要性。税收规范性文件作为税务机关的应用性税法行政解释，其内在、外在表现的体系上的冲突，也应当以税收法律适用、税务行政执法实践为导向进行衡平规制。

（一）强化税收规范性文件制定、解读和理清

制度是多要素博弈均衡的产物，既须维持内部体系之自洽，又要与外部环境共生。否则，均衡将被破坏，并会在重建均衡中触发制度变迁①。税收规范性文件作为税务机关最重要的行政解释工具，在已经形成的规模庞大的规范性文件制度体系，随着社会经济环境等因素的不断改变，不同力量的博弈最终会引起相关涉税事项的理解的更替，制定新规范性文件、清理陈旧的、不符现状的税收规范性文件成为必须。在制定新的税收规范性文件的语言文字运用上应更加注重精准，整齐而不繁琐。在制定程序上，应严格按照程序规定进行，尤其重视内部审核工作，把握好税收法律、法规与行政解释之间的关系，保证与上位法的立法精神一致，确保税收规范性文件的公信力和执行力。在颁行税收规范性文件同时，应针对行政解释制定目的、必要性以及其他需要说明情况进行必要阐明，以把握行政解释的核心。

按照新文件新办法、旧文件旧办法的方式，在《税收规范性文件制定管理办法》出台后，应对按照该办法规定的适用的税收规范性文件进行审查清理，对于往年出台的通知、批复进行系统的研判，适合制定税收规范性文件的统一制定规范性文件。特别的是，在清理过程中，税收工作者也会不断强化对相应税收法律法规的认知和了解程度，熟悉税法的发展脉络，为税务执法提供有益的经验。作为税法行政解释的规范性文件在一定程度上就是立法的试用，在经过一段时间的试用后，应当尽可能地将税收规范性文件从行政解释的层级上升到税收立法的角度，或者立法解释的层面，这也是对"税收法定原则"的深入贯彻，可促进我国税收法律法规体系在实践上的不断完善。

（二）汇编税收规范性文件形成税法行政解释体系

国家税务总局不定期会以公告的形式公布已经失效或者废止的税收规范性文件，同时组织对各省制定的税收规范性文件进行审查。税收规范性文件清理工作一直处于持续状态，但对税务行政执法者来说最需要的是全面系统化的税收规范性文件汇编。应通过清理保持现有税收规范性文件行政解释的合法性，全面系统地汇编历年国家税务总局，甚至各省市出台的税收规范性文件（这些文件是大量的税法行政解释）。通过查阅汇编，每一个税务行政执法者能够快速地明确当前每一项税务具体行政行为的历史发展脉络和法律文件渊源。

---

① 张平华. 矫枉过正：美国侵权连带责任的制度变迁及其启示 [J]. 法学家，2015（5）：162.

对于税务工作者来说，因作为税法行政解释的税收规范性文件占据着指导税收具体行政行为的文件的绝大部分，在作出具体行政行为时对税收规范性文件的检索非常重要。税收规范文件的生效时间、失效时间、调整范围、调整方式、程序流程等关于税收法律要素的行政解释对于税务行政行为十分必要。现阶段税务系统主要使用国家税务总局网站的政策法规查询系统，12366税收知识库结合各级机关自行汇编的规范性文件集进行文件检索。2014年中税答疑研究院推出《中国税法查询软件》①，该软件使查询效率有所提高，但是作为检索引擎，该软件无法提供政策沿革，缺少税收执法案例、判例说理内容，有待进一步完善。本文认为在条件允许的情况下，基于历年税收规范性文件清理的基础，自上而下地对整个税务系统的税收规范性文件进行统一的编纂工作，构建以年份为主要序列，兼顾税种、税收征管、行政、司法判例、税法学术等多方面的搜索要点，参照判例法系的编纂模式，构造内容完整、体系合理、更新及时、解读详细的税法行政解释（税收规范性文件）体系，完成对历年的税收规范性文件汇编并公布、公开，这既是一次全面文件梳理，也是保障相对人知情权，促进信赖保护的重要举措。

（三）探索完善司法审查制度

税法行政解释权运用的最终表现形式大都可以归入税收规范性文件范畴，税务机关的税法行政解释权属于一种应用性解释权，只能在法律分配给它的职权范围内解释税法，先有功能，后有税法解释，而不能通过税法解释为自己创设解释以外的立法功能②。目前，这种税法行政解释一直被税务机关自身垄断，往往出现谁执行、谁制定、谁解释的奇怪现象，这一点在我国的行政体系当中屡见不鲜，既当裁判员又当运动员，总会不可避免地出现制定决策上的偏差。尽管现阶段正在全国税务系统全面开展公职律师、法律顾问等法律风险内控机制建设，但是外在的监督是十分必要的，失去外在监督将是非常危险的一件事情。对于税收规范性文件的司法审查制度，已经有法律上的规定③，如何用好司法审查制度才是关键，一方面司法机关对于税收法律体系要充分了解；另一方面税务机关要有面对司法机关对税收规范性文件进行审查的勇气。税务机关要充分利用司法机关特别是人民法院丰富的审判司法经验，"贯彻司法尊重原则，兼顾合法性审查与合理性审查，寻得司法审查的正当边界"④。

（四）强化公开实现信赖保护

信赖保护原则是行政法价值体系的重要内容，作为行政解释的税收规范性文件一经作出，就应当具有税务行政相对人合理信赖属性。同时税收规范性文件作为税法行政解释应当保持价值中性，既有利于纳税人，又有利于国家税收。对于税收规范性文件来说，必须按照一定的方式予以公布公开，结合前文所述的规范性文件清理、规范性文件

---

① 中税答疑：http://www.shui12366.com/index.aspx.
② 叶金育. 国税总局解释权的证成与运行保障［J］. 法学家，2016（4）：115－116.
③ 最高人民法院关于适用《中华人民共和国行政诉讼法》若干问题的解释（法释〔2015〕9号）第二十一条："规范性文件不合法的，人民法院不作为认定行政行为合法的依据，并在裁判理由中予以阐明。"
④ 叶金育. 国税总局解释权的证成与运行保障［J］. 法学家，2016（4）：124.

汇编，形成公开化的税收规范性文件，对行政相对人保持透明。正如《商君书》中有言，"故夫知者而后能知之，不可以为法。故圣人为法，必使之明白易知"。在行政领域，"公开是现代民主政治的题中应有之义，其目的在于满足公民的知情权，实现公民对行政的参与和监督"①。基于规范性法律文件产生的信赖属于税务行政机关应予保护的信赖，只有这样才能有效地保证纳税人对于自身纳税行为后果的预测，做好纳税规划，同时也在法律适用层面监督税务机关依法行政，从两个方面的来说都有利于税收征管的进步、纳税人的税法遵从。

五、结语

我国税收立法正处于高速发展完善时期，但现阶段的税收立法仍满足不了当前复杂的税收执法实践的需要。税收法律关系复杂多变，而税收法律法规又是原则性强的抽象规范，在税收征管实际中，税务行政机关不得不就具体执行情况随时对税收法规作出解释，作为税法行政解释的税收规范性文件在税法使用者与制定者之间就起到了桥梁的作用。但是由于历史、经济、社会等多种原因，我国税收规范性文件的体系庞大而复杂，内外冲突急需进一步的优化和平衡。从税法行政解释的视角同时结合具体税收工作经验对税收规范性文件这一体系进行一定的反思和探讨正是本文的思路。随着税收立法的发展、符合我国国情的税收法律法规体系的完善、税法行政解释理论的不断创新发展，我国税收规范性文件体系的种种冲突不足必将不断被克服，更好地履行税法行政解释职责，指导税务行政执法人员依法行政，充分地保护行政相对人（纳税人）的合法权益。

---

① 周佑勇. 行政法的正当程序原则 [J]. 中国社会科学，2004（4）：123.

反避税视角下《个人所得税法》的修改完善[①]

■ 余鹏峰

厦门大学法学院博士研究生

内容摘要： 在宪法平等原则下，《个人所得税法》的修改应与反避税法律体系的完善相协同，确切地说，其在修改的过程中必须考量反避税因素。因为税收债务法内含的不容规避性并不能为个人所得税法提供明确的反避税指引，相反《个人所得税法》的漏洞（反避税规则的缺失，税制的固有缺陷）有意或无意地助推纳税人避税。个人所得课税具体模式并不必然诱发这种缺陷，而是与其息息相关，课税单位、税收客体界定及税基的扣除等非共有影响因素的不完善，借课税模式差异发挥作用。在改革久攻不下的现实面前，要落实税收国家立法之反避税任务，可考虑采用"税收基本法＋税种法"的立法体例，即在《税收征管法》修订中规定一般反避税条款，在《个人所得税法》修改的过程中植入符合其特质的特别反避税条款；同时，改进《个人所得税法》纳税主体判断标准、纳税客体界定的方法、纳税客体归属规则。之后，再按照《个人所得税法》改革目标，对课税个人或单位、纳税客体类型、税基的扣除进行设计。

关键词： 反避税　个人所得税法　税收构成要件　课税模式

一、问题概说

个人所得避税始课征而滥觞，随税制复杂化而迭出。纳税人通过

---

① 本文系廖益新教授主持的国家社科基金重点项目"应对 BEPS 背景下完善中国反避税法律体系研究"（项目编号：14AZD153）阶段性成果之一。

法律形成可能性之滥用，获取不正当的税收利益，造成大量的税基侵蚀和利润转移。据测算，中国"个人所得税流失规模达到40%以上"[①]，"富豪移民带来的个人所得税流失额约为3652亿元人民币"[②]。除此之外，亦破坏量能课税之税收公平、正义原则与市场经济竞争秩序。

对此，税收国家立法、司法及行政三权肩负着反避税的宪法任务：在立法，制定包括一般反避税条款在内的法律规则必须符合明确性要求；在司法，法官需于具体案件，依照法律独立审判，不拘泥文义，探求立法目的，阐明量能平等负担，填补税法漏洞；在行政，税收机关之宪法任务，不在国库收入，在于依法平等核定征收公法债务。[③] 以此检视，我国行政机关是反避税具体实施的主体。反避税个案鲜有进入司法程序，[④] 究其根本，是因为立法反避税之宪法任务尚未得到落实。

立法实践与理论研究都没有以反避税为视角对《中华人民共和国个人所得税法》（以下简称《个人所得税法》）进行检视。"一直以来，我国《个人所得税法》的改革基本都围绕工资薪金所得免征额展开。"[⑤] 学界对《个人所得税法》改革的研究内容主要分为基本税制要素改革、课税模式改革、税制结构优化三大领域，主要视角有收入分配正义、税收公平与效率、公共或私人财产权、生存权保障，关注的重点和热点主要集中在对课税模式、工资薪金费用扣除标准、清理税收优惠政策方面。[⑥]

而近年来，加强个人所得税法反避税已成为共识[⑦]。只是研究成果主要停留在解决某问题时附带提出对策之"点"的阶段，尚未对《个人所得税法》避税成因、表现，应如何在其改革的过程中引入反避税规则等若干问题之"面"进行系统的论证。

借此，以反避税为视角，综合分析个人所得税税收构成存在的问题，构建形式诉求与实质要义相统一的个人所得税制，进一步提升《个人所得税法》的明确性品格，充分落实税收国家立法反避税之宪法任务，有效贯彻量能课税之税收公平、正义原则，应成为我国《个人所得税法》修订的基本要求。

① 咸春龙. 中国个人所得税流失及其成因研究 [M]. 北京：中国经济出版社，2012：112.
② 樊丽明，等. 富豪移民、资产转移与中国退籍税制度设计 [J]. 财政研究，2016（12）.
③ 葛克昌. 脱法行为与租税国家宪法任务 [M] // 载葛克昌主编. 避税案件与行政法院判决. 台湾：翰芦图书出版有限公司，2010：5.
④ 王宗涛. 一般反避税条款研究 [M]. 北京：法律出版社，2016：270.
⑤ 陈治. 基于生存权保障的〈个人所得税法〉改革及完善 [J]. 武汉大学学报（哲学社会科学版），2016（3）.
⑥ 刘剑文，主编. 财税法学研究述评（2005—2014）[M]. 北京：法律出版社，2015：211.
⑦ 主要文献有：朱润喜. 加强我国反避税工作的探讨 [J]. 税务研究，2013（10）；广州市国际税收研究会课题组. 我国一般反避税立法与管理：存在问题和经验借鉴 [J]. 税务研究，2014（2）；程雅洁. 澳大利亚独立个人劳务反避税管理的经验与借鉴 [J]. 国际税收，2014（8）；敖玉芳. 我国合伙企业反避税法律制度的完善 [J]. 税务研究，2015（4）；梁若莲. 对一起高净值个人移民避税案例的思考与建议 [J]. 税务研究，2016（9）；曹明星，杨后鲁. 中国个人所得税法之国际化——税务自动情报交换下的迫切问题 [J]. 国际税收，2016（12）；范玲. 后BEPS时代下我国非居民个人所得税体系的完善建议 [J]. 国际税收，2017（5）.

二、耦合与内聚:《个人所得税法》改革与反避税法律体系完善

《个人所得税法》自 1993 年完成"一法两例"①归并后，20 余载矢志不渝追求"建立综合与分类相结合的个人所得税制度"的改革理想，价值取向分配正义，与反避税体系完善所落实量能平等负担高度耦合。同时，改革《个人所得税法》与完善反避税法律体系是《宪法》平等原则在税收领域落实的一体两面，两者亦具有高度内聚性。

(一)《个人所得税法》改革目标

我国现代意义上的个人所得税法构建肇始于改革开放，以 1993 年"一法两例"归并为分界点，大体上可分为两个阶段。一是 1978—1993 年个人所得税法"从无到有"的阶段，即《个人所得税法（1980 年）》《城乡个体工商业户所得税暂行条例（1986 年)》《个人收入调节税暂行条例（1987 年)》先后颁布至《个人所得税法（1993）》生效。二是 1994 年至今《个人所得税法》不断修改完善的阶段。透过不同时期的官方的政策文本（见表 1）发现，第一个阶段个人所得税法改革没有固定的目标，主要应对改革开放不断深化中凸显的个人所得问题；第二阶段始终坚持"建立综合与分类相结合的个人所得税制度"这一恒定追求。不论是第一阶段，还是第二阶段均注重分配正义。就第一阶段而言，虽然《个人所得税法》是在经济高度发展的外在压力与因应机制下渐次整合而成的，但是最终实现了境内外主体适用个人所得税法的统一，无形中践行了税收平等原则。就第二阶段而言，虽然历次修改都局限于提高工薪个人所得税起征点和减少税率级距等个别条款，然而改革初心和蓝图始终未被放弃。个人所得税由"分类制"逐步建立到向"综合与分类相结合制"，追求的不是课税模式在形式上的变化，而是在此过程中强化其调节收入分配的功能。② "正义的分配应当是一种公平主义的分配……应当以'分配面前人人平等'为价值取向"③，这是《宪法》之"公民在法律面前一律平等"原则的具体体现，必须予以坚持。

表 1　　　　　　　　　　个人所得税制改革目标

改革内容	规范依据
要通过立法，开征个人所得税	《关于 1979 年国家决算、1980 年国家预算草案和 1981 年国家概算的报告》
把城乡个体工商业户所得税、个人所得税、个人收入调节税下放地方管理	《关于 1988 年国家预算执行情况和 1989 年国家预算草案的报告》

① "一法"是指《个人所得税法》，"两例"是指《城乡个体工商业户所得税暂行条例》《个人收入调节税暂行条例》。

② 施正文. 论我国个人所得税法改革的功能定位与模式选择 [J]. 政法论丛，2012 (2).

③ 张富强. 论营增改试点扩围与国民收入分配正义价值的实现 [J]. 法学家，2013 (4).

续表

改革内容	规范依据
改进个人收入调节税，要推行个人应税收入申报制度，并改善和加强个人收入调节税的征管工作	《关于 1989 年国家预算执行情况和 1990 年国家预算草案的报告》
按照市场经济体制的要求修订《个人所得税法》	《关于 1992 年国家预算执行情况和 1993 年国家预算草案的报告》
改革税制，统一个人所得税	《关于 1993 年国家预算执行情况和 1994 年国家预算草案的报告》
建立覆盖全部收入的分类与综合相结合的个人所得税制；制定与征管法律相配套的个人所得税法、征管制度和办法	《国民经济和社会发展"九五"计划及 2010 年远景目标纲要》
建立综合与分类相结合的个人所得税制度	《国民经济和社会发展第十个五年规划纲要》
建立健全个人收入申报制，强化个人所得税征管；实行综合和分类相结合的个人所得税制度	《国民经济和社会发展第十一个五年规划纲要》
合理调整个人所得税税基和税率结构，提高工资薪金所得费用扣除标准；逐步建立健全综合与分类相结合的个人所得税制度，完善个人所得税征管机制	《国民经济和社会发展第十二个五年规划纲要》
加快建立综合与分类相结合的个人所得税制度，将各项收入全部纳入征收范围，建立全国统一的纳税人识别号制度，取消对外籍个人从外商投资企业取得的股息、红利所得免征个人所得税等税收优惠 完善个人所得税信息管理系统	《关于深化收入分配制度改革的若干意见》
完善税收制度，逐步提高直接税比重，逐步建立综合与分类相结合的个人所得税制	《关于全面深化改革若干重大问题的决定》
逐步建立综合与分类相结合的个人所得税制。合并部分税目作为综合所得，适时增加专项扣除项目，合理确定综合所得适用税率；尽快推广个人非现金结算、建立第三方涉税信息报告制度等	《深化财税体制改革总体方案》
对自然人纳税人按收入和资产实行分类管理；建立自然人税收管理体系，构建以高收入者为重点的自然人税收管理体系；2018 年实现征管数据向税务总局集中，建成自然人征管系统，并实现与个人收入和财产信息系统互联互通	《深化国税、地税征管体制改革方案》

续表

改革内容	规范依据
改革和完善税费制度，逐步提高直接税比重；加快建立综合和分类相结合的个人所得税制度	《国民经济和社会发展第十三个五年规划纲要》

（二）反避税法律体系完善指向

同样，按照《宪法》第三十三条规定之平等原则，税法亦应贯彻平等理念。即相同的经济给付能力者，负担相同的税收负担（水平平等）；不同的支付能力者，负担不同的税负（垂直平等）。纳税人选择与常规交易不同的迂回行为或多阶段行为或其他非常规的法律形式，达成与常规交易相同的法律形式之情形基本上同一的经济效果，以同时减轻或排除与通常的法律形式相连结之税收负担，势必造成相同经济支付能力者在常规与非常规交易的不同方式下税收负担不同，有悖平等原则之量能负担要义，应予以规制。不可否认，伴随着《中华人民共和国企业所得税法》（以下简称《企业所得税法》）及其配套规范的出台，我国反避税法律体系不断健全（见表 2）。但是，在企业所得税改革中逐步发展完善起来的反避税规则存在先天性不足[①]：一方面，适用的范围仅限于企业避税行为的调整，而对包括合伙企业自然人投资者和个人独资企业在内的个人所得税纳税人不在其调整的范围内；另一方面，适用所有领域、所有税种的一般反避税规则缺失，包括个人所得税在内的诸多税种反避税规则处于"零状态响应"。因此，为贯彻宪法之平等原则，就必须完善反避税法律体系，实现量能负担。当然，这也是推进税收治理体系和治理能力现代化的必然要求。作为税法体系的有机组成部分——《个人所得税法》的修改，在逐步建立综合与分类相结合的个人所得税制的过程中，必须认真考量反避税因素，把量能平等负担贯彻于个人所得税主体、客体（或课税客体）、归属、税基（或课税标准）以及税率的方方面面。

表 2　　　　　　　　　　我国反避税规则体系及适用范围

规则类型	适用税种	适用主体	主要规范依据
一般反避税规则	企业所得税	企业	《企业所得税法》第四十七条，《中华人民共和国企业所得税法实施条例》（以下简称《企业所得税法实施条例》）第一百二十条，《特别纳税调整实施办法（试行）》第十章，《一般反避税管理办法（试行）》
	增值税	单位或个人	《营业税改征增值税试点实施办法》第四十四条

---

① 关于反避税立法存在的问题，也可以参见：翁武耀．欧盟增值税反避税法律问题研究［M］．北京：中国政法大学出版社，2015：260 - 263．

规则类型		适用税种	适用主体	主要规范依据
特别反避税规则	转让定价	企业所得税、增值税、消费税、契税、土地增值税、车辆购置税、资源税	企业	《税收征管法》第三十六条，《企业所得税法》第四十七条，《企业所得税法实施条例》第一百二十条，《特别纳税调整实施办法（试行）》第四、五章，《国家税务总局关于完善关联申报和同期资料管理有关事项的公告》（国家税务总局公告 2016 年第 42 号）
	预约定价安排	企业所得税	企业	《企业所得税法》第四十二条，《企业所得税法实施条例》第一百一十二条，《国家税务总局关于完善预约定价安排管理有关事项的公告》（国家税务总局公告 2016 年第 64 号）
	受控外国公司	企业所得税	居民企业，或居民企业和居民个人	《企业所得税法》第四十五条，《企业所得税法实施条例》第一百一十六至一百一十八条，《特别纳税调整实施办法（试行）》第八章
	资本弱化	企业所得税	企业	《企业所得税法》第四十六条，《企业所得税法实施条例》第一百一十九条，《特别纳税调整实施办法（试行）》第九章，《财政部 国家税务总局关于企业关联方利息支出税前扣除标准有关税收政策问题的通知》（财税〔2008〕121 号）
	成本分摊协议	企业所得税	企业	《企业所得税法》第四十一条第二款，《企业所得税法实施条例》第一百一十二条，《国家税务总局关于规范成本分摊协议管理的公告》（国家税务总局公告 2015 年第 45 号）

注：适用主体中的企业不包括个人独资企业和合伙企业。

三、形式与实质：《个人所得税法》避税的成因探究

法律上，避税的本质是税法上的脱法行为，而"脱法行为乃法律漏洞之利用"①，是故避税诱因在税法漏洞。正如黄茂荣先生所言："在容易产生不当税捐规避的规定，可能存在着：法律的规定不周全，没有包含应包含的类型，亦即法律明文之所定，在分类上有超过或不足的情事，以致造成无正当理由之差别待遇，或笼统处理之不合理的情

---

① 德国租税通则［M］.陈敏，译.台北：台湾"司法院"，2013：66.

形。"① 个人所得避税现象丛生亦可归咎于《个人所得税法》之漏洞，即在形式上，该法无反避税规则；在实质上，该法所形成的税制存在缺陷。

（一）形式原因：个人所得反避税规则缺失

"内含理论"认为，税法内在原本就具有不容规避性，反避税系税法内部固有之原则，规制脱法避税行为本可藉由实体税法之目的解释。此理论适用民法之脱法行为确之凿凿，但对税法之脱法行为则并不然，盖因民法信奉契约自由而税法恪守量能平等负担，是以脱法避税行为已超越实体税法解释范围，对该行为的调整已属法律补充范围。在私法上，法律补充可用类推适用的方式加以填补，在税法上亦可。所不同的是，"税法受法治国家的税收法定主义约束，禁止以类推适用创设或加重人民的税收负担，因此，除非法律有明文规定，即不得以类推适用填补税法规定的漏洞"②。调整避税行为以有明确的反避税条款为前提，否则有违税收法定主义。具体至个人所得税，避税行为可借助法律类推适用予以调整，前提是个人所得税法体系中有明文规定。

我国个人所得税法体系主要由《中华人民共和国税收征收管理法》（以下简称《税收征管法》）及其实施条例、《个人所得税法》及其实施条例、《对储蓄存款利息所得征收个人所得税的实施办法》和《关于个人独资企业和合伙企业投资者征收个人所得税的规定》构成，但反避税规则始终是"零状态响应"。

首先，以《税收征管法》为轴心形成的税收征收管理体系中，有税务机关对关联方不符合独立交易原则的业务往来进行调整的规定，效力理应及于个人所得税种在内的一切税种。但围绕该条建构的特别反避税规则（转让定价、成本分摊协议和预约定价安排）适用的主体全部是"企业"，不必然适用合伙企业和个人独资企业，更不可能适用关联方是个体工商户、自然人的情形。合伙企业和个人独资企业属于企业的范畴，若与关联方之间有不符合独立交易业务往来的情形，可类推适用企业所得税法特别反避税规则。而"企业"与"个体工商户、自然人"有着本质有别的独有主体属性，税务机关若适用则属于创制性的补充，是违背税收法定主义的。

其次，以《个人所得税法》为基础建构的规范群，既无特别反避税条款，亦无一般反避税条款，甚至判断避税行为之核心要素的立法目的亦无法探求。即使是在宪法总体法秩序下导出的税法结构性原则——量能平等原则，亦没有得到法条文字之客观化的表达。因此，对居民个人境外间接股权转让行为只能依据居民管辖权原则进行调整，但前提是股权转让所得已经进行分配。③ 否则，就无法对该避税行为进行调整。

再次，现行税法体系中，其他反避税规则存在不周延，也无法适用于个人所得避税行为。以受控外国公司规则为例，居民个人和居民企业都会对自己控制的设立在低税率税收管辖区的企业之利润不作分配或减少分配，而无合理经营需要，两者行为都需要受

① 黄茂荣. 法学方法与现代税法［M］. 北京：北京大学出版社，2011：248.
② 刘剑文，熊伟. 税法基础理论［M］. 北京：北京大学出版社，2004：167.
③ 钱家俊，林大夢. 全国首例居民个人境外间接股权转让案［J］. 国际税收，2015（2）.

到规制。《企业所得税法》及其实施条例只列举了"居民企业，或者由居民企业和中国居民控制"的两种情形，以致中国居民单独实施该行为则可逍遥法外。

最后，值得注意的是，个人所得税法反避税亦不能像实践中税务机关经常援用"计税依据明显偏低，又无正当理由"进行反避税之规定。因为该条文被置于税收核定规则体系中，在性质上属于税收核定条款，不是反避税条款。① 若遭滥用，必将破坏整个规制非常规交易的法律体系，最终危及市场经济之根基与基本秩序。

（二）实质因素：个人所得税税制严重缺陷

"税收构成要件是税收立法的核心内容，它提供了税收实体法的基本体系框架"②，对具体税种立法内容的分析，离不开对税收构成要件③之法律规定的研判。借此，笔者意借税收构成要件之框架，分析个人所得税制之缺陷及由此引发的脱法避税行为。

1. 税收主体

"对一个征税国而言，确定某个纳税人是否是本国税法上的居民，关系到这个征税国可以对纳税人主张行使的管辖权的性质（范围）。"④ 根据《个人所得税法》第一条，我国区分居民纳税人和非居民纳税人采用住所标准和居住时间标准。住所标准基本与世界上绝大部分管辖区相一致，而居住时间标准——"365 天"，远远高于大多数税收管辖区采取的"183 天"或"6 个月"标准。⑤ "采用高于国际惯例的居民认定标准，不仅局限了我国基于属人关系可主张的税收权益，与当前签订的大多数税收协定中的'183 天规则'不相协调，而且还可能为双重非居民（dual non-resident）的避税筹划提供可乘之机。"⑥ 同时，居民纳税人与非居民纳税人身份容易变更。一方面，《中华人民共和国个人所得税法实施条例》（以下简称《个人所得税法实施条例》）第六条确定的"5年规则"实际上被《财政部 国家税务总局关于在华无住所的个人如何计算在华居住满五年的通知》（财税字〔1995〕98 号）的解释⑦致使功能尽失，"没有 5 年规则，或虚置 5 年规则，就使税法留下漏洞，促使当事人通过隐蔽永久住所的策略达到避税目的"⑧。另一方面，在纳税身份变更为非居民身份时，个人所得税法并没有相应规则应对"离境"或"退籍"，易导致居民纳税人向避税地或低税率税收管辖区"逃逸"，侵

① 王宗涛. "计税依据明显偏低无正当理由"条款的法律逻辑 [M] //载熊伟，主编. 税法解释与判例评注（第七卷）. 北京：法律出版社，2016：250 – 262.

② 施正文. 税收债法论 [M]. 北京：中国政法大学出版社，2008：26.

③ 当下学界对税收构成要件的具体内核仍存在疑义，亦有三要件（刘剑文，熊伟. 税法基础理论 [M]. 北京：北京大学出版社，2004：191）、五要件（施正文. 税收债法论 [M]. 北京：中国政法大学出版社，2008：24；陈清秀. 税法总论（第七版）[M]. 台湾：元照出版社 2012：307）和六要件（[日] 北野弘久. 日本税法原论 [M]. 陈刚，等译. 北京：中国检察出版社，2001：168；黄茂荣. 税法总论（第 1 册）[M]. 北京：植根法学编辑室，2002：265）之别，但都是税收主体、税收客体（或课税客体）、归属、税基（或课税标准）以及税率五项要素的排列组合，因此下文基于这五个要素——分析.

④ 廖益新，主编. 国际税法学 [M]. 北京：高等教育出版社，2008：32.

⑤ OECD, Rules Governing Tax Residence [EB/OL]. [2017 – 08 – 07], http://www.oecd.org/tax/automatic-exchange/crs-implementation-and-assistance/tax-residency/.

⑥ 邱冬梅. 税收情报自动交换的最新发展及我国之应对 [J]. 法学，2017（6）.

⑦ 《财政部 国家税务总局关于在华无住所的个人如何计算在华居住满五年问题的通知》（财税字〔1995〕98 号）.

⑧ 杨斌. 个人所得税法居民身份确定规则的比较研究 [J]. 比较法研究，1997（1）.

蚀税基和利润转移。

2. 税收客体（课税对象）

《个人所得税法》第二条通过"正列举＋兜底"的方式明确个人所得课税对象这一概念外延。殊不知，工资、薪金所得等11个子项的外延之和无法穷尽个人所得税课税对象。事实上，许多完全符合税法上"可税性"之收益性和营利性标准的个人所得，如附加福利①、金融衍生品交易所得②、灰色收入③等，被排除在个人所得税法课税对象之外。这既对应税所得限制过死而导致税收漏洞过多，又无法适应资本、技术等生产要素与收入分配深化所带来个人收入类型、来源、形式及性质的多样性。即使是有"经国务院财政部门确定征税的其他所得"之兜底条款，以应对可能出现且需要征税的新项目以及个人取得难以界定的项目的个人所得，亦无法消弭正列举逻辑方法在界定概念外延方面固有的缺陷。因为从性质上而言，它属于授权条款，但授权的事项是法律保留事项——课税要件，"经国务院财政部门确定"有违税收法定主义。更甚的是，国务院颁布的《个人所得税法实施条例》将"国务院财政部门"解释为"主管税务机关"，有转授权之嫌，以致其他所得界定多出自国家税务总局之规范性文件。④ 在兜底条款正当性都受到质疑的情境下，藉由模糊之规定怎么能实现普遍征收之大任。

3. 税收客体的归属

"在任何一种税种关于在具体场合下的课税对象究竟归属于谁的问题往往成为问题……所以往往事先以明文规定来把归属关系规定清楚。"⑤ 但是，《个人所得税法》及其配套规范，对于税收客体归属主体、时间、空间等因素，或未规定，或含糊其词，以致无法正确认定纳税人和税收债务的成立时间，助力税收逃避。就主体归属而言，一般经济活动可通过私法所有权归属标准解决，但该标准无法适用名义与实体、形式与实质互不一致的经济活动，而后者恰恰是纳税人避税惯常伎俩。《个人所得税法》及其配套规范对此不进行明确，无异于"放任"纳税人利用"代持股""信托""受益所有人"等形式实施避税。就时间归属而言，现有的规范既没有对"所得税遵循所得实现原则"明文化，又没有统一且明确的规定，而是在《个人所得税法》第九条用征缴时间代替了税收债务的成立时间。这种或按月，或按次，或按年确认征缴时间之规定，为纳税人从金额与时间两个层面进行税务筹划提供了可能。就空间归属而言，虽然《个人所得税法实施条例》第五条规定了不同所得"源于中国境内"的标准，但是对于经营性的独立劳务等其他所得来源地判断标准没有明确规定。而且规定"租金所得"之"出租财

---

① 陈少英. 附加福利课税是个人所得税法改革的突破口 [J]. 法学，2014 (5).

② 杨春娇. 金融衍生工具交易所得课税问题研究 [M]. 北京：法律出版社，2016：214.

③ 张守文. 论税法上的"可税性"[J]. 北京：法学家，2000 (5).

④ 主要文件有：《国家税务总局关于未分配的投资者收益和个人人寿保险收入征收个人所得税问题的批复》（国税函〔1998〕546 号）、《国家税务总局关于股民从证券公司取得的回扣收入征收个人所得税问题的批复》（国税函〔1999〕627 号）、《国家税务总局关于个人所得税有关政策问题的通知》（国税发〔1999〕58 号）、《国家税务总局关于个人所得税有关问题的批复》（国税函〔2000〕57 号）、《财政部 国家税务总局关于个人所得税有关问题的批复》（财税〔2005〕94 号）、《国家税务总局关于个人取得解除商品房买卖合同违约金征收个人所得税问题的批复》（国税函〔2006〕865 号）。

⑤ ［日］金子宏. 日本税法 [M]. 战宪斌，等译. 北京：法律出版社，2004：129.

产地"和"特许权使用费所得"之"特许权使用地"标准与《企业所得税法实施条例》第七条规定之"负担者或支付者机构、场所所在地或个人住所地"存在差异。在财产或特许权的使用地与租金或特许权使用费的负担者或支付者的居住地不一致的情况下,"同一性质的所得,个人所得税和企业所得税对其来源地判断的标准规定不同,不符合税收公平原则"①。

4. 税基(税收客体的量化)

应纳所得的概念实际上定义了所得税的税基。依据《个人所得税法》第六条"应纳税所得额的计算"之规定,纳税人个人所得额按不同的税目采用不同的计算标准,客观上造成纳税人在税基的总所得、免税所得和扣除三个重要要素的内部进行转换,减少税基,且在扣除方面尤为突出。一方面,同一税目因纳税主体不同而享受不同的费用扣除额,非常容易形成避税。比如工资、薪金所得项目,中国境内工作的外籍个人和专家、华侨和港澳同胞,在享受 3500 元标准扣除额基础上,还可附加扣除 1300 元,该规定不仅违背宪法平等原则,而且使纳税人借助国(户)籍转换即可享有附加扣除。另一方面,不同税目享受的扣除额不同,纳税人可转换收入类型达到多扣除、减少税基而降低适用税负的目的。例如,现行税法规定,对工资按月扣除,对劳务报酬等所得按次扣除,这种计税方法从制度上鼓励纳税人采取转移类型、分解收入的办法合理避税。

5. 税率(税额与税基之间的比例或函数关系)

《个人所得税法》第三条确定所得税采用超额累进税率和比例税率两种,即工资、薪金所得和个体工商户的生产、经营所得和对企事业单位的承包(租)经营所得适用超额累进税率,而稿酬所得、劳务报酬所得等其他所得适用比例税率,不同项目具体税率有所差异。由此,同等性质的劳动所得,如工资薪金和劳务报酬所得同属劳动所得,分别适用 7 级超额累进税率和 20% 的比例税率,税负不一;同一收入来源内部的税率安排也不尽合理,如工资、薪金所得 7 级累进税率档次过密,临界点税负容易突变。这造成收入来源多的高收入者往往会均衡分摊或分解收入,以降低税负。此外,工资、薪金边际税率偏高,"使用国家样本的个人所得税报税表进行的实证检验显示,高边际税率会大幅度提高避税税率,特别是高收入纳税人"②。

四、理想与现实:《个人所得税法》反避税的制度表达

由于反避税可通过类推适用以填补税法的法律漏洞或相当的事实关系(相当的法律形式)之拟制之法律途径,而反避税前提性条件在于:必须有特别的法律上的根据;以量能课税及实质课税原则作为调整补税依据;应有概括授权调整规定。③ 因此,个人所

---

① 张京萍. 我国个人所得税制与国际税收规则的协调 [J]. 税务研究,2010 (11).

② James E. Long, James D. Gwartney. *Income Tax Avoidance:Evidence from Individual Tax Rerurns* [J]. National Tax Journal, 1987, 40 (4):517 – 532.

③ 陈清秀. 税法总论 [M]. 七版. 台北:元照出版社,2012:217 – 220.

得反避税的实现首先应在《个人所得税法》修改的过程中引入反避税条款，为调整避税行为提供规范基础；其次是在修改的过程中尽可能地审视并完善《个人所得税法》的法律漏洞，优化个人所得税制。

（一）《个人所得税法》反避税规则的构造

放眼世界，各税收管辖区通过立法完善反避税规则是通行的做法。就目前而言，反避税立法体例主要有两种：一是"税收基本法＋税种法"的综合模式，即在税收基本法中设置一般反避税条款，各税种法根据其特质选择一般反避税条款或（和）特别反避税条款，如德国、法国、美国、澳大利亚及我国台湾地区；二是"税种法"，即没有普遍适用于各税种反避税的一般反避税条款，而是在具体税种法当中规定一般反避税或（和）特别反避税条款，如日本、加拿大、新西兰、南非。这两种立法体例各有优劣，我国选择哪一种，必须基于本国反避税制度实践与立法经验。

从当前制度实践来看，中国的反避税条款主要体现在《税收征管法》第三十六条、《企业所得税法》第六章特别纳税调整及《营业税改征增值税试点实施办法》第四十四条，反避税立法呈现"税收基本法＋税种法"的综合模式。然而，《税收征管法》第三十六条属于特别纳税调整条款，只适用于企业领域，不具有普适性，这与《德国租税通则》《法国租税通则》《美国国内税收法典》《澳大利亚税收管理法》及"台湾税捐稽征法"规定的适用于所有税种的一般反避税条款不同。中国的一般反避税条款的适用范围和辐射范围较为狭窄，不仅难以有效规制个人所得税、财产税等税种反避税，而且造成各税种反避税的不一致，有违税制公平。

对此，中国可选择第一种模式。即在修订《税收征管法》时设置一般反避税条款，而在全面落实税收法定的过程中，区分具体税种特质选择具体特别反避税条款。这样做的好处，一是避免在各税种法中分别引入一般反避税条款而导致修订立法频繁，以及可能不一致的问题；二是契合税收法定的立法进程。即目前《税收征管法》正在修改，大部分税种法尚未提上"暂行条例"升格为"法律"的议程，甚至有些税种，如房地产税、遗产税，尚未进入立法程序。更为重要的是，反避税是税法根本性、共同性、原则性的问题，将反避税基础性条款——一般反避税条款规定在税收基本法中，提升其立法层次和效力水平，有助于整个税法反避税制度体系的改革完善，以及反避税普遍性和一般性的理论与实践推进。

首先，改造升级《税收征管法》的反规避规则。一方面，采纳《税收征管法（征求意见稿）》的修改建议，更改《税收征管法》第三十六条关于"关联关系"的规定，将"企业或者外国企业在中国境内设立的从事生产、经营的机构、场所"拓展为"纳税人"，"关联企业"拓宽至"关联方"，以覆盖关联交易的自然人纳税主体。另一方面，总结归纳《企业所得税法》第四十七条之一般反避税条款的制度实践与立法经验，在《税收征管法》总则中增加该条款，明确其相关概念、适用情形、法律效果、除外规定及管理程序等基本性问题，以将适用范围扩大至所有税收实体法。其次，根据国际反避税发展趋势与合作要求重新审视《企业所得税法》第七章关于特别反避税条款的规定，尤其是要结合国际社会签署的条文及规范性文件，以检视其中存在的问题。对《个人所得税法》反避税帮助最大的是弥补受控外国公司规则的缺陷，即将《企业所得税法》第四十五条之"由居民企业，或者由居民和中国居民"合并为"纳税人"。最后，通过在《个人所得税法》修改的过程中，增加特别反避税规则，以规制其实践中常见税避税类型①。因为对于特别反避税未能涵盖的避税类型，可适用修改后的《税收征管法》之一般反避税条款的规定。

（二）个人所得税制缺陷的解析与应对

谈到课税模式，学界往往自觉或不自觉地运用公平与效率对其优劣进行评判，以选择进行个人所得税制的完善。事实上，税制的好坏不在于经济上公平与效率的评判，而在于法律上个人所得税收构成要件规定是否完备。正如普拉特切斯特所言："分类综合或者二元课税模式的选择，关键看是否真的愿意采取哪一种税收制度，而并不是哪种模式更加适合的问题，因为任何选择都是利益妥协的产物，所以，任何原因都是集团利益的借口，而不是真正不能选择某种模式的原因。"② 因为税收构成要件于实体税法而言，与犯罪构成要件是刑法制度的基石范畴一样，是实体税法制度建构的逻辑起点。公平与效率是税制的外在表现形式，法学上税制的差异在于税收构成要件的影响。而这种影响是部分而不是全部。因此，将税收构成要件的基本要素，内化成税制选择的依据，能够更加客观地反映哪些要素是与课税模式息息相关的，而哪些是所有课税模式共同面临的问题。

从表3可以看出，税收构成要件受课税模式影响的因素主要有课税单位、所得类型和税基的扣除（包括总所得），而税收居民判断标准、税收客体确定方法、纳税客体的归属（规则和类型）、免税所得、税率是三种课税模式共同面临的问题。因此，个人所得税税制症结可区分三种课税模式之共有影响因素和非共有影响因素而具体施治，即共有影响因素可通过《个人所得税法》相关条款的增、修、删予以解决；非共有影响因素要借助个人所得税课税模式的变革。

表3 个人所得税课税模式对税收构成要件的影响因素

项目		分类模式	综合模式	混合模式
纳税主体	税收居民	判断规则		
	课税单位	个人	个人、配偶或家庭	

---

① 在实际生活中，常见的个人所得税避税方法有：①合理安排工资和年底奖金，包括充分利用年底奖金的一次性优惠政策、利用奖金补足每月工资所得，尽量避开引起税率上升的临界值奖金额；②拆分收入分解纳税主体，包括分项扣缴税金筹划，分次申报筹划；③稿酬所得避税，包括增加文章署名人数，将著作系列丛书，改加印为再版，稿酬费用化，变工资为稿费；④用足公积金等免税项的比例；⑤工资收入的福利化；⑥纳税义务人身份的转变；⑦巧妙选择企业组织形式。参见：徐晔，等.中国个人所得税制度［M］.上海：复旦大学出版社，2010：180－188.

② ［比］西尔文·R·F·普拉斯切特.对所得的分类综合及二元课税模式［M］.北京：中国财政经济出版社，1993：14.

续表

项目	分类模式	综合模式	混合模式	
税收客体	所得类型	分项	不分项	综合与分项相结合
	逻辑方法	列举（正或反）；列举（正或反）+ 兜底条款		
纳税客体归属	归属规则	私法所有权归属原则、实质课税原则		
	归属类型	主体归属、时间归属、空间归属		
税基	总所得	受扣除影响		
	免税所得	公益性活动；基于经济社会政策；征管经济		
	扣除	分项	综合	综合与分项结合
税率	税率类型	累进税率和比例税率		

1. 共有影响因素的改进

共有影响因素与课税模式无关，因而可参照国际上个人所得税法的共同规定予以完善，兹述之如下：

第一，完善税收居民身份判断标准。"一个国家如何有效地行使税收管辖权，关键在于在尊重国际惯例和国际规则的同时，从争取和维护国家税权的角度出发，依法确定本国居民纳税人的判定标准以及对他们的征税权限。"[1] 基于此，建议在修订《个人所得税法》中改第一条"居住满 365 日"为"居住满 183 天"。与此配套，应将《个人所得税法实施条例》第六条规定的 5 年规则解释为：个人在任何连续 5 年，每年在中国居留 183 天以上或累计居留 915 天以上，只要第 6 年仍居留在中国，应负无限纳税义务；若第 6 年离开中国且当年居留时间不满 183 天，可只就其来源中国境内所得纳税，一旦在以后 5 年内任何一年居留满 183 天，则追溯其无限纳税义务。同时，可考虑借鉴美国经验将税收居民身份变更作为应税事实，即税收居民身份变更视为对所持资产处置，对其取得资本利得予以征税。或者借鉴葡萄牙、西班牙和墨西哥等国的规定，纳税人获得其他税收管辖区的税收居民身份，并不必然丧失中国税收居民身份。如果查明该身份获得系基于逃避税目的，那么则不丧失中国税收居民身份，以此限制轻易地改变税收居民身份逃避税。

第二，更改税收客体的确定方法。鉴于正列举方式具有封闭性、无法穷尽和囊括同类项目的劣势，"在立法技术上，可以将对应税所得的规定由现在的正列举改为反列举，以增加应税所得概念的外延包容性"[2]。即删除《个人所得税法》第二条之"十一、经国务院财政部门确定征税的其他所得"规定，在列举项目中增加一条规定，除了税法明确规定免征个人所得税的所得收入外全部收入均属于课税范围。同时，要厘清《个人所

---

① 许建国. 中国个人所得税改革研究 [M]. 北京：中国财政经济出版社，2016：71.
② 施正文. 分配正义与个人所得税法改革 [J]. 中国法学，2011 (5).

得税法》第四条"免纳个人所得税"的范围,一方面应明确"福利费"项目只包括法定福利,而不涵盖附加福利;另一方面,对"经国务院财政部门批准免税的所得"进行全面清查,对那些完全符合可税性理论的收益性、营利性标准,而非基于经济社会政策、征管经济的考量的项目,如转让股票所得,应当取缔。事实上,如前述兜底条款一样,该款面临着正当性审查。

第三,健全纳税客体归属规则。由于税法所调整的经济关系十分复杂,为便于税法的适用,正确认定纳税人和税收债务的成立时间,防止税收逃避,在立法上确定归属关系非常必要。因此,建议在《个人所得税法》修改的过程中,增加个人所得纳税客体归属规则。即实际从事经济活动者,为所得归属者;借用他人名义从事经济活动之所得的归属,如果义务人不能举证或者不愿意举证时,则通常以形式上的权利人作为完整的权利人处理,认定其应为该权利或标的物所归属之人。[①] 就时间归属而言,《个人所得税法》应明确在个人的情形一般采用收付实现制;在营利事业的情形一般采取权责发生制。在收付实现制下,为符合量能课税原则的精神,一般认为也有几种例外:财产折旧费用,固定资产取得成本,预付费用,延迟给付的工资、薪金,以符合事件本质的特殊性。在其他归属方面,个人所得税应保持和企业所得税法规则的一致性。

第四,个人所得税率的优化。量能课税原则要求,应按照公民彼此之间不同的给付能力征税,相同类型的所得适用相同的税率。因此,建议在修订《个人所得税法》时,一要规定同属劳动所得的工资薪金所得和劳务报酬适用同一张税率表;二要顺应国际上个人所得税改革,减少级次、降低最高边际税率,初始税率保持在3%,最高边际税率降为40%;三要提高累进税率之间的级距,同时规定级距金额应与消费者价格指数实现联动,在消费者价格指数较上次调整年度之指数上累计达到一定比例时,按照上涨程度调整。

2. 非共有影响因素的考量

综合和混合课税模式能够有效缓解甚至消除分项课税模式下课税单位局限于个人、所得分项计征、税基分项扣除带来的所得转换、分解收入的逃避税问题。因此,从长远来看,《个人所得税法》的完善,有赖于这种"综合"成分的加入。而在引入之前,须对课税单位、所得的综合程度、税基的扣除进行小心求证、科学设计。

第一,课税单位的选择。分项课税模式下,课税单位只是个人,不存在选择的问题。一旦课税模式中加入"综合"成分后,课税单位就有个人、配偶或家庭多种排列组合方式。理论上,"个人"作为课税单位,汇总其所得并且按照累进税率进行课税,完全符合量能负担原则。但是,社会中,家庭是个人生活和消费的基本单元,若不考虑家庭结构必然会产生税收不公平。以夫妻或家庭所得合并作为课税单位,符合合并计算后所得相同的夫妻或家庭其租税负担也相同的课税公平性要求。而且,在夫妻单位主义或家族单位主义下,可以避免夫妻或家庭间分散所得以规避税负之行为。由此产生的

---

① 陈清秀. 税法各论(上)[M]. 台湾:元照出版社,2014:76,87.

"婚姻惩罚"或"婚姻奖励"，"并不会动摇综合课税模式下的以家庭为纳税单位的税制在可行的几种税制设计中相对具有优势的地位"①。当然，家庭为课税单位还涉及家庭申报模式的选择、合并课税的主体范围选择、适用于家庭的累进税率和起征点的问题②，但与本文主题不太密切，故不作深入探讨。

第二，所得综合程度的审查。现阶段，个人所得税制的改革目标在"综合和分项相结合"，哪些所得应该综合，哪些所得应该分项是学界热议的话题，对此也提出了多种可供选择的方案。但在提出方案的时候，改革的价值追求是什么似乎被有意或无意地忽视了，以致方案陷入仅为改革目标注解的尴尬。实际上，个人所得税制的改革价值在于逐步提高个人所得税收入规模，强化个人所得税收入分配的功能。而所得综合程度越高，个人所得收入分配的效应就会越显现，同时通过转换所得类型避税亦成为不可能。换言之，应将所有类型所得进行综合课征个人所得税。是否基于对特定类型的所得和部分股息及利息征税实行预扣，以及对资本所得降低税率的事实进行考量后对这些所得予以分项计征，答案是肯定的。因为"实行部分的分项税制可以减少纳税人利用时间差和对不同类型的所得与费用适用的优惠政策以逃避税收，这也就实际上提高了所得税的累进性"③。

第三，税基的扣除依据。纳税人是否需缴纳个人所得税，必须具有客观的给付能力和主观的给付能力。客观给付能力体现在总收入减去成本费用和损失的净额，主观的给付能力体现在纳税人扣除个人生活费用与家庭抚养费后的剩余。也就是说，税基的扣除包括成本费用和损失、个人生活费与家庭抚养费。具体设计时，成本费用和损失的扣除应符合业务关联性、业务上之必要性、费用金额之相当性及费用必须由所得者负担等要件；个人生活费与家庭抚养费等生计费用扣除应综合赡养人口、已婚未婚、年龄大小等因素，而且应随国家汇率、物价水平和家庭生活费支出加减诸因素的变化而变化。

五、结语

《个人所得税法》改革与中国反避税体系的完善可齐头并进，这是宪法平等原则一以贯之的内在要求。《个人所得税法》的法律漏洞是造成该领域避税现象丛生的根本原因，但是"分类"税制并不是罪魁祸首。通过对个人所得税收构成要件理论与实践的分析，发现课税模式影响其完备的因素只占小部分，而大部分课税要件规定的不完善是由其他共有影响因素引起的，这为打破个人所得税改革的僵局提供了一种新的视角。应既植根于全面推动税收法定落实，又考虑到《个人所得税法》修改的紧迫性与税制改

① 温海滢. 个人所得税制度设计的理论研究 [M]. 北京：中国财政经济出版社，2007：190.
② 相关内容可参见：汤洁茵. 个人所得税课税单位的选择：个人还是家庭 [J]. 当代法学，2012 (2)；陈茂国，袁希. 我国个人所得税课税单位改革探究 [J]. 法学评论，2013 (1)；李炜光，陈辰. 以家庭为单位征收个人所得税的制度设计问题——基于三种所得税征收模式的讨论 [J]. 南方经济，2014 (8).
③ 图若尼 V. 税法的起草与设计（第二卷）[M]. 国家税务总局政策法规司，译. 北京：中国税务出版社，2004：497.

革推行冰山一角的矛盾，即在立法反避税任务下循序渐进推动《个人所得税法》的完善。首先，通过《税收征管法》的修改，规定一般反避税条款，迈出个人所得反避税的第一步。其次，配合全球反避税合作的需要，拓宽《企业所得税法》特别反避税条款的主体适用范围，使其效力及至《个人所得税法》的纳税主体；与此同时，或在此之后启动《个人所得税法》的修改，对税收居民判断标准、纳税客体内涵确定的逻辑方法、纳税客体归属（规则和类型）、免税所得等非课税模式影响因素进行完善，引入适合个人所得税独有特质的特别反避税条款，以策应前述反避税规则的改进。当然，要想尽最大努力填补《个人所得税法》的漏洞，课税模式转换、课税单位、所得类型和税基的扣除的科学设计是关键。此外，对税收国家司法及行政反避税之宪法任务的深入研究，尤其是在行政主义色彩浓厚的中国，如何让行政、立法与司法之间协同一致而又互相牵制，是个重大课题。

大企业税收风险管理探索研究

——以千户集团为例

■ 王福凯

国家税务总局大企业税收管理司副司长

内容摘要： 国家税务总局为深入推进大企业税收服务与管理改革，制定并发布了《深化大企业税收服务与管理改革实施方案》，强调抓住全国千户集团这个"关键少数"，加强国税、地税合作，推动大企业税收服务深度融合、执法适度整合、信息高度聚合。

"千户集团"概念的提出，改变了中国以往按税种、按地域划分的散乱而庞杂的税收征管体制，实现大企业税收服务和管理复杂事项的统一上收，实现从税种征管到按照纳税人形态来征管的转变。千户集团税收风险管理工作的开展，从概念的提出到方案的制定，从实践的经验到改进的方向，对于我国的税收征管体制改革，乃至财税体制改革都有较大的借鉴意义。本文拟对千户集团税收风险管理工作、实践经验进行实证研究，评估千户集团税收风险管理工作的质效，并希望通过这一研究所得结论对千户集团税收风险管理的内容和方向等提出政策建议。

关键词： 大企业　千户集团　税收风险管理

一、引言

（一）税收风险管理

在税收管理中引进风险管理的理论，是近年来管理科学的发展趋势。经济合作与发展组织（OECD）早在 1997 年就发布了关于税收风险管理的一般性指导原则，首次将风险管理理论引入税收征管实践。国家税务总局在《2002—2006 年中国税收征收管理战略规划纲要》①中明确提出"引进风险意识可以使各级税务机关更加深刻地从战略管理的角度认识自身工作的本质及规律，防范征管风险的举措又可以使税收征管工作获得更多的主动性"。

2009 年 2 月国家税务总局下发《2009 年全国税收工作要点》，明确规定了年度全国税收工作要点，其中"研究降低税收执法风险的具体措施"和"探索建立大企业涉税内控测试和风险评价机制"两项涉及风险管理的内容引人注目，这是风险管理理论首次正式进入我国税务系统。2009 年 5 月国家税务总局发布《大企业税收风险管理指引（试行）》，2009 年 6 月全国税收征管和科技工作会议提出要"确立信息管税思路，树立税收风险管理理念"，2009 年 7 月全国税务系统纳税服务工作会议提出要"加快税收风险管理机制建设"。

税收风险管理作为一个全新的理念受到税务部门越来越广泛的关注，国内学者也有不少独特的见解和建议，为大企业税收风险防控的实践提供了一定的理论基础和依据。目前，国内对税收风险管理的研究侧重于税收风险成因、税收风险防范机制等。

（二）大企业税收风险管理的国际经验

当前，美国、澳大利亚以及欧盟等许多发达国家税务机关都将大企业作为"目标群体"，成立专门的大企业税收管理部门，分行业分类进行管理，建立健全管理体系和机制，实施定向管理。俄罗斯、印度、南非等金砖国家也纷纷设立大企业管理机构或类似组织形式实行专门化管理。

根据 OECD 对 56 个国家（地区）税务部门的调查，有 48 个国家（地区）的税务部门，即超过 85% 的税务机关成立了针对大企业的税务管理部门。根据自由贸易协定的前期研究成果，大企业税务管理机构的主要特征包括：①工作职责包括直接税和间接税，能将纳税人作为一个整体来管理纳税人的事务。②基本上都具有服务和管理职能。很多国家向大企业税务管理部门投入大量资源，用于大企业纳税人收入与遵从的风险管理。③采用"客户经理"管理模式，指定专门机构与大企业进行互动沟通。④越来越强调合作遵从策略的运用。⑤税务核查已成为工作的主要内容。⑥税务人员除掌握税收、财会知识外，还需要参加计算机技能、经济学知识等培训②。

综观各国大企业税收管理实践，尽管具体做法存在差别，但始终围绕三大重点业务——纳税服务、税收风险管理和税务审计进行。

1. 纳税服务

各个国家在大企业税收管理过程中都非常注重税务机关与大企业的互动关系，主动与大企业建立一种透明、信任、相互理解的新型关系，以有效提高大企业的纳税遵从度。

---

① 《国家税务总局关于印发〈2002—2006 年中国税收征收管理战略规划纲要〉的通知》（国税函〔2003〕267 号）。
② 国家税务总局 2015 年度税收科研课题"集团企业税收风险管理问题研究"（课题编号：2015YB02）。

美国国内收入局把纳税人满意度放在突出位置，为纳税人提供各具特色的纳税服务产品。例如，个别信函裁定解决纳税人身份认同及其行为或交易事项的税收结果问题；行业问题解决程序解决对大量特定行业纳税人造成影响的复杂而有争议的税收问题；预约定价安排解决税企双方税收争议或潜在的转让定价方法问题；申报前协议解决申报前的税务争议；合规性保证程序解决纳税人获知有关税收事项的确定性问题。

澳大利亚税务局建立了税企合作遵从模式。税务局与大企业建立动态联系，针对相关涉税问题进行及时沟通、快速解决，实现征纳成本最小化。事后执法向事前服务的转变，将税务局的强制管理转化为大企业的自我约束，大大降低了税收风险。

2. 税收风险管理

税收风险管理是大多数国家防止大企业税收流失的重要手段，其基本流程主要包括风险识别、评估、防范、化解。

美国税收风险管理的特色在于风险指标的选择和信息支撑。一是风险指标选择。美国大中型企业局考虑不同类型大中型企业的综合管理能力，重点关注以下几个方面：是否从事大量的跨国经营活动；大中企业管理环节的复杂程度；企业特定类型的经济活动所享受的税收优惠；企业的其他活动或特征，如是否曾经受到证券监管机构的处罚等。二是信息支撑。美国财政部第 9363 号决定规定，大企业必须进行电子申报，并构建了专门数据处理中心和监控平台。涉税问题管理系统储存大企业或国际税收纳税人的详细申报信息以及检查案例；以问题为基础的管理信息系统能帮助小组经理或其他行政管理人员找到存放在涉税问题管理系统中的数据；有质量保证的检查程序保证税收检查深度和范围合理有效；遵从战略委员会将行业税收问题重要性分类交给相应的部门处理。

澳大利亚大企业税收管理是典型的风险导向型管理，所有案件都要经过风险识别、风险分析后，才会进入税务审计环节。联邦税务局设定了风险识别框架，识别的主要工具是来自各种渠道的信息以及被称为行业标杆的风险特征库、指标体系。风险评估部门还会利用包括会计师事务所、税务代理机构在内的第三方机构人员训练有素和知道如何取得真实信息的优势，与这些机构在行业标杆指标评测方面进行合作。澳大利亚风险分析主要借助一个叫"风险过滤器"的工具。通过风险过滤器进行定量与定性的分析，发现纳税人与税务局可能在哪些方面存在意见分歧，按照风险发生概率和后果排定纳税人的等级和优先次序。通过定性，将大企业分为高风险、中等风险、一般风险和低风险四类，对风险等级高的企业安排较多的资源加强管理。

3. 税务审计

税务审计是大企业税收管理的重要方法，OECD 成员国都视税务审计为大企业税收管理的一个核心功能。

美国将大企业税务审计工作列入美国国内收入局五年总体战略规划以及大中型企业和国际税收管理局的合规战略和实施规划中。其特点主要有以下几个方面：坚持风险导向的审计理念；坚持多个工作组协同实施的审计方法；坚持明确的审计规范；坚持业务导向型的人员配置；对大企业审计给予民事审计的性质认定；为大企业审计提供强大的现代化信息支持保障和人才保障；通过非诉讼的审计后申诉机制降低纳税人的遵从成本和税务审计成本。

澳大利亚的大企业税务审计主要包括制定审计规划、收集信息开展审计、确定税务局意见、通报和结束、检查和监测五个流程。在审计的各个流程中，澳大利亚税务局非常重视与纳税人的协调沟通。如审计规划制定阶段税务局要与企业开展初次审计会见，对相关事项进行商议确定以确保审计规划的可操作性。在信息收集阶段，根据纳税人在风险识别框架中的位置以及纳税人在风险检查和审计过程中的行为和回复情况，确定采取非正式方法和正式方法，并特别考虑客户信息的隐私权。在确定税务局意见阶段，充分考虑纳税人的意见，审慎考虑纳税人回复的不同意见，纳税人可请求税务局内部核查最终审计意见，内部核查由未参与过所涉及的任何审计事项的高级技术专家负责。

4. 国际经验对我国税收风险管理的启示

（1）制定科学标准，选取大企业进行重点税收风险管理。虽然发达国家对大企业纳税人划分标准各不相同，但都体现了以下原则：企业对于经济运行有重要的影响作用、企业的税收贡献在税收收入总额中占相当比例、企业具有复杂性和区别于中小企业的税收遵从问题、企业需要采取特殊的税收征管措施。通过恰当的划分标准，可以将特性比较类似的大企业划入管理范围进行集中管理，有利于税务机关合理分配有限的征管资源到不同风险等级企业和事项的管理上，以最大限度地提高大企业的税收遵从。在确定划分标准时，还需要注意其清晰性和操作的简便性，避免在划分过程中浪费不必要的资源，避免频繁地变更纳税人类别。

（2）合理组建大企业税收管理机构并设计其职能。从发达国家的经验看，大企业税收管理机构最重要也最有效的职能，就是对大企业进行税收遵从风险评估与审计，以及辅导纳税人解决复杂的新的税收问题。目前，我国已经初步确定了各级大企业税收管理机构的设置与职能，本文认为，可在此基础上进一步突出大企业税收管理机构的审计评估检查与个性化服务职能，并配备具有相应能力的高素质人才。

在明确职能的基础上，要建立大企业税收管理部门与税源管理部门之间的沟通反馈制度。可以依托税收征管信息系统，充分采集日常税收征管中相关的涉税信息，并由税源管理部门提出征管疑点与难点供大企业税收管理部门掌握；大企业税收管理部门也要定期将风险评估结果与不遵从问题反馈给税源管理部门，对日常税源管理工作作出预警提示。

（3）依托技术手段建立大企业税收管理信息平台，加强数据分析与应用。要将获取的大企业涉税信息充分集合到系统中，特别是第三方数据，使用数据仓库技术实现单户的挖掘。同时，要在信息系统中建立大企业总分支机构、关联企业的关系索引，比较方便地实现企业关联关系与交易的查询分析。在汇集相关信息数据的前提下，要加强现有数据的分析应用。一是要有针对性地开展大企业税收遵从问题分析，归纳出大企业最主要的税收遵从问题，准确定位高风险企业与事项，及时采取有效措施加以应对；二是要建立统一的模型进行风险评估，减少风险评估中的主观性，统一和规范对大企业纳税人不遵从风险的筛查流程和标准；三是在税务机关内部实现信息数据的横向与纵向共享，促进各级、各地区税务机关之间在大企业税收管理上的协作，在不打破目前征管模式的前提下实现大企业税收管理的扁平化。

二、千户集团税收风险管理现状

大企业的认定可采取定量和定性相结合的方法，根据以定量指标为基础、定性条件为补充的原则确定大企业范围。定量指标包括资产总额、销售（营业）收入、年纳税额；定性指标包括跨省区总分公司、跨省区母子公司、跨国企业在华公司、行业代表性强、税收事项复杂程度、企业管理和决策集中程度、所有制代表性等。特别需要考虑的是国际交易和国际税收事项较多的大企业，重点关注其不遵从风险较高的国际交易与跨区域税收安排。

2009 年，国家税务总局选择 45 户大企业集团作为国家税务总局首批定点联系企业，由大企业管理司直接组织实施相关税收服务与管理工作。按照风险管理的要求，国家税务总局逐步明确了大企业税收风险管理的工作流程，并于 2009—2011 年连续三年以引导企业实现自我遵从为出发点，对部分定点联系企业开展了风险评估和自查工作。2012—2015 年，国家税务总局对 18 户集团企业开展了全流程税收风险管理，在信息化手段、企业集团层面、风险应对方式、审计手段、人力物力投入等方面进行了更深的探索。2015 年起至今集中力量开展"千户集团"企业风险管理工作。2016 年明确提出要通过千户集团风险分析，抓住千户集团企业这个"关键少数"，打造税务部门话语体系，推动集团企业风险管理进一步取得突破。

按照《千户集团名册管理办法》[①] 的规定，千户集团是指年度缴纳税额达到国家税务总局管理服务标准的企业集团，包括全部中央企业、中央金融企业，以及达到上述标准的单一法人企业等。其中，年度缴纳税额为集团总部及其境内外全部成员企业境内年度纳税额合计，不包括关税、船舶吨税以及企业代扣代缴的个人所得税，不扣减出口退税和财政部门办理的减免税。根据该标准，2017 年共有 1069 户企业集团及其成员企业入选千户集团，占我国税收总量 40% 以上，这些企业权重高、影响大，是真正的"关键少数"。

千户集团风险管理流程以防范税收风险为导向，科学配置征管资源，形成覆盖"数据采集—风险分析—推送应对—反馈考核"全流程的闭环管理[②]。这四个环节环环相扣、相辅相成，形成一个良性互动、持续改进的管理闭环。

---

① 《国家税务总局关于发布〈千户集团名册管理办法〉的公告》（国家税务总局公告 2017 年第 7 号）。
② 《国家税务总局关于印发〈深化大企业税收服务与管理改革实施方案〉的通知》（税总发〔2015〕157 号）。

（一）千户集团名册管理

千户集团名册是开展大企业税收经济分析和风险分析的重要基础。加强千户集团名册管理，了解、掌握集团内部管理层级、资产关联关系、地区分布等情况，有助于税务机关明确服务管理范围，提高税收服务管理水平；有助于企业防范税收风险，提升纳税遵从水平。

千户集团名册信息包括企业名称、纳税人识别号、统一社会信用代码、集团名称、上一级企业名称及其他涉税信息等项目。国家税务总局根据工作需要，适时修订千户集团名册信息项目内容。

（二）千户集团数据采集

千户集团数据是开展风险分析的重要基础，是大企业税收风险分析的最主要依托。现阶段，千户集团数据采集的内容包括企业端数据、税务端数据和第三方数据。其中，企业端数据包括企业电子财务数据、财务报表、内控制度、内部审计结论、中介机构审计报告、涉税鉴证报告等。国家税务总局制定千户集团数据报送范围、标准和时限，收集和加载省局报送的企业端数据。省局根据总局要求，加强国税、地税合作，联合采集、审核、报送本省千户集团企业端数据。

税务端数据包括核心征管、发票、汇算清缴、出口退税等数据。各级税务机关以金税三期为基础，按照千户集团税收管理需要，集成现有各类应用系统涉税数据。

第三方数据方面，国家税务总局与财政部、国资委、中国企业联合会等单位沟通协调，完善数据交换共享工作机制。省局、地市局与本级政府相关部门、行业协会等单位沟通联系，获取千户集团相关涉税信息。总局、省局充分利用现代科技手段，从互联网、报纸杂志等媒体发布的公开信息中，获取企业集团公告信息，并分专题抓取资产重组、股权转让、关联交易等重大涉税事项信息。省局对获取的第三方信息进行整理、清洗和加载，并按要求上报国家税务总局。国家税务总局制定千户集团数据联络员制度，定期组织数据联络员培训，不断提升数据质量。

目前，国家税务总局对已采集的税务端和纳税人端数据按年份、省份、类型等维度进行了全面、系统的梳理统计，形成了涵盖36个地区、70个税务机关的千户集团"数据地图"统计资料，清晰反映了现有数据和尚缺数据分布情况，为指标体系建设工作筑牢数据基础。

（三）千户集团税收风险扫描

在传统的风险分析模式下，风险分析人员主要依靠人工阅账的方式发现风险，查阅电子账套、翻阅纸质凭证等，不仅工作量大、耗时耗力，而且使分析人员不能集中精力抓主要风险。采用指标模型对企业数据进行计算机自动扫描和初步分析，发挥"望闻问切"的初步诊断作用，可提高风险分析的精准度。

通过不断摸索完善，国家税务总局编写了一套千户集团税收风险程度测试指标体系，形成了数项关键、实用的指标，建立了60多个模型，加载到千户集团税收风险分析平台中运行。从指标情况来看，包括四大类指标：一是税种类指标，主要包括企业各税种申报数据项目组成的风险指标，涵盖收入类指标、税收优惠类指标、成本费用类等。二是财务类指标，主要包括企业财务报表项目组成的风险指标。三是发票类指标，包括增值税发票数据相关项目组成的指标。四是综合类指标，主要为上述三类指标无法涵盖或跨三种数据组成的风险指标。

指标模型的应用，使人工阅账的方式向计算机自动扫描、人工复核的"人机结合"方式转变，改变了之前"既捡西瓜、又捡芝麻"的做法，提高了风险分析的靶向性，为人工复评和风险应对工作提供了更加具体、准确的指引。目前已经利用指标体系进行风险自动识别、打分、排序，识别风险高、中、低类型的企业，出具风险识别报告，最后通过人工复评，锁定风险疑点。

（四）千户集团税收风险人工复评

人工专业复评是风险分析人员结合计算机扫描结果，深入进行案头分析，识别涉税风险，形成风险分析报告。人工专业复评主要包括常规风险分析、行业重点剖析、重大事项专项分析。

1. 常规风险分析

常规风险分析方面，利用计算机风险扫描结果，依托风险分析平台，对企业财务端数据、税务端数据等开展风险分析，通过关键报表和核心数据，识别涉税风险，并依托现有电子账套数据进行验证。每年年初，大企业司将本年拟开展分析的集团企业风险识别报告随分析任务同步推送各省、各分析团队，通过计算机自动风险扫描预判风险，再由人工专业复评"望闻问切"，靶向定位、精准分析，上半年风险分析效率同比大幅提升。

2. 行业重点剖析

行业重点剖析方面，对于在行业中可复制、可推广的共性事项，综合考虑行业特性、地区分布状况等，由国家税务总局或委托行业集中的相关省局承担该行业的重点剖析工作，以行业中重点企业为突破口，掌握事项流程，总结涉税风险，形成事项风险指引，并推广至行业全面排查，以点带面，提高分析质效。这种工作模式，一方面加强了总局、省局两级统筹分析，切实调动和发挥了省级大企业税收管理部门的作用和积极性，短时间内实现了行业管理、风险管理经验的快速集成；另一方面有利于把行业做深做透，快速扩大分析成果，大大加快分析节奏。

例如，针对银行业风险同质性高的特点，利用专项取数表格将金融资产管理公司专项债券利息收入营业税事项在行业内进行推广，预估税款几十亿元；组织北京、上海、江苏、浙江、广东、厦门、青岛、深圳、贵州、四川等省市大企业管理部门，开展房地产行业、白酒行业风险专项调研；通过对房地产行业4个典型风险事项进行推广排查，预估税款几十亿元。

3. 重大事项专项分析

重大事项专项分析方面，对于重大资产重组、重大股权转让等事项，建立网络涉税信息分析预警工作机制，对此类事项保持高度敏感，一经发现即保持密切关注，实时跟踪事态进展。在事项发生时，迅速启动相关工作程序，详细收集资料，全面开展风险分析，赶在企业纳税申报前提醒涉税风险，就纳税义务发生时间、涉及税种、相关政策、需要注意的事项等内容，逐一向企业发出提醒。"上医治未病"，这种工作模式防患于未然，努力在企业办理纳税业务之前指出潜在风险，适应纳税人需求，可引导企业自觉遵从。

2017 年年初，国家税务总局利用互联网公开信息，建立了网络涉税信息分析预警工作机制，敏锐捕捉资产重组、股权转让、关联交易等复杂涉税事项。例如，开展华润集团转让万科企业股份、可口可乐转让瓶装业务事项等 10 项重大事项涉税风险分析，涉及营业税、增值税、企业所得税、个人所得税、土地增值税等 8 个税种，预估税款几百亿元，复杂涉税事项处理能力、全面风险管理能力日益增强。

4. "互联网 + 风险分析"

充分发挥"互联网 + 风险分析"乘数效应，改变"等米下锅"的被动局面，主动挖掘互联网涉税信息，增强经济热点挖掘能力、互联网数据辅助分析能力。

一是信息预警捕获风险。建立网络涉税信息分析预警机制，定期跟进经济热点问题，捕捉重大事项涉税风险，适时介入、事前提醒、不断提升企业遵从。近期，针对内地大宗商业地产交易愈加旺盛、境外资本集中撤离大陆等情况，对境外经济主体利用其复杂股权架构间接转让境内不动产事项进行跟踪分析，通过第三方信息建立股权转让脉络，查找所得税、土地增值税相关风险预估税款几十亿元。

二是"网络爬虫"定向抓取。在股票减持专项分析中，面对互联网海量数据，利用网络爬虫技术抓取持股股东名称、上市企业名称、减持时间、股数、股价及减持金额等核心数据信息，结合标的企业公告信息逐条筛查，查找股票减持未足额缴纳营业税、增值税及所得税风险。

三是多维信息辅助分析。在税收风险分析过程中充分利用政府网站、Wind 资讯数据、企查查等互联网公开数据，作为辅助分析手段，对税收风险进行印证，确保精准分析，精确推送。在对土地增值税开展分析过程中，通过上海统计局、上海住建委公告信息，获取当年新建商品房销售均价信息，判定某企业土地增值税预缴率偏低，确认企业未足额预缴土地增值税风险。

5. 增值税发票风险分析

组建增值税发票分析专业团队，在千户集团集成分析的基础上，借鉴相关部门分析经验，对增值税发票实行定向深挖，形成对其他分析结果的交叉验证和智力支持。利用发票信息对于石油炼化行业、白酒行业开展消费税风险分析，以商贸企业、销售公司为突破口，利用征管与科技发展司税务云平台对企业单户开票品目、进销比对、区域流向、行业流向、产业链条、关联企业进行分析，查找开票异常、抵扣异常、产销配比异常企业。其中，在对某企业分析过程中，通过对发票品名、进销比对、流向进行分析，结合基础征管数据、企业账套信息，理顺购销链条关系。

（五）千户集团风险应对

千户集团税收风险应对作为风险管理工作的重要一环，是风险分析的落脚点，也是检验风险分析精准度的试金石，涉及大企业税收管理体制、运行机制和工作方式的重大调整。

风险应对的主要工作流程包括：第一，国家税务总局将审定后的千户集团税收风险分析报告通过国家税务总局税收风险管理工作领导小组办公室（以下简称税务总局风险办）统一推送至省局税收风险管理工作领导小组办公室（以下简称省局风险办）。省局大企业税收管理部门主动对接省局风险办，认真研究税务总局推送的千户集团税收风险应对任务并形成应对方案，以省局、地市局为主，实施专业化应对。

第二，省局层面，各地风险办在接到总局的应对任务后，由省局风险办商大企业管理部门进行任务分配，推送相应部门开展应对。千户集团税收风险应对主要包括问询、约谈、核实、移交税务稽查等方法。对于重大或复杂涉税事项的风险应对任务，由省局直接开展应对。

第三，各地风险应对完成后，应对结果统一上报风险办，同时由各地大企业管理部门抄送大企业管理司，由大企业司进行统计和总结，并将统计结果分别反馈风险办和其他相关部门，以实现风险应对成果的增值利用。

实际工作中，部分省份大企业部门利用大数据开展二次风险分析。强化数据整合分析，在用好税务机关存量数据的基础上，积极寻求与政府其他部门的合作，获取信息，并积极挖掘互联网信息，通过内部数据利用和外部数据佐证，做好涉税风险点的二次分析，强化风险引导，事半功倍。

部分省份大企业部门结合本省信息，对国家税务总局推送的风险应对任务开展自主分析，深挖风险。部分省份大企业部门通过深挖推送企业涉税风险，发现涉农和中小企业贷款损失准备金税前扣除、金融企业推迟预缴企业所得税等系列重大新增风险，核实应补税款数亿元。有的单位建立省级分析团队，转变风险事项管理模式，使风险应对工作更加有的放矢、成效显著。

部分省份大企业部门举一反三，扩大国家税务总局推送风险点的增值利用。根据国家税务总局推送的风险点，在本省同行业或重点税源企业中推广，开展相关核查，收效显著；部分省份以国家税务总局风险应对任务为契机，对相关企业开展重点核查，扩大风险应对成效。

（六）千户集团反馈考核

反馈考核的工作内容包括：省局大企业税收管理部门汇总本省千户集团税收风险应对情况、风险指标模型和人工专业复评的改进意见和建议，向国家税务总局大企业税收管理司报送《千户集团税收风险应对报告》。同时，通过省局风险办向国家税务总局风险办反馈风险应对结果。总局、省局加强风险应对结果的增值利用，主要方式包括：优化指标模型，增强指标模型的准确性和有效性；建立和更新千户集团风险特征库、典型案例库和行业风险指引，复制推广系统性、行业性风险分析应对经验；提出完善税收政策、强化征收管理的建议;开展谈签税收遵从协议、出具税收管理建议书等个性化服务,提升企业税收风险防控能力。

风险应对过程中,大企业司注重加强督导考核工作,以实地查看、分片督导等方式,及时对各地的风险应对工作进行指导,对每一个风险点的核实情况进行跟踪,确保应对工作质效;同时,适时调整省级税务机关绩效考核指标,要求各省大企业管理部门必须国税、地税联合开展风险应对工作,鼓励各省积极挖掘新增风险点,有效发挥绩效考核对业务工作的助推器作用。

同时,针对风险应对过程中出现的总部沟通不畅、重大涉税争议事项解决不及时等问题,在风险领导小组的领导下,初步建立了重大事项协调机制、税企总部沟通机制等保障性机制。

三、千户集团税收风险管理的实践经验

(一)千户集团税收风险管理中的成功经验

2016 年至今,国家税务总局对千户集团实施税收风险管理,按照"数据采集—风险分析—推送应对—反馈考核"四个环节实施闭环管理,通过环节前置、任务倒逼,不断提升风险分析质效,推动管理成果落地,千户集团工作机制得到了全面检验和实施,税收风险分析成果日益扩大,具体如下。

(1)开展了数据采集和加载,摸清了数据底数。千户集团名册管理制度初步形成,分行业族谱描绘基本完成,与财政部、国资委等第三方初步建立了数据共享机制,形成了国家税务总局风险分析的基本数据来源。风险分析技术手段快速推进,指标体系和风险分析平台如期建成并上线运转,首次实现了国家税务总局层面风险分析的计算机自动扫描。风险推送规范运转。坚持各级风险办扎口管理,大企业管理部门和风险管理部门的衔接日益趋好,千户集团税收风险任务推送运转顺畅。应对节奏加快,通过深入开展交叉督导、分片督导、专题督导,风险应对质效持续提升。

(2)高质量的纳税服务得到了进一步拓展。改进和提高大企业纳税服务,增强大企业税收风险防控能力,是大企业服务与管理改革的重要内容。2016 年,大企业司积极编写大企业内部风险控制框架并提交第 10 届税收征管论坛(FTA 大会),得到了与会代表的肯定。全面调研大企业服务方式,提出了新形势下大企业服务的品牌内容。继续接受大企业政策咨询,开展各类个性化服务,帮助协调解决税收政策问题。各省大企业纳税服务工作也有了新的进展。截至 2016 年年底,共有 23 省大企业部门与 78 户大企业签订相关合作遵从协议。很多省份通过风险提示函、风险建议书等形式进行事前提醒,广受企业欢迎,促进了企业合作遵从;很多省份结合全面推开营改增试点,精准开展专项纳税服务,帮助企业理解政策规定,促进营改增平稳实施。大企业纳税服务工作

得到了全面升级①。

千户集团的运行实践证明：①职能配置是保障。没有稳定的职能配置，改革很难落地。在不改变现有税务机构设置格局的前提下，只有通过进一步明晰专业化管理机构职责，确定工作内容和业务流程，优化人力资源配置，才能助推各项任务的全面完成。②国税、地税合作是关键。唯有合作才能双赢。一年来，各地通过联合制定工作方案、联合成立工作团队、联合打造服务品牌、涉税数据信息全面共享等方式，不仅创新了管理手段、优化了纳税服务，也有效地整合了资源、理顺了管理职能。③人才建设是根本。队伍素质决定事业成败。必须高度重视人才队伍建设，不断创新人才培养机制，只有建设一支高素质的大企业税收管理专业化队伍，才能使服务与管理改革永远立于不败之地。

（二）千户集团税收风险管理存在的不足

目前，千户集团税收风险管理工作仍然存在着诸多问题和不足，具体包括以下几方面。

1. 数据采集方面

信息化短板依然突出，数据采集不全、来源滞后，第三方数据短缺，加工应用能力不强等问题困扰制约风险分析的质量和水平，与大数据时代要求还有很大差距。

从电子财务数据来看，数据加载不全，数据准确性和完整性亟待提高。从税务端数据看，登记认定数据中缺少纳税人的部分信息，申报征收数据中除增值税、所得税之外的其他税种的申报表数据不全，发票管理数据中缺少增值税专用发票升级版、增值税普通发票和营业税发票的数据。从第三方数据看，范围需要拓展，获取手段需要提高。税务部门与其他单位信息共享渠道不够畅通，机制不够稳定；从互联网定向获取信息的技术手段亟待提高。

同时，各类数据缺乏有效整合。目前，千户集团税务端和企业端的数据分散存放在不同的管理环节和层级。从企业端数据看，千户集团名册数据存储于国家税务总局电税中心环境、千户集团电子财务数据存储于北京市国家税务局电税中心环境；从税务端数据来看，金税三期上线单位业务数据存储于国家税务总局金税三期环境，数据缺乏有效整合，目前无法面向全国共享使用。

2. 指标体系方面

目前，指标体系的有效性仍需优化验证，计算机自动扫描尚未做到"精确制导"。主要包括：部分指标模型指向不够精确，部分指标模型取数口径不够准确，部分指标模型用到的数据本身不够准确，征管数据尤其是企业所得税申报附报财务报表准确率有待提升；复合指标进行多维度分析不够，有些税收风险需要考虑多个指标进行复合的关联分析才能锁定，目前复合的多维度指标模型数量较少。

3. 人工复评方面

囿于数据采集的全面性和准确性不足、指标体系的有效性有待提高，现阶段人工复

---

① 缪慧频. 抓好关键少数 谱写大企业税收服务与管理改革新篇章［J］. 中国税务，2017（3）.

评工作任务繁重。常规风险分析中，"计算机扫描＋人工专业复评"模式仍需提高效率；行业重点剖析中，行业覆盖面仍待扩展；重大事项专项分析中，复杂涉税事项处理能力、全面风险管理能力仍需增强；"互联网＋风险分析"中，互联网涉税信息的主动挖掘意识、互联网数据辅助分析能力不强；增值税发票风险分析仍处于探索阶段。

而且，千户集团税收风险分析工作专业性强、难度系数大，对税收风险分析人员的专业知识和能力水平有着很高的要求。目前，税收风险分析人员中，财会专业、税收专业、计算机方面的专业人才严重匮乏，干部队伍整体素质与大企业税收工作的需要有一定差距，还不能适应大企业税收管理现代化建设的需要。

4. 联动应对方面

风险应对工作机制尚不完善，风险应对还没完全到位，增值利用效果有待扩展。应对手段简单。部门税务机关仅凭约谈、电话沟通或者查阅小部分资料即得出结论，未开展实地核查、抽查数据、同行业比较分析，未完全按照国家税务总局风险分析报告要求进行应对。工作拓展力度不够。部门税务机关仅满足于完成国家税务总局的基本要求，未通过多种渠道挖掘相关信息，未根据分析报告线索核实新疑点。各地改革进展不均衡，体制机制不完善，改革的正面作用还未有效发挥。

四、对千户集团税收风险管理的建议及展望

结合第三部分得出的主要结论，本文对我国千户集团税收风险管理的发展给出了若干对策性建议。

（一）转变管理理念、管理职能和管理方式

通过将传统属地管理上升为分类分级管理，实现理念转变；区分纳税人基础事项和复杂事项，由一般性常规管理上升到以复杂事项为主的风险管理，实现管理职能转变；依托强大数据基础，由经验管理上升到以大数据为依托的数据管理，加强事前防控、促进合作遵从，由事中、事后被动管理上升到注重服务的事前管理，实现管理方式转变。

（二）建立全国统一的大企业税收管理系统

本文认为，未来大企业税收管理系统要涵盖四大功能：一是数据中心，集中千户集团及其成员企业的各类海量数据，加工装配；二是决策中心，利用千户集团各行业、集团等重要数据，推进税收决策和治理；三是指挥中心，统筹协调全国大企业税收管理专业团队，实施分头把关、统一作战；四是分析中心，利用千户集团的大数据集中进行各类分析。同时，以省局大企业部门为主要载体，建立承接系统，与国家税务总局数据共享、风险分析模型共享、风险分析成果共享。

（三）加强数据管理，提升千户集团数据质量

加强数据管理就是要找准数据使用过程中的"痛点""堵点"和"难点"问题，突破当前数据瓶颈制约。通过探索千户集团数据采集机制调整，金税三期数据整合，跨部门合作等保证企业端数据真实完整，税务端数据及时有效，第三方数据全面强大。此

外，应落实电子财务数据采集长效机制。制定企业电子财务数据采集口径标准、格式要求，实现数据采集标准化管理。建立数据采集常态机制，确保税务端、企业端新增数据及时采集，满足税收风险分析的需要。

重要的是，要整合已有数据，实现国家税务总局一级集中管理。国家税务总局将千户集团名册数据、企业端电子财务数据和税务端数据迁入统一的国家税务总局数据环境，并通过一户式数据存储功能，整合企业端、税务端、第三方数据，逐步实现多层级、全方位的集成查询应用，为数据全国共享应用和税收风险分析提供支撑。

（四）优化指标体系，提升税收风险分析水平

继续丰富完善风险程度测试指标体系。建立风险指标模型验证基地，做好指标模型的实地验证、总结反馈等工作。加快建立风险分析测试指标优化完善制度，及时充实到指标体系中，提高指标分析的针对性、有效性，真正让指标模型好用、管用。

人工复评方面，一方面做好千户集团分户税收风险分析，持续形成高质量、可推送的风险分析报告；另一方面积极探索行业风险、重大复杂事项专业分析路径，加快大事项税收风险分析，联动开展行业专题分析，提炼行业性、集团性、可复制、可推广的风险点。同时，通过建设一支高水平的风险分析队伍，高质量地完成风险分析任务，不断提高风险分析的精准度、科学性；结合大企业特点，开展共性和个性服务，切实管控大企业内部税收风险，促进大企业税法遵从。

（五）纵向统筹联动，横向沟通协作，推进风险分析工作高效运转

着力推进大企业管理机构实体化有效运作，解决体制性障碍。各地大企业部门应通过横向协作，建立由大企业部门与风险办、税政、稽查等部门共同参加的重大涉税事项协调制度，解决职责范围内的税收争议事项。

探索建立税企沟通机制。各地大企业部门要结合当地实际，与应对任务涉及的企业做好沟通，增强企业配合度，并持续跟踪风险应对中发现的问题，对已确认未入库税款加大征收力度，对工作中的薄弱环节及时修正完善，切实提高应对质量。

（六）注重实战培训，重视人才培养

总局和省、市税务机关应逐步建立健全本级大企业税收管理人才库，根据大企业税收管理工作的特点和岗位需求，实施专业化培训，并在税收风险管理实践中不断提高大企业税收管理人员的综合知识、专业技能水平和团队合作素养。

同时，要发挥税收管理专门人才、高层次复合型人才的作用，分类整合、优化人力资源配置，加强风险分析能力建设和数据模型、分析工具的研发和使用，建立具有丰富税收管理职业经验的行业税收管理专家、IT 专家等专家及会计师、律师、经济师等各种专门人才组成的税收风险管理团队，以此保障风险管理的有效实施。

五、结语

总结我国税收改革实践经验，借鉴国际先进做法，转变税收征管方式是符合我国国情、税情的现实选择①。2017 年是落实《深化国税、地税征管体制改革方案》攻坚之年，千户集团税收风险管理工作作为征管体制改革的"先手棋"，符合大企业税收风险管理的内在要求，符合深化大企业税收服务与改革的发展方向。千户集团税收风险管理工作应顺势而为、乘势而上，继续探索和完善风险管理机制，创新风险管理方式方法，持续提升风险管理质效，不断丰富大企业税收风险管理的内涵。

---

① 任荣发. 转变税收征管方式 推动实现税收治理现代化 [J]. 中国税务，2016 (1).

我国企业重组所得税政策体系的完善路径

■ 王海勇

　　国家税务总局所得税司处长

　　内容摘要：加快推进企业兼并重组，及时清理"僵尸企业"，去产能、去库存是供给侧结构性改革的核心任务之一。"走出去"战略和"一带一路"倡议的推进，也要求进一步清除跨境重组中的税收政策障碍。如何进一步完善企业重组的所得税政策，以减轻兼并重组中的体制、机制障碍，降低企业重组成本，推动企业加强资源整合，化解过剩产能，提高竞争力，是摆在财税部门面前的一项重要课题。

　　本文尝试构建企业重组所得税政策的理论框架，系统论述了企业重组特殊性税务处理适用的经济实质、权益的连续性、经营的连续性、合理的商业目的和纳税必要资金规则，认真检视我国目前的企业重组所得税政策体系，立足我国的经济发展战略和产业结构调整方向，提出统一现行重组政策的执行口径、完善跨境重组特殊性税务处理政策、构建企业重组的个人所得税政策体系等政策建议，供决策部门参考。

　　关键词：企业重组　所得税　政策体系　完善路径

一、企业重组所得税政策的理论框架

（一）基于经济结构调整的重组税收政策

　　在经济全球化的背景下，企业并购重组作为一种直接投资方式，已成为各国经济发展不可忽视的力量。西方国家企业并购重组已有近百年的历史。相比之下，我国企业重组历史较短，只有 30 多年，但发展迅速。据普华永道《2016 年中国企业并购市场回顾与 2017 年展望》，中国并购市场在 2016 年再创新高，交易数量上升 21％，达 11409 宗；

交易金额上升 11%，达 7700 亿美元。近年来，我国企业并购重组不断发展，已成为企业加强资源整合、实现快速发展、提高竞争力的有效措施，也是化解产能过剩矛盾、优化产业结构、提高发展质量效益的重要途径。

兼并重组有利于推进经济结构战略性调整。党的十八大报告指出：推进经济结构战略性调整，是加快转变经济发展方式的主攻方向。必须以改善需求结构、优化产业结构、促进区域协调发展、推进城镇化为重点，着力解决制约经济持续健康发展的重大结构性问题，加快传统产业转型升级，提高大中型企业核心竞争力。要推动企业跨地区、跨行业、跨所有制兼并重组，提高产业规模化、集约化、专业化水平，促进产业结构优化升级。要推动优势企业强强联合、实施战略性重组，通过兼并重组优化资金、技术、人才等生产要素配置，实施业务流程再造和技术升级改造，加强管理创新，实现优势互补、做优做强。

兼并重组有利于推进供给侧结构性改革。2017 年中央经济工作会议认为：我国经济运行面临的突出矛盾和问题，虽然有周期性、总量性因素，但根源是重大结构性失衡，导致经济循环不畅，必须从供给侧、结构性改革上想办法，努力实现供求关系新的动态均衡。要抓住处置"僵尸企业"这个牛鼻子，严格执行环保、能耗、质量、安全等相关法律法规和标准，创造条件推动企业兼并重组。通过兼并重组，化解产能严重过剩矛盾，解决行业重复建设、产业集中度低、自主创新能力不强、市场竞争力较弱的问题，不断提高资源配置效率。

兼并重组有利于推进国有企业改革。《国务院关于促进企业兼并重组的意见》（国发〔2010〕27 号）提出，通过促进企业兼并重组，深化体制机制改革，完善以公有制为主体、多种所有制经济共同发展的基本经济制度。进一步贯彻落实重点产业调整和振兴规划，做强做大优势企业。《国务院办公厅关于推动中央企业结构调整与重组的指导意见》（国办发〔2016〕56 号）（以下简称国办发〔2016〕56 号文件）指出：推动中央企业结构调整与重组，进一步优化国有资本配置，促进中央企业转型升级。通过巩固加强一批、创新发展一批、重组整合一批、清理退出一批，到 2020 年，实现中央企业战略定位更加准确，功能作用有效发挥；总体结构更趋合理，国有资本配置效率显著提高；发展质量明显提升，形成一批具有创新能力和国际竞争力的世界一流跨国公司。

兼并重组有利于推进企业"走出去"。党的十八届三中全会通过的《中共中央关于全面深化改革若干重大问题的决定》提出：扩大企业及个人对外投资，确立企业及个人对外投资主体地位，允许发挥自身优势到境外开展投资合作，允许自担风险到各国各地区自由承揽工程和劳务合作项目，允许创新方式走出去开展绿地投资、并购投资、证券投资、联合投资等。国办发〔2016〕56 号文件指出：统筹走出去参与国际竞争和维护国内市场公平竞争的需要，稳妥推进装备制造、建筑工程、电力、钢铁、有色金属、航运、建材、旅游和航空服务等领域企业重组；鼓励煤炭、电力、冶金等产业链上下游中央企业进行重组，打造全产业链竞争优势，更好发挥协同效应。要适应经济全球化新形势，就必须推动对内对外开放相互促进、"引进来"和"走出去"更好结合，鼓励具备实力的企业开展跨国并购，在全球范围内优化资源配置。

税收政策作为企业兼并重组政策环境的重要组成部分，也应在坚持有效市场和有为政府的基本原则下，基于推进我国的经济结构战略性调整，更多发挥税收中性，通过促进兼并重组的经济效率，发挥并购重组的积极作用。

（二）企业重组交易中的税收激励动因

企业重组的迅速发展，离不开国家产业政策的有力支持。通常认为，企业重组在产业结构调整中发挥着重要作用，对企业重组行为的税收补贴是一种社会性优化，即私人市场体制无法产生最优的资产重组数量，尤其是在中小型企业比例较高的国家，中小企业在生产、销售、人力资源、财务及研发上往往无法发挥规模效益，因而，公司借由资产重组实现规模经济与提升经济效率，获得管理协同、经济协同和财务协同效应，是企业立足于国际经济舞台的重要经营策略之一，也是政府采取税收激励措施所欲达成的主要政策目标。

企业重组多是资产（股权）之间的交易，此类交易按税法一般规定应当及时确认资产或股权转让所得，计征企业所得税，即为重组的一般性税务处理。但是，此类交易通常会涉及大量的资产评估增值，且以非货币性交易形式实现，因此，产生的现金流很少。在这种情况下，如对此类交易产生的收益（评估增值）征收企业所得税，纳税人可能会由于缺乏纳税必要资金而无法实施重组，从而阻碍重组交易的正常进行，有违税收的中性原则。发达国家多对符合条件且不以规避税收为目的的企业重组，实施特殊性税务处理。这一处理的核心内容包括两方面：①重组发生时不征税；②重组后收购公司及其股东的应税所得仍以重组前的税收因素为基础计算。这就意味着重组发生时，企业的各项资产不确认转让所得，其计税基础也保持不变，实际上是一种递延纳税的技术方法。

我国自 2008 年实施《中华人民共和国企业所得税法》（以下简称《企业所得税法》）以来，借鉴国际经验，结合国内企业重组实践，逐步构建了一套企业重组的所得税政策体系和管理制度，其核心也是递延纳税的制度设计。借由递延纳税，提高重组交易的经济效率，在激活资产增值潜能后再收回政府让渡的税收，正是重组税收政策设计的初衷。

（三）特殊性税务处理的核心要件

并不是所有重组交易都属于企业所得税政策激励的范围。企业重组特殊性税务处理的理论核心在于重组的经济实质理论，在此基础上内生出权益的连续性、经营的连续性、合理的商业目的三大基本规则。前两个规则主要从客观方面，比如在收购对价的性质和数量、目标公司重大历史性营业继续或历史性营业资产继续等客观标准上确立客观要件；而第三个规则则主要从交易当事方的主观动机方面确立重组的主观要件。上述规则在税收实践中的实现，通常取决于目标公司或目标公司股东收到交易对价的性质和构成（股权支付、非股权支付及其构成比例），这也成为判断一个重组交易适用特殊性税务处理或一般性税务处理的核心问题。

概括地讲，企业重组特殊性税务处理需要满足以下几个主要条件：

一是经济实质，即重组产生的唯一后果是使目标公司的原股东对目标公司营业的投资利益得以继续。或者说，公司重组交易的本质在于，公司重组是目标公司股东对公司营业的投资利益在变化后的公司形态下继续存在。重组前后，股东在新旧公司享有的全部或绝大部分利益只是股东所有权形式上的变化，而不涉及投资利益的重大变化；重组后原股东将继续其投资和营业，并且重组后的利益与重组前的利益不存在实质区别。

二是权益的连续性，即转让资产的企业或其股东应通过持有受让资产企业的股权，继续保持对有关资产的控制。基于重组经济实质的内在要求，如果一个交易适用特殊性税务处理，该交易必须满足一个直接的或间接的股东利益持续要求。也就是说，目标公司的原股东必须通过获得收购公司的股票在目标资产和目标营业中保持一个持续的权益。股东权益的连续性是通过获得收购方的股权支付对价来实现的，通常要有股权比例要求和股权持有时间要求。

三是经营的连续性，即企业转让资产后，受让企业继续用于同样目的的经营业务。经营的连续性规则关注公司实体本身所从事的营业，而不是交易中所支付的对价。这就意味着，在一个重组交易后，被收购的企业的营业或资产在新的公司实体下得以继续，而不得将该营业或资产在交易之后予以出售或处置。该规则的基本原理在于，一个适用特殊性税务处理的重组交易仅仅是相关资产的所有者权益的再调整或者说"仅仅是所有者权益形式的改变"。从这个意义上说，经营的连续性规则和权益的连续性规则是有关交易适用特殊性税务处理的两个"姊妹"规则。

四是合理的商业目的，即要防止企业利用免税重组进行避税。这就意味着，任何重组交易必须具有合理的商业目的，不得为了规避征税而伪装成一个公司重组形式的工具。或者说，合理的商业目的本质上要求，如果一个交易除了规避或减少税收的目的之外，不存在任何实质性的、重大的营业目的，将不得视为一个有效重组。

五是纳税必要资金，即重组中涉及的现金流量很少，企业不具备现实支付能力。这是由企业所得税的基本原理决定的。纳税人的纳税能力是企业所得税制的基础，当纳税人有足够财力缴税时才能确认应纳税所得额并据以计算纳税；当纳税人无现实支付能力或不具有纳税必要资金时，应当考虑暂不确认所得或递延纳税的政策设计。为满足"权益的连续性"要求，就要求获得的股权支付对价占到比较高的比例，因而现金等非股权支付较少，缺乏纳税必要资金，这有点类似于"权益的连续性"规则的一个派生规则。

《关于企业重组业务企业所得税处理若干问题的通知》（财税〔2009〕59号）（以下简称财税〔2009〕59号文件）给出了特殊性税务处理的五个共性条件。其中，"企业重组后的连续12个月内不改变重组资产原来的实质性经营活动"，即指经营的连续性；"重组交易对价中涉及股权支付金额符合规定比例"和"企业重组中取得股权支付的原主要股东，在重组后连续12个月内，不得转让所取得的股权"即指权益的连续性和纳税必要资金的考虑；而"不以减少、免除或者推迟缴纳税款为主要目的"即是具有合理的商业目的的直接税收后果。

同样，《关于促进企业重组有关企业所得税处理问题的通知》（财税〔2014〕109号）（以下简称财税〔2014〕109号文件）第三条给出了集团内100%直接控制的居民企业之间股权、资产划转适用特殊性税务处理的基本条件，其中，"具有合理商业目的、不以减少、免除或者推迟缴纳税款为主要目的"和"股权或资产划转后连续12个月内不改变被划转股权或资产原来实质性经营活动"，同样是重组交易递延纳税核心要件的具体体现。

上述条件是企业重组激励政策构建的基点，也是重组税收制度进一步完善的出发点和基本原则。

二、我国现行企业重组的所得税政策体系

（一）政策演进

我国自2008年实施《企业所得税法》以来，借鉴国际经验，结合国内企业重组实践，逐步构建了一套企业重组特殊性税务处理的所得税政策体系和管理制度。我国企业重组所得税政策体系的演进大体可分为三个阶段：一是2008年之前内外资两套企业所得税制度框架下各自独立的政策体系；二是2008年实施新《企业所得税法》，特别是财政部、国家税务总局联合发布财税〔2009〕59号文件以来，重新构建的内外资企业统一适用的一套政策体系；三是2014年国务院发布《关于进一步优化企业兼并重组市场环境的意见》（国发〔2014〕14号），特别是财政部、国家税务总局联合发布财税〔2014〕109号文件以来，进一步丰富完善了企业兼并重组所得税政策体系。

近年来，企业重组所得税政策的不断完善，有利于减轻企业兼并重组中的制度性障碍，降低企业重组成本，更好地发挥市场在资源配置中的决定性作用，推动企业加强资源整合，提高竞争力。特别是财税〔2014〕109号文件等文件的出台，是促进经济结构战略性调整的重大举措，为"新常态"下企业兼并重组带来了重大利好，为优化产业结构提供了有力的政策支撑，必将对我国转变经济发展方式发挥积极作用。资产（股权）收购比例的降低，大大扩展了股权或资产收购交易适用特殊性税务处理的范围，有效降低了重组交易的税收成本，将促进兼并重组活动日趋活跃，有利于压缩过剩产能，淘汰落后产能，提高资源配置效率。特别是将大大激发上市公司股权重组交易活力，有利于降低股权交易成本，促进资本市场的健康发展。对协同效应的追求，使上市公司之间的重组一直是企业兼并重组的主战场，股权收购比例的降低必将进一步加快企业兼并重组的市场化进程。

（二）存在问题

现行企业重组所得税政策体系仍然存在以下三个方面的问题。

1. 企业重组所得税政策的某些执行口径不统一

重组所得税政策，特别是财税〔2009〕59号文件实施以来，各地反映一些规定在实际操作中仍然不好把握，需要进一步明确口径，制定统一规范的操作指南。反映比较突出的有以下问题：

一是以承担债务作为支付对价问题。财税〔2009〕59号文件第二条规定：非股权

支付，是指以本企业的现金、银行存款、应收款项、本企业或其控股企业股权和股份以外的有价证券、存货、固定资产、其他资产以及承担债务等作为支付的形式。这其中的"以承担债务作为支付的形式"如何理解，《企业重组业务企业所得税管理办法》（国家税务总局公告 2010 年第 4 号，以下简称 2014 年 4 号公告）和《国家税务总局关于重组业务企业所得税征收管理若干问题的公告》（国家税务总局公告 2015 年第 48 号，以下简称 2015 年 48 号公告）并未作出明确的解释，比如一宗资产收购交易的交易标的是一项业务，则该项业务涉及的负债是否可以作为非股权支付形式，还是以该项业务涉及的负债抵减资产，视同转让资产净额，不把该项负债作为非股权支付形式？这两种情况下，计算的资产转让比例可能不尽一致，可能一种情况下低于 50%，不能适用特殊性税务处理；一种情况下可能高于（或等于）50%，可以选择适用特殊性税务处理。类似情况，财税〔2014〕109 号文件第三条规定对 100% 直接控制的居民企业之间，以及受同一或相同多家居民企业 100% 直接控制的居民企业之间按账面净值划转资产，符合相关条件的，可以选择按规定进行特殊性税务处理。这里的"资产"是"资产总额"的概念还是也可以理解为一项业务的"资产净额"，同样需要予以明确。

二是三角重组中的股权支付问题。财税〔2009〕59 号文件第二条规定：股权支付，是指企业重组中购买、换取资产的一方支付的对价中，以本企业或其控股企业的股权、股份作为支付的形式。这其中的"其控股企业"如何理解？2010 年 4 号公告解释为"由本企业直接持有股份的企业"，直观理解应该是收购方企业的子公司层面，即可以自己持有的子公司股权进行支付，但这与重组特殊性税务处理核心要件之一的"权益的连续性"的要求相矛盾；另一种观点认为，应该是收购方企业的母公司层面，即收购方企业的上层控股企业，且这也符合"权益的连续性"的要求。

其实，财税〔2009〕59 号文件第二条本意是借鉴美国税法中的三角重组条款，以股权收购为例，收购方既可以向股权转让方支付自身的股权，也可以出于建立风险隔离区的考虑，向股权转让方支付收购方上层母公司的股权，这样转让方通过持有收购方母公司股权间接持有收购方股权，保持权益链条的同向传递，实现"权益的连续性"。而如果是收购方向转让方支付其下层子公司的股权，则转让方通过持有收购方子公司股权，反而无法再间接持有收购方的股权（我国没有明确母子公司之间可以交叉持股，所以，通过子公司持有母公司股权不是常态），因而很难符合"权益的连续性"。同时，如果允许收购方以支付子公司股权作为股权支付，还可以轻松突破 85% 的股权支付比例限制，即使原本是全额以现金支付为对价的交易，也可以先以现金成立一个全资子公司，再以子公司股权进行支付，从而造成恶意的避税空间。当然，这也不应该是立法的本意。

但到底如何理解以收购方母公司股权作为对价的三角收购呢？本文认为可以分成两步来理解：第一步是收购方母公司直接向转让方收购其持有的子公司股权，同时向转让方支付母公司自身股权，遵循特殊性税务处理的基本规则；第二步是按照资产向下转移原则，由母公司将收到的转让方子公司股权，作为资本注入到收购方，由收购方向母公司发行股票，至此，收购方取得转让方子公司股权，转让方取得收购方母公司股权，整个过程按照分步交易原则可以适用特殊性税务处理。以图1为例，我们可以完整观察到三角收购的过程。

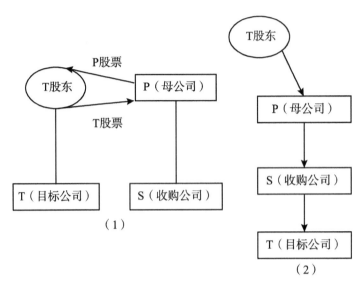

图1 三角收购的两个过程

三是如何确定特殊性重组中相关资产（股权）的计税基础问题。实践中，需要把握重组特殊性税务处理的两个核心要点：①计算确定当期应该确认的资产（股权）转让所得，顺便得出需要递延至以后实现的资产（股权）转让所得，前者是当年年度纳税申报需要填报的数额，后者是纳税人以后纳税申报需要关注的数额。②相关股权和资产计税基础的调整，也就是说，需要递延实现的资产（股权）转让所得都是通过相关股权和资产计税基础的调整（替代税基）来实现的。相关股权和资产计税基础的调整，是递延所得在未来实现的基础，也是税务机关通过台账进行后续管理的重点和难点。其实，重组中相关股权和资产计税基础的调整遵循了一种税基转移规则，即资产受让方（收购方）在财产转移中获得的财产的税基应当等于资产转让方手中该资产的原来税基加上资产转让方在交易中确认的收益。

2. 跨境重组的特殊性税务处理适用范围较窄

中国企业出于赴海外寻求先进技术、专利和品牌、实现公司的外延式增长、进行国内和海外估值差异套利、对冲人民币贬值和国内经济衰退风险等考虑，不断加大海外并购力度。据普华永道《2016年中国企业并购市场回顾与2017年展望》，2016年，中国大陆企业海外并购实现大幅增长，交易量增加142%（近2015年的2.5倍），交易金额增加246%（近2015年的3.5倍），达到2210亿美元，超过前四年中企海外并购总和。但跨境重组涉及的特殊性税务处理问题仍时有反映，主要有如下问题：

一是跨境重组适用范围较窄问题。跨境重组涉及税收管辖权的问题，现行政策仅设定了三种情形，社会上不断有扩大适用范围的呼声。财税〔2009〕59 号文件第七条明确了跨境重组适用特殊性税务处理的三种情形，即非居民企业向其 100% 直接控股的另一非居民企业转让其拥有的居民企业股权，没有因此造成以后该项股权转让所得预提税负担变化，且转让方非居民企业向主管税务机关书面承诺在 3 年（含 3 年）内不转让其拥有受让方非居民企业的股权（境外到境外重组）；非居民企业向与其具有 100% 直接控股关系的居民企业转让其拥有的另一居民企业股权（境外到境内重组）；居民企业以其拥有的资产或股权向其 100% 直接控股的非居民企业进行投资（境内到境外重组）。还规定了一项垫底条款，即财政部、国家税务总局核准的其他情形，但时至今日，财政部、国家税务总局也没有核准所谓的任何其他情形。

我们以图 2 的跨境合并情形和图 3 的跨境分立情形为例，说明仍有进一步完善跨境重组的空间。如图 2 所示，境外母公司甲在境内设立 100% 直接控股的子公司 A 和 B，现甲拟将两子公司合并（吸收合并或新设合并），假设符合财税〔2009〕59 号文件第五条规定特殊性税务处理的 5 个共性条件，则从重组前后结构看，由于甲所在国家没有变化，对子公司的控制比例没有变化，重组前后适用的股权转让所得、股息的预提所得税负担也没有变化，重组后相关资产、股权增值的税收管辖权没有变化，可以列入适用特殊性税务处理的跨境重组情形。同理，如图 3 所示的跨境分立情形，也可以列入适用特殊性税务处理的跨境重组情形。

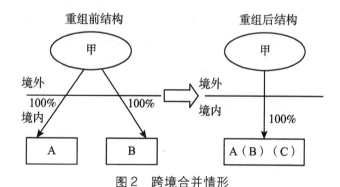

图 2　跨境合并情形

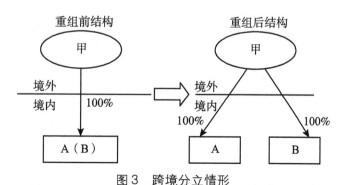

图 3　跨境分立情形

二是需要统筹考虑跨境重组条件设置中的股息和股权转让所得预提税负担问题。由于跨境重组涉及税收管辖权问题，所以，对跨境重组给予特殊性税务处理的一个必要前提是重组后相关股权转让所得的预提税管辖权仍然保留在我国境内，条款中通常设置"重组之后没有因此造成以后该项股权转让所得预提税负担变化"之类的表述。但仅仅强调没有造成以后股权转让所得预提税负担变化是不够的，由于控制权的影响，股息和股权转让所得之间会发生转化，外国股东会以平时多取得股息从而减少以后股权转让所得的方式实现避税目的，所以，必须同时强调重组之后没有因此造成以后该项股权转让所得、股息预提税负担变化。

三是100%直接控制的居民企业集团内划转非居民企业股权问题。财税〔2014〕109号文件第三条规定：对100%直接控制的居民企业之间，以及受同一或相同多家居民企业100%直接控制的居民企业之间按账面净值划转股权，凡具有合理商业目的，不以减少、免除或者推迟缴纳税款为主要目的，股权划转后连续12个月内不改变被划转股权原来实质性经营活动，且划出方企业和划入方企业均未在会计上确认损益的，可以选择按规定进行特殊性税务处理。通常认为该条款是针对划转境内股权的处理，但假如划转的是一项非居民企业股权，该如何处理呢？很显然，这是一项跨境重组。这通常会涉及境外预提税和居民企业境外税收抵免问题，需要谨慎处理。如图4所示，假设丙公司为境外公司，甲公司将其持有丙公司40%股权划给其100%控制的境内公司乙公司，对丙公司而言，其股东由甲公司变为乙公司，根据来源地征税原则，丙公司所在国通常会向甲公司征收股权转让所得的预提税，在这种情形下，一方面甲公司将持有的丙公司股权划给乙公司，可以适用特殊性税务处理；另一方面甲公司要为此负担来自丙公司所在国的预提所得税。按照我国企业所得税全球征税、境外所得税收抵免的原则，该部分预提税可以从甲公司的应纳税额中抵免，很明显会使国家的税收权益受损。所以，对这类跨境股权划转，应设置相应的前提条件，确保国家的税收权益，才可适用特殊性税务处理。

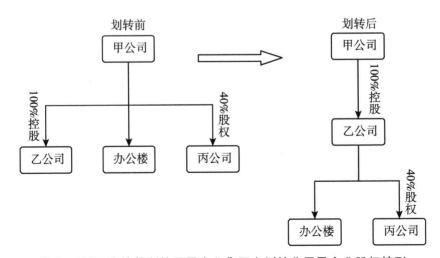

图4　100%直接控制的居民企业集团内划转非居民企业股权情形

3. 企业重组的个人所得税政策不完善

目前企业重组的所得税政策体系中企业所得税政策相对丰富，可供选择的余地较大，而个人所得税政策相对单一，不够系统。

总体而言，目前企业重组适用的个人所得税优惠政策仅有财政部和国家税务总局联合发布的两个文件，即《财政部　国家税务总局关于个人非货币性资产投资有关个人所得税政策的通知》（财税〔2015〕41 号，以下简称财税〔2015〕41 号文件）和《财政部　国家税务总局关于完善股权激励和技术入股有关所得税政策的通知》（财税〔2016〕101 号，以下简称财税〔2016〕101 号文件）。前者明确个人以非货币性资产进行投资应缴纳"财产转让所得"个人所得税，纳税人一次性缴税有困难的，可合理确定分期缴纳计划并报主管税务机关备案后，在不超过 5 个年度内分期缴纳个人所得税，称为分期缴税优惠政策。后者在前者的基础上，优惠力度进一步加大，即个人以技术成果投资入股到境内居民企业，被投资企业支付的对价全部为股票（权）的，个人可选择继续按现行有关税收政策执行，也可选择适用递延纳税优惠政策，即指投资入股当期可暂不纳税，允许递延至转让股权时计算缴纳所得税，称为递延纳税优惠政策。

但不管是财税〔2015〕41 号文件明确的分期缴税优惠政策，还是财税〔2016〕101 号文件明确的递延纳税优惠政策，其局限性都是不言而喻的：一是二者都是针对个人以非货币性资产投资设计的政策，都基于个人获得完全的股权支付对价，对于获得现金等非股权支付的重组交易不能适用上述政策，这就使两项政策的适用范围大大收窄；二是递延纳税优惠政策局限于以文件规定的技术成果进行投资，即以专利技术（含国防专利）、计算机软件著作权、集成电路布图设计专有权、植物新品种权、生物医药新品种，以及科技部、财政部、国家税务总局确定的其他技术成果进行投资，尽管其优惠效果与企业所得税特殊性税务处理政策相当，但适用范围却极为有限；三是尽管分期缴税优惠政策的适用范围相比递延纳税优惠政策较宽，但 5 年分期缴税政策比起企业所得税特殊性税务处理政策（递延纳税政策），优惠力度大打折扣。

上述种种局限，都无法满足当前日益蓬勃发展的企业重组发展需要。特别是以股权作为主要重组纽带，个人股东大量参与其中，迫切需要加快完善企业重组个人所得税政策体系。

三、企业重组所得税政策体系的完善路径

（一）统一现行重组政策的执行口径

现行重组企业所得税政策在执行中仍然有一些口径需要明确和统一，各地执行标准不一，影响了政策的公平性和可操作性。如上分析，以承担债务作为支付对价问题、三角重组中的股权支付问题、如何确定特殊性重组中相关资产（股权）的计税基础问题等三个问题，反映较为突出，下面尝试给出这个三个问题的解决方案。

1. 关于以承担债务作为支付对价问题

《中华人民共和国企业所得税法实施条例》第十二条规定：企业所得税法第六条所

称企业取得收入的货币形式，包括现金、存款、应收账款、应收票据、准备持有至到期的债券投资以及债务的豁免等。也就是说，债务的豁免可作为企业取得收入的货币形式，相应地，以承担债务作为支付对价，也应该是一种货币形式的支付，从财税〔2009〕59号文件第二条将承担债务作为非股权支付的形式这一点也可以看出来。但在实践中，有必要明确何种情况下的承担债务是一种非股权支付；何种情况下的承担债务可以与资产打包一起核算（即核算净资产）。理论上，与出售资产直接相关的负债可以统一核算，但在实务操作中，何为直接相关又成为一个难以判断的难题。考虑到重组交易中出售某项业务或是划转某项业务的情况比较多见，可以考虑将构成一项业务的资产和负债打包处理，也就是说，构成一项业务的负债被认为是与打包资产直接相关的，这项业务之外的负债不认为是与打包资产直接相关的负债，如果该项负债一同被转让，则认为是一种承担债务式的非股权支付。《企业会计准则第20号——企业合并》应用指南在解释业务合并时给出了业务的定义，即"业务是指企业内部某些生产经营活动或资产的组合，该组合一般具有投入、加工处理过程和产出能力，能够独立计算其成本费用或所产生的收入，但不构成独立法人资格的部分。比如，企业的分公司、不具有独立法人资格的分部等。"我们可以借鉴会计准则对业务的定义，据此区分与资产相关联的负债。

2. 关于三角重组中的股权支付问题

根据上述分析，为恢复三角重组的本来面目，在坚持"权益的连续性"、资产向下转移、分步交易规则前提下，建议将股权支付界定为以收购方股权或收购方上层母公司股权进行支付。

3. 关于如何确定特殊性重组中相关资产（股权）的计税基础问题

建议按照税基转移规则和税务会计处理的方法，明确特殊性重组中转让方取得股权的计税基础和收购方取得资产（股权）的计税基础的确定方法，以便于递延所得的实现和税务机关通过台账进行跟踪管理。其基本规则如下：

资产（股权）转让方取得股权的计税基础＝被转让资产（股权）原计税基础＋非股权支付对应的资产转让所得或损失－非股权支付额的公允价值

资产（股权）收购方取得资产（股权）的计税基础＝被转让资产（股权）原计税基础＋非股权支付对应的资产转让所得或损失

（二）完善跨境重组特殊性税务处理政策

在经济全球化的背景下，并购重组越来越成为企业跨境配置资源、推动产能合作、提高竞争力的主要手段。据普华永道《2016年中国企业并购市场回顾与2017年展望》，中国买家仍然倾向于在欧美发达国家和地区寻找最先进的科技、平台和品牌，亚洲因其地理位置的优势和"一带一路"的影响，成为中国投资者最为关注的新兴投资目的地之一。为配合支持"走出去"倡议的推进，特别是"一带一路"倡议的深入实施，我们应进一步研究完善我国现行跨境重组的所得税优惠政策，以减轻跨境兼并重组中的体制、机制障碍，降低企业重组成本，提高跨境重组的经济效率。

2008年，全球金融危机以来，为了应对经济增长放缓的趋势，各国纷纷推出了税改计划和方案，掀起了一轮世界性税改浪潮。最新公布的特朗普税改方案，也集中体现了世界性税改浪潮"简化税制、拓宽税基、降低税率、加强征管"的鲜明特点。我们应密切跟踪最新国际税改动态，结合"一带一路"倡议的推进，研究推进所得税制改革，营造具有国际竞争力的营商环境。进一步完善企业跨国并购的所得税优惠政策，顺应新一轮世界性税改浪潮，有利于促进国际国内要素有序自由流动、资源高效配置、市场深度融合，加快培育我国企业参与和引领国际经济合作竞争新优势。

考虑到跨境重组中存在境外当事方，要给予其特殊重组待遇，除满足"特殊重组"的一般条件外，还应该保证被重组企业资产所隐含增值的税收管辖权仍保留在中国境内。这是跨境重组特殊性税务处理政策设计的一条底线。在此基础上，建议从以下几方面完善跨境重组的特殊性税务处理政策：

一是适当扩展跨境重组特殊性税务处理的类型。不应仅局限于股权收购和资产收购，一些特定的合并和分立重组，如上所述的跨境合并和分立，也应适当考虑。

二是强调重组后股息的预提税负担不可降低。对控股企业而言，来自被投资企业的股息和股权转让所得存在一定的转换空间，所以仅仅明确股权转让所得预提税负担没有发生变化是不够的，基于反避税的考虑，还应强调重组后股息的预提税负担也不可降低，以维护我国的税收管辖权。

三是解决跨境股权划转问题。财税〔2014〕109 号文件第三条规定的 100% 直接控制的集团内股权划转交易中，居民企业之间是否可以划转一项非居民企业的股权，这通常会涉及境外预提税和居民企业境外税收抵免问题，需要谨慎处理。根据企业所得税的基本原理，如跨境划转股权不涉及预提所得税的，可适用特殊性税务处理。

（三）构建企业重组的个人所得税政策体系

目前与企业重组直接相关的个人所得税政策只有个人非货币性资产投资 5 年分期缴纳个人所得税政策和以技术成果进行投资适用的递延纳税政策，政策处理方式较为单一，无法适应日益高涨的企业重组形势。特别是一项重组交易中，既涉及企业股东，又涉及个人股东，尽管 2015 年 48 号公告已明确某些重组交易中个人股东的存在并不妨碍企业股东层面递延纳税政策的享受，但同一重组中企业股东与个人股东所得税待遇的不一致和不公平却是事实。基于税制公平和所得税一体化的考虑，应适时构建企业重组的个人所得税政策体系，不断丰富和完善个人所得税政策内容。当然现行《中华人民共和国税收征收管理法》（以下简称《税收征收管理法》）和《中华人民共和国个人所得税法》也存在一些制约因素，比如一般反避税原则的缺失等。目前，综合和分类相结合的个人所得税制改革和《税收征收管理法》的修订都在加速推进，这都为构建企业重组的个人所得税政策体系奠定了税制和税法层面的基础。建议重构企业重组的个人所得税政策体系，对于符合条件的重组采用递延纳税的政策处理方式，坚持经济实质、权益的连续性、经营的连续性、合理的商业目的和纳税必要资金规则，特殊性税务处理的具体条件与企业所得税尽量靠近。

税制变迁中的过渡性制度安排

——信赖利益保护抑或利益均衡

■ 侯　卓

中南财经政法大学法学院讲师

内容摘要：税制变迁进程中，常运用过渡性制度安排以缓释利益失衡。"过渡期"制度、增量抵扣、新增收入返还、收入分享比例调整、税收优惠过渡性处理皆属该类制度范畴。信赖利益保护虽源于民法，但在税法层面亦可适用，在税收抽象法律关系中，信赖利益保护主要体现为法不溯及既往。税制变迁并不对信赖利益产生妨害，也无溯及适用情事，设置过渡性制度安排主要是为实现利益均衡；故此，相关制度安排也须坚守其"过渡性"本旨，要符合比例原则并不得固化。

关键词：税制变迁　过渡性制度安排　信赖利益保护　利益均衡

一、税制变迁的分析样本：结构性减税

我国税制自改革开放以来表现出"十年一易"的周期律。[1] 深入剖析，不难发现历次税法的整体跃迁背后，往往寄寓着优化多元主体间利益关系的考虑。1984 年税制改革着意对国家与国民的收入关系加以调整，[2] 1994 年税制改革在继续调整国家与国民间收入关系的基础

---

[1] 张守文. 税制变迁与税收法治现代化 [J]. 中国社会科学, 2015 (2)：84.

[2] "利改税"是 1984 年税制改革中至为重要的一环，而此项改革的要旨便是厘清国家、企业、个人三者在初次分配中的地位。从税法层面对"利改税"的特征、意义等问题的讨论，可以参见：刘隆亨. 利改税的意义和法律作用 [J]. 中国法学, 1985 (1)：31 - 38；刘佐. 国营企业"利改税"及其历史意义 [J]. 税务研究, 2004 (10)：27 - 33.

上，格外强调对政府间利益关系的导正，[①] 2004 年税制改革指向多类主体的多层次利益调整。[②] 严格来讲，2004 年税制改革绵亘至今仍处于"进行时"，[③] 其核心要旨便是回应不断出现的经济和社会问题，通过"结构性减税"，意图实现多维利益关系的优化；[④] 当前已然拉开帷幕的、以提升税收法治化水平为重要目标和基本标志的 2014 年税制改革，可视为对 2004 年税制改革的延续和发展，总体上仍可将之作为"结构性减税"的范畴。[⑤]

虽然始于 2004 年的税制改革中"减税"为主旋律，但作为政策话语的"结构性减税"真正进入人们视野，严格来讲是在 2008 年 12 月召开的中央经济工作会议上。之后，该表述如雨后春笋一般出现在各类规范性文件之中。本文在"北大法宝"以"结构性减税"为关键词进行法规检索，检索情况见表 1。

表 1　　　　　中央层级规范性文件中出现"结构性减税"的情况统计

项目	制定主体	文件数量	最早出现时间	代表性文件
文件名	国家税务总局	1	2012.6	《国家税务总局关于认真贯彻落实结构性减税政策规范税收管理支持小型微型企业和个体工商户发展的通知》（国税发〔2012〕52 号）
内容	全国人大及其常委会	19	2009.3	《第十一届全国人民代表大会第二次会议关于 2008 年中央和地方预算执行情况与 2009 年中央和地方预算的决议》
内容	国务院	14	2009.3	《国务院关于落实〈政府工作报告〉重点工作部门分工的意见》
内容	国家部委	32	2009.2	国家税务总局关于印发《2009 年全国税收工作要点》的通知（国税发〔2009〕1 号）

---

① 解决"两个比重"过低是 1994 年税制改革的核心任务，因为"分税制"的制度安排是该轮税改的主体。有关"两个比重"问题的详细讨论可以参见：何帆. 为市场经济立宪——当代中国的财政问题 [M]. 北京：今日中国出版社，1998：117–121.

② 张守文. 税制变迁与税收法治现代化 [J]. 中国社会科学，2015（2）：87.

③ 党的十八届三中全会《关于全面深化改革若干重大问题的决定》提出落实税收法定原则，十八届四中全会《关于全面推进依法治国若干重大问题的决定》亦将财政税收事项列为重点立法领域，相应的新一轮税收改革之大幕已经开启，2014 年税制改革区别于前几次税制改革的重要特征在于整体性税制改革与大规模税收立法相伴而生。需要注意，2014 年税制改革与 2004 年税制改革是继承和发展的关系，而非对后者的取代；2004 年税制改革意欲实现的多元分配关系的优化任务，在 2014 年税制改革中仍然存在，甚至是更加凸显。

④ Degtyar, I M, Goncharova, L I. Minimization: Legal Tax Reduction or Tax Evasion? [J]. Actual Problems of Economics, 2010, 109.

⑤ 2015 年提出的"供给侧改革"中，"结构性减税"仍是重要思路和基本方向之一。

对于"结构性减税"的内涵，关键是从"结构性"与"减税"两大基本要素切入，将二者结合起来，完整地予以把握；在这两个要素之间，必须认识到"结构性"是对"减税"的修饰，即"为实现特定目的而针对特定主体、特定领域实施的减税"，是一种有差别的"适度减税"。① 表现于制度外观，就是"有增有减、结构性调整"之下侧重于减税的制度安排。②

基于上述认识，可以对"结构性减税"的主要内容有相对清晰的把握。如果不将"结构性减税"的范围严格限定在 2008 年政策层面正式提出之后，而是将 2004 年税制改革以来的一系列税制变迁亦纳入其中，就能够对税法制度的此轮变迁形成更加体系化的认识。有学者指出，我国推进"结构性减税"，思路倾向是减流转税（如增值税改革）、增财产税（资源税改革）、稳所得税（企业所得税基本不动、适度减个人所得税）。③ 虽然在具体归类上可能稍有不够精细之嫌，但此种划分方式于本文而言有思路上的启迪。大体上，可将近年来令人眼花缭乱的税制改革梳理为如下三种类型，以便于把握。

第一种是绝对意义上的减税改革，即规范变迁的方向和内容均立足于降低纳税人的税负。比如 2005 年以来数次修改《个人所得税法》，提高工薪所得费用扣除标准、降低适用税率、调整税率级次和级距，从缩窄税基和降低税率等多个方向降低了纳税人的税负，④ 又如为改善小微企业的分配能力，在近年来出台的一系列针对其的税收优惠措施。⑤ 根据具体减税路径的不同，有学者提炼出废除税种、⑥ 停征税种⑦和归并税种⑧三类情形，指出在减税效果上，三者间呈逐次递减的趋势。⑨ 当然，在"归并税种"情形下，是否确为减税举措，往往要具体比较新、旧税种之间在税收要素上的规定，尚不能一概而论。

---

① 张守文. 分配危机与经济法规制［M］. 北京：北京大学出版社，2015：176.

② 贾康，程瑜. 论"十二五"时期的税制改革——兼谈对结构性减税与结构性增税的认识［J］. 税务研究，2011（1）：3.

③ 查勇，梁云凤. 新常态下财税改革方向及政策建议［J］. 财政研究，2015（4）：48.

④ 减少个人所得税的税率档次、降低边际税率，也是 20 世纪 80 年代以来世界性税制改革的一个共性倾向。相关情况可以参见：［美］维克多·瑟仁伊. 比较税法［M］. 丁一，译. 北京：北京大学出版社，2006：245. 各主要国家的情况，可以参见：［美］布赖恩·阿诺德，［加］休·奥尔特. 比较所得税法——结构性分析［M］. 3 版. 丁一，崔威，译. 北京：北京大学出版社，2013：5，27，46，66，93，108，123，142，167. 值得注意的是，1996 年，英国剑桥大学经济学教授詹姆斯·米尔利斯和美国哥伦比亚大学名誉教授威廉·维克里凭借"最优课税理论"获得诺贝尔经济学奖。米尔利斯从社会福利函数最大化的前提出发，认为过高的边际税率会导致经济效率的损害，而无助于低收入者分配水平的改善；进而提出最适所得税率的"倒 U 理论"，即主张中等收入者的边际税率适当高些，而对低收入者和高收入者适用相对较低的税率。相关介绍可以参见：汤贡亮. 中国财税改革与法治研究［M］. 2 版. 北京：中国税务出版社，2014：187－189. 目前该理论对各国税收立法的影响尚未充分、全面地体现出来，各国税制改革固然有降低高收入者税率的倾向，但对中等收入者加重税负这一层面几乎不见于税收立法。当然，这可能是因为税收作为一个政治议题所导致的。而且，该理论对于其他社会、经济目标的考虑相对不足。另外，税法学理上亦有所谓"最适财产权税课理论"，但这主要是从宪法上基本权利保障的维度讨论税收的"边界"，以防止税收课征过度，与前述"最优课税理论"名近而实异。对"最适财产权税课理论"的相关讨论可以参见：葛克昌. 行政程序与纳税人基本权［M］. 北京：北京大学出版社，2005：98－100.

⑤ 具体的规范性文件梳理可以参见本文表 1 的相关介绍。

⑥ 废除税种，如 2006 年废除农业税和屠宰税、2008 年废除筵席税、2013 年废除固定资产投资方向调节税。

⑦ 停征税种，如 2000 年暂停征收固定资产投资方向调节税。

⑧ 归并税种，如 2007 年统一车船税、2008 年统一企业所得税、2009 年统一房产税。

⑨ 张守文. 分配危机与经济法规制［M］. 北京：北京大学出版社，2015：180－181.

第二种是绝对意义上的增税改革。"结构性减税"兼有"结构性"与"减税"两个方面的因素,"减税"是从总税负的层面、从整体意义上"国民分配"视角展开的;其同时还要对不同主体之间的分配格局进行"结构性"调整,这意味着在特定领域、针对特定主体增加税负也是可能的。① 事实上,这一类"增税改革",增加财政收入未必是最主要的考虑因素,同时也可能是基于完善税制、或其他经济社会政策目的之考量;而且,两方面因素可能同时存在于同一具体的"增税改革"之中。比如,国务院在2006 年 12 月 30 日决定修改《城镇土地使用税暂行条例》,将税率提高 2 倍,并将征收范围扩至外商投资企业和外国企业,即有着促进土地节约使用的考虑;② 又如,2010 年开启的资源税改革,基本方向是改从量计征为从价计征,同样具有"增税"效应,而之所以如此,蕴含有增加地方财政收入、丰富和完善地方税体系,特别是优化资源配置和调节资源级差收入的目的。③

第三种是居于前二者之间,对究竟是属于减税抑或增税需要具体分析的税制改革。这里又包括三种情形。以下分别讨论之。

其一,是单一税种内部"有增有减",如企业所得税"两法合并"对内资企业和外资企业的分配能力就有不同的影响。就内资企业而言,"两法合并"前,针对内资企业有 33% 、27% 、18% 三档税率,其中 33% 是基本税率,针对年应税所得额在 3 万 ~ 10 万元的企业实行 27% 的优惠税率,针对年应税所得额在 3 万元以下的企业实行 18% 的优惠税率,新《中华人民共和国企业所得税法》(以下简称《企业所得税法》)实施以后,基本税率被确定为 25% ,同时针对小微企业规定了 20% 的优惠税率,在税率一项即有较大幅度的减让;此外,"两法合并"后,收窄了内资企业缴纳所得税的税基,主要表现为扩大了费用扣除标准,先前针对内资企业实施计税工资制度,超过扣除标准部分的工资不得扣除,该制度在"两法合并"后被取消,企业真实、合理的工资支出可于税前据实扣除,另外在企业研发费用方面,新《企业所得税法》规定了 50% 的加计扣除,同样起到收窄税基的作用;最后,"两法合并"还意味着内资企业也能够享受原先只有外资企业才能享受的诸项税收优惠,这也能带来可观的减税效应。④ 就外资企业

① Michael Bräuninger. The Budget Deficit, Public Debt and Endogenous Growth [R]. Universitaet der Bundeswehr Hamburg, Economic Theory Discussion Paper No. 2. 2002.

② 许建国. 城镇土地使用税征收中存在的问题及其改进设想 [J]. 税务研究, 2009 (4): 81.

③ 有学者认为,优化资源配置、调节资源级差收入等要求如果完全、充分地体现在资源税制度中,反而可能导致资源税作为一种税收的特点无从体现,"资源税事实上会变成资源占用费,造成税收与费用界限的混淆"。这是另一个层面的问题,但还有研究的价值。详细讨论可以参见:刘剑文,熊伟. 财政税收法 [M]. 6 版. 北京:法律出版社, 2015: 372 - 373. 不谋而合的是,也有财政学者对资源税的定性问题提出自己的看法,认为应当明确资源税是在资源领域体现国家产业政策、社会政策,并对资源产品进行调节的流转税,本质上应当定性为增值税在资源领域的延伸,而不应以资源税体现政府对资源的有偿使用和级差地租的调节,简言之,就是要做到"租税分流"。杨斌. 财政学 [M]. 2 版. 大连:东北财经大学出版社, 2010: 373.

④ 刘剑文,等.《企业所得税法》实施问题研究——以北京为基础的实证分析 [M]. 北京:北京大学出版社, 2010: 76 - 78.

而言，"两法合并"为其带来相对更高的税率、① 相对更宽的税基，② 还取消了部分税收优惠项目，③ 总体上产生"增税"的客观效果；但在另一方面，新《企业所得税法》的适用也不必定意味着外资企业的税负加重，诸如企业研发费用加计50%扣除的制度安排，对原先据实扣除的外资企业而言同样带来"减税"效应，更重要地，以产业优惠为主的税制设计，也可视为广义上税法"诱导性规范"之具体表现，外资企业如能投资于国家重点扶持的高新技术等产业，则能够享受比"两法合并"前更优的税率（15%），而如果大量的内外资企业都能"闻产业优惠而动"，则无疑会实现制度设计者引导资金流向、促进产业升级的政策目的。综合上述，考虑到多方面因素之间的"张力"，企业所得税"两法合并"究竟是导致增税还是减税，单纯进行定性分析难以获致准确答案。

其二，是不同税种之间的"有增有减"，比如营改增改革，对相关行业不再征收营业税当然意味着该项税负下降，另行征收增值税则意味着此项税负上升。至于二者权衡后，税收负担究竟是增加抑或下降，需视具体制度安排而定，且不同行业间的情形可能判然有别。简言之，营改增后具体行业税负之变化趋势，关键的分析指标有二：一是税率之高低；二是进项税额之多寡。前者容易理解，营改增前后特定纳税人适用税率之高低比较能直观地反映税负变化趋势；后者其实也不难把握，增值税较之营业税的一个核心特征在于可用进项税额予以抵扣，④ 而问题恰恰出在这里，即不同行业之间的进项税额可能存在差别，导致实际税负不同，进而出现"分配失衡"的状况。比如同为交通运输业，营改增后适用税率应当为11%，但交通运输业按运输工具的不同又可以分为陆路运输、铁路运输、水路运输、航空运输和管道运输，不同运输方式的抵扣情况差异十分明显，比如航空运输和铁路运输，一旦购进运输设备，其抵扣力度就相当大，而陆路运输相形之下在抵扣力度上空间有限。⑤ 同时，处于不同生产经营周期的企业，在某一时点上可抵扣进项税额的差异可能较明显，也会导致税负承担上的差异。⑥ 进而言之，如果营改增完全铺开，涉及的行业更为繁多，因前述进项税额之多寡而导致不同行业间分配状况迥异的情形可能会愈发复杂。比如，金融业改征增值税需要面对和解决的一大难题是无法像普通商品交易那般按一个时间节点确定销项税额、进项税额，而且发

① "两法合并"前，外资企业所得税的名义税率虽然也为33%，但由于还存在24%、15%两档优惠税率，而且适用范围比较广，所以"两法合并"后统一适用25%的税率使得部分外资企业的税负有所加重。

② 比如过去部分据实扣除的项目改采限额扣除的方式，如前文着重探讨过的公益捐赠税前扣除，"两法合并"后统一采用12%的比例限额。

③ 最典型者如过去外商投资企业享受的"两免三减半"优惠在统一后的《企业所得税法》中不复存在。

④ 这也是小规模纳税人虽然适用相对更低的征收率，但其实际税负却可能比一般纳税人更重的原因，即其无法抵扣进项税额。

⑤ 陆路运输方面，主要成本包括车辆购置、油耗、过路过桥费、维修费用、人工工资、保险费用和场地租金等方面，其中仅有车辆购置、油料和修理费能拿到增值税发票，可以进行抵扣；而当前由于经济形势下行，所以车辆闲置比较多，车辆购置这一块其实是相对较少的。参见：孙钢. 对"营改增"部分企业税负增加的分析 [J]. 税务研究，2014（1）：47.

⑥ 比如，有报道指出，实施营改增后，武汉市公交集团由于正处在快速发展阶段，所以每年购车需求旺盛，抵扣进项税额甚至无须缴纳增值税；而武钢集团下辖的货运公司，则由于购置车辆和增加设备的需求相对较低，导致可抵扣的进项税额较少，致使税负较之改革前加重。

票管理的困难也使销项税额、进项税额的确定本身都困难重重;[①] 因此，金融业征收增值税被认为是国际性难题，目前理论上相对被推崇的思路是按照业务分类分别采用一般征收、简易征收和免税业务的模式，[②] 但从金融业与其他行业，甚至金融业内部业务结构不同的纳税人之间的分配利益均衡之角度看，公平性供给上似乎存在瑕疵，比如简易征收法类似于现行增值税法上对小规模纳税人的税务处理办法，而小规模纳税人与一般纳税人之间的分配权益失衡恰恰是比较突出的，[③] 对此前文已有述及。在此意义上，湖北省地方税务局向全国人大财经委上报过"关于推进'有限营改增'的建议"，其中重要内容之一即为对金融业仍保留征收营业税为宜。[④] 此外，与之"形异实近"的是，如果销售不动产改征增值税，由于进项税额往往较大，将其抵扣之后可能会使从该行业筹集的增值税收入锐减；而如果要保证财政收入，势必又要提高税率水平。[⑤] 所以，该行业改征增值税后究竟减税与否，需视具体制度设计而定。而如何保证各行业间的税负与分配利益相对均衡，须在建制之时格外关注。可见，虽然理论上讲普遍征收增值税有利于各行业间的税负公平，[⑥] 但若具体分析则情况实际上较为复杂；至于营改增在总体上究竟是减税还是增税，公众认知固然倾向于前者，[⑦] 但在精准测算之前，[⑧] 恐不便轻下断言。[⑨] 截至本文提交时的最新动向是，2016 年《政府工作报告》中明确自 2016 年 5 月起全面推开营改增，且所有行业的税负"只减不增"，能否真切实现，尚待观察。

其三，是税费联动情形，一般表现为"清费立税"。从"费"的层面来看当然是负

---

① 比如，吸收存款、发放贷款的业务虽然在近期银行基准利率多次下调的背景下亦有陷入困境之虞，而迫使银行积极开辟新的业务种类，但其毕竟还是银行的一项传统和基础业务类型；就此项业务形态来讲，银行的成本是吸收存款时支付的利息，收益则为发放贷款时获取的利息，增值额则是利差，但是大量储户无法就存款利息向银行开具增值税专用发票作为"进项税额"，银行亦无法给贷款人开具增值税专用发票作为"销项税额"，这样抵扣链条便难以建立，如果"强行"适用其他行业适用的增值税制度，可能会使银行负税畸重。针对这一难题，有学者提出的思路是区分银行不同的业务类型，直接收费类业务的增值税容易确定，对于前述进项税额、销项税额难以确定的业务类型，直接适用扣除比率来确定增值额，扣除比率的设定则参考该项业务的利润率，利润率与扣除比率成反比，进而将利润乘以扣除比率作为进项税额予以抵扣。相关讨论可以参见：徐达松. 我国金融业"营改增"的难点及改革思路 [J]. 税务研究，2015 (5)：106.

② 一般征收法适用于直接收费业务、其他投资买卖业务，允许抵扣进项税额；简易征收法适用于间接收费业务、中介业务，不允许抵扣进项税额，而是以收取的全部价款和价外费用作为销售额，乘以征收率计算出应纳税额；而在免税业务方面，本环节的增值税负被免除、但进项税额也不得抵扣。参见：罗绪富. 金融业"营改增"征收模式及税率选择 [J]. 税务研究，2015 (5)：115.

③ 一般认为，修改后的《中华人民共和国增值税暂行条例》虽然降低了小规模纳税人的征收率，但仍然偏高，有必要进一步降低。相关建制原则和对策建议可以参见：王建平. 应继续调整和降低增值税小规模纳税人的征收率 [J]. 税务研究，2009 (8)：40－43.

④ 汤贡亮. 中国财税改革与法治研究 [M]. 2 版. 北京：中国税务出版社，2014：271. 相关还可以参见：陈少英，林莎. 我国银行业"营改增"瓶颈之突破：增值税课征模式的选择 [M] //张守文. 经济法研究（第 14 卷）. 北京：北京大学出版社，2014：27－38.

⑤ 汤贡亮. 中国财税改革与法治研究 [M]. 2 版. 北京：中国税务出版社，2014：271.

⑥ 张怡，等. 衡平税法研究 [M]. 北京：中国人民大学出版社，2012：261.

⑦ 胡怡建. "营改增"减税的经济效应分析 [J]. 中国税务，2013 (8)：22－24.

⑧ 此处的测量无非两个基本向度：一是衡量企业的税负情况，则如前文所述，往往因行业、因企业而异；二是衡量国家层面的税收收入变化情况，比如从本文第 2 章列表中有提及的"两税"收入维度切入分析，但这也有个问题，即便得出税收收入的增长（下降），由于经济形势等外生变量的影响，便不能根据收入的变化情况直接导出营改增究竟带来增税还是减税效应。

⑨ 税法制度变迁究竟带来增税还是减税效应，很多时候都不那么容易作出判断。See：Riza，Limor，Sher，Noam. Why should we not protest for consumption tax reduction? Consumption tax rate as a partial mechanism for increasing consumer wealth [J]. Loyola of Los Angeles International & Comparative Law Review，2015，36 (3).

担减轻，而从"税"的维度观之则多表现为负担有所增加；两相比较，总体上呈现增负或减负之效应仍须视具体制度方案而定。比如 2009 年实施的成品油税费改革，取消了原先在成品油价之外收取的公路养路费、航道养护费、公路运输管理费、公路客货运附加费、水路运输管理费、水运客货运附加费等六项收费，并逐步有序取消政府还贷二级公路收费，相应提高汽油消费税和柴油消费税。仅从当时的改革方案看，似乎取消的收费要多过增加的消费税负，特别是方案出台时有关部门十分强调"不增加车主的负担"，从而使消费税税负的提升幅度相对有限；① 但还应看到，此项改革更加深远的意义或是在于清理相关收费后明确将税收作为政府据以弥补燃油使用之负外部性所造成社会成本的手段，这就为日后通过调整成品油消费税税率来发挥调控功能创造了空间。② 这样看来，该项改革总体上究竟是减轻还是增加了纳税人的负担，不仅在方案出台当时要具体分析，还要结合日后的制度调整不断进行具体衡量。

二、税制变迁进程中的过渡性制度安排

税法是"分配法"，对多元主体的分配利益妥为配置和保障，并基于特定政策目的予以调节，是税法的核心功能。因此，当税法制度更易时，自然涉及相关主体分配利益的变化。通常来讲，税法变迁有其自在逻辑，多是基于一定价值目标为之；但与此同时，基于"福国利民、利益众生"的考量，③ 对于所涉主体的分配利益，亦应有所关怀，否则即生利益失衡之虞。是以在税制变迁之际，常见过渡措施的安排，这能够在税制变迁冲击分配格局时，起到"减震器"的作用。但是同样须注意，过渡性制度安排也存在"过犹不及"的风险，这实际上属于另一种形式的利益失衡。

（一）"过渡期"制度安排

法律从颁布到正式施行，通常要经历一段时期，④ 有观点从"方便记忆"的角度去解释这种做法，⑤ 但更主要的原因还在于要为有关实施机关预留相应的准备时间，以及便于公民了解法律内容并对自己的行为形成合法性预期。⑥ 如此理解，则法律从颁布到正式施行之前的时间预留，便具有"过渡期"安排的属性。在狭义法律层面进行的税制变迁，如企业所得税"两法合并"、《中华人民共和国个人所得税法》的数次修改，

---

① 吴敬琏. 当代中国经济改革教程 [M]. 上海：上海远东出版社，2010：256.

② 比如，2014 年年底 2015 年年初，财政部、国家税务总局即连续三次上调成品油消费税税率。对这一事件，相关评论多集中于是否违反税收法定原则，是否与积极财政政策的方向不符。参见：汪德华. 关于提高成品油消费税的两个问题 [J]. 中国财政，2015（5）：40 – 41. 应当看到，三次调整在程序上的瑕疵，某种意义上在 2015 年 3 月修改《中华人民共和国立法法》的过程中引发深远的"回音"，特别是有关"税率法定"是否明确写入《中华人民共和国立法法》的法律保留条款，社会各界之所以多持肯定态度，有一部分原因即在于连续三次上调成品油消费税税率的过程让人"记忆犹新"。

③ 陈清秀. 税法总论 [M]. 台北：元照出版公司，2012：13.

④ 法律的生效，有公布之日起即生效和法律规定一定日期自该日起生效两种情形。参见：沈宗灵. 法理学 [M]. 4 版. 北京：北京大学出版社，2014：252 – 253.

⑤ 比如，绝大多数法律规定自生效月的 1 日起施行，有人认为是因为数字"1"符合人们的思维规律、方便记忆。参见：廖盛芳. 说说法律的生效日期 [N]. 人民政协报，2013 – 11 – 25（B04）.

⑥ 黄永忠. 法律施行日期条款立法探析 [J]. 唯实，2012（5）：66.

都设置了这种形式的"过渡期"。

这里主要分析的是另一种"过渡期"安排，也即在变更后的税法制度中，专门针对分配利益受损之主体规定的过渡性安排，典型者如企业所得税"两法合并"后的过渡期制度。改革之前"内外有别"的企业所得税制，无疑使内资企业在分配格局中居于十分不利的地位，而且容易诱致一些内资企业将资金转到境外再投资境内以享受外资企业的优惠待遇，这就导致企业经营行为的扭曲。[①] 因此，"两法合并"的积极意义不言而喻。但是，如前文所述，"两法合并"会加重外资企业的税负，特别是对税率大幅提高和优惠政策取消的担忧使得其进程一度受阻。[②] 正式出台的新《企业所得税法》，一方面将标准税率定为25%，使得外资企业的税率上升不甚明显、易于接受；另一方面，由于税收优惠方向的迁移是新《企业所得税法》意图实现的重要目标，所以过去针对外资企业的一系列特殊的税收优惠措施被取消可谓势所必然，针对后面这一点，是否要设置过渡期税收优惠，产生了针锋相对的两种观点。最终，主张设置过渡期的观点被采纳，一般认为主要原因是"体现了我国政府对纳税人信赖利益的保护，给予纳税人以稳定的预期"。[③] 简单地讲，相关过渡期制度安排体现在《企业所得税法》第五十七条，[④] 该条的主要内容可概括为两点：其一，低税率五年过渡；其二，定期减免税优惠享受到期满为止。《中华人民共和国企业所得税法实施条例》（以下简称《企业所得税法实施案例》）第一百三十一条对适用主体的问题略作阐明。[⑤] 真正实质性地对"如何过渡"作出操作性规定的还是一系列规范性文件，简要地通过表2予以阐明，此处不过多展开。

表2　　　　　　　相关规范性文件中有关企业所得税过渡期安排的规定

颁布时间	颁布主体	文件名	相关制度安排
2007.12	国务院	《关于实施企业所得税过渡优惠政策的通知》（国发〔2007〕39号）（以下简称国发〔2007〕39号文件）	原享受15%优惠税率的企业，2008年起5个年度适用税率分别为18%、20%、22%、24%、25%；原享受24%优惠税率的企业2008年起适用25%税率；享受定期减免税优惠的企业享受至期满为止

[①] 刘剑文，熊伟. 财政税收法 [M]. 6版. 北京：法律出版社，2015：312.

[②] 汤贡亮. 中国财税改革与法治研究 [M]. 2版. 北京：中国税务出版社，2014：332.

[③] 主张不设过渡期的观点主要从增强税法的统一性，尽快解决现行优惠制度存在的问题，优惠措施太过烦琐，国际上无通例等角度论证；主张设过渡期的观点还包括有利于新旧企业所得税法的平稳过渡，给予相关企业以适应期，渐进式改革符合我国国情等。参见：陈少英. 税收债法制度专题研究 [M]. 北京：北京大学出版社，2013：168 – 169.

[④] 《企业所得税法》第五十七条规定："本法公布前已经批准设立的企业，依照当时的税收法律、行政法规规定，享受低税率优惠的，按照国务院规定，可以在本法施行后五年内，逐步过渡到本法规定的税率；享受定期减免税优惠的，按照国务院规定，可以在本法施行后继续享受至期满为止，但因未获利而尚未享受优惠的，优惠期限从本法施行年度起计算。法律设置的发展对外经济合作和技术交流的特定地区内，以及国务院已规定执行上述地区特殊政策的地区内新设立的国家需要重点扶持的高新技术企业，可以享受过渡性税收优惠，具体办法由国务院规定。国家已确定的其他鼓励类企业，可以按照国务院规定享受减免税优惠。"

[⑤] 《企业所得税法实施条例》第一百三十一条规定："企业所得税法第五十七条第一款所称本法公布前已经批准设立的企业，是指企业所得税法公布前已经完成登记注册的企业。"

续表

颁布时间	颁布主体	文件名	相关制度安排
2007.12	国务院	《关于经济特区和上海浦东新区新设立高新技术企业实行过渡性税收优惠的通知》（国发〔2007〕40号）（以下简称国发〔2007〕40号文件）	对经济特区和上海浦东新区内在2008年1月1日（含）之后完成登记注册的国家需要重点扶持的高新技术企业，仍享受"两免三减半"的优惠
2008.2	财政部、国家税务总局	《关于企业所得税若干优惠政策的通知》（财税〔2008〕1号）	2008年1月1日之前外商投资企业形成的累积未分配利润，在2008年以后分配给外国投资者的，免征企业所得税；2008年及以后年度新增利润分配给外国投资者的，缴纳企业所得税

（二）其他过渡性安排

某种意义上，通过试点方式推进税制变迁，这也可视为一种过渡性的制度安排：一方面，对试点区域、试点行业而言，其在试点期适用的新税制并不稳定，常常随着试点的推进有所更易，"营改增"扩围过程中对试点方案的整合与优化即属此类；另一方面，在全国范围内，部分区域或部分行业试行新制，而其他区域或行业遵行旧法，这种状况显然不可能长久，故而亦为过渡性安排。由此可见，税制变迁时"试点先行"和"过渡性制度安排"这两个特征实乃"互相成就了彼此"。具体审视"结构性减税"进程中的一系列税制改革，往往在试点期都会有相对特殊的制度安排，由此类制度安排本身即透出较强之"过渡性"特质；尽管其所涉事项不尽一致，但均系从利益均衡出发对分配格局改变的某种"缓和"。

增量抵扣是增值税转型改革中的过渡性安排，其出发点是为了避免国家税款利益损失过巨，是基于"国民分配"的考量所作过渡性制度安排。所谓增值税转型，也就是由生产型增值税向消费型增值税转型，核心是扩大增值税抵扣范围，其言之即是允许新购入设备所含增值税款予以抵扣。[①] 但是如果比对东北、中部地区的试点方案，同最终修改后的《中华人民共和国增值税暂行条例》（以下简称《增值税暂行条例》）存在一个显著区别：东北地区的试点方案中明确规定固定资产进项税额的抵扣以"当年新增增

[①] 需要区分通常所说的"增值税转型"与有些研究中所说的"增值税法转型"：前者主要是指先后在东北地区、中部地区试点的扩大抵扣范围的试点，并且最终体现在修改后的《增值税暂行条例》中；后者通常是指2008年11月修订、2009年月正式实施的新《增值税暂行条例》，也即是"增值税法修改"的意思。后者除了与"增值税转型"一样，将生产型增值税向消费型增值税转型作为核心环节外，还包括调低小规模纳税人的增值税征收率，将矿产品增值税税率恢复至17%等内容。对"增值税法转型"主要内容的介绍参见：陈少英. 税收债法制度专题研究 [M]. 北京：北京大学出版社，2013：59.

值税税额"为限；① 中部地区的试点方案也有类似的规定，② 不过在语气上相对柔和一些，用了"一般不超过"的表述；在 2009 年的新《增值税暂行条例》及其实施细则中，则没有此项规定。所以，这种"增量抵扣"的方法属于典型的过渡性制度安排。为何要在东北和中部地区试点的过程中设置该项规定？从相关文件中找不到直接答案，本文推测，很可能是基于财政收入方面的考虑，也即担心抵扣范围一次性放得过宽可能带来较大的财政收入缺口；从相关试点文件中可以看出，决策者这方面的担心始终存在，比如财政部、国家税务总局在印发中部地区的试点方案时，特别强调"每半年由省国家税务局将扩大增值税抵扣范围的有关数据及时通报省财政厅"。而此种"增量抵扣"的方式，由于对抵扣数量进行严格限定，特别是要求只能在新增收入范围内进行，这就相当程度上缓解了国家财政"减收"之虞。另外也要承认，虽然自改革伊始社会各界就为之冠名"增值税转型"，但在正式的试点文件中从来都只是强调"扩大增值税抵扣范围"，并未说就要实行完整意义上的消费型增值税，所以如试点方案这般严格限制抵扣范围，不存在"名实不符"的问题，这需要引起注意。然而，从分配的视角看，增量抵扣的过渡性安排虽然缓和了对"国民分配"格局的冲击，但对试点范围内不同纳税人之间的分配格局却引发十分不利的"扰动"：一方面，此项制度安排对老企业不利，这在东北、中部等地的老工业基地表现尤为明显，由于老企业承担较重的生产成本、改革成本和社会成本，经济效益在短期内很难有质的飞跃，也就不易很快达到"新增增值税税额"的标准，从而事实上没有享受此项政策带来的"红利"，这使其在分配格局中较之新兴企业居于弱势地位；另一方面，即便不是老企业，如果在某年度内未实现新增增值税税额，就无法抵扣固定资产进项税额，而由于试点方案中是允许抵扣，不过是要求"留待下年抵扣"的，这样在税务处理中固定资产原值将要减掉进项税金，进而导致作为费用扣除的折旧金额减少，这意味着由于相对偶然的因素，可能导致纳税人既不能享受抵扣范围扩大之实惠，反而滋生税负增加之虞。③ 也许是试点过程中前述负面因素引起关注，更可能是由于如前文所述的试点给财政收入带来的影响经检测完全在可控范围内，此项"增量抵扣"的制度安排未被正式修改的《增值税暂行条例》采用，其"过渡性"的历史地位亦就此定格。但不管怎样，彼时过渡性安排因制度设计不慎而致利益失衡的教训，在今后类似情形中还应慎思、明辨之。

中央将对应原来征收营业税的新增增值税收入全额返还给地方，以及相应调整增值税的央地分享比例，由"75∶25"易为"50∶50"，是营改增中的过渡性安排；其出发点是为了避免地方财政收入在改革中受损，也即是从政府间分配利益相对稳定的角度在设计制度。受两方面因素的影响，我国地方税体系本来就不甚健全：其一，"分税制"框

---

① 《东北地区扩大增值税抵扣范围若干问题的规定》第五条规定："纳税人当年准予抵扣的上述第三条所列进项税额不得超过当年新增增值税税额，当年没有新增增值税税额或新增增值税税额不足抵扣的，未抵扣的进项税额应留待下年抵扣……"

② 《中部地区扩大增值税抵扣范围暂行办法》第五条规定："纳税人当年准予抵扣的本办法第三条所列进项税额一般不超过当年新增增值税税额，当年没有新增增值税税额或新增增值税税额不足抵扣的，未抵扣的进项税额应留待下年抵扣……"

③ 汤贡亮. 中国财税改革与法治研究［M］. 2 版. 北京：中国税务出版社，2014：245.

架下税权划分的基本法律缺位，使国家能轻易改变既定之税种划分格局，[①] 如2002年所得税收入分享改革将本来基本属于地方税的所得税改为央地共享税；[②] 其二，根据我国政府间的财政收支划分安排，虽然有较多的税种被划归为地方税，但可堪作为地方主体税种的寥寥无几，从收入占比情况看，营业税在地方税收入中占大头。随着营改增大幕的开启及徐徐推开，本属于地方税的营业税被属于共享税的增值税取代，意味着地方财力将产生较大"缺口"，在其他税种收入尚"难担大任"的情况下如何保证地方财政收入是制度设计者不得不考虑的问题。如前所述，目前的新增增值税收入返还地方的做法具有过渡性特征，增值税分享比例调整如《国务院关于印发全面推开营改增试点后调整中央与地方增值税收入划分过渡方案的通知》（国发〔2016〕26号）所言，也是"过渡期暂定2～3年"，很难想象此种做法能够长期延续。党的十八届三中全会《关于全面深化改革若干重大问题的决定》中特别强调保持"中央和地方财力格局总体稳定"，方法无非有二：一是另行确定地方主体税种，[③] 并通过制度设计使之"堪当大任"；二是提高地方在共享税中的分配比例。[④] 可见，分配格局的相对稳定，既制约着相应税制变迁的步伐，使之常须预留一定的过渡空间；又时时要求相关的税制更易要注意整章建制、协同并举。

此外，营改增还涉及营业税税收优惠的过渡问题，也即改征增值税后原营业税框架下享受的优惠政策如何处理，这关系到不同纳税人之间分配格局的相对稳定。梳理相关文件，大体有四种过渡方式：第一，原营业税免税，改征增值税时亦给予免税待遇；第二，原营业税减免税政策，改征增值税时享受即征即退待遇；第三，原营业税减免税政策，改征增值税时给予免税之更优待遇；第四，原先征收营业税时不享受优惠待遇的，改征增值税后给予免税或零税率待遇。[⑤]

总体上讲，过渡性制度安排虽尚未成为税制变迁的"标配"，但近年来其出现频次及重要性确有大幅提升。一般认为过渡性制度安排的着眼点是分配利益均衡，意图缓和税制变迁对分配格局的冲击力度，更准确地讲，即是对因税制变迁而分配利益受损之主体的某种"补偿"。若从更广义的视角去审视，其实过渡性安排在财税领域的适用颇具

---

① 张怡等. 衡平税法研究 [M]. 北京：中国人民大学出版社，2012：235.

② 有关2002年所得税收入分享改革，以及2004年起对收入分享比例调整的具体内容，可以参考的文件是《国务院关于印发所得税收入分享改革方案的通知》（国发〔2001〕37号）、《国务院关于明确中央与地方所得税收入分享比例的通知》（国发〔2003〕26号）。也可以参见：刘剑文，熊伟. 财政税收法 [M]. 6版. 北京：法律出版社，2015：121－122.

③ 目前国内学术界有关"新一届"地方主体税种究竟"花落谁家"，可谓众说纷纭。有主张房地产税者，参见：邓宏乾，徐松明. 改革房地产税制 重构地方主体税种 [J]. 学术论坛，2010（1）：107－112；有主张企业所得税者，参见：李峰，付晓枫. 地方主体税种培育问题探究——以经济发展理论为视角 [J]. 财政研究，2015（3）：45－50；有主张零售消费税者，参见：林颖，欧阳升. 零售消费税：我国现行地方主体税种的理性选择 [J]. 税务研究，2014（12）：51－54；有主张环境税者，参见：程黎，刘刚. "十二五"时期环境税成为地方主体税种的可能性分析 [J]. 宏观经济研究，2013（1）：38－44；还有区分近期、中期、远期分别讨论者，参见：王宇. 财政改革过程中地方主体税种的选择 [J]. 税务研究，2015（4）：91－96；等等。

④ 比如就增值税分享比例而言，由于营改增将作为地方税的营业税并入增值税中，所以有学者建议将增值税的央地之间分配比例调整为50：50。参见：张怡，等. 衡平税法研究 [M]. 北京：中国人民大学出版社，2012：235－236.

⑤ 对四种方式各自适用之具体情形的分析，参见：赵国庆. 关注"营改增"中营业税税收优惠过渡方法 [J]. 中国税务，2013（3）：56.

普遍性，除税法制度变迁之情形外，譬如企业跨区迁移的财政补偿（主要是迁入地政府在一定年限内给予适当税收补偿，以减少或打消迁出地政府的顾虑），① 也具有"过渡性"安排的特征。正是缘于其对于分配利益均衡的正面意义及不断增益的普遍性，更需要对此种范式加以反思，尤其是在形式和实质两个维度进行。形式层面，对过渡性制度安排的法定要求会遇到一个悖论：既然是"过渡性"安排，便较不具有稳定性，规定在具有稳定性要求的法律、法规中，似不合适；然而诸多过渡性安排恰恰涉及税率等税收基本事项，对之施予一定法定要求又在所难免。企业所得税"两法合并"后针对过去的低税率情形，在《企业所得税法》中作出原则性规定，"立法授权"国务院具体制定"逐步过渡"的办法；国务院则未于《企业所得税法实施条例》中完成此项任务，而是通过国发〔2007〕39 号文件、国发〔2007〕40 号文件两个规范性文件确定具体的过渡办法。应该说，如此处置，主要是基于相关过渡办法的"过渡性"特质，不得不在"因事设规"的规范性文件中载明。至于上文述及的其他几项税改，其所涉过渡性制度安排多载于决定开展税改或税改试点的文件中，即便存在效力位阶较低等现象，也不是过渡性制度安排本身的问题。实质层面，过渡性制度安排追求多元主体的利益均衡，因此，既要缓和税制变迁给相关主体带来的负面冲击，也不能由于过渡性制度安排过于"强势"（如可以表现为过渡时间过于漫长），使税制变迁意欲实现的功能落空。② 简言之，需要把握好过渡性制度安排的"度"，使之"止于至善"；"过"或"不及"，皆非善事。

三、过渡性安排的理论内核与制度要素

税制变迁在不同向度上引致分配格局的改变。在现代国家，这种改变很多时候可以透过其所欲达致的目标获致正当化；但与此同时，也需要关注在税制变迁中分配权益受损的主体，通过妥善的制度安排尽量缓释税制变迁给其带来的冲击和损害，以实现利益均衡的税法目标。前文在介绍过渡性安排时，已经指出人们通常将税制变迁时设置的过渡性制度安排归因于对分配利益受损主体之信赖利益的保障，是否果真如此？亟待澄清。这是因为对于过渡性安排所蕴含之理论内核的不同认知，直接影响相关的制度设计。有鉴于此，下面即以对理论内核的厘清为主线，通过就三个问题层层深入的剖析寻找答案，在论证过程中导出过渡性安排在制度设计时应当注意的关键问题。

（一）税法上能否适用信赖保护

传统税法和税法学上，并不将信赖保护作为税法的基本原则，③ 一般认为它是从诚

---

① 有关武汉城市圈内部企业跨区迁移财政补偿的相关做法及评述，参见：熊伟. 财政法基本问题 [M]. 北京：北京大学出版社，2012：178 - 182.

② Antonio Spilimbergo, Steven Symansky, Olivier J. Blanchard, Carlo Cottarelli. Fiscal Policy for the Crisis. *International Monetary Fund（IMF）- Research Department*, *International Monetary Fund（IMF）- Fiscal Affairs Department*, *Peter G. Peterson Institute for International Economics and International Monetary Fund（IMF）*. 2009.

③ ［日］金子宏. 日本税法 [M]. 战宪斌，郑林根，等译. 北京：法律出版社，2004：57 - 75.

实信用引申而来，其法理含义在于绝不能背叛对方对自己言行的信赖。① 诚实信用原本是民法上的一条基本原则，将之适用于作为公法的税法是否合适？这是需要讨论的问题。对之持否定立场的观点，一般严守"公法—私法"之分际，强调公法多为强制性规定，而私法多为任意性规定，因而二者间的性质多有不相容处；具体而言，诚实信用的主要功用乃是补充法律的不完备之处，如合为一体适用于公法，易致公法的严格性受到破坏。② 然而，这种"否定说"的观点忽略了诚实信用作为一般法律原则的地位，过于僵化地坚守"公法—私法"的划分，目前已经不是理论上的主流。比如，金子宏教授指出，"诚信原则是贯通于私法和公法的一般原理"，③ 自无"画地为牢"之理。所以，如果从信赖保护作为诚实信用原则之具体表现形式的角度看，其适用于税法是没有问题的。当然，在具体的适用方式上，税法的情形同民法可能有差异。④ 主旨所限，此处存而不论。

进而言之，将信赖保护视为单纯从诚实信用中引申而来，甚至与诚实信用原则等量齐观，这种认识也不甚周延；从法律体系之全域看，二者间是交叉而非包含与被包含的关系。诚实信用本来是民法原则，公法上是借用之；而信赖保护则属于公法、私法层面兼有的概念。⑤ 大体上，民法对"信赖保护"的关注比较强调对交易相对人合理信赖的保障，从而确保交易的可期待性，在缔约过失等场合可能适用该原则；⑥ 行政法上同样有信赖保护的概念，⑦ 主要指政府对自己的行为或承诺应守信用、不得随意变更，通常将其理论根源追溯至法律的安定性、诚实信用原则和基本权利三者，其中以安定性方面的考量最为主要。⑧ 由此可见，既不能将信赖保护同诚实信用原则等同起来，也不能认为前者完全被后者所包含，⑨ 这就更加验证了信赖保护在税法上适用的合理性。然而，

① 可以看到，北野弘久等日本税法学者几乎是在相同意义上使用税法上的信赖保护与诚实信用原则。参见：〔日〕北野弘久. 日本税法学原论〔M〕. 5 版. 郭美松，陈刚，译. 北京：中国检察出版社，2008：126 – 129；另见：〔日〕金子宏. 日本税法〔M〕. 战宪斌，郑林根，等译. 北京：法律出版社，2004：97.

② 刘剑文，熊伟. 税法基础理论. 北京：北京大学出版社，2004：173.

③ 〔日〕金子宏. 日本税法〔M〕. 战宪斌，郑林根，等译. 北京：法律出版社，2004：97.

④ 比如，诚实信用原则在民法上的运用当然是双向的，双方当事人都可受其保障，但其在公法层面，是否也能在两个向度上均予适用，理论上仍存歧见。譬如有税法学者认为诚实信用原则实无适用于纳税人之必要，因为纳税人违反诚信原则的行为自会蒙受剥夺税收优惠待遇、税收行政处罚等不利益情形，参见：〔日〕北野弘久. 日本税法学原论〔M〕. 5 版. 郭美松，陈刚，译. 北京：中国检察出版社，2008：126. 但是我国台湾地区的税法理论和实务倾向于采肯定见解，参见：陈清秀. 税法总论〔M〕. 台北：元照出版公司，2012：264.

⑤ 延展视野，信任问题是社会科学领域不同学科共同关注的对象，比如社会学，就研究信任关系的问题。有学者考证，"信赖与信任通常是两个语用环境不同而语义几乎完全一致的概念"。细究之下，信任是行为选择的问题，社会学对信任关系开展研究的目的主要是解释当事人的行为动机、模式和后果。在法学领域使用的"信赖"，诚如该学者所言，是"一个相当技术化的概念"，但从本质来讲和作为社会学研究对象的"信任"别无二致。更详细的讨论可以参见：朱广新. 信赖保护原则及其在民法中的构造〔M〕. 北京：中国人民大学出版社，2013：12 – 14. 这或许能从一个侧面说明，信赖保护非为某一部门法所独具。

⑥ 朱广新. 信赖保护理论及其研究述评〔J〕. 法商研究，2007（6）：71. 该文分析了民法上研究信赖保护的四大理论来源：允诺禁反悔、"权利外观"、富勒的信赖理论、缔约过失理论。

⑦ 行政法上对信赖保护的研究成果十分丰硕，可以参见：黄学贤. 行政法上的信赖保护原则〔J〕. 法学，2002（5）：21 – 25；莫于川，林鸿潮. 论当代行政法上的信赖保护原则〔J〕. 法商研究，2004（5）：80 – 88；等等。

⑧ 姜明安. 行政法与行政诉讼法〔M〕. 5 版. 北京：北京大学出版社，高等教育出版社，2011：73.

⑨ 比如德国早期的税法学者克莱因教授就认为，禁止溯及既往，即具有信赖保护的意味，而这并非基于一般人格权、诚信原则或依法行政，而是基于由实质法治国原则导出的法律安定性之要求。参见：陈新民. 德国公法学基础理论（增订新版·下卷）〔M〕. 北京：法律出版社，2010：165.

此处只是论证了宏观层面的可适用性，也即仅满足"必要而不充分"条件，信赖保护是否适用于抽象法律关系层面，尚须具体分析。

（二）税制变迁场合有无信赖保护适用之空间

在明确信赖保护原则确可适用于税法后，须进一步研讨，本章所关注的税制变迁之情形，有无适用信赖保护原则的余地？

狭义上理解的信赖保护主要限于发生具体法律关系的场合，比如行政许可涉及信赖保护的情形最为典型；但是，其作为一般法理，本就不体现于公法的实定法层面，既然能畅行于公、私法之间，自然没有限于具体法律关系之理。因此，对作为"信赖利益"的客体，行政法理论倾向于认为"绝非仅仅局限于具有单方性、处分性的具体行政行为，还应当包括行政主体颁布行政法规、行政规章、其他规范性文件的行为以及长期以来所形成的惯例、规则等……此外还应当包括行政主体之间的职权划分等"。[①] 易言之，这里对"信赖利益"的界定采用十分宽泛的把握方式，无论是抽象还是具体的法律关系中，条件成就时均可产生信赖利益。

税法是公法，在对税收法律关系进行理论建构时较多地借鉴了民事法律关系，形成"税收债务关系"的概念，从而使其呈现"公私交融"之特质。在梳理税法上的信赖保护之适用情形时，也能发现该特点。税收法律关系性质的"二元论"主张将税收实体法和税收程序法分别归为债权债务关系和权力服从关系，前者较多从"公法之债"的角度去建构，后者则属于具体行政行为之一种特殊类别，可以将二者分别理解为税收法律关系在抽象和具体两个层面的体现。无论在哪一层面，都有信赖保护的适用空间，不过作为适用的基础有所不同。在特定纳税人与国家之间形成具体的税收法律关系时，当"税捐义务人之信赖较值得保护时，则行政之合法性原则必须让步牺牲"，此时的信赖保护乃为税法上诚实信用原则的一种适用类型。[②] 而如果纳税人与国家之间没有发生具体的税收法律关系，比如本文所讨论的税法分配制度变迁的场合，纳税人在满足条件的前提下仍可获得信赖保护，但此时不属于诚实信用原则的适用对象，而是直接由法律安定性要求导出的结论。[③]

进言之，在纳税人与国家之间仅为抽象法律关系的情形中，比如这里讨论的税制变迁，信赖保护原则的适用空间是否应予限制？本文认为答案是肯定的，因为税制更易，或者表明制度设计者之判断今是昨非，或者系因应客观情势之变化，当然不能束缚住建制者之手脚，使其不能随时代需要而修法。就此而言，前述信赖保护的三大理论根源中，诚实信用不能适用于具有高权地位的立法者之上，[④] 唯基于"法律安定性"的考

① 莫于川，林鸿潮. 论当代行政法上的信赖保护原则 [J]. 法商研究，2004（5）：82.
② 陈清秀. 税法总论 [M]. 台北：元照出版公司，2012：264.
③ 刘剑文，熊伟. 税法基础理论 [M]. 北京：北京大学出版社，2004：174. 为何"此时不属于诚实信用原则的适用对象"，在下面即将具体表述.
④ 陈新民. 德国公法学基础理论（增订新版·下卷）[M]. 北京：法律出版社，2010：163.

虑，方才有施予信赖保护之必要。① 故此，抽象法律关系情形中，信赖保护的适用空间主要体现在"法不溯及既往"；准确地讲，溯及禁止的对象，特别限于"不利溯及"。② 本章讨论的分配制度变迁，在纳税人与国家之间产生的自然是抽象层面的法律关系，税制变迁时设置过渡性制度安排皆是虑及税制变迁给相关分配主体产生不利益。那么，其是否确为此处所说的"法不溯及既往"之体现呢？接下来便进行分析。

（三）税制变迁时的过渡性安排，源于信赖保护吗

这一问题的答案取决于两个层面分析的结果：一是信赖保护在税法上适用的一般要件是否具备；二是抽象法律关系层面信赖保护得以成立的条件是否满足。这里以企业所得税"两法合并"时设置的"过渡期"制度安排为例予以分析。前文述及新《企业所得税法》有关"过渡期"的制度安排主要针对外资企业，其核心内容有两点：低税率五年过渡和定期减免税优惠享受至到期。两大制度安排虽然在外观形式上差异不小，但在性质上实为相近，故而立法中将之置于同条同款，亦可体察立法者之用心。

1. 基于信赖保护一般适用要件的分析

先在前述第一层面进行分析。外资企业在"内外有别"的制度环境下往往能享受 24% 和 15% 的优惠税率，而在"两法合并"后，除非享受产业优惠，只能适用统一的 25% 税率；与此同时，定期减免税优惠，主要是所谓"两免三减半"，根据合并前的《中华人民共和国外商投资企业和外国企业所得税法》第八条的规定，经营期在 10 年以上的生产性外商投资企业，从开始获利的年度起，头两年免征企业所得税，第三年至第五年减半征收，这一优惠措施在新《企业所得税法》中被取消。这两方面税制变迁的结果对外资企业分配利益造成的"损失"是不言而喻的。但是，这种损失是否足以成为"信赖利益"之损失，从而可以而且应当享受"信赖保护"呢？答案是否定的。金子宏教授将信赖保护在税法上适用的条件概括为三项：其一，有权机关已经向纳税人表达了足以构成信赖的"公的见解"；其二，纳税人的信赖必须是值得保护的信赖；其三，纳税人必须基于信赖进行了一定行为。③ 在这三者的基础上，有学者另外补充了两项要求，即信赖对象必须"足以"引起纳税人的信赖和信赖的破坏将给纳税人带来损失，从而形成了判断信赖保护是否应该适用的五大要件。④ 本文将之概括为：信赖对象的存在、信赖对象的可信赖、信赖本身的应受保护、基于信赖作出行为、破坏信赖造成损失。据此而论，外资企业如果要主张"信赖保护"，会遇到如下几点困难：

首先，信赖对象的可信赖度存疑。虽然外资企业的前述两项税收优惠系由立法确认，但这种"内外有别"的企业所得税制受到社会各界的诟病由来已久，"两法合并"

---

① 为何前文要讨论信赖保护的多重理论基础，其原因在此处即有所揭示。

② 比如刑法适用上"从旧兼从轻"原则，就体现了溯及之禁止主要是针对"不利溯及"而言。相关讨论可以参见：阮方民. 从旧兼从轻：刑法适用的"准据法原则"——兼论罪刑法定原则蕴含的程序法意义 [J]. 法学研究，1999 (6)：149-158.

③ ［日］金子宏. 日本税法 [M]. 战宪斌，郑林根，等译. 北京：法律出版社，2004：100-101.

④ 刘剑文，熊伟. 税法基础理论 [M]. 北京：北京大学出版社，2004：176-180.

的动议也早就出现。① 特别是随着中国引进外资数量的大规模增长，以及投资环境的不断改善，"低税引资"的必要性越来越低；而且，中国加入 WTO 后，对外商投资实行真正的国民待遇而非超国民待遇，对维护公平竞争的市场环境和全国统一市场的形成都十分必要，也是我国"加入 WTO 的承诺的必然要求"。② 本质上，税收优惠是典型的宏观调控制度，③ 根据经济形势有一定变易性，所以一般认为"纳税人尤其不得信赖法律上的税收优惠均会无限制地继续被维持"。④ 因此，外资企业进入中国市场前，对可能变易的企业所得税制理当有所预期。⑤

其次，不能认为外资企业进入中国市场是基于"低税"信赖所作之行为。税收成本只是企业作出投资、经营决策时所考虑的因素之一，是成本因素的一个具体方面，通常来讲，对于市场机会、投资环境等方面的考虑会占居于更重要的地位，外资企业进入中国市场，即便有低税方面的考虑，这也不是最主要的因素。事实上，如果完全基于税收方面的考虑而进行商业行为，倒是满足了"避税"的成立要件。

最后，也不能认为"两法合并"给外资企业造成了损失。一方面，信赖保护中尝试弥补的"损失"是现实已经发生的，而非预期之可能损失。"两法合并"之后，即便取消优惠待遇，对外资企业来说也并没有发生实际损失，比如，没有让其"补缴"税款，何来"损失"之说？另一方面，更为根本意义上的，"利益"与"不利益"间还有广阔的中间地带，二者不是非此即彼的关系；"损失"意味着"不利益"，而非不再享受"利益"。"两法合并"使外资企业不再获得低税率待遇和定期减免税优惠，本质上是"利益"不再享受，是由"超国民待遇"向"国民待遇"的复归，不能认为是一种损失。

2. 基于信赖保护在抽象法律关系层面适用情形的检视

再对前述第二层面予以检视。外资企业享受的 24%、15% 之优惠税率，自新《企业所得税法》生效之后不再适用，这里并不存在法律"溯及适用"的问题，所以，从抽象层面信赖保护的适用情形很容易地就将低税率待遇之丧失排除在"信赖利益"之外。但是，在分析定期减免税时，会稍微遇到困难：如果外资企业正在享受"两免三减半"，新法施行后"中断"这一进程，是否属于溯及适用？有种观点认为，外资企业开始享受定期减免税的时点既然是在旧企业所得税制下，即代表其经营行为与企业所得税之间的"连接点"在新法施行以前，那么新法如果使之不再继续享受该项优惠，便意味着"溯及适用"于开始享受优惠的那个时点，并作出与旧法不同的法律规制。

① 刘隆亨. 企业所得税"两法"合并的若干问题 [J]. 法学杂志，2003 (2)：6-9；许建国."两法合并"中应考虑的税收优惠和税收征管问题 [J]. 税务研究，2003 (7)：64-66；等等。

② 刘剑文. WTO 体制下的中国税收法治 [M]. 北京：北京大学出版社，2004：185.

③ 王霞. 税收优惠法律制度研究：以法律的规范性及正当性为视角 [M]. 北京：法律出版社，2012：14.

④ 刘剑文，熊伟. 税法基础理论 [M]. 北京：北京大学出版社，2004：184.

⑤ 有一个事实可以佐证此种"预期"的存在，即如前文述及，"两法合并"之前，正是外资企业对相关优惠待遇取消的担忧，影响并且推迟了新《企业所得税法》的立法进程；既然如此，显然可见外资企业其实对之已经"早有预期"。

这里涉及对"溯及既往"的理解。法理上有"纯粹溯及"与"不纯粹溯及"之分：前者是法律将其规范的效果延伸至法律公布前已然完成的事件及权利之上；后者是指立法或修法前产生的事件及权利在新法公布后仍处于延续状态者，新法溯及至起点生效，从而使其在旧法下的法律地位丧失价值。[①] 在税法上，"不纯粹溯及"的情况在期间税场合可以见到，比如所得税上有"纳税年度"的概念，在确定应税所得时十分重要，[②] 若所得税法在某一纳税年度内修改并立即或于该年度内生效，实际上便是"溯及至纳税年度的起点生效"。[③] 这里所分析的定期减免税，也属于此种"不纯粹溯及"情形。通常认为，"纯粹溯及"应当禁止，而"非纯粹溯及"则只有在严重损及法律安定性时才不予许可。20世纪60年代初的"柏林补助法"案十分值得关注，该案中，纳税人根据旧法获得为期5年的优惠税率，但在该法律修正时被缩短至3年，其主张该规范变迁溯及地害及其财产权；但是，联邦宪法法院根据"不纯粹溯及"理论，认为立法者因应客观情势而删减旧有之优惠年限，公益的考虑超过私人利益，自无不许。[④] "两免三减半"同本案中的情形较为类似，从主流见解看，不认为其可受信赖保护；而且细究起来，新《企业所得税法》纵令外资企业不再继续得享"两免三减半"之优惠，但过往年度已经享受的利益并不受影响。

综上所述，无论从哪个角度分析，外资企业并不能基于"信赖保护"而要求立法者一定要在税制变迁同时作出相应的过渡性制度安排。那么问题来了，现实中新《企业所得税法》所给予之低税率五年过渡和定期减免税享受至到期为止这两项制度安排的法理基础究竟何在？

3. "过渡期"制度安排的真正理由：利益均衡与比例原则

本文认为，作出过渡性制度安排的真正原因不在于人们津津乐道的信赖保护，而是基于利益均衡与比例原则的考量；故而相应制度设计也必须符合利益均衡与比例原则的要求。

分配制度的变迁会对不同分配主体的分配权益造成"有损有益"的影响。对特定主体而言，固然无法经由"信赖保护"来积极主张分配权益，倘若制度设计者也不妥适考量相关主体的利益损益，则同税法"利益均衡"的理想境界相去甚远。不同的分配主体有着各不相同的利益诉求，多元诉求之间往往会形成冲突；把利益冲突降至最低限度，尽可能保持利益格局的稳定与均衡，有利于税制变迁的最终结果为不同利益主体

---

① 陈新民. 德国公法学基础理论（增订新版·下卷）[M]. 北京：法律出版社，2010：173－174.

② 相应亦生一系列税法制度，比如"所得的归属年度"之判断方法等。参见：陈清秀. 税法各论·上 [M]. 台北：元照出版公司，2014：94－101.

③ 刘剑文，熊伟. 税法基础理论 [M]. 北京：北京大学出版社，2004：184.

④ 陈新民. 德国公法学基础理论（增订新版·下卷）[M]. 北京：法律出版社，2010：180. 另外，虽然理论上对此种二元区分有所诟病，认为其存在界分标准模糊、信赖利益保护范围不清等弊端，但德国的司法实践中一旦真正希望化繁为简，直接根据"是否将实施日期提前至公布前的时间"来判断是否存在溯及既往之情势，显然，这种简化后的判断方法更不利于保护信赖利益人，立法者的裁量权也更大，所以新近的裁判中又重新回归到二元区分的方法。相关过程可以参见：陈新民. 德国公法学基础理论（增订新版·下卷）. 北京：法律出版社，2010：189－193.

所接受,① 进而有利于社会的稳定和发展。② 所以,《企业所得税法》针对外资企业相关优惠待遇给予"过渡期"待遇,可以认为是"利益均衡"思想之体现。

利益均衡包括公共利益与私人利益之间、不同私人利益之间等多个层面的平衡,因而讲究"均衡有度",这就涉及比例原则的适用。具体而言,通过"过渡期"制度安排给予相关纳税人的利益让渡,不能超过一定限度,以至于国家税款利益严重受损,或者不同纳税人之间的分配权益仍处于实质上的"失衡"状况,这些都是无法通过狭义比例原则(法益衡量)的检测的;所以,就需要让相关的制度安排真正体现"过渡"性质,无论在适用期限还是实质内容方面,都是如此。比如,规定低税率过渡到标准税率至多只能在五年内完成;而且这种"过渡"不是"保持五年低税率"的代名词,而是逐步地、通过每年提高若干百分点税率的形式趋近标准税率。这些举措,较好地体现出其"过渡性"特征,是比较合理的。

其实,不仅是企业所得税"两法合并"这一具体个案,前述分析框架在其他税制变迁场合也是可以,而且应当适用的。党的十八届三中全会《关于全面深化改革若干重大问题的决定》提出"落实税收法定原则"后,大规模税收立法的进程加快,这并非将现行的税收行政法规、税收规章等直接"上升"为法律,同时还会存在制度变迁的情形。税制改革与税收立法交织在一起,意味着今后一段时期,税制变迁造成部分主体分配权益受到损害的情形当不鲜见。在其中的许多情形,虽然相关主体无法依据信赖保护来积极主张分配权益,但制度设计者应该自觉、主动、有意识地将利益均衡作为设计制度时的重要考量因素,在必要时,可以考虑过渡措施的使用;③ 并且,根据比例原则的要求,妥善设计形式和内容,让过渡措施真正以"过渡"之姿存在,避免从另一角度损及不同主体之间的分配格局。复如前文所言,无论是"过"还是"不及",皆不足取。

前述分析,主要经由对过渡性制度安排之法理基础的探究,明晰其乃是将分配利益均衡作为考量因素,相应推导出相关制度安排亦应将之作为建制原则,并使具体的过渡性制度安排能够通过比例原则检测。至于形式层面的法定要求,前文已述及,由于过渡性制度安排本身的"过渡性"特质,严格的法定要求在实践中似较为困难,这也是本段有关此种范式的规制思路侧重于实质层面的原因之一。即便如此,坚守税收法定的"底线"仍有必要;与其说这是因为过渡性制度安排本身有其特殊性,毋宁说是基于整个税收领域都有"民主统制"的要求。

---

① 比如布坎南在论及遗产税出台任何符合"公共选择"的要求时,就提出"决策和行动之间将有很长的时滞"的思路,即"如果规定作出某项决策后必须经过例如1/4或半个世纪以后才能实行该决策,那么人们便有可能正确地运用理智,心平气和地讨论效率最高的资产——转移税结构"。参见:[美]布坎南. 民主财政论[M]. 穆怀朋,译. 北京:商务印书馆,2002:311 – 312. 这实际上也是"过渡期"制度安排在极端形式上的体现。
② 孙健波. 税法解释研究:以利益平衡为中心[M]. 北京:法律出版社,2007:17.
③ 比如环境保护费改税、房地产税改革等场合,有无部分主体分配权益受损的情形、有无设置过渡性制度安排的必要,都是可以考虑的。

论我国环境税征税对象的完善①

■ 戴　芳
西北政法大学经济法学院教授

■ 徐楠芝
西北政法大学经济法学院硕士研究生

内容摘要： 环境税征税对象作为环境税法中的首要要素，关乎征税目的的实现，关乎整个环境税税制设计的走向，但目前环境保护税法的征税对象却存在征税范围过于狭窄的问题。在我国环境污染带来的威胁和制约日益凸显的情况下，有必要分析和明确环境税法的征税对象，以充分发挥环境保护税法减排降污的作用。本文通过对现行环境税征税对象存在问题的梳理，结合我国不同时期突出的环境问题，提出了环境税征税对象的完善准则和步骤：第一阶段是将更多的生产类污染物纳入征税范围；第二阶段是增加消费类污染物为环境税征税对象，以期更好地建立"绿色税制"，推进环境保护和生态文明建设。

关键词： 环境税　征税对象　环境保护　税制改革

环境税最早由英国经济学家庇古提出，他认为通过环境税可以矫正环境污染的负外部性，可以利用市场调节机制使污染者承担社会成本，从而抑制或减少污染量，实现资源的优化配置。我国对于环境污染问题长期实行的是排污收费制度。我国的排污费制度对于防止环境污染发挥了重要作用，但与税收制度相比，排污费制度存在征收范围较窄且标准偏低、执法刚性不足、地方政府和部门干预等问题。因此，2016 年 12 月 25 日第十二届全国人民代表大会常务委员会第二十五次会议通过了《中华人民共和国环境保护税法》（以下简称为《环境保

---

① 基金项目：中国法学会 2016 年度部级课题"环境税立法研究"的阶段性成果，项目编号为 CLS（2016）D154。

护税法》），该法的颁布对于保护和改善环境，促进社会节能减排，推进生态文明建设具有重要意义。

从《〈环境保护税法〉（征求意见稿）》到《〈环境保护税法〉（草案）》的出台，再到《环境保护税法》的通过，其中最大的争议就是环境税征税对象的确定。征税对象是税法规定的征税的客体或标的物，其一般在税法中又进一步具体化为征税范围或税目。现行《环境保护税法》的征税对象，由于考虑到征税可能带来的负面效应，以及税费改革的平稳过渡和税制改革的成本等因素，仅限定于大气污染物、水污染物、固体废物、噪声污染等。征税对象作为环境税中的首要因素，关乎征税目的的实现，关乎整个环境税的税制设计走向，其决定着环境税的纳税人、税率、计税依据、减免税等税收要素，甚至会影响环境税纳税争议的界定及法律责任的承担。虽然立法者有权决定课税对象，但课税对象必须是在客观上被判断为具有负税能力的物、行为、事实。[①] 因而环境税征税对象的确定不能是随意的，必须严格遵循税收法定原则，以减少环境污染、提高环境质量为主要目标，应着力于提高资源利用效率、促进清洁能源开发，以期达到推动绿色税制改革，发挥环境税在推动经济发展方式转变和产业结构优化方面的调控作用。

一、现行环境税征税对象存在的问题

我国《环境保护税法》第三条规定："本法所称应税污染物，是指本法所附《环境保护税税目税额表》《应税污染物和当量值表》规定的大气污染物、水污染物、固体废物和噪声。"这个规定相较于《排污费征收标准管理办法》第三条收费项目的规定，可以看出，我国目前环境税的征税范围就是排污费的收费项目。理想的环境税征税对象应是在我国境内导致环境污染的危害行为和消费过程中造成环境危害的产品等，即凡属于对环境有危害的行为和产品大都应纳入征税范围。在我国环境污染带来的威胁和制约日益凸显的情况下，有必要分析、明确和界定环境税法应有的征税对象，以期更好地发挥《环境保护税法》减排降污的作用。观察目前《环境保护税法》的征税对象，本文认为其存在以下不足。

（一）每一排放口的应税污染物覆盖面不够全面

根据《环境保护税法》第九条规定："每一排放口或者没有排放口的应税大气污染物，按照污染当量数从大到小排序，对前三项污染物征收环境保护税。每一排放口的应税水污染物，按照本法所附《应税污染物和当量值表》，区分第一类水污染物和其他类水污染物，按照污染当量数从大到小排序，对第一类水污染物按照前五项征收环境保护税，对其他类水污染物按照前三项征收环境保护税。"即《环境保护税法》是按照污染当量数的大小，仅对大气污染物排放的前三项、第一类水污染物的前五项和其他类水污

---

① ［日］金子宏. 日本税法原理［M］. 刘多田，等译. 北京：中国财政经济出版社，1989：108.

染物的前三项征收环境税。从短期来看，这样的规定主要是考虑到污染企业的纳税负担，且符合从最严重的污染物征税的过渡性政策。但从环境税立法原则和立法理念来看，存在以下两点不足：一是不利于税收公平原则的实现。对同一个排放口产生的污染物区别对待，仅对前几项的污染物征税，而对次位排放的污染物不予征税，违反了税收公平原则，并又表征为征税范围不全面的问题。二是有违"谁污染谁付费"的环境治理理念。"谁污染谁付费"是现代环境治理的基本理念之一，强调的是污染治理的代内公平。① 目前的环境税限缩每一排放口的征税范围，不但不能促使企业自觉减少污染排放，而且不利于激励企业技术革新和推进清洁能源的使用。

（二）纳入征税范围的挥发性有机物（以下简称为 VOCs②）非常有限

首先，《环境保护税法》只是将苯、甲苯等类型的 VOCs 列入了应税范围之中，并没有包括芳香烃、烷烃、烯烃、卤代烃等其他危害巨大的挥发性有机物。VOCs 作为细颗粒物和臭氧的重要前体物，不仅对人体健康和生态环境有直接影响，还可以参与大气光化学反应生成二次污染物，因而未将整个 VOCs 纳入征税范围不足以控制其危害，不利于改善我国的大气环境质量。其次，对于没有纳入环境税征税范围的其他 VOCs，目前采取的做法是征收排污费，但只是在石油化工行业和包装印刷行业进行排污费试点，且仍然存在治理行业较窄、征收标准偏低、权力寻租、执法刚性不足等缺陷，使得实际征收效果并不理想。最后，部分 VOCs 征收环境税，部分 VOCs 继续征收排污费的状况，造成 VOCs 排放者在法规适用上的不统一以及经济负担上的不公平对待。

（三）征税对象未包括碳税

二氧化碳作为最主要的温室气体，是导致全球变暖的主要原因。我国将碳税排除在环境税征税范围之外，具有以下诸多危害：第一，我国已经成为全球温室气体排放的主要地区，不设碳税将导致碳排放难以遏制，不足以应对日趋严重的气候变化危机。第二，碳税在发达国家被认为是绿化税制改革的杠杆，我国迟迟不征收碳税，不利于从传统对积极劳动行为征税到对消极污染行为征税的转变，不利于发挥碳税对促进经济活力的刺激作用，不利于我国绿色税制的形成。第三，目前不征收碳税将错过发展低碳经济和循环经济的良好时机，不利于推动可替代能源的开发，不利于产业结构的调整、优化和升级。第四，在拟实施的《环境保护税法》中没有确立碳税，不但会推迟碳税的出台时间，而且未来单独设立碳税将会增加立法成本。

（四）征税对象未包括生活垃圾

首先，固体垃圾已经成为城市污染最严重的污染源，危及到了我国生态环境的可持续发展。《环境保护税法》仅对工业固体废物征收环境税，对生活垃圾没有征税，使得对生活垃圾的税收调控力度不足。其次，现行生活垃圾处理费存在种种弊端。一是收费

---

① 金通. 垃圾焚烧产业：市场结构与价格机制 [M]. 北京：经济管理出版社，2008：151.

② 根据 WHO 定义，挥发性有机化合物（VOC）是指在常压下，沸点 50～260℃的各种有机化合物。VOC 按其化学结构可以进一步分为烷类、芳烃类、酯类、醛类和其他等。目前已鉴定出的有 300 多种。最常见的有苯、甲苯、二甲苯、苯乙烯、三氯乙烯、三氯甲烷、三氯乙烷、二异氰酸酯（TDI）、二异氰甲苯酯等。

标准与收缴比例过低，难以弥补垃圾处理成本问题；二是征收范围未覆盖全国，不能有效改善大部分地区的城市生态质量；三是执法刚性较弱，缺乏有效的欠缴惩罚机制；四是垃圾处理费无法激励企业治理环境，也无法改变生产者、消费者破坏环境的行为。而税收的普遍性、强制性、固定性和欠税治理规定等优势能够促进企业成本的内部化，能够通过征税调节机制约束纳税人的排污行为，从而有效解决企业任意拖欠排污费的问题，增强环境执法的刚性。

（五）征税对象未包括塑料袋包装物等一次性污染品及数量日益增多的电子产品

在经济发展和科技进步的同时，越来越多的诸如塑料袋包装物等一次性污染品造成了严重的环境污染和生态破坏，而《环境保护税法》并没有对这类污染产品征税，一是不利于促进可替代清洁产品的研发和资源的循环使用；二是有违"使用（污染）者付费"的原则，不利于引导消费者减少污染产品的使用。

二、国外环境税征税对象的选择及启示

环境税作为治理环境污染、筹集资金、增加环保投入的重要手段，备受经济发达国家的重视，本文以丹麦、瑞典、德国和美国环境税征税对象为考察对象，窥国外环境税征税对象的选择及历程，以资我国借鉴。

（一）发达国家环境税征税对象的选择

1. 丹麦环境税的征税对象

丹麦是最早开征环境税的国家，丹麦于1993年推行全面的环境税制度改革，覆盖了包括矿物油产品税、碳税、硫税、氮税、电力税、汽油税、垃圾税等在内的30多个税种。[①] 丹麦全面征收环境税后成效突出：第一，增加了财政收入。2006年共征得环境税收入128.9亿美元，其中能源税收入61.5亿美元，占环境税总收入的48%。[②] 第二，减少了碳排放量。未实行碳税前的1990年，丹麦的能源工业碳排放量为5270万吨，开征后的2005年为4940万吨，碳排放量总量减少了340万吨。[③] 近30年来，丹麦国内生产总值增长了50%，二氧化碳排放量却减少了13.9%，创造了"减排和经济繁荣并存"的"丹麦模式"。[④] 第三，提高了废弃物的利用率。因为丹麦政府对垃圾、废水和尼龙袋等废弃物的征税使废弃物的掩埋成本增加了1倍，由此导致1985—1995年，废弃物再利用和回收的比例由35%上升至61%，而掩埋比例则由39%下降至18%。[⑤] 丹麦在推行环境税后，不仅有效地保护了本国的环境，而且为符合环保要求的企业发展积累了

---

① 陈豹，程会强，张良悦. 中国环境税改革路径选择：基于环境税双重红利的视角 [J]. 税务与经济，2013（5）：86.
② 童锦治，朱斌. 欧洲五国环境税改革的经验研究与借鉴 [J]. 财政研究，2009（3）：78.
③ 王政. 欧盟环境税制改革的经验和启示 [J]. 国际经贸探索，2013（10）：77.
④ 李璎. 丹麦环境税制度及其对我国的启示 [J]. 经济论坛，2011（10）：192.
⑤ 过佳佳. 环境税及我国环境税收体系的构建 [D]. 上海：复旦大学，2010：32.

资金，产生了明显的经济效益，成为欧盟国家中经济增长率最高的国家。[①]

2. 瑞典环境税的征税对象

瑞典于1929年首次对机动车使用的汽油和酒精燃料征税，于20世纪50年代开征了普通能源税，并于20世纪90年代早期开始征收二氧化碳税、硫税。现行确立的征税对象主要包括能源税、碳税、硫税、污染产品税。能源税是对燃料油、煤、天然气等征税，基本适用于所有燃料；碳税除对电力生产行业不征税外，对其他工业燃料均征税；硫税适用于重油、煤、泥炭；污染产品税是对造成环境危害的产品，如有毒性、含重金属和氟氯氢等污染产品征税，主要针对饮料容器、化肥、农药、电池等征税。[②] 从其环境税的实施效果来看，第一，减少了硫、碳排放量。能源税的征收使得柴油中硫的含量平均都在0.1%以下，比法定标准还低0.2%，硫氧化物排放量的减幅达到了40%。[③] 1997年瑞典国家环保局提交的关于气候变化的国家报告中提到，与假定仍然维持1990年以前政策下的排放量相比，1995年瑞典的二氧化碳排放量减少了15%，其中近90%的排放量的减少是由税收体制改革带来的[④]。第二，增加了财政收入。据瑞典环保局2005年的数据，瑞典每年从与环境相关的税费中获得了总数约为680亿瑞典克朗的收入，其中绝大部分（约95%）的税费来自于对运输和能源部门开征的能源税、二氧化碳税和硫税。[⑤] 第三，改善了环境污染状况。污染产品税的税款主要用于环境研究、农业咨询、治理土壤盐碱化、收集和处理废弃的电池[⑥]，有效地改善了瑞典的农业环境和土地污染。

3. 德国环境税的征税对象

德国的环境税始于1999年，其首先在化石燃料和电力行业征收了生态税及相关的汽油产品税，并于1999—2003年开始实行"五阶段"环境税改革，一方面分步骤和阶段逐步提高矿物油税税率和天然气税税率，并开征电力税；另一方面，把征收环境税所形成的收入大部分用于减少雇主和雇员承担的法定社会保险金、可更新能源的开发与使用以及联邦预算等。[⑦] 上述一系列改革逐步完善了德国的环境税制，形成了以能源税为主的包含碳税、硫税、水污染税、垃圾填埋税、汽油产品税、矿物油税、车辆税等在内的多维度环境税种。[⑧] 从德国环境税的实施效果来看，第一，降低了能源消耗。据初步统计，德国2003年一次能源消耗量比1998年下降了1.3%，单位国内生产总值能耗下降了2%以上。[⑨] 第二，减少了燃料消费的使用。以能源方面的燃料消费为例，德国纳

① 王英霞. 论我国环境税法律制度的重构与完善 [J]. 西部法学评论，2010（6）：72.
② 资料来源：瑞典环保局，2000年.
③ 王卓璐. 我国绿色税收制度的效应分析及改革建议 [D]. 天津：天津财经大学，2015：44.
④ 秦美峰. 国际低碳税收政策经验及对我国的启示 [J]. 商业会计，2012（18）：7.
⑤ 李慧玲. 环境税费法律制度研究 [M]. 北京：中国法制出版，2007：66.
⑥ 王郁. 环境税收法律制度国际比较研究——兼论我国环境税收法律制度 [D]. 青岛：中国海洋大学，2006：30.
⑦ 童锦治，朱斌. 欧洲五国环境税改革的经验研究与借鉴 [J]. 财政研究，2009（3）：77.
⑧ 陈豹，程会强，张良悦. 中国环境税改革路径选择：基于环境税双重红利的视角 [J]. 税务与经济，2013（5）：86.
⑨ 张鹤泽. 关于新疆建立生态税的探讨 [D]. 乌鲁木齐：新疆大学，2007：30.

税人的能源税税负较重，仅汽油税负就高达 75.9%。[1] 截至 2005 年，德国的燃料消费减少幅度高于 10%，二氧化碳气体排放减少约 2000 万吨，较改革前减排达 2% ~ 2.5%。[2] 第三，促进了社会福利和就业发展。政府将部分税收用以补贴养老保险金，从而降低了企业承担养老保险的压力，使企业有更多的资金和力量进行产业发展；在环境税征收的 10 年里，德国国内共创造了近 26 万个就业机会[3]，对缓解国内的就业压力起到了积极作用，环境税改革的蓝色红利突出[4]。

4. 美国环境税的征税对象

尽管相比于 OECD 其他国家，早期环境税在美国税收中占比较少[5]，但美国是世界上最早考虑使用税收来减少污染的国家，其从 20 世纪 80 年代开始把税收作为主要手段减少环境污染，形成了比较完善的环境税征税对象。美国的环境税由联邦税、州税和地方税构成，美国环境税的征税对象较多，覆盖面比较广泛，主要有碳税、煤炭税、开采税、高耗油车税、固体废弃物处理税、二氧化硫税、环境收入税、氯氟烃税等十余项税收。美国环境税实施效果主要表现在：第一，改善了大气污染状况。截至 2007 年的数据显示，美国汽车消费数量上升的同时，二氧化碳的排放量却相对 1970 年减少了 99%，一氧化碳排放量下降了 97%，空气中的悬浮颗粒物下降了 70%，二氧化硫排放量下降了 42%[6]。对损害臭氧层的化学品征收的消费税大大减少了在泡沫制品中对氟里昂的使用。第二，降低了自然资源的开采量。自然资源开采税的开征使得美国石油总产量减少 10% ~ 15%[7]，自然灾害发生率也有所降低。第三，节能减排效果明显。汽油税的征收鼓励了广大消费者使用节能型汽车，减少了汽车废弃物的排放。美国环境税的实践表明，环境税确实使美国的环境质量明显提高。

（二）发达国家环境税征税对象选择的启示

20 世纪 90 年代以后，发达国家的环境税逐步实现了由"点"向"面"的全面发展，构建了系统、全面的"绿化"税制。结合上述各国环境税的发展趋势、征税对象的选择及其实施效果，我们可以得到以下启示。

1. 征税对象的确立需循序渐进

发达国家开征环境税采取的是循序渐进的方式，其环境税实践大致经历了三个阶段。第一阶段是 20 世纪 70 年代到 80 年代初，这个时期主要是进行环境补偿性收费，

① 陈豹，程会强，张良悦. 中国环境税改革路径选择：基于环境税双重红利的视角 [J]. 税务与经济，2013（5）：86.
② 童锦治，朱斌. 欧洲五国环境税改革的经验研究与借鉴 [J]. 财政研究，2009（3）：78.
③ 沙丽塔娜提，张波，樊勇，等. 德国环境税的经验及其对中国的借鉴意义 [J]. 新疆环境保护，2011（10）：15.
④ 环境税的双重红利效应也称为双赢效应。一方面，征收环境税可以通过约束企业负外部行为减少环境污染，改善环境质量，实现绿色红利；另一方面，通过矫正当前税收对资本和劳动的扭曲，实现就业复苏和经济增长，创造蓝色红利（参见：陈豹，程会强，张良悦. 中国环境税改革路径选择：基于环境税双重红利的视角 [J]. 税务与经济，2013（5）：84.）。
⑤ 1995 年，按照经济合作与发展组织（OECD）统计口径计算的美国环境税收为 815 亿美元，占当年 GDP 的 1.1% 和财政收入的 4.1%。到 2004 年，分别占到 GDP 的 0.9% 和税收收入的 3.5%。这些数字在 OECD 国家中几乎是最低的（参见：吴健. 从美国环境税收体系看税收与环境保护 [J]. 环境保护，2013（6）：74.）。
⑥ 陈豹，程会强，张良悦. 中国环境税改革路径选择：基于环境税双重红利的视角 [J]. 税务与经济，2013（5）：87.
⑦ 张美芳. 美国的环境税收体系及其启示 [J]. 现代经济探讨，2002（7）：48.

属于环境税的雏形阶段；第二阶段是 20 世纪 80 年代至 90 年代，这个时期的环境税种类日益增多，排污税、产品税、能源税、二氧化碳税和二氧化硫税等纷纷出现；第三阶段是 20 世纪 90 年代以来，发达国家的环境税迅速发展，为了实施可持续发展战略，推行了全面绿化税制的改革目标[①]。

2. 课税对象应符合本国国情

西方各国开征环境税的时间不同，在不同阶段根据国情需要设置了不同的税种；即使是同一时期，各国也是根据本国国情发展来设计环境税征税对象。丹麦因曾高度依赖于能源进口，其建立了以能源税为主的环境税来缓解能源危机；德国因其工业和汽车制造业发达，确立了以车辆和汽油产品为主的环境税；美国因其化学产业发达而确立了排放氟利昂损害臭氧层的化学品为课税对象。

3. 征税对象领域广泛

尽管各国确立各税种的阶段不同，但是最终结果都是实现全面覆盖的课税范围。发达国家开征的环境税范围非常广泛，其征税对象的选择包括矿物油产品税、二氧化碳税、电力税、汽油税、硫税、氮税、天然气税、气候变化税、采矿税、零售容器税、塑料袋税、轮胎税、垃圾税、水污染税、杀虫剂税等在内的 30 多个税种。构建了以能源税为主、其他环境污染为辅的环境税，与环境污染相关的领域和资源环境的诸多方面都包含在了环境保护税范围内。

4. 将最严重的污染源首先确立为征税对象

通常在环境税开征初期，发达国家征税对象的确立是为了治理本国区域内最严重的污染源而设立的，环境税呈现出污染税的特点。但随着产业结构的升级，度过了污染排放的高峰期后，就转向主要对环境有害品（产品和能源）课税，同时为履行包括二氧化碳在内的温室气体减排的国际承诺，结合本国碳减排开征二氧化碳税。

三、我国环境税征税对象完善的路径

综观发达国家环境税征税对象的确立及实施经验，其普遍从最严重的污染源开征，最终确立了较为广泛的征税范围，加之综合考虑计征方法等要素，取得了良好的成效。观察我国《环境保护税法》，参考国外环境税立法的经验，本文提出我国环境税征税对象完善的准则和步骤。

（一）我国环境税征税对象确立的准则

1. 坚持环境税立法的主要目的

正确定位环境税的征税目的是确立征税对象的重要前提。而实现环境税立法目的，其中最重要的环节就是对征税对象的选择。《环境保护税法》第一条明确提出环境保护税法的目的是保护和改善环境，减少污染物排放，推进生态文明建设。而将该目的具体

---

① 曾贤刚. 从 OECD 国家经验看我国环境税的建立和完善［J］. 经济理论与经济管理, 2008（5）: 34.

落实到征税对象上，就要求我们在确立课税对象时始终坚持以治理环境污染、促进节能减排为目标。

2. 确定循序渐进的改革方式

考虑到当前我国的经济发展、纳税人的税负及环境保护税的征管经验，环境保护税征税对象须遵照循序渐进的方式，逐步扩大征税范围，最终实现环境税全覆盖目标。即根据不同阶段面临的突出的环境问题，先从重点污染源和易于征管的课税对象入手，待条件成熟后逐步扩大征税范围，直至实现环境税的全覆盖。

3. 紧密切合我国主要的环境问题

经济发展带来的环境问题促使我们使用环境税来规制，而有效的环境税改革则可以倒逼产业转型，实现经济发展和就业的双重红利。环境税的主旨在于解决环境问题，促进环境保护，因此环境税的征税范围必须紧扣我国当前和今后一段时间内环境治理的核心问题①，加强对重点污染源的治理和征管力度。

（二）完善我国环境税征税对象的步骤

现行《环境保护税法》的征税对象仅限定在水污染、大气污染物、固体废物、噪声污染四类应税污染物，而环境税的课税对象应具有普遍性，即凡是直接污染环境的行为和在消费过程中会造成资源匮乏或环境污染的产品均应纳入课征范围②。但是基于实际国情的考虑，环境税改革不可能一蹴而就，必然要经过不断完善的发展过程。发达国家的环境税也是循序渐进逐步完善的，一般都需经过 3~5 年的成长期才会使环境税制日趋成熟。借鉴发达国家环境税改革的经验，结合我国经济发展的阶段特殊性，本文认为我国环境税征税对象的完善可以尝试从以下两个阶段着手改革。

1. 第一阶段：扩大每一排放口的征税范围，重点控制生产类污染

由于我国环境税刚刚起步，且征收管理经验不足，现阶段环境税征税对象不宜过于宽泛，应先扩大到防治任务最为繁重、污染物排放标准和监测技术最为成熟的对象。鉴于现阶段我国仍处于工业化中期阶段，对传统化石能源的消耗依赖弹性较大，同时作为世界上最大的煤炭能源消费国，碳排放集中来自于工业生产领域。因此，应在现行征税对象的基础上循序渐进地扩大污染排放税的征税范围。具体而言，这一阶段的征税对象可选择以下几项：

（1）扩大每一排放口的征税范围。针对当前《环境保护税法》第九条中仅对大气污染物排放的前三项、第一类水污染物的前五项和其他类水污染物的前三项征收环境税的规定，为了实现环境税税负公平的原则和"谁污染谁付费"的理念，发挥环境税对纳税人环境行为的约束作用，我国应当逐步扩大每一排放口排放的大气污染物和水污染物的征税范围，即该项目数的设计应当根据国情的发展需要，在进一步完善环境税计税

① 陈红彦.《环境保护税法》征税范围之检视 [J]. 环境保护，2017（2）：37.
② 曾贤刚. 从 OECD 国家经验看我国环境税的建立和完善 [J]. 经济理论与经济管理，2008（5）：37.

依据、征税标准、监测技术的情况下，循序渐进放宽污染物的征税口径①，最终使每一排放口排放的污染物都能够被监测并征收环境税。

（2）扩大对 VOCs 的征税范围。瑞典、美国、瑞士等国家均对 VOCs 的排放征税，并使得大气污染得到明显改善②。针对目前我国《大气污染物污染当量值》VOCs 覆盖不全的问题，未来可以逐步将征税范围扩大到非甲烷总烃（烷烃、烯烃、炔烃、芳香烃）、卤代烃、含氮化合物、含硫化合物等污染物。一是 VOCs 已成为我国现阶段环境治理的重点、热点问题，扩大征税范围有利于控制 VOCs 的危害；二是对 VOCs 征税能够鼓励企业用不易挥发或不挥发的溶剂替代易挥发的溶剂，促进涂料、加工和装饰工艺的改良。具体可以采取以下做法：

1）首先将 VOCs 试点收费项目转化为环境税征税对象。为改变目前 VOCs 收费偏低、适用行业有限、执法力度不足的弊端，本文认为宜在 VOCs 排污费征管经验成熟的基础上，将其转化为环境税的征税对象，尽快改变部分 VOCs 征收排污费、部分 VOCs 征收环境税的状况。因为较之排污费，征收环境税的税务机关的独立性优于环保部门，有助于破除地方保护主义，加之征收的普遍性、严格性，使用的统筹性使之更加适合环境事项③；并且费改税后也可做到排放者负担依据的一致化和公平化。但考虑到 VOCs 排放者的负担能力，在费改税初期纳税人的负担不宜过重，税率不宜过高。

2）渐次将征税对象扩展到全行业的 VOCs 排放。待对 VOCs 的税收征管经验成熟后，征税范围应渐次扩大至当前排污费和环境税都没有涉及的 VOCs 污染物。之所以这么做，一是 VOCs 的污染来源较多，行业分布广泛，扩展到其他行业有利于进一步控制 VOCs 的排放，以持续改善环境污染；二是在实现石化行业和印刷业技术革新的基础上，促进其他 VOCs 污染行业的产业转型。

（3）设立碳税为环境税税目。二氧化碳已成为国际上公认的准大气污染物，丹麦、瑞典、德国、美国等国家已经开征了二氧化碳税，并取得了良好的效果。碳税可以有效减少 CO_2 排放量，其作用主要表现在：第一，由于碳税是按照化石燃料燃烧后的排碳量进行征收的，所以开征碳税可以使环境社会成本内部化，能够促进企业进行转型升级和技术创新，加快研发清洁能源和可替代能源。第二，面对全球新一轮国际性减税给国内经济带来的冲击④，我国正在进行结构性减税改革，有必要发挥碳税在增加财政收入、筹集环保资金方面增税的优势。第三，发达国家利用碳税差异制造绿色贸易壁垒，我国

---

① 如接下来可以扩大到每一排放口大气污染物的前五项，水污染物的前七项等循序渐进放宽征税口径。

② 在瑞士，每升异丙醇或清洗剂（沸点低于 100℃）必须交纳 2 个瑞士法郎的"挥发性有机物税"。在以后若干年中，此项税额将增加（参见：［德］赫尔穆特·基普汉（Helmut Kipphan）. 印刷媒体技术手册［M］. 谢普南，王强主，译. 广州：广东世界图书出版公司，2004：1107）。

③ 刘剑文，耿颖. 开征环保税："绿色税制"建设的重要一步. 人民论坛［EB/OL］. ［2017 - 08 - 12］. http://www.rmlt. com. cn/2017/0605/477307. shtml? from = singlemessage.

④ 继 2017 年 4 月 26 日美国特朗普政府推出大规模减税方案之后，英国、法国以及其他主要发达国家都在致力于推动减税立法，印度等发展中国家也宣布了减税计划。

只有适时开征碳税，掌握环境话语权先机，才可有效阻止发达国家对中国征收碳关税。考虑到碳税的征收确实会增加企业成本，降低企业竞争力，因而可分步实施：

1）首先选择碳排放量较大的城市、碳排放量较多的行业先行征税试点。具体而言，在征税对象方面，由于 CO_2 是最主要的温室气体，二氧化碳是因消耗化石燃料产生的，因此碳税的征收对象应落到煤炭、天然气、成品油等化石燃料上；在税率方面，为减少碳税在实施过程中可能遇到的阻力，保护本国产业竞争力，在征管初期应采用低税率起步；在计税依据方面，CO_2 的监测技术难度较大，征管成本较高，在初期应以化石燃料的碳含量作为计税依据。

2）总结碳税试点的经验后，在全国及相关行业逐渐推广。随着经济的发展和碳税征收经验的积累，可以逐步扩大征税范围，将更多的温室气体纳入其中，如氢氟碳化物、甲烷、氧化亚氮和六氟化硫等温室气体[①]；在税率方面，随着时间的推移逐步提高碳税税率，促进经济的可持续发展；在计税依据方面，由于碳税的征税对象是直接向自然环境排放的 CO_2，加之监测技术的提高，因此最终应以 CO_2 的实际排放量作为计税依据更为合理。

2. 第二阶段：增加消费类污染物为环境税征税对象，重点控制生活类污染

随着产业结构的转型升级、经济发展速度的回落、能源结构的优化以及不断强化的环保意识，工业污染源的排放问题在我国将得到控制。发达国家的发展路径和污染治理路径表明，一国发展到工业化后期，工业污染将不再构成最主要的污染排放源，消费类污染将可能反超[②]。鉴于该阶段的环境问题将集中在产业转型后的消费类污染，故应在环境税征税对象中增加生活类污染物。具体而言，这一阶段的征税对象可增加以下两项：

（1）对生活垃圾征税。丹麦、瑞典、德国、美国、英国等国均先后开征了垃圾税，提高了废弃物再利用和回收的比例，其征税效果可以总结为：一是垃圾税的开征使城镇居民减少了家庭垃圾的产出，改善了城市生态环境；二是引导了居民自发减少垃圾排放，降低了垃圾收集成本；三是筹集到了垃圾处理资金，促进了垃圾循环再生产业的发展和清洁工艺的革新。因此，我国有必要借鉴国外的经验，在实施垃圾分类的基础上，根据每个家庭人口数量或产生垃圾的多少征收垃圾税，引导市民自觉形成节约资源、减少污染的生活方式，同时改善目前垃圾处理费的不足状况，具体做法为：首先，厘清现有垃圾处理费的收费依据和执行标准，参照现行垃圾费的具体征收办法将垃圾处理费改为环境税；其次，征税初期以不增加居民负担为原则设置较低的税率，待征管经验较为成熟，居民对垃圾税逐渐认知后，可适当提高垃圾税税率。

（2）征收污染产品税。污染产品税在发达国家应用较普遍，丹麦、瑞典、美国、

---

① 李永刚. 中国开征碳税的无险性分析——兼议碳税设计 [J]. 中央财经大学学报，2012（2）：5.
② 陈红彦.《环境保护税法》征税范围之检视 [J]. 环境保护，2017（2）：38.

比利时、意大利等国均征收了污染产品税①，有效改善了环境污染状况，其征税优势表现在：一是从消费者角度来看，针对那些对环境产生污染的消费品征税能够引导人们选择消费那些对环境没有污染或者污染很小的产品，间接实现减轻污染的目标；二是从生产者角度来看，因征收污染产品税会增加企业的生产成本，故可激励企业生产可循环回收的产品，也可促使企业研发可替代的清洁产品，推动生态环境的可持续发展；三是能够弥补现行消费税的不足。消费税税目限于机动车、成品油、奢侈品等，而对于饮料容器、塑料袋包装物等污染产品没有征税，使得征税范围偏窄，治污力度不足。因而，我国应参考发达国家征收污染产品税的先进经验，开征污染产品税。具体的征税步骤应为：

1）首先可考虑对资源消耗大、污染严重的产品征税，即征收特种污染产品税，主要包括能源燃料、毒性化学品、化肥农药、含磷洗涤剂、包装材料、塑料制品、玻璃制品、农用塑料薄膜、一次性餐具等产品。之所以首选这些产品征税，一是这些特种污染产品的消费和使用对环境危害巨大，其不仅会破坏水源、污染土壤，而且大量的有毒有害物质对人体健康危害严重；二是特种污染产品的污染源来源稳定，易于监管和计征，实施操作相对简便，适宜征税初期进行试点。

2）逐步扩大污染产品税的征收范围。随着经济的发展，可能造成环境污染的产品种类会越来越多，污染产品税的征税范围也应逐渐扩大，具体税目可扩宽到对饮料容器、轮胎、烟花爆竹、臭氧损耗物质、灭鼠药、杀虫剂、污染性电子产品等征税。这样做，一是有利于进一步控制污染产品的危害；二是在污染产品税逐步成熟的情况下，渐次扩展有利于逐步提高纳税人的可接受度，最终实现对污染产品的全面治理。

---

① 电池（比利时、保加利亚、丹麦、意大利、拉脱维亚、瑞典等）、塑料包装袋（丹麦、意大利、爱尔兰）、一次性饮料瓶（比利时、丹麦、芬兰、爱沙尼亚、拉脱维亚、波兰和瑞典）、轮胎（比利时、丹麦、芬兰、拉托维亚和瑞典）、氟利昂（CFCs）和含溴化合物（Halons）（拉托维亚和丹麦）、一次性相机（比利时）、润滑油（芬兰、意大利、拉脱维亚、挪威、斯洛文尼亚、西班牙、瑞典）、石油产品（芬兰和法国）（参见：徐凤 . 欧盟国家征收环境税的基本经验及其借鉴 [J]. 河北法学，2016（2）：131.）。

财政分权视阈下税收事先裁定之主体制度探析

■ 冯铁栓

武汉大学法学院博士研究生

内容摘要：分税制初步厘清了央地各自财政收入边界，奠定了央地财政分权的基本框架。任何一项税收立法皆需恪守这一基本原则，唯其如此，这一制度框架才能得以巩固与完善。税收事先裁定制度不仅是因应服务型政府理念的产物，其法律解释与单方行政承诺的属性更是很大程度上影响着不同层级政府的财政收入，与之关系最为密切的又属主体制度，税收裁定主体制度的建构必须对此予以回应。现行税收事先裁定主体制度实践与理论呈现出过度集中与过度分散两个极端，与中国财政分权状况不相匹配，与分税制所确立的财政分权框架存在较大张力。有鉴于财政分权还主要停留在央省两级政府之间，税收事先裁定主体制度亦应与之吻合，分别由中央与省两级税务机关担任事先裁定主体这一角色。

关键词：财政分权　事先裁定　裁定主体　法律解释　纳税服务

2013 年 2 月《国家税务总局关于加强纳税人权益保护工作的若干意见》（税总发〔2013〕15 号）正式印发，该文件首次提出事先裁定这一制度，"对于特别重要的税法适用问题，也可以探索为纳税人提供特定商务活动的涉税事项事先裁定，帮助纳税人防范纳税风险。"2015 年的《中华人民共和国税收征收管理法（征求意见稿）》（以下简称《征求意见稿》）第四十六条更是规定："税务机关应当建立纳税人适用税法的预约裁定制度。省以上税务机关可以在法定权限内对纳税人适用税法问题作出书面预约裁定。"事先（预约）裁定制度得以向法治道路大步迈进，事先裁定的主体制度也进一步明确，即中央与省两级税务机关。然而，结合 2017 年广州南沙开发区地方税务局发布的《复杂涉税事项税收事先裁定暂行办法（试行）》来看，事先裁定制度似乎还主要是一项税收服务，提供税收服务的主体自然不仅限于省级以上税务机关。如此，究竟哪一级税务机关可以向纳税人提供税收事先裁定显得逐渐模糊。厘清这些问题必须对以下几个问题予以回应，即事先裁定的法律属性究竟是什么？在分税制所确立的财政分权大背景下，事先裁定职权主体应该限于哪些层级税务机关？如果应仅限于中央和省两级税务机关，那么它们在事先裁定这一职权上又该如何分工？这些问题的回答绝不只是立法技术问题，更是一个关乎不同层级政府之间财政分权的法律问题。基于此，本文将以财政分权为背景，对事先裁定的主体制度予以反思，并在此基础上对这些问题予以回答。

一、财政分权：当代中国税收立法的制度约束

"人们可以就法律秩序区分出整个的和部分的分权和集权。不过，全部的集权与全部的分权只是理想的两极，因为法律社会里有一个集权的最低限度和一个分权的最高限度，国家才不致有瓦解的危险。实在法只知道部分的集权和分权。"① 实际上绝对的集权与绝对的分权都不可能存在，如果没有分权，那么集权本身也将会毫无意义；相反，没有集权，分权也将难以存在，二者总是对立统一的关系。我国尽管是单一制国家，强调中央集权虽然是宪法所明确的，可是宪法同样强调调动地方的积极性，也从未忽视地方分权的意义与价值。毕竟分权可以使得地方政府更好地为辖区居民提供公共服务并促进地方政府之间的良性竞争从而有效降低行政成本、提高行政效率。② 税收乃文明的对价，地方对辖区居民提供地方性公共服务自然需要配置相应的财权。"财政乃庶政之母"，政治上的分权不可避免地要求财政上分权，亦即财政分权，"财政分权是建立在经济效率和公平的基础上，各级政府在法律的保障下，有相对独立的事权财权的一种财政体制，亦被称为财政联邦制。"③ 1994 年确立的分税制虽然最初旨在加强中央权力，严格地说并非经典的财政分权，④ 但是其所产生的客观经济效果确是分权的，学界也因此将分税制作为中国推行财政分权抑或财政联邦主义的代名词。

"央地税权分配体制是财税体制中的重要组成部分和央地关系中的核心问题，更具有重要的宪法意义。"⑤ 因此，理解在中央政府与地方政府之间建立起制度化的财税分权体制的分税制的意义也就不宜局限于央地收入划分规范化层面，更应反思其背后的宪政价值与意义。尽管宪政的价值可以有民主、法治、人权等多种维度，也尽管学者们对

① 凯尔森. 法与国家的一般理论 [M]. 沈宗灵，译. 北京：商务印书馆，2013：432 - 433.
② 朱为群，徐一睿，主编. 财政公平：中日专家学术交流论文集 [M]. 上海：上海财经大学出版社，2015：157.
③ 徐阳光. 政府间财政关系法治化研究 [M]. 北京：法律出版社，2016：14.
④ 刘剑文，熊伟. 税法基础理论 [M]. 北京：北京大学出版社，2004：47.
⑤ 冯辉. 宪政视野下央地税权分配体制之重构——以《关于实行分税制财政管理体制的决定》的修改为中心 [J]. 政治与法律，2015 (11).

其强调的角度有所区别，但是宪政作为一国法律制度运行所必须恪守的一系列价值规则与原则却是不争的事实。正因为如此，《征求意见稿》才会开章明义，其上位法依据是宪法，具体而言，除去宪法第五十六条所规定的公民依照法律纳税外，还应当包括对央地关系予以规范的第三条，也即在"中央统一领导下充分发挥地方的积极性"这一民主集中制条款。

毫无疑问，我国财税立法实际上也在很大程度上体现了财政分权这一理念，尽管程度还有所不足，但至少涉及地方税问题，中央立法还是赋予了地方较大的自主空间，比如环境保护税、车船税、契税等。具体而言，环境保护税法授权省级地方人大常委会就环境保护税法所确定的税基作出必要的扩充；车船税法则允许省级地方政府就车船税税收优惠在一定范围内加以确定；契税条例则允许地方在中央规定的税率幅度范围内作出具体规定，等等。除此之外，在税收程序法领域，以与事先裁定颇为类似的个案批复制度为例，国家税务总局制定的文件也未将这一权力完全垄断在中央层面，而是规定省级以下地方税务机关亦得以行使这一权力，只不过需要接受上级税务机关的监督而已。[①]这些不同层级、不同性质的财税立法实践无不说明财政分权不仅具有划分央地财政收入的功能，更重要的是它还具有为财税立法奠定所必须遵循的基本宪法制度框架的功能。税收征管法作为我国税收领域一部较为基本的法律，自然也应遵循财政分权这一理念。

二、财政影响：税收事先裁定及其主体制度必须回应的问题

"税收事先裁定是税务机关或独立的委员会就纳税人未来的交易事项向纳税人提供的可供其信赖的一项裁决。"[②] 事先裁定存在的意义就在于为纳税人提供一项使得税法明确的服务，使得纳税人应缴纳的税款不再充满不确定性，税务风险大大减少，国家税收收入也因此得以确定下来。但是从另外一个角度思考，不难发现税收事先裁定也限制了国家征税的空间，毕竟基于信赖保护的原则，即便有权机关作出的税务事先裁定本身会与税收法律有所出入，使得国家应征收的税收收入有所减少，国家也不得再对纳税人追溯相应的税款。事先裁定对于财政收入的这些影响最后都会透过其主体制度予以实现，最为重要的是其主体制度还能够直接或间接地对财政收入的纵向分配产生较大影响。

（一）事先裁定之税法解释属性：确定财政收入的前提

众所周知，征税要件明确乃税收法定主义的起码要求，其目的就在于禁止行政机关拥有税收构成要件的自由裁量权，以确保征税的可预测性。[③] 这与税收事先裁定的制度

---

① 第十九条 省以下税务机关应当于税收个案批复作出之日起 30 日内报送上一级税务机关负有税收执法监督检查职能的部门备案。参见：《税收个案批复工作规程（试行）》（国税发〔2012〕14 号）。

② Van de Velde, Elly. "Tax Rulings" in the EU Member States, Study for the ECON Committee [J]. European Parliament. Directorate – General for Internal Policies. Policy department A, 2015：26.

③ ［日］中里实，等. 日本税法概论 [M]. 郑林根，译. 北京：法律出版社，2014：16 – 17.

价值正好一致，只不过前者属于理想状态，后者则是对前者的必要补足。就税收实现裁定的法律属性来看，绝大多数学者都赞同其税法解释这一属性，朱大旗教授尽管也认可其纳税服务的属性，但更加强调其法律解释的属性，即"税收事先裁定制度是一项以税法解释为中心的个性化纳税服务"①。值得注意的是，税收事先裁定的法律解释属性只是服从于税收征管活动的，而非对法律条文本身作出解释，因为后者的解释权仅属于特定主体，在我国则主要是全国人大及其常委会、国务院及其税务行政部门、最高法院和检察院，而行使前者的权力主体则比较多元，就连基层税务机关也可以享有，因为执法本身是对法律解释和使用的过程。不过也正如一些学者所言，对条文本身的解释只能在具体应用中予以实现，也即对条文本身进行解释与对条文具体应用的解释实际上是难以区分的。② 这也就意味着税收事先裁定的税法解释属性实际上与对条文本身予以解释并非泾渭分明，对税法条文本身予以解释所能达到的税收效果，同样可以适用于税收事先裁定。

理想上的税法应当足以有效应对各种纷繁复杂的交易，纳税人缴纳税款不应存在困惑。然而这种理想上的法律明确性在现实中往往难以实现，其中既有立法者认知的不足，还有社会发展使得法律变得滞后，但无论是哪一种情况，"税法的不确定性既使纳税人遵从法律变得困难，也使税务机关难于明确地认定什么合法和什么处在税法的边缘"③。为了应对税法的不确定性，更为了增加纳税人税收遵从意识以减少其税务风险，同时也为税务机关工作人员提供明确的指引，税法解释的作用日益重要。以澳大利亚的税法为例，1996 年尚且只有 3500 页，到 2006 年就已经增加到 10000 页，其中由澳大利亚税务局作出的公共裁定这一税法解释更是为各种实务人士广泛引用且频率仅在法律之后。④ 由此不难发现税法解释对于纳税人缴纳税款、税务机关征收税款的作用不可低估，在某种意义上它甚至比税收立法本身在筹集财政收入上的作用更为重要。毕竟"税法的适用离不开税法的解释，因为只有凭借税法解释才能赋予'字面上的税法'以现实的'生命力'"。⑤ 基于此，我们可以得出税法解释在某种意义上是国家筹集财政收入的重要依据这一结论，一些国外学者对税收裁定究竟是建议还是法律产生困惑也恰好印证了我们的结论。⑥

正如前文所述，对法律条文进行的解释可以发挥的作用同样可以适用于税收事先裁定这一税法具体适用解释。而税法解释又是国家筹集财政收入的重要依据，对财政收入的筹集有着极为重要的影响；同样，税收事先裁定也会对财政收入筹集产生重大影响。理解这一结论并不困难，我们知道纳税人面对不明确的税法往往会选择逃税或者避税，

---

① 朱大旗，姜姿含．税收事先裁定制度的理论基础与本土构建［J］．法学家，2016（6）．

② 张志铭．法律解释学［M］．北京：中国人民大学出版社，2015：161–162．

③ ［意］埃里希·科齐勒．税收行为的经济心理学［M］．国家税务总局税收科学研究所，译．北京：中国财政经济出版社，2012：17．

④⑥ Scolaro, Diana. Tax Rulings: Opinion or Law? The Need for an Independent "Rule – Maker" ［J］．Revenue Law Journal, 2006, 16.

⑤ 孙健波．税法解释研究：以利益平衡为中心［M］．北京：法律出版社，2007：序言第 1 页．

从而侵蚀国家财政收入，而税收事先裁定的目的就是为了让纳税人对其交易的税收效应有明确的认知，使其乐于遵从税法的规定，依法纳税，从而保障国家财政收入。这一点也可以从我国税收事先裁定制度脱胎于促进大企业纳税遵从的历史背景看出，我国当下较多的事先裁定的应用都存在于税务机关与企业签订的税收遵从协议之中便是最好的注释。

（二）事先裁定之单方承诺属性：约束财政收入总量的变动

"行政承诺是行政主体单方对特定相对人作出的自我课予将来行为或不行为的具有约束力的高权性意思表示。"① 一般而言，它与行政许可等其他行政处分行为一样，也属于行政处分行为。作为行政法基本原则的信赖保护和诚实信用原则，行政承诺需要同样受到拘束。② 在域外诸多国家或者地区，税收事先裁定制度都被视为行政承诺的一种，其中以德国和我国台湾地区学者为主，他们多主张将事先裁定作为行政处分（承诺）而非行政规则或命令③，这也契合他们对行政承诺作出的定义，即"行政机关基于嗣后作为或不作为之受拘束意思"。④

一般而言，行政承诺只拘束行政机关，对于行政相对人而言并不必然具有拘束力，行政相对人可以选择为与不为行政机关作出的承诺；相应地，税务机关作出的事先裁定只约束行政机关。⑤ 据朱大旗教授对 56 个样本国家作出的统计，这一比例可以达到90%，且主要是由税务行政机关作出事先裁定。⑥ 财政收入的入库虽然有赖于税收法律及相应的解释作出规定，但离开税务机关的征缴行为，财政收入同样无法实现从私人财产到公共财产的转移。尽管税收事先裁定和税款征收分别属于行政处分行为项下的两种并列的行政行为，其中前者为行政承诺，后者为行政征收，但税收事先裁定的行政承诺属性使得其并非终局的处分，只能说是税收征管程序中的一个步骤，只有等到交易发生之后行政行为才会正式作出。⑦ 如此，事先裁定与税款征收两个行政行为并非是对立关系，而是统一关系，共同助力税款的有效征收。

既然税收事先裁定乃税款征收的一个重要环节，尤其是在税收法律法规在适用中不够明确时；而事先裁定又具有行政承诺的属性，那么税务机关作出的事先裁定必将拘束税务机关的征税行为。这一点在美国税收事先裁定运行状况中可以清晰察觉。美国国家税务局制定税收事先裁定，地方税务局则执行这一裁定，并且依据这一事先裁定内容向纳税人征收税款。⑧ 由此不难发现，税收事先裁定对于税务机关所能征收的税收（财

① 袁文峰. 论行政承诺型式化 [J]. 政治与法律，2014（8）.
② 杜仪方. 行政承诺不履行的法律责任 [J]. 法学论坛，2011（4）.
③ 虞青松，张凯. 税收事先裁定的组织建构初探 [J]. 税务研究，2016（6）.
④ 城仲模. 行政法之一般法律原则（二）[M]. 台湾：三民书店，1997：263.
⑤ 印度的事先裁定制度与其他国家有所不同，事先裁定具有很强的司法色彩，不仅约束税收行政机关，也约束行政相对人。严格地说，其并不属于行政承诺行为。不过考虑到大多数国家的税收事先裁定都是税务机关作出的，所以基于论述的方便，本文将不考虑印度较为特殊的事先裁定制度。
⑥ 朱大旗，姜姿含. 税收事先裁定制度的理论基础与本土构建 [J]. 法学家，2016（6）.
⑦ 聂淼，熊伟. 预先裁定制度与纳税人权利保护 [J]. 国际税收，2016（1）.
⑧ 虞青松，张凯. 税收事先裁定的组织建构初探 [J]. 税务研究，2016（6）.

政）收入的数量会有明显的约束效果。这一点，在我国也存在相应的例证。2012 年 A 集团通过与安徽国家税务局反复沟通，调整资产重组方案，然后向安徽省国家税务局申请事先裁定，安徽省国家税务局裁定此次重组系不征税重组，A 集团也因此避免了本应缴纳的 2.6 亿元税款。尽管这个过程中，安徽国家税务机关的事先裁定并非毫无法律依据，但是 A 集团重组是否不应征税却并非显而易见的问题，或许这种处理方法并不符合税法筹集财政收入这一立法初衷，但无论如何，这一税收事先裁定的确为 A 集团节约了数额较大的税款，国家也无权对这部分税款在日后加以主张。类似的案例还有不少，不过大多都体现为纳税人利用税收事先裁定服务节约纳税成本，使得目的相同的交易缴纳的税款大幅减少。可以说，国家可以获取的财政收入数量因为事先裁定这一行政承诺的存在而受到较大约束，这也正是旨在提高税法应用明确性的事先裁定的应有之义。相反，如果事先裁定不能达到约束国家征税行为，事先裁定存在的意义也将消磨殆尽。

（三）事先裁定主体多级性：制约财政收入量的分配

"税收法律法规的解释，并不是在实验室的真空里进行的。在实际生活的各种场合中，都有可能出现问题。"[1] 税收征收这一大量行政，必将面临大量的税法解释问题，具备税法解释属性的事先裁定自然不应垄断在国家税务总局，更为接近纳税人的地方税务机关亦应拥有作出事先裁定这一职权。以澳大利亚的土地税这一地方税为例，各州对其享有专属立法权，相应的税收立法即便存有歧义，亦应由州立法机关作出解释，如果是具体适用的问题，则也应由州税务机关作出相应的税收裁定，将这一权力赋予联邦税务局行使，无疑是不切合实际的，甚至是违背其宪法所确立的地方分权原则。[2] 即便是单一制国家，地方分权也是一个大的趋势，赋予地方必要的税收立法权更是时代的潮流。附属于立法权的税法解释权自然也可以为地方所享有。从这个角度说，税收事先裁定的多级主体制度不仅是必要的并且是必须的。

正如前述，事先裁定制度兼具税法解释以及行政承诺的法律属性，能够深度影响国家财政收入的筹集并且对国家财政收入总量产生拘束。不难理解，事先裁定权力配置格局对于财政收入分配也将产生较大影响，这一分配主要是不同层级政府之间财政收入的分配。以中国为例，模糊抽象的税法规定赋予了地方税务机关一定的自由裁量权，据此，地方可以对高度统一的税法作出一定程度的变通。具体而言，地方税务机关在税收征管中，针对较为抽象并且模糊的税法规定可作出契合当地情况的解释，从而为地方财政收入的获取创造弹性的空间。相反，将税收事先裁定权集中在中央税务机关，地方无权就涉税事项作出事先裁定，那么地方对于税法的解释权也将因此丧失，其所能获取的财政收入数额完全取决于中央的立法与解释，央地间财政收入分配将会以中央为主导，

---

[1] ［日］中里实，等. 日本税法概论 [M]. 郑林根，译. 北京：法律出版社，2014：45.

[2] 以澳大利亚新南威尔士州为例，该州对于土地税、工薪税、停车费、印花税、税收征管等具有立法权，相应地，各州税务局对于这些税费事项制定裁定 [EB/OL]. http://www. revenue. nsw. gov. au/info/legislation/rulings. 事先裁定可以分为两类，一类是公告裁定，另外一类是面向特定纳税人的私人裁定，Revenue Ruling No. G 006 [EB/OL]. [2017 - 08 - 27]. http://www. revenue. nsw. gov. au/info/legislation/rulings/general/g006.

分税制将沦为"分钱制",分税制蕴含的财政分权理念也将无法彰显。

三、中国税收事先裁定主体制度现状与问题检视

(一) 中国税收事先裁定主体制度运行现状：两个极端

"中国创建制度化事先裁定的努力可以从 2008 年国家税务总局大企业税收管理司成立开始算起"①。不过，税收事先裁定制度最初还只是以纳税服务的面目出现的。根据《中华人民共和国税收征收管理法》第七条规定："税务机关应当广泛宣传税收法律、行政法规，普及纳税知识，无偿地为纳税人提供纳税咨询服务。"纳税服务提供的主体自然不限于国家税务总局，各级税务机关都有义务为纳税人提供纳税咨询服务。正是循着这种思路，一些区县级的税务机关才会拥有为纳税人提供税收事先裁定服务的权力，比如青岛市李沧国家税务局早在 2012 年就已经推行税法适用事前询复服务；再如广州市南沙开发区地方税务局为因应广东自贸区的发展，赋予自身以税收事先裁定的职权。省级和地市级税务机关为纳税人提供税收事先裁定服务的情况自不必赘述。由此不难发现，在我国税务实践中，事先裁定不仅不是垄断于中央税务机关，甚至还极端到最为基层的税务机关都有权为纳税人提供事先裁定服务。

反观我国学界对事先裁定主体制度的理论探索，可能属于另外一个极端，他们大多倾向于税收事先裁定乃税法解释，为了确保税法应用的统一，减少税法的不确定性和复杂性，应当由中央税务机关即国家税务总局行使。② 当然这与他们对于事先裁定制度的属性认知有关，他们认为事先裁定并非单纯的纳税服务，而是兼有纳税服务属性的税法解释。既然税收法定要求税法全国应用的统一，那么税法解释也就应当由中央税务机关作出，地方不宜插手。除此之外，他们还会通过国际借鉴以论证税收事先裁定大多是由一国最高税务机关作出，比如美国、加拿大、瑞典、新西兰等，当然我国台湾地区税收裁定职权也是垄断于"财政部"，"地方"只能执行。需要注意的是，我国台湾地区称税收事先裁定为"税务预先核释"，从这一名字可以看出，在我国台湾地区，税收事先裁定不折不扣的是税法解释的一种形式。

总之，税收事先裁定的主体制度在我国税收实践和税收理论上呈现出两种截然不同的趋势，前者无视税务机关行政层级的高低，后者则主张税法适用的集中统一，反对地方税务机关成为事先裁定的主体。

(二) 中国事先裁定主体制度问题检视：以财政分权为中心

诚如前文所言，税收事先裁定乃具有纳税服务属性的税法解释，但我们也不宜因此而将税收事先裁定的权力垄断于国家税务总局一家。不可否认，税收法定已为我国立法

---

① 熊晓青. 事先裁定热点问题研究 [J]. 国际税收，2016 (4).

② 参见但不限于：朱大旗，姜姿含. 税收事先裁定制度的理论基础与本土构建 [J]. 法学家，2016 (6)；虞青松，张凯. 税收事先裁定的组织建构初探 [J]. 税务研究，2016 (6)；虞青松. 税收事先裁定权限应集中到税务总局 [N]. 中国税务报，2014 - 09 - 03 (B07).

法所确认，税权高度集中于中央已然是既定的事实。循此逻辑，对于税法进行解释的权力当然应当集中于中央，税收事先裁定职权亦应仅限于国家税务总局。

然而，自从分税制以来，财政分权的理念从未曾远离我国税收立法。详言之，分税制以来，完善地方税系，赋予地方必要的税政管理权限历来为党中央、国务院高度重视。正是在这种背景下，中央税收立法才会给予地方越来越多的自主权，比如确定契税、车船税的税率，确定房产税的计税依据等，更为典型的如《中华人民共和国房产税暂行条例》《中华人民共和国城镇土地使用税暂行条例》（以下简称《城镇土地使用税暂行条例》）均授权省级地方政府制定相应的实施细则。可以说在地方税领域中，中央并不反对地方就如何适用这些税收法律作出必要的解释，甚至将解释的权限赋予地方而非中央税收主管机关，这一点可以从《城镇土地使用税暂行条例》实施细则制定主体的变化看出。1988年，该条例第十三条明确规定："本条例由财政部负责解释；实施办法由各省、自治区、直辖市人民政府制定并报财政部备案。"到2006年，第十三条修订为："本条例的实施办法由省、自治区、直辖市人民政府制定。"认真观察第十三条内容的变化，不难发现中央财税主管部门最初对于该税的解释权处于优先地位，而随着中央对于下放税政管理权必要性认识的日益增强，地方最终得以获得对中央制定的地方税法律法规进行解释的权力。

有鉴于地方在税法解释中的角色日益重要，不顾实际，一味地主张由中央税收主管部门垄断税法解释权力并不见得符合财政分权的要求。当然，将税收事先裁定简单地理解为纳税服务，认为各级税务机关皆有权行使也绝不科学，毕竟事先裁定的税法解释面向要求裁定主体应该尽可能地集中，不宜过度分散。故而，发布事先裁定的权力不宜像我国税收实践那般分散于各级税务机关，但更不应像学者主张垄断于国家税务总局那般，而应在集中与分散之间谋求一种平衡。唯其如此，财政分权的应有内涵才会彰显，毕竟一味地强调财政集权或分权都不是财政分权的真正目的。

四、央省两级裁定主体制度的建构：财政分权约束下的应然选择

与中国税收事先裁定所呈现出的两个极端样态不同，《征求意见稿》采取了较为折中的方案，明确可以受理事先裁定的主体仅限于省级以上税务机关，也即省级税务机关以及作为中央税务机关的国家税务总局。中央与省两级税收事先裁定主体制度得以建立，这契合了财政分权的基本理念。究其根源，财政分权要求地方税的解释权既不应由中央高度垄断，也不应由省级以下地方各自为政地行使。事先裁定作为税法解释之家族成员，作出事先裁定的主体自然也不宜如同前面所讲的两个极端一般，而应由国家税务总局和省级税务机关按照各自权限予以分工，以助力事先裁定制度的良性运行，增强纳税人交易的可预期性。

（一）地方税的解释权回归省级地方：央省两级裁定主体确立的前提

尽管有些税种被指定为"地方税"，但是地方无权改变其税基和税率，更不能开征

新税，严格地说，中国的分税制并非财政分权，更像中央对地方的"授权"。① 然而集权与分权本来就是对立统一的，地方政府存在本身就是分权的表征，分税制所确立的财政体制当然也是一种财政分权，只不过距离理想的财政分权尚且有一定的距离。需要注意的是，从授权到分权的距离并非遥不可及，一旦当这种授权以全国人大制定的法律出现时，地方代表已然充分表达了自身意志时候，这种授权本身就已然成为了分权，因为全国人大并不代表最高行政机关的意志，代表的反而是地方人大的意志，毕竟全国人大代表由省级人大选举产生。此外，"无论是单一制还是联邦制，中央与地方之间的分权都是普遍的政治法律现象，只不过在不同国家有着程度上的差别而已"。② 单一制国家的日本实行的财政分权其实是由法律作出规定，而非如同美国般以宪法实现财政分权，如果据此认为这是财政集权下的授权而非财政分权，无疑是不符合现实的，更不符合人们的正常认知。从这个意义上来看，财政分权在当代中国并非毫无可能，近 20 年的分税制实践已然在某种意义上为之奠定了基础，只需向法制化分权再迈出一步即可。

税收法定原则的确立意味着由最高行政机关制定税收行政法规的局面将得到根本的改观，地方参与税收立法政治博弈的机会将有很大程度的增加。在地方税领域，地方与中央的博弈将有望为地方争取更多的税收立法权。新近出台的《中华人民共和国环境保护税法》就在很大程度上赋予省级人大扩展税基的权力。相较于国务院制定的税收行政法规，这一由全国人大制定的税收法律无疑赋予了地方较多的税收立法权，从属于立法权本身的解释权自然也会更多地像地方倾斜。可以期待的是，税收法定的提速必将使得地方在地方税领域拥有更多的税收立法及税法解释的空间。

然而，地方毕竟只是相对于中央而言的一个整体概念，内部还包含多层级的地方，比如省级地方、地市级地方、区县级地方、乡镇级地方。地方税的立法权究竟赋予哪一级地方仍然值得思考。对此，不同的学者给出了不同的看法，有些学者甚至主张县级地方和地市级地方皆可以行使某些税收比如财产税的立法权。这一主张并非毫无可取之处，也并非毫无可能，尤其是在立法法对地市级立法权作出较大扩容的背景下。然而，考虑到我国财政分权还处于初级阶段，步子不宜迈得过大，加之我国既有的财政分权也主要是中央与省的分权，并且全国人大所直接监督的对象还仅限于省级人大，而不涉及省级以下人大，故向省级以下地方赋予税收立法权还为时尚早。正如某些学者所言，"坚持地方税收立法权的有限性原则有助于避免因税收立法权的过度放权而带来的地方各自为政、地方税收法规相互冲突等问题，防止出现地方税收立法权一下放就重蹈'一放就乱'的覆辙"③。

既然税收立法权交由省级地方行使已为学者所认同，那么附属于立法权的解释权交由省级地方行使自然是理所应当。毕竟按照现行的法律解释框架，地方法规具体适用的

---

① 熊伟. 财政法基本问题 [M]. 北京：北京大学出版社，2012：106.
② 苗连营. 税收法定视域中的地方税收立法权 [J]. 中国法学，2016 (4).
③ 参见但不限于：胡宇. 试论我国地方税收立法权的确立与界定 [J]. 中央财经大学学报，1999 (2)；苗连营. 税收法定视域中的地方税收立法权 [J]. 中国法学，2016 (4).

解释权归相关的行政主管部门，具体到税收地方性法规，这一解释权自然归同级地方税务机关。前文所讲的一些学者狭隘地认为税收事先裁定制度的税法解释属性决定了裁定主体只能是国家税务总局，而不能是地方税务机关的观点无疑不符合中国分税制的财政体制，更不符合日益深入决策层的财政分权理念。当然，一些区县级税务机关自我赋权就其征管权限范围内的税种行使事先裁定权力的做法也不符合我国的财政分权实践，毕竟当代中国的财政分权还停留在中央与省的两级分权。当然，假以时日，随着我国财政分权实践的进一步发展，赋权省级以下地方税收立法权也并非不可能①，到那时允许省级以下地方行使税收事先裁定的权力也为时不晚。

（二）央省两级主体事先裁定权限之分工

正如前文所述，允许省级地方就地方税行使必要的税收立法以及解释权确属必须，事先裁定主体也应该打破国家税务总局独家垄断的局面，允许省级税务机关行使必要的事先裁定权力。《征求意见稿》的规定与这一构想不谋而合。然而，分税制推行后，大部分省级地方税务机关都分别设有国家税务机关和地方税务机关。那么省级税务机关行使事先裁定职权究竟是让省级国税局行使还是省级地税局行使？更为重要的是国家税务总局与省级税务局又该如何分工？这些问题，《征求意见稿》并未作出回应，这也是本部分需要回应的。

众所周知，按照分税制确立分设国、地两套税务机关，国家税务局负责征收中央税、共享税，地方税务局负责征收地方税以及少部分共享税（主要是所得税）。其中设立在各地的国家税务局与同级政府并不存在隶属关系，更像是国家税务总局的分支机构。省级地方税务局虽然也受国家税务总局的领导，但是它的定位却是同级人民政府的直属机构，并且主要受同级地方政府的领导，相对独立于国家税务总局。此外，从前文提及的《城镇土地使用税暂行条例》解释权条款的变化过程也可以看出省级地方政府与财政部、国家税务总局的地位平等乃立法趋势，在这种趋势下，省级地方税务机关作为省级地方政府的直属机关无疑也可以相对独立于国家税务总局，从而成为两个相对独立的主体。自然省级地方税务局与国家税务总局在税收事先裁定上予以分工也就成为可能并且必须的事项。省级国家税务局作为国家税务总局垂直管理的机关，其与国家税务总局如何分工，并不涉及央地之间财政分权的问题，毕竟省级地方政府对省级国税机关并无管理权限更无隶属关系。因此，中央与省两级税务机关事先裁定权力分配问题还主要是国家税务总局与省级地方税务局的职权分工。

鉴于事先裁定的税法解释与行政承诺的属性，并且事先裁定与财政收入存在密切的关系，不仅影响到不同层级政府间财政收入的分配，还能够拘束财政收入的总数额，有必要谨慎对待省级地方税务局与国家税务总局在税收事先裁定上的分工。依循前述，国家税务总局及省级国家税务局代表的主要是中央财政利益，省级地方税务局代表的则是省级地方的财政利益，具体而言，省级地方税务局对于省级地方制定的税收行政法规和行政规章拥有行政解释权。不过，省级地方税务机关对于税法进行行政解释的空间还主要集中在地方税领域，因为中央税以及共享税的税法实施细则制定权以及解释权一般是由国务院财政和税务部门行使，省级地方并无解释的空间。因此，省级地方税务机关作出事先裁定的权限范围也就只能限于地方税领域。同样，根据我国分税制所确立的财政框架，国家税务总局垄断中央税以及共享税的税法行政解释权，那么这些税种的事先裁定权自然应由其行使。至于省级国家税务局是否可以行使事先裁定权，这则取决于国家税务总局的意志。不过，考虑到方便纳税人，提高税务行政效率，并且维护税法解释的统一性，国家税务总局也可将其事先裁定权仅赋予省级地方税务局，省级以下地方税务局原则上不能行使税收事先裁定权。

五、结语

分税制虽然未能完成中国央地财政分权的使命，但是已然为中国财政分权奠定了基本框架。赋予地方必要的税收立法权不仅是分税制的逻辑延伸，更是宪法所确立的财政分权原则应有之义。财政分权原则不仅影响着中国财税立法实践，同时财税立法实践也会对财政分权的内涵予以丰富和完善。促进央地财政分权不仅要仰望星空，关心如何完善宪法及宪法性法律所确立的财政分权框架，更要脚踏实地从具体的财税法律制度入手。唯其如此，中国财政分权才会稳步前进，分税制财政体制才会日益完善。明确国家税务总局与省级地方税务局在税收事先裁定上的分工，不仅有助于《税收征收管理法》的进一步完善，对于推动央地财政分权无疑也是有着重要的意义。我们相信省级地方税务局独自行使地方税的事先裁定权必将产生深远的财政意义，或许这还有望成为撬动中央和地方财政关系法治化的支点。

促进环境创新税收政策研究

——基于环境税与税收优惠协同视角

■ 褚睿刚

厦门大学法学院财税法学 博士研究生

内容摘要：为达成环境红利和经济红利的双赢，环境税收政策应以诱导企业环境技术创新为重要目标。环境税通过价格成本机制向企业施压，以惩罚型方式激励环境创新；与之配套，在其他税种中给予环境创新企业或环境创新行为税收减免，以优惠的鼓励型方式为企业减压，激发创新冲动。环境税应与税收优惠相互协调配合，形成"胡萝卜加大棒"的政策"组合拳"，共同推动科技创新、实现环境保护。然而现有立法实践和政策文本显示，环境税系统尚不健全、税款用途不明确等税制问题，相关优惠存在环境创新的普惠性不足、直接优惠占比偏重、缺乏对中小企业的特惠等诸多欠点，导致税收政策在促进环境创新方面乏力。要想走出困境，发挥税收政策之于环境创新的支持和引导作用，需要明晰环境税与税收优惠的配合细节，坚持以税收优惠为主、环境税为辅的政策核心，综合企业税负水平、引入时机等因素相互之间不断磨合、调试。唯有如此，税法兼顾环境正义和社会发展正义的美好愿景才有可能实现。

关键词：环境创新 税收政策 环境税 税收优惠

一、问题意向

科技进步为人类带来辉煌的工业文明，但近代工业的传统发展观"把经济增长作为发展水平的唯一目标和价值制度，以及对科学技术能力的僭妄和自然资源的无极限意识"[①]，环境公共物品受到各种形式的

---

① 曹锦秋．法律价值的"绿色"转向——从人类中心主义法律观到天人和谐法律观［M］．北京：北京师范大学出版社，2010：1.

污染、破坏和侵犯。健全保护环境公共物品的法律措施和法律制度是一项比健全维护私有财产和政府公共财政的法律制度更为重要而紧迫的任务。[①] 税收作为重要的环境政策工具已被普遍认可并推广。[②] 为贯彻"十三五规划"的科学发展理念，加快转变经济发展方式，"推动实现更高质量、更有效率、更加公平、更可持续的发展"，全国人大常委会于 2016 年 12 月 25 日审议通过了《中华人民共和国环境保护税法》（以下简称《环境保护税法》）。环保税[③]致力于实现"保护和改善环境，减少污染物排放，推进生态文明建设"[④] 固然可喜，但若欠缺科学的税制设计和配套的激励手段，短期的环保增益可能会附带长远经济效益的减抑。"科学技术作为第一生产力，是经济社会发展和人类文明进步的根本动力，近现代以来每一次全球性的重大经济社会变革，都与科技革命密切相关，而创新型经济的发展更多也依靠了科技的进步。"[⑤] 市场经济体制下，企业已成为科技创新的实施主体与受政策激励的对象[⑥]，是推动人类科技进步的主力军。[⑦] 环境税对企业环境技术创新呈现出双面效应：激励层面，环境税激励企业加强环保技术的引进或研发投入，减少污染排放以降低税收成本；减抑层面，环境税同样会提高生产成本，企业为控制经营成本，减少科技投入。过高的环境税负会压缩企业的生存空间，倘若缺乏必要的调和机制，激励与减抑之间相互冲突、消解，企业的创新冲动将被极大遏制。这无疑是从根本上扼断了国家经济长远发展和社会进步的泉流。特别是伴随中国经济进入下行期，征收高额环保税无疑会使近日甚嚣尘上的"死亡税率"问题雪上加霜，减弱企业生存能力和国际竞争力，带来难以逆转的经济创伤。[⑧]

千百年来，发展问题始终是人类执着追求的一个最基本、最崇高、最普遍的目标，[⑨] 经济的衰退将带来政权不稳定、失业率升高、人民幸福感降低等问题，最终导致人类社会的倒退。以牺牲生存环境为代价的发展并不可取，忽视经济基础制约社会发展的环保做法更为不智。生态保护关乎人类生存，科技创新影响经济发展和社会进步，两

---

① 蔡守秋. 基于生态文明的法理学 [M]. 北京：中国法制出版社，2014：258.

② Dirk Heine, John Norregaard, Ian W H Parry. Environmental Tax Reform: Principles from Theory and Practice to Date [R]. IMF Working Paper, WP/12/180, 2012：4 – 5.

③ 文中将我国开征的环境保护税（排污税）简称为"环保税"，以此区别于"环境税"。"环境税"覆盖范围要广于"环保税"，是"为了实现特定的环境目标而课征的税收，抑或是最初引入时并非基于环境原因，但是客观上对环境产生了一定的影响，可以因为环境的原因增加、减少或改变的税收"的统称。参见：Christina K Harper. Climate Change and Tax Policy [J]. Boston College International and Comparative Law Review, Spring, 2007.

④ 《环境保护税法》第一条为立法目的条款，开宗明义提出："为了保护和改善环境，减少污染物排放，推进生态文明建设，制定本法。"

⑤ 陈劲，等. 科学、技术与创新政策 [M]. 北京：科学出版社，2013：16.

⑥ 范柏乃. 面向自主创新的财税激励政策研究 [M]. 北京：科学出版社，2010：133.

⑦ 当然，政府及科研机构同样能够贡献出科技成果，但相比之下，企业的科技创新动力更足。因为企业出于盈利的本能，需要不断投入科技研发以生产出更为优质的产品满足消费者的需求。以我国为例，早在 2000 年，企业就已承担了我国 60% 以上的科技创新研发活动。时至今日，我国已形成以企业为核心的创新体系。参见：OECD. 中国创新政策研究报告 [M]. 薛澜，柳卸林，穆荣平，等译. 科学出版社，2011：98 – 99.

⑧ "死亡税率"由天津财经大学财政学学科首席教授李炜光提出，指明中国民营企业实际税负负担率接近 40%，税负过高将影响企业生存，也是当前经济持续低迷的真正原因。开征环保税将会进一步增加企业负担、扼杀经济，已成为社会各界的普遍担忧。参见：刘太刚. "死亡税率"和"死亡吏率"背后的权力逻辑与理论裂缝 [EB/OL]. [2017 – 01 – 13]. http://mp.weixin.qq.com/s/n91lJyBE6Ml6Kta_SA7iQA；瞿继光. 环保税四问 [EB/OL]. [2017 – 02 – 07]. http://business.sohu.com/20161019/n470642103.shtml.

⑨ 杨朝飞. 环境保护与环境文化 [M]. 北京：中国政法大学出版社，1994：37.

个命题如何协同共进已成为环境政策关注的焦点。"环境技术创新是解决经济发展和环境可持续两难问题的重要途径"①，企业积极进行环境创新不仅能够带来技术革新、提高生产力的经济红利，更能实现产业"绿化"、促进节能减排的环境红利。环境税将环境污染所带来的外部不经济内部化，迫使企业进行环境技术创新，但是，其双面效应又决定了环境税难以成为促进环境技术创新的唯一税收政策。作为有意识的"纠偏行动"，税收优惠往往透漏出强烈的价值选择与政策取向②，环境保护及科技创新的相关优惠规定已成为激励企业科技创新的市场化环境规制手段③。环境税与税收优惠二者如何协调配合成为税收政策促进环境创新的关键点。为此，本文首先探究各政策手段促进环境创新的内在机理，讨论不同税收设计对环境创新的影响，最终立足本土语境与制度现状，找寻环境税与税收优惠相互协同、共同促进环境创新的税制完善径路，权作助力我国环境与经济共赢的美芹之献。

二、惩罚与鼓励：税收政策对环境创新的激励机制

"政府如何制定有利于科学研究、技术开发和商业化、创新创业的政策，直接影响着一个国家或地区经济发展的质量与可持续性。"④ 环境技术创新，简称为环境创新（environmental innovation），是一类能够逐步或大幅度减少对环境造成不利影响的创新，它强调以创新手段降低生产的外部环境成本。⑤ 环境创新区分于一般创新的本质在于，将环境因素与科技创新相结合，以科技创新为手段促进环境改善，带来经济和环境效益的双赢。⑥ 当政者运用"胡萝卜加大棒"的税收政策激励企业进行环境创新，在实现环境保护的同时推动经济的长远发展。

（一）环境税：惩罚型环境创新激励机制

环境经济学认为，生态问题的根源在于制度失灵，最为常见的是政府失灵和市场失灵，⑦ 环境政策要保障政府干预与市场调节的制度有效性。世界各国政府应对生态问题的政策手段在历史实践中得以不断丰富，归结来说主要分为两类：命令—控制型政策手段（command and control）和基于市场的激励型政策手段（market - based incentive）。命令—控制型政策手段以政府管制为代表，政府通过制定标准、制度、禁令或者许可等方式，控制企业污染物排放过程或者把企业污染排放控制在一定的区域或时间内，从而实现政府对企业排放污染的直接干预以及对环境资源的直接管辖。⑧ 这种规制模式的特点

① 赵爱武，杜建国，关洪军. 环境税情景下企业环境技术创新模拟［J］. 管理科学，2016（1）：40.
② 刘剑文. 房产税改革正当性的五维建构［J］. 法学研究，2014（2）：143.
③ 王江宏，贾宝疆. 环境经济学：科技创新维度下我国环境规制的症因索解［J］. 理论探讨，2014（4）：84.
④ 陈劲，等. 科学、技术与创新政策［M］. 北京：科学出版社，2013：前言第 1 页.
⑤ 廖中举，杨晓刚. 国内外环境创新的内涵界定与测量研究［J］. 未来与发展，2013（1）：18 - 21.
⑥ 戴鸿轶，柳卸林. 对环境创新研究的一些评论［J］. 科学学研究，2009（11）：1603.
⑦ OECD. 环境管理中的经济手段［M］. 张世秋，李彬，译. 北京：中国环境科学出版社，1996：24 - 25.
⑧ 燕洪国. 两型社会视角下我国环境税体系重构研究［M］. 北京：经济科学出版社，2015：33.

在于政府以非市场途径对环境资源利用进行政府干预，在应对如 2015 年天津港危险品爆炸事件等重大、危急事件中，政府以管理者身份突显出管控优势。然而，在市场经济的多数情况下，环境管制无法直接干预企业的经济活动，在应对例如企业生产和消费过程中的污染活动时，命令—控制型政策手段不具备持续有效的市场调节作用，无法考虑企业间的技术、成本与收益差异、消费者自主性等市场因素。相比之下，在基于市场的激励型手段中，环境税既是政府以"政策目标"为导向的干预生态问题的政策工具①，又是融合了将污染行为负外部性内部化的经济调节手段，业已成为各国治理环境的核心手段。"税法作为综合的法律部门完全可以担当起解决市场失灵或政府失灵的重任，至少在环境保护领域是这样。"② 当然，并不是说以环境税为中心就是要忽略其他政策的意义。环境政策综合国土规划、公共政策、直接规范、环境教育、经济型措施等诸多内容，只有这些措施互补协同，才能更好地达成环保目标。但要在决策过程中嵌入保护环境的经济性诱导因素，使得市场经济制度慢慢"绿化"，就需要重视能通过价格机制激励广泛的经济主体的环境税。③

环境税是一种大棒型环境政策，旨在针对环境有害活动成本进行定价的方式鼓励减少污染和增加环境创新。长期以来，经济学家一直坚持环境税的设计要紧密依赖于市场机制，将污染的环境成本引入经济分析中，对污染单位施加持续不断的价格压力以促进其节能减排。④ 商品社会中，产品的竞争力一直表现为价格的竞争，即产品是否具有物美价廉的特质。⑤ "用脚投票"的价格压力实际上是一种惩罚型激励机制，为有害于环境的生产或消费活动增添或加重一定的成本。价格成本主要体现在两个环节：其一，在产品生产的中间环节征收环境税，例如对石油、煤炭等原材料征税，对污染排放行为征税，都将导致企业生产成本提高，最终通过税负转嫁，引起产品价格上涨，主要包括环境资源税、碳税、排污税等；其二，在产品最终的消费环节征收环境税，例如对燃油、电池、一次性产品等征税，导致消费品价格上涨，主要包括污染产品税、现代消费税⑥。对企业而言，长期内将通过环境创新手段"绿化"生产，例如提升环境资源类投入品的利用率，创新出低污染排放的清洁能源，开发如催化转换器的末端减排装置等，降低环境税成本。对消费者来说，减少低环保、高物价产品的消费，同时寻求"绿色"产品作为替代，将会加大"绿色"产品的市场需求，刺激企业加大环境创新以实现"绿色"生产和产业转型。由此而言，环境税实质上是通过不同的惩罚方式提升污染价格

① 公民权利的增长要求政府不断出台政策予以满足，致使长久以来税收领域呈现"政策繁多而法律稀缺"的格局。从税收政策与税法的关系上看，税收政策往往对税法的立法宗旨和具体制度有着直接的影响。甚至可以说，税收政策是税收立法的前提，税法是税收政策的法律化。环境税法也因此具备了环境政策工具的特质。参见：邢会强. 财政政策与财政法 [J]. 法律科学，2011 (2)；叶金育，褚睿刚. 环境税立法目的：从形式诉求到实质要义 [J]. 法律科学，2017 (1)：79.

② 陈少英. 生态税法论 [M]. 北京：北京大学出版社，2008：73.

③ 张宏翔. 环境税理论和实践——基于西方先进国家的成功经验分析 [M]. 北京：科学出版社，2015：2.

④ 陈诗一. 边际减排成本与中国环境税改革 [J]. 中国社会科学，2011 (3)：85.

⑤ 陈红彦. 碳税制度与国家战略利益 [J]. 法学研究，2012 (2)：87.

⑥ 现代消费税是相对于传统消费税而言，征税目的、税制设计基本与污染产品税并无二致。参见：解学智，张志勇，主编. 世界税制现状与趋势（2014）[M]. 北京：中国税务出版社，2014：208 – 209.

来引导社会行为，促进环境创新，前者体现"污染者付费"，后者体现"使用者付费"。

（二）税收优惠：鼓励型环境创新激励机制

税收是面向不特定人强制征收的无对价给付，故"纳税义务只有在符合平等负担要求时，始有其合理正当性"①。税收公平包含着对正义的价值追求，要求纳税人得到平等的对待。② 量能课税是公平原则在税法中的体现，它要求具有相同税收负担能力的人应负担同样的税收，不同负担能力的人只负担与其税收负担能力相适应的税收。③ 但是，出于满足社会发展的特定需求，税法中开始越来越多背离量能课税原则，以实现诸如经济、社会、文化等政策目的。税收优惠作为完成上述目标的有效激励措施，在符合税收法定和比例原则严苛审查的前提下，逐渐为社会所接受。④ 例如税法对小微企业提供各种税收优惠即是出于经济政策的衡量，目的是为了鼓励和保障小微企业的生存和发展；⑤ 税法对残疾人、失业下岗人员提供各种税收优惠即是出于社会政策的衡量，目的是保护弱者，提高他们的竞争能力和生活质量；⑥ 再如出于文化政策的衡量，为促进文化事业发展的税收优惠⑦。同样，出于环境和科技创新政策的考虑，税法中既包括关注生态保护和改善的环境税收优惠，如对燃油征收消费税时一般会设置差别税率，更为环保的燃油税率较低；也包括激励企业科技创新的税收优惠，如为了鼓励从事研究和开发（research and development，R&D），各国普遍在企业所得税等税法中对研发成本给予相应的抵免，以鼓励科技创新⑧。

"环境税收优惠的作用机制，为政府通过实施减免税的优惠政策，牺牲部分税收利益，让利于纳税人，减轻纳税人税负，刺激纳税人积极研发环保技术、生产环保设备、提供环境服务"⑨，本质上是将政府对企业的应收税款以税收优惠的形式让渡于创新研发。由此可见，环境税收优惠天然具有鼓励科技创新的激励功效。相比之下，科技创新并不必然带来环境红利，例如新型洗涤剂会提升洁净效果，但在便于降解、阻碍水质富营养化等环保方面可能毫无作为。因此，税收优惠有必要将创新与环境因素结合，为创新提供直接或间接的优惠政策，促使企业为了享受优惠政策，加大对环境创新的资金投入，进而实现环境保护。环境创新税收优惠以环境保护为目的，以科技创新为手段。与环境税的惩罚型激励机制相异，税收优惠是一种鼓励型环境创新税收政策。企业是以盈利为目的的，若无利润追求，则没有对新技术的需求渴望。⑩ 换言之，对环境创新最为

---

① 葛克昌. 税法基本问题（财政宪法篇）[M]. 北京：北京大学出版社，2014：122.
② 刘剑文，侯卓，等. 财税法总论 [M]. 北京：北京大学出版社，2016：213.
③ 熊伟. 法治视野下清理规范税收优惠政策研究 [J]. 中国法学，2014（6）：157.
④ 刘剑文，熊伟. 税法基础理论 [M]. 北京：北京大学出版社，2004：145.
⑤ 如《企业所得税法》第二十八条。
⑥ 如《个人所得税法》第五条、《促进残疾人就业增值税优惠政策管理办法》（国税〔2016〕33 号）。
⑦ 如《关于宣传文化增值税和营业税优惠政策的通知》（财税〔2006〕153 号）。
⑧ Alessando Modica，Thomas Neubig. Taxation of Knowledge—Based Capital：Non‐R&D Investments，Average Effective Tax Rates，Internal VS. External KBC Development and Tax Limitations [R]. OECD Taxation Working Papers，2016（24）：5.
⑨ 张玉. 财税政策的环境治理效应研究 [M]. 北京：经济科学出版社，2014：43.
⑩ 蒋建军. 技术创新与税收激励 [M]. 北京：方志出版社，2007：54－55.

有力的鼓励方式是增加其能为企业带来的直接利润，可作两类区分：其一是通过降低环境创新成本的优惠措施为企业成本做减法，例如研发税收抵免、加速创新成本折旧、减少研发人员的税收等，"如今 34 个 OECD 国家中的 27 个国家以及许多非 OECD 经济体给予研发支出或其他类似的方式以税收优惠"。[1] 其二是增加企业环境创新的税后收益的方式，例如运用企业所得税制免征创新带来的收益税。具体以爱尔兰为例，企业环境创新后如改良、研发新的减排设备往往会形成知识产权，该国所得税法免征其专利所得税，从而达到鼓励环境创新的目的。[2] 比较而言，第一种优惠方式因制度简便、便于实施且优惠效果直观，更为政府和纳税人所青睐。[3]

英国经济学家 J. Langrish 通过调查发现，市场因素是影响科技创新的重要因素之一，市场缺乏或需求乏力可能会导致企业对创新的延迟甚至失去兴趣。[4] 除了直接鼓励的激励方式，税收优惠可以通过鼓励节能减排设备或环保型产品的使用和购买，以扩大市场需求的间接方式鼓励环境创新。前者主要用于支持环境创新的研发阶段；后者主要用于支持企业研发和创新成果的商品化阶段。例如，加速减排设备的折旧可以鼓励企业对减排设备的购买，降低环保型产品的增值税、消费税税率可以增加消费者对环保型产品的购买力。

三、环境创新的税制影响：制度设计与优惠形式

（一）环境税的制度设计

1. 税收基础

税收基于什么基础征收是制定有效政策的关键因素之一。税收基础，或者说是课税对象，决定了税收法律关系中的权利义务直接指向的对象，它是环境税与产生的污染间的连接点，直接影响了环境税的政策效果。[5] 环境税的税收基础通常分为两种，一是直接对污染环境的行为征税，计税依据是污染物的排放量，即排污税（直接污染税）；二是对有潜在污染的产品征税，计税依据是污染产品的生产或消费量，即污染产品税（间接污染税）。理论上讲，直接污染税是"以促进建设有利于环境行为或直接限制污染排放为宗旨的环境税，应该是最符合环境税的理论原理"[6] 实践中，间接污染税仍然存在普遍的适用空间，如根据产品生产中的污染程度可以折算按照产品的使用量征税；根据污染程度设计税率等，短期内能够带来与直接污染税相同的价格信号。[7] 即便如此，

---

[1] OECD. Innovation Policies for Inclusive Growth [M]. Paris: OECD Publishing [EB/OL]. http://dx.doi.org/10.1787/9789264229488-en, 2015: 91.

[2] OECD. 税收、创新与环境 [M]. 孙迎春，马睿，等译. 北京：国家行政学院出版社，2011：136.

[3] 当然，本文并非轻视增加企业环境创新税后收益的方式的重要程度，但因监管较为复杂、实践中的例子较少，碍于论证需要及篇幅限制，本文对此种优惠不作专门探讨。同上引.

[4] 范柏乃. 面向自主创新的财税激励政策研究 [M]. 北京：科学出版社，2010：20.

[5] OECD. Taxation and Environment—Complementary Policies [M]. Paris, 1993：116.

[6] 王金南，葛察忠，等编著. 环境税收政策及其实施战略 [M]. 北京：中国环境科学出版社，2006：4.

[7] 解学智，张志勇，主编. 世界税制现状与趋势（2014）[M]. 北京：中国税务出版社，2014：337.

相同的价格信号也会因为税收基础的差异产生不同的替代效应，带来不同的环境创新激励。

排污税直接对污染行为征税，企业为减少污染物的排放，会加大资金投入，使用节能燃料、安装治污或回收设备、提升资源利用率等过程创新或产品创新。① 换言之，针对污染直接征税会为每个环节中的环境创新都提供激励，因为任一环节的任一创新方式都是减少污染排放从而减少税负的有效手段。而针对污染产品征收产品税并不会产生这种全面的激励作用，只可能对某一种或几种环境创新产生直接的激励。例如，臭氧耗损物质（ODS）税的税率依照 ODS 对臭氧的损害程度确定，鼓励企业研发低臭氧损害的产品，但对产品使用后损害物的消除或回收的科技研发并无激励效果。甚至，污染产品税可能对环境创新毫无作用。例如，能源税的计税依据为能源的使用量，旨在鼓励企业减少能源的消耗，却无法激发企业致力于减少能源燃烧后污染物的消除或回收利用的科技研发。② 当然，污染产品税不能被排污税完全替代，特别是以下两种情况：其一，当排污量无法有效测量或测量成本较大时，基于效率原则应选择污染产品税；其二，虽然排污量能够得以测量，但产品的消费为硬性需求，例如汽车、成品油等没有适当的替代品，或是希望引导清洁产品的消费时（如电池），需要施行差别税率等方式引导消费者购买污染量较小的产品，此时污染产品税也是必不可少的。因此，从环境创新角度出发，环境税应直接以污染物或污染行为为主要税收基础，以污染产品为必要补充。

2. 税负水平与引入时机

归根结底，环境税是通过向企业施加价格压力的方式迫使其加大环境创新的关注和投入，而税负水平决定了这种价格压力的大小，是影响环境创新的重要因素之一。以税率为例，税率是通过数字化的形式将税负的高低"暴露"在纳税人面前，是税负水平的直观映照。通常，税率越高，环境税的税负越重，对企业的创新激励越大；如果税率过低，纳税人缴纳的环境税额低于环境创新的资金投入，自然无法调动企业创新的积极性。当然，并非环境税的税负越高，环境创新的激励效果越好，还要对环境税的引入时机予以考量。例如，在环境税开征初期如果税率过高，不仅会降低公众的可接受性，也可能降低本国企业创新的积极性和竞争力，进而影响整个经济发展。"较高的环境税率对企业环境技术创新行为具有促进作用，并能够促使企业向环境创新技术转型。但在环境创新技术尚不成熟时，盲目的技术转换会增加企业经营风险，并损伤企业环境技术创新的积极性，反而阻碍环境创新技术的发展和扩散，不利于减排和经济发展。"③ 这也是环境税对企业环境技术创新"双面效应"的侧面体现。

---

① 按照作用的环节不同，可将环境创新分为三类：产品创新，是在环境领域里创造出新的终端产品或对现有的产品进行改良，而且这些生产与改良必须是对环境有益处的，例如节水设备、无磷洗涤剂；过程创新，作用于制造产品的过程中，虽生产同样的终端产品，但污染排放降低，例如提高火力发电的染料利用率；第三种是组织创新，指的是那些对环境治理有帮助，但本身并不是技术创新的创新，例如为应对某项环境政策，进行企业重组或执行环境会计制度。根据本文语境，环境创新指的是产品创新和过程创新，组织创新本质上并非技术创新，它通常是其他创新形式的补充，因此暂不列入本文讨论的范畴。

② 解学智，张志勇，主编. 世界税制现状与趋势（2014）[M]. 北京：中国税务出版社，2014：337.

③ 赵爱武，杜建国，关洪军. 环境税情景下企业环境技术创新模拟 [J]. 管理科学，2016（1）：49 – 50.

《论语·子路》有云，欲速则不达。将税负水平和引入时机综合考虑，注重环境税政策导入的渐进性能够更好地促进环境创新[①] 在引入环境税初期，环境创新技术尚不成熟，多数企业需要加大资金投入推动环境创新技术研发。如果环境税的税负水平过高，致力于通过环境创新降低污染排放的企业将会面临高创新投入和高环境税的双重压力，致使环境创新企业与传统技术企业在竞争中处于劣势，甚至被市场淘汰，影响企业创新的积极性。例如丹麦在 1996—1999 年逐渐引入硫税时就是考虑到企业的负担能力，将税负水平缓慢提升，税率的高低与二氧化硫的消减成本、所要达到的创新激励目的等诸多因素挂钩[②] 此时的税收政策应以鼓励手段为主，积极扶持环境技术创新企业，引导企业加大环境创新技术的引入和研发投入。在环境税推行的中后期，环境创新技术已初具规模，可适时提高环境税强度，通过市场机制和企业竞争，促使企业主动选择环境创新技术。只有妥善处理环境税的税负水平和引入时机，方能使环境绩效与经济绩效在环境税中兼容并蓄，在不影响企业生存的前提下促进科技创新。

3. 税收收入的使用

税收用途对其政策目标的实现至关重要，环境税收入的正确使用能够最大程度降低环境税的征收可能对经济增长等带来的负面效应[③]。政府对科技创新的财政支持能够"激发创新创业活力"，是"推动新技术、新产业、新业态蓬勃发展"的中坚力量[④] 特别是在环境税推行初期，市场欠缺环境创新的整体氛围，企业对环境创新的自主投入积极性薄弱，更需要国家财政资金的支持。相比于筹集一般财政收入的税收，环境税的收入使用方式对环境创新有着直接的导引作用。根据收入的目的是否特定，税收可以分为一般目的税和特定目的税。一般目的税的收入用途不特定，用以满足政府的一般性经费开支。而特定目的税进入国库后，会用于特定项目的开支[⑤] 毋庸置疑，环境税以促进环境保护为首位政策目的，否则其正当性将会受到质疑。这也是我国环保税法开宗明义，在第一条就亮明立法目的的缘由。如果以一般目的税的原理设计环境税，收入用于其他公共开支会弱化环境税的本有功能，而以特定目的税的思路架构环境税，将收入用于实现环保的特定用途则会最大化这种环境功能[⑥] 环境税的立法实践也证明了这一点。例如，荷兰 1988 年征收燃油税的目的是为其环境政策提供资金[⑦]；美国爱荷华州 1987 年出台《地下水保护法案》对化肥和杀虫剂征税，税收收入被用来资助环保项目[⑧]，原料税收专项汇入超级基金，资助有害废弃物处理[⑨]；西班牙 COD 污染税收入专

① 李红侠. 民营企业绿色技术创新与环境税政策 [J]. 税务研究, 2014 (3)：15.
② 朱厚玉. 我国环境税费的经济影响及改革研究 [M]. 北京：人民出版社, 2014：136.
③ 陈诗一. 边际减排成本与中国环境税改革 [J]. 中国社会科学, 2011 (3)：100.
④ 于洪, 张洁, 张美琳. 促进科技创新的税收优惠政策研究 [J]. 地方财政研究, 2016 (5)：23 – 24.
⑤ 刘剑文, 熊伟. 税法基础理论 [M]. 北京：北京大学出版社, 2004：25.
⑥ 叶金育, 褚睿刚. 环境税立法目的：从形式诉求到实质要义 [J]. 法律科学, 2017 (1)：81.
⑦ 计金标. 生态税收论 [M]. 北京：中国税务出版社, 2000：110.
⑧ 陈少英. 中国财税法的生态化——以路径依赖为切入口 [M]. 北京：法律出版社, 2015：41.
⑨ OECD. 税收与环境：互补性政策 [M]. 北京：中国环境科学出版社, 1996：68.

款专用于水资源净化与污水设施投入[①]。"环境税收要用来满足对环境保护经费的特定需要，因此，对于环境税的性质应定性为特定目的税。"[②]

环境税的财政特殊性在于其专用性，即税收收入只能用于实现环境保护和污染治理，而这种专用性不能理解为简单的"取之于林，用之于林"。[③] 举例而言，污水排放税的税收不能仅用于当前的污水治理和净化，而忽视长远的污水治理研发；不能只用于污水治理的研发，而忽视空气净化、噪声吸收等其他科技研发。因此，环境税收有两类环保专用路径，即污染的直接治理和环境创新投入。前者的环保效果"立竿见影"，着力点落在眼前亟待解决的环境问题；后者则更关注未来的持续发展，实现环境保护的同时带动经济增长。污染的直接治理和环境创新投入的"一快一慢"，应相互配合，共同促进节能减排、实现环境保护。但在以创新为导向的环境税改革中，政府的部分环境收入可用于资助更多的研发投入，有助于内部化研发的正外部效应，[④] 促进环境与经济的共赢。后环境税时代下，税收收入用于"大力增加研发投入，以刺激经济增长，鼓励减排产品和流程的创新"[⑤] 是时代趋势。

（二）激励环境创新的优惠形式

各国政府为激励自主创新创立了形式多样的税收优惠政策，充分发挥了税收优惠的导向和激励功能。根据政策工具在税收要素的作用点，支持环境创新的优惠方式主要分为税基优惠、税额优惠、税率优惠和纳税时间优惠四类，如表 1 所示。

表 1 环境创新优惠方式

分类	税收优惠的主要形式
税基优惠	纳税扣除
税额优惠	税收抵免、投资抵免、税收减免
税率优惠	低税率
纳税时间优惠	加速折旧、延迟纳税

纳税扣除是最常见的税基优惠方式，它准许企业把一些符合特定规定的支出以一定的比率或定额从应税所得中扣除。促进环境创新的纳税扣除是允许企业将与环保相关的研发费用在税前扣除，以减轻企业的纳税负担，例如加计扣除、减计扣除。这种税收优惠通常适用于对所得额的直接课税，会降低纳税人税基，特别是在累进制税率国家，还

① 环境税研究工作组. 环境税研究第二阶段研究成果汇编（国际经验卷）. 2010：35 – 36.
② 邓保生. 环境税开征立法问题研究 [M]. 北京：中国税务出版社，2014：61.
③ 李慧玲. 环境税费法律制度研究 [M]. 北京：中国法制出版社，2007：34.
④ 保罗·维尔芬斯，贝恩德·迈耶，等. 欧盟能源政策——以德国生态税改革为例 [M]. 吴剑峰，邱永辉，译. 北京：经济管理出版社，2014：56.
⑤ 保罗·维尔芬斯，贝恩德·迈耶，等. 欧盟能源政策——以德国生态税改革为例 [M]. 吴剑峰，邱永辉，译. 北京：经济管理出版社，2014：119.

会因为税基的缩小而降低适用的税率区间，直接或间接减轻企业的税收负担。在税基一定的前提下，低税率所计算出的税额相对较低。与税基优惠相配合的是税率优惠，即政府对某一行业或某一行为实施低税率，体现政府对享受优惠税率的企业的扶持与鼓励。例如，德国对风力、太阳能灯新能源免征生态税，对无铅或低硫汽油、柴油执行较低的生态税率。①

税额优惠的方式相对多样化，例如税收抵免、投资抵免、税收减免等。税收抵免是允许企业从应纳税所得额中扣除符合规定的特殊支出，政府通常允许企业将用于环境创新的投资支出，按一定比例或全部从其应纳税额中扣除。例如，美国税法规定，企业用于技术创新的设备投资可按其投资额的10%抵免当年应缴纳的所得税。优惠退税是政府为鼓励纳税人从事或扩大某种经济活动而对纳税人已经缴纳的税款予以退回。激励环境创新的优惠退税主要包括再投资退税、增值税的先征后退。再投资退税是企业将税后利润继续投资于国家鼓励的环境创新项目，对前期缴纳的所得税按照一定比例予以退还。这对环保技术产业投资具有积极的推动作用。与侧重事前引导的纳税扣除等优惠形式不同，再投资退税旨在鼓励投资者将企业利润继续投资于环境创新，强调的是对纳税人行为的事后调节，方便优惠的管理和控制。再投资退税的最大优点在于，即便纳税人当期没有产生所得收益，只要发生投资即可获得退税的优惠。增值税的先征后返是一类特殊的优惠退税，因为要考虑增值税的抵扣问题。税收减免是国家对企业生产经营中的某些特殊情况给予减免或免除税收负担。各国政府为激励企业自主创新大多给予相应的税收减免优惠措施。例如，美国1999年通过的《研发减税修正案》，政府给予企业对科技的投入一定的免税；日本制定《促进基础技术开发税制》《增加试验研究费的纳税减征法案》等税收政策，对新材料、新技术等开发资金全部免征7%的税金。②

纳税时间优惠将纳税时间全部或部分延后，相当于企业从政府获得一种免息贷款，主要包括加速折旧和延迟纳税。费用折旧是在计算企业应纳税所得额时应当扣除的项目之一，税法允许企业加速折旧能够缓解企业在环境创新初期或投入初期因购置固定资产而造成的现金"瓶颈"，包括加速减排资本折旧和加速创新成本折旧。加速减排资本折旧能够鼓励企业购买减排设备，如净化装置，加速创新成本折旧则会激励企业加大环境创新投入。两种方式都加速了固定资金的周转，在一定程度上促进企业用加速收回的资金去购买更为先进的环保设备和环保创新投资。加速折旧通常被用于鼓励投资③，并不会在本质上减轻企业总税负，改变的是企业资金的回收速度。同样，延迟纳税将纳税义务延后，企业享受到税款递延之利，一定程度上可以缓解企业财务困难，但并不会减少最终的税负。

① 杜放，于海峰．生态税·循环经济·可持续发展 [M]．北京：中国财政经济出版社，2007：125．
② 范柏乃．面向自主创新的财税激励政策研究 [M]．北京：科学出版社，2010：149．
③ [美] 维克多·瑟仁伊．比较税法 [M]．丁一，译．北京：北京大学出版社，2006：277．

四、环境创新税收政策的立法实践与制度检思①

环境相关税在应对环境挑战方面承担着重要角色，环境税与税收优惠以"胡萝卜加大棒"的方式组合在一起，可共同促进环境创新。我国尚处在环境税的开征初期，环保税的实施细节尚不明确，而环境创新税收优惠已大量存在，两种政策间能够形成何种"组合拳"、带来何种环境创新功效尚未可知。鉴于此，我们应首先明晰国内环境税与税收优惠的立法实践现况，检思其中的问题与欠点，为环境创新税收政策的内部结构完善与外部税制延展提供一定的参考。

（一）《环境保护税法》简评——基于环境创新视角

我国的环境保护税由排污费制度平移而来，以向环境排放应税污染物的排污行为为税收基础。换言之，我国只开征了排污税，却并未征收污染产品税。诚然，排污税直接对排污行为课征环境税，可以对全部环境创新行为产生激励，但污染产品税具有征税范围广、激励目标特定的特点②，是激励企业环境创新不可或缺的政策工具。甚至，从 OECD 环境税实践来看，污染产品税在税种数量和税制地位上都已超越排污税，成为最为重要的环境税种。③ 决策者似乎注意到这一点，《环境保护税法》在第十二条中规定"下列情形，暂予免征环境保护税：……（二）机动车、铁路机车、非道路移动机械、船舶和航空器等流动污染源排放应税污染物的；……"机动车等流动污染源因污染排放难以测量，多以机动车税、机动车燃油税等污染产品税替代。将流动污染源排除在排污税征税范围之外为日后污染产品税的引入预留了制度空间。

比对平移前后的污染物税目税额表、应税污染物和当量值表可以发现，环境保护税复刻的不仅是排污费的征管制度，也包括税负水平。名义上我国开征了全新的环境保护税，但企业的排污费压力也相应消除，企业的实际税负并未显著增加。因此，本文开篇提出的环保税加重中国企业"死亡税率"的顾虑在现阶段暂不存在。反之，环境税作为惩罚型环境创新激励手段，企业如果无法从中感受到真切的环保压力，其创新激励效果反而会遭到质疑。当然，本文并不认为环境税负越高创新激励效果越好，但过低的税负压力不仅会导致这种激励的乏力，更会违背污染者付费原则，"保护和改善环境，减少污染物排放，推进生态文明建设"的环境税立法初衷也将是纸上谈兵。特别是在结构性减税成为我国政府工作重点的当下，如何既逐步提升环境税税负又保证整体税负基本不变是税收政策"组合拳"在促进环境创新中的关键点。结构性减税并非仅仅关注一个"减"字，考虑到财政收支平衡的压力，结构性减税的同时必须配合一定的结构性

---

① 税收优惠数目较多，且阶段目的性较强，本文梳理的部分促进环境创新的税收优惠已部分或全部失效，但依然有助于对我国环境创新税收优惠进行归类和总结其变化趋势，极具参考价值，在此一并梳理。

② 污染产品税种类繁多，通常针对特定的污染产品征收，如电池税、化肥、农药税、一次性产品税、燃油税、含磷洗涤剂税、垃圾税等，能够激励企业进行特定的科技创新，降低特定产品带来的污染。

③ 褚睿刚. 污染产品税基础理论与立法实践的二维探析 [J]. 河南财经政法大学学报，2017（4）.

增税，各种税负要有减有增。① 一方面，应通过逐步扩大排污税征税范围、提高税率或开征污染产品税的方式增加企业的环境税负，以"大棒"的形式迫使企业积极进行环境创新；另一方面，可借助在企业所得税、增值税等税种中设立税收优惠的方式减轻创新企业的其他税收负担，以"胡萝卜"的形式鼓励企业加大环境创新投入。此"一增一减"可保证企业整体税负保持平稳，在实现环境保护、鼓励科技创新的同时，实现税制结构优化，带来环境税的"双重红利"。

《环境保护税法》虽已获通过，但税收收入的使用方式尚未确定，仍需在进一步的实施细则中予以明确。鉴于"费改税"的立法思路，排污费的用途对环保税立法极具参考价值。《排污费征收使用管理条例》第十八条规定："排污费必须纳入财政预算，列入环境保护专项资金进行管理，主要用于下列项目的拨款补助或者贷款贴息：（一）重点污染源防治；（二）区域性污染防治；（三）污染防治新技术、新工艺的开发、示范和应用；（四）国务院规定的其他污染防治项目。"同样，环境保护税收可专款汇入环境保护专项基金中，专款用于环境治理和改善，其中包括用于激励环境创新。在不同的环境治理阶段税收用途的侧重点存在差异，体现不同的政策导向。在环保税开征初期，环保资金应更多用于重点污染源防治、区域性污染防治等当前污染的治理，因为，此时的环境污染问题已经十分严峻，现阶段的污染治理更为紧迫。伴随环保税的实施和环境的改善，环保资金可逐渐朝向激励环境创新方向倾斜。从环境保护与经济发展的长远视角来看，环境税收入更多将"用于新能源与新技术的研发和使用"②。

（二）环境创新税收优惠政策现况与反思

从整体上看，我国激励科技创新的税收优惠相对系统化，呈现出明显的国家特色。以税种区分，所得税占我国创新税收优惠政策的1/3，约为32.82%，流转税中以增值税和营业税为主，分别占20.51%和11.79%，关税也是一个重要税种，约占15.38%。③ 与之相匹配，环境创新税收优惠政策呈现出以所得税特别是企业所得税为主，流转税特别是增值税并重的政策体系格局。

企业所得税。"在税制统一的市场体系下，以行业为特点的企业所得税优惠政策，打破了各地政府通过经济开发区建设所带来的税负不公，成为刺激企业科技创新的重要政策手段。"④ 企业所得税中包含大量的环境创新优惠政策，成为我国激励环境创新的主要阵地。⑤ 例如，企业所得税给予从事符合条件的环境保护、节能节水项目的所得，以及符合条件的技术转让所得以税收减免的优惠；国家需要重点扶持的高新技术企业，减按15%的税率征收企业所得税；开发新技术、新产品、新工艺发生的研究开发费用可在计算应纳税所得额时加计扣除；由于技术进步原因可加速固定资产折旧；减计企业

① 张念明. 基于税制优化的结构性减税政策研究 [J]. 中南财经政法大学学报, 2012 (3): 17.
② 陈红彦. 碳税制度与国家战略利益 [J]. 法学研究, 2012 (2): 91.
③ 孙莹. 我国创新税收激励政策发展沿革及特征研究 [J]. 科技管理研究, 2015 (17): 8-9.
④ 韩灵丽, 黄冠豪. 促进科技创新的企业所得税优惠政策分析 [J]. 浙江学刊, 2014 (2) 187.
⑤ 聂颖. 中国支持科技创新的财政政策研究 [M]. 北京: 中国社会科学出版社, 2013: 140.

综合利用资源符合特定政策规定的收入所得额；企业购置用于环境保护、节能节水、安全生产等专用设备的投资额，可以按一定比例实行税额抵免。①

增值税。增值税更为关注特定行业的环境创新，着力促进结构调整、产业升级、企业创新，主要依赖于免税、减税或先征后退的税额优惠方式。② 例如，重视电力行业的发展，自 2016 年 1 月 1 日至 2018 年 12 月 31 日，对纳税人销售自产的利用太阳能生产的电力产品，实行增值税即征即退 50% 的政策③；为鼓励风力发电，促进相关产业健康发展，对纳税人销售自产的利用风力生产的电力产品，实行增值税即征即退 50% 的政策④。增值税也对直接用于科学研究、科学试验和教学的进口仪器、设备免税。⑤

其他税。营业税、关税、消费税等税种中虽然有部分鼓励科技创新的税收优惠，但较为零散、简单，并未突出环境因素，主要依赖于减免税的优惠方式。例如对单位和个人从事技术转让、技术开发和与之相关的技术咨询、技术服务业务取得的收入，免征营业税，推动科技成果转化⑥；为鼓励科技研发，符合一定标准的科学研究、技术开发机构用于科学研究的科技开发用品免征进口环节关税、增值税和消费税⑦；符合规定的科研机构转为企业或进入企业，7 年内可免征企业所得税和科研开发自用房产、土地的房产税及城镇土地使用税。

相比于新生的环保税，我国环境创新税收优惠已初具规模，但也暴露出明显的制度短板。从对象上看，所得税、增值税主要以针对特定的行业或高新技术领域的"特惠性"税收优惠为主，"普惠性"激励政策缺位。最为明显的例子是，我国现行研发费用加计扣除要求研发活动必须是两个特定"领域"项目的研发活动支出，⑧ 将企业大量的环境创新行为排除在优惠范围之外。世界各国虽然在具体的优惠规定中各有差异，但对科技创新并未设定领域或产业限制，能够发挥市场机制在科技资源配置中的作用，实现政策的普惠性。⑨ 从优惠方式来看，以减免税、税率优惠等直接优惠为主要方式⑩，偏

---

① 上述列举分别对应《企业所得税法》第二十七条第三款、第四款，第二十八条、第三十条第一款、第三十二条、第三十三条、第三十四条。

② 中国增值税史对特定行业的环境创新尤为重视，例如增值税曾对数控机床产品、模具产品、锻件产品等制造业提供先征后退的优惠政策，鼓励环境创新和环境保护。虽然大多数优惠因达到实施期限而予以废止，仍然可以体现增值税对特定行业的激励偏好。

③ 《财政部　国家税务总局关于继续执行光伏发电增值税政策的通知》（财税〔2016〕81 号）。

④ 《财政部　国家税务总局关于风力发电增值税政策的通知》（财税〔2015〕74 号）。

⑤ 《增值税暂行条例》第十五条第四款。

⑥ 《财政部　国家税务总局关于贯彻落实〈中共中央、国务院关于加强技术创新，发展高科技，实现产业化的决定〉有关税收问题的通知》（财税字〔1999〕273 号）。

⑦ 《财政部　海关总署　国家税务总局关于修改〈科技开发用品免征进口税收暂行规定〉和〈科学研究和教学用品免征进口税收规定〉的决定》（财关税〔2011〕63 号）。

⑧ 研发项目必须符合《国家重点支持的高新技术领域》和国家发改委等部门公布的《当前有先发展的高薪技术产业化重点领域指南（2007 年）》中规定的研发活动。

⑨ 王玺，张嘉怡. 促进企业研发创新的税收政策探析［J］. 税务研究，2015（1）：31.

⑩ 直接优惠主要指税收在一定时期减征、免征或实行低税率，是一种税额优惠；间接优惠注重对影响税基的不同要素规定不同的政策，如投资抵免、研发费用加计扣除、加速折旧等。我国直接免征、减征和税率优惠分别占比 43.09%、13.26%、13.26，直接优惠约占我国科技创新税收优惠的 70%。参见：孙莹. 我国创新税收激励政策发展沿革与特征研究［J］. 科技管理研究，2015（17）：9.

重事后激励。直接税收优惠的特点是方式简单直接，侧重于事后优惠，如果企业在环境创新后没有实现盈利则无法享受到这种优惠。直接优惠不利于尚处在技术研发以及技术改造阶段的企业，无法体现政府环境创新风险的分担职能，激励效果欠佳。间接优惠是在税前给予的，具有先期性，而且不论企业是否实现盈利、需不需要纳税，因此也成为发达国家激励科技创新的主要手段①。

此外，缺乏对中小企业的特惠是我国环境创新税收优惠的另一不足，目前国内仅有对小微企业的普惠性规定。"大多数创新都是由无数普通人意图对现状进行改变而进行的构思、开发活动所共同推动的。"② 中小企业是实现科技创新、促进经济增长的主力军，承担了中国 65% 的发明专利、75% 以上的技术创新和 80% 以上的新产品开发。③ 然而，中小企业资金相对匮乏，环境创新能力与动力远弱于大型企业，导致"绿色"生产技术落后，是诱发生态危机不可忽视的问题群体。同等额度的环境税给中小企业带来的"税痛"更为沉重，如若缺乏必要的特别优惠予以扶持和激励，不仅会降低中小企业环境创新的热情，更会诱发企业自身的生存难题，制约经济的长足发展。因此，域外国家通常会给予中小企业优于大型企业的税收优惠，加大科技创新的税收激励。例如英国的中小企业将额外享受"每 100 英镑有效 R&D 支出可获达 24 磅的现金返还"的税收优惠④，澳大利亚给予年营业额小于 2000 万澳元（原规定为小于 500 万澳元）的企业可享受 45% R&D 经费的税收⑤。我国财政部部长肖捷曾在答记者问中提及："在计算企业所得税时，中小企业可以将更多的研发费用在税前扣除……这项政策更有助于进一步提高中小企业的科技创新能力，用财政减收换来中小企业科技创新能力的提高是值得的。"⑥ 由此而言，给予中小企业特惠将会成为，也理应成为我国环境创新税收优惠的完善方向之一。

五、结语

环境与经济是生存权与发展权的客观映像，二者都是首要的基本人权⑦，相互之间如何平衡是人类的永恒命题。然而，生态净化和环境改善非一朝一夕之功，理应稳步推进，而企业的生存与经济发展是现实需求和物质基础，属于眼下的硬约束。从这个角度而言，以可持续为前提的发展权优先于生存权。作为实现环境保护与经济发展共赢的着力点，促进环境创新是不同环境税收政策共同的目标。理论上讲，环境税对环境创新具

① 薛薇. 发达国家支持企业创新税收政策的特点及启示 [J]. 经济纵横，2015（5）：107 – 108.
② [美] 埃德蒙·菲尔普斯. 大繁荣——大众创新如何带来国家繁荣 [M]. 余江，译. 北京：中信出版社，2013：113.
③ 白晓蓉. 促进中小企业技术创新的税收优惠政策研究 [J]. 科学管理研究，2014（4）：88.
④ 黄国斌，田志康. 促进科技创新的税收激励政策——英美等国的主要经验及其启示 [J]. 经济管理，2008（Z2）：153.
⑤ 张明喜，王周飞. 推进科技型中小企业发展的税收政策 [J]. 税务研究，2011（6）：29.
⑥ 戴正宗. 积极财政政策为企业减税降费 [N]. 中国财经报，2017 – 03 – 16.
⑦ 参见国务院新闻办公室 2016 年 12 月 1 日发布的《发展权：中国的理念、实践与贡献》白皮书，新华网：http://news.xin-huanet. com/politics/2016 – 12/01/c_1120029207. htm，访问日期：2017 – 03 – 25.

有激励作用，但如果企业承受的税负压力过大，减抑效应大于积极效应，会抑制环境创新，反而不利于环境改善和"绿色"经济转型。相比之下，税收优惠是以正面的方式鼓励环境创新，一方面优惠政策自身能够产生鼓励环境创新的功效；另一方面可减少企业成本，客观上能够帮助弱化环境税的减抑效应。为了更好地促进环境创新，税收政策应以税收优惠的鼓励手段为主，环境税可成为侧面施压的"督促者"。"税收优惠等税式支出政策具有覆盖宽泛、作用时间持久等特点，是世界各国政府普遍采用的促进创新的政策措施。"① 我国环境创新"组合拳"初见端倪，环境税与优惠政策之间协调机制的优化问题值得我们深究。为应对现有制度短板，税收优惠应该逐步实现由直接优惠向间接优惠的转变，强化对中小企业的税收激励，并取消不合理的限制性条件，增加普适性激励政策；未来伴随环境税税负的逐步上提，优惠力度应随之加大，维持企业税负相对平稳，助力环境技术创新。

---

① 聂颖．中国支持科技创新的财政政策研究［M］．北京：中国社会科学出版社，2013：51.

中国税收事先裁定制度的税法逻辑与规则构造

——兼评《税收征管法修订草案》第四十六条

■ 董学智

北京大学法学院　博士研究生

内容摘要：税收事先裁定制度是此次《税收征管法》修订的重要内容。事先裁定早已被世界各国广泛采用，我国实际上也已积累了一些经验。如何吸收借鉴域外有益经验，在立法上确立、构建符合中国语境的事先裁定制度十分迫切和重要。而在法律层面解决若干全局性问题是进行具体规则设计的前提。事先裁定的制度逻辑是依循税法解释权如何合法运行和纳税人权利如何有效保护而展开。考虑到我国税法的语境与制度路径依赖，《税收征管法》的修订对事先裁定制度的构建应当更加充分、慎重地对几个关键性、全局性的法律问题进行立法决策。

关键词：事先裁定　税收征管法　税法解释　逻辑与规则

一、问题的提出：中国需要什么样的税收事先裁定制度

由于距上一轮修法的间隔过长，又适逢在法治国目标下展开我国财税体制的新一轮重大改革，作为税收程序基本法的《税收征收管理法》（以下简称《税收征管法》）的修订自然受到广泛的关注与讨论。其中，税收事先裁定制度能否成功立法，备受税务机关、学界、中介机构和大企业的强烈关注和热议。尽管各国的经验不尽相同，税收事先裁定（Tax Advance Ruling，TAR）的核心大体相同，即税务机关就纳税人申请的关于未来的特定事项应如何适用税法而专门发布解释性

文件。它具有事先性、特定性、适用性和服务性等特点，可为纳税人和税务机关双方供给税法适用的确定性、一致性和统一性。① 《中华人民共和国税收征收管理法修订草案（征求意见稿）》（2015）（以下简称《修订草案》）第四十六条搭建了税收事先裁定②的基本制度框架。该条第一款确立了我国构建事先裁定制度；第二款规定了事先裁定的适用主体、适用情形和纳税人与税务机关的权利义务结构；第三款明确了裁定遵从的责任豁免制度。

虽然事先裁定在各国早已普遍设立，③ 且近两年来学界和实务界都展开了研究，从域外经验介绍到本土制度的构建，可谓成果丰硕；但同时，由于立场、视角、方法、所比较借鉴的国别不同，在许多问题（有些甚至是根本性问题）上仍然众说纷纭。因而使事先裁定如何真正能够在我国落地生根，创造"中国版本"还需要进行更深入的研究，以增进共识。实际上，尽管缺乏《税收征管法》层面上的法律支撑，然而税务实践立足于一系列部门规章和规范性文件却早已先行先试，并取得了较为良好的效果。当然，随着《税收征管法》的修订，事先裁定可望上升为正式的法律制度，其在税法上的功能定位、规则设计和法律程序等一系列问题就需要更为明晰的挖掘和构造。对比世界各国的普遍模式和精细的制度设计，《修订草案》第四十六条显得较为粗糙，在很多方面语焉不详。但事先裁定仍将以该条文为基础建立一整套具体化的、可操作性的应用机制和程序性规则。譬如前置性会谈、信息报告、期间和时效、裁定公布以及补充裁定、变更和废止、撤回和撤销、裁定失效、行政收费、简易程序等一系列规则；以及事先裁定的程序与已有征管程序如何衔接（如纳税申报程序）等。第四十六条未能涉及的某些基础性问题也是需要慎重考量的，如果仅仅期待立法出台后再行通过行政法规、部门规章等予以细化恐怕不仅会遭到合法性质疑，也难免会造成许多体制机制上的问题和障碍。具体而言，主要还有以下四个关键困惑还需要进一步进行厘清和检讨：

一是，一般地，事先裁定可分为公共裁定（public ruling）和私人裁定（private ruling）。在美国含义相类似的划分被称为税收裁定（revenue ruling）和信函裁定（letter ruling）。④ 公共裁定可以被任何纳税人所适用，只要纳税人的特定交易本质上符合其规定；私人裁定则是针对某一特定纳税人的请求量身定做，用以解决与该特定纳税人相关的交易行为或程序事项，私人裁定不具有先例的效力，不能被其他纳税人引用。⑤ 那么，我国的事先裁定是否应当按照上述国际惯例进行更细致的二元划分？这涉及如何把某些事先裁定上升为作为税法解释的法律规范予以公布，以及裁定如何公开等一系列问题。

---

① 刘磊，熊晓青，周妍. 事先裁定制度研究［J］. 税务研究，2012（9）.

② 为免累赘，除正文标题外，下文均省略"税收"二字，简称"事先裁定"。

③ 根据经济合作与发展组织（OECD）2013 年的调查报告显示，只有 1 个 OECD 国家没有引进税收事先裁定制度。另外，纳入考察的 18 个非 OECD 成员国中哥伦比亚、印度和俄罗斯三个国家没有建立税收事先裁定制度。OECD. Tax Administration 2013：Comparative Information on OECD and Other Advanced and Emerging Economies［R］. 2014：282.

④ 熊伟. 美国联邦税收程序［M］. 北京：北京大学出版社，2006：10 – 11.

⑤ OECD. Tax Administration 2013：Comparative Information on OECD and Other Advanced and Emerging Economies［R］. 2014：282.

二是，既然我国立法选择了事先裁定的行政模式，[①] 那么随之而来的问题是，行政复议与行政诉讼是否需要被排除？这涉及《修订草案》第十一条，需要基于事先裁定的事先性和服务性这两个基本性质：既然裁定对纳税人没有强制约束力，纳税人就有选择遵从或者不遵从的权利，毕竟交易尚未发生，税务机关不过是作出类似于行政指导或行政契约[②]的行为；基于税务实践的千变万化，如税务机关没有正当合理理由而对纳税人有利的错误裁定予以撤销或变更的情况，缺失法律救济途径难免对纳税人的合法信赖利益产生负面影响。在这二者之间做一种制度成本与效益的法律效率价值的考量：取舍其一或者以采取更为复杂的立法技术把二者兼而得之，并且更为无奈的是，这样的抉择必须由法律作出且无法躲避：税收行政复议与行政诉讼的权利作为税法上纳税人的基本权利，必要时应当只能由法律进行限制。

三是，立法赋予了省以上税务机关的事先裁定权，原因可能是因为借鉴了与事先裁定有一定程度异曲同工之处的企业所得税特别纳税调整中的预约定价安排[③]（Advance Pricing Arrangement，APA）的制度设计，同时考虑到每个潜在的纳税人都有申请事先裁定的权利，而税务机关如果没有拒绝申请的权利，海量的事先裁定申请可能超出国家税务总局的处理能力。有意思的是这更多是来自于实务人士与税收学者的观点，甚至还提出可以外包给涉税中介机构等第三方[④]，——但多数法学学者认为：出于防止事先裁定程序被滥用的法律风险以及保证税法解释的统一性和权威性，事先裁定明确只能由国家税务总局作出，[⑤] 否则由省级（甚至省以下）的税务机关进行事先裁定，一方面与税法解释的本质不同；另一方面可能成为继税收优惠之后又一极易成为地方政府的税收政策工具而可能导致诸多弊病。学者的担忧不无道理，"税法学上的许多问题，都可以解释为各类不同意义上的税权如何有效配置的问题。"[⑥] 毕竟事先裁定与我国现行的税权分配体制（分税制）是否兼容，以及从更长远看，随着财税体制改革向纵深推进，如何考虑分税制改革的可能变化，都颇需要进一步的检视和思考。

四是，《修订草案》第一条"立法目的"采用了"推进税收治理现代化"的表述。"治理是将不同公民的偏好意愿转化为有效的政策选择的方法手段，以及将多元社会利益转化为统一行动，并实现社会主体的服从。"[⑦] 治理将塑造一个能够最大限度促进公共利益、满足不同主体需求的秩序结构。从法律目的解释的角度而言，事先裁定的制度

---

① 张松. 在我国设立税收事先裁定制度的探讨 [J]. 税务与经济，2013（2）.

② 本文认为税收裁定并非行政指导或者行政契约，只是类似于二者，即片面上相似。理由是，无论是行政指导还是行政契约其实是来源于法教义学对行政行为类型化的努力，面对现代不断涌现的新的公共行政行为，理论无疑是滞后和有缺陷的，事先裁定是税法生成的制度，并非是行政法上的概念。相类似的还有"规制"，事实上目前的行政法体系也难以对"规制"定型为一种行政行为类型。关于行政指导和行政契约的论述参见：罗豪才，湛中乐. 行政法学 [M]. 北京：北京大学出版社，2012：298.

③ 有学者直接认为，APA其实就是一种事先裁定的特殊情况。参见：徐秀芳. 国际技术转让所得课税法律问题 [M]. 北京：北京大学出版社，2007：231.

④ 王明世. 税收预约裁定制度：路径与方法选择 [M]. 北京：中国税务出版社，2016：153–157.

⑤ 朱大旗，姜姿含. 税收事先裁定制度的理论基础与本土构建 [J]. 法学家，2016，（6）；虞青松. 税收事先裁定权限应集中到税务总局 [N]. 中国税务报，2014–09–03.

⑥ 张守文. 税权的定位与分配 [J]. 法商研究，2000（1）.

⑦ Beate Kohler–Koch, Rainer Eising. The Transformation of Governance in the European Union [M]. Routledge Press, 2006：14.

构建也应走向治理现代化的目标。那么如何通过制度设计规范国家税权、表征税权的谦抑，充分彰显纳税人权利，实现向服务型、信赖型税收征纳关系的深刻转变，这是设计事先裁定制度需要时刻渗透的理念。

上述四个问题，都是直接牵涉事先裁定制度如何建立以及建立后能否在我国实践中良好运作，达成引入该制度目标的全局性法律难点。并且也只有首先在此类根本性问题上达成共识，在具体的细节性技术性规则上才更易达成一致。所以需要在明晰事先裁定的制度逻辑和中国语境的基础上，进行检讨和思考。

二、税收事先裁定的制度逻辑

税法呈现出多层次的二元结构，[①] 任何一个税法制度一面是强大的国家税权（国家税收利益），另一面是日益勃兴的纳税人权利（公民私人利益），事先裁定制度其实正是立足于二者的动态博弈。[②] 上述的四个关键困惑于税法理论上进行提炼和抽象也可归结于两个维度：一个是税法解释权力的结构、运行和控制问题；另一个是纳税人权利的空间和保护的问题。由此，可以基于二元结构来探求事先裁定制度中蕴含的税法原理和税法逻辑，从而更好地理解事先裁定制度的运作机理和法律实质。

（一）国家税权的逻辑：税法解释权的结构、运行及控制

经济的繁荣和商业安排的复杂多样，导致避税筹划非常活跃，而税务机关反避税的努力及税制日趋复杂，导致了税法不确定性的有增无减。事先裁定原初即是为了克服税法的不确定性，从而有利于纳税人在变动不居的税法中获得某种程度的安定性和透明度。[③] 日益强化的高度抽象性与不确定概念的频繁使用，自然需要通过税法解释来为现实生活和法律适用搭建桥梁。所谓税法解释是指，税法规定不明确时，通过运用解释方法来探求税法规范的意旨，以澄清疑义，使税法含义更加清晰、明确。[④] 事先裁定的申请往往是纳税人基于对未来交易事项的税收不确定性，并在穷尽现行税法而无法作出判断后，才向税务机关申请。也就是说，申请事先裁定的业务极可能是税法覆盖的盲区，尽管从现有的立法体制上看，税务机关不应创制税法，但必须采取实质课税等原则对申请作出解释性答复，而这必然涉及对经济活动的交易定性、税法解释甚至在税法空白领域超越解释而形成实际上的法律填补、续造与创制，这无疑是税务机关的应然和实然的双重选择。毕竟，在税法大量使用不确定概念与概括条款的情形下，法律解释与法律漏洞补充，乃至法律创制的界限必将趋于模糊——这在税法上是可以容忍的必然现象：

---

① 张守文. 经济法原理 [M]. 北京：北京大学出版社，2013：67.

② Yehonatan Givati. Resolving Legal Uncertainty：The Unfulfilled Promise of Advance Tax Rulings [J]. Virginia Tax Review，2009，29（137）.

③ Yehonatan Givati，The Optimal Structure of Tax Policymaking：Rulemaking，Adjudication，Advance Ruling and Licensing. http：// isites. harvard. edu/fs/docs/icb. topic954703. files/Thursday02_Paper01_Givati_11 – 10. pdf.

④ 张守文. 税法学 [M]. 北京：法律出版社，2011：97 – 99.

"对于税权的分配，本就是必须考虑到体制和法律上的综合配套，经济、社会发展以及政治体制改革程度的综合的判断"。① 税务机关享有的包含税法解释权在内的规则制定权是功能主义进路上宪制之下的必然安排。

一方面，在国家税权的横向结构上，税权如此集中于税务机关，亦即对于税务机关而言，一些不确定法律概念（如"重要经济利益关系""特定复杂事项""法定权限"）的使用，必将在实践中使得税务机关同时享有事实意义上的税收立法权、执行权和准司法权。而另一方面，在国家税权的纵向层面上，如果税权分散到省一级的局面又会戏剧化地加剧税法的复杂化和不确定性。尽管对于国家税权能否适度分散，世界各国都有不同的模式，但上述两方面都将直接触及税收法定主义。而如果事实上的税法解释权违背了税收法定主义这一税法中最重要的基本原则，② 那么以此为基础构建的事先裁定制度势必如空中楼阁而受到严重的质疑。因此，国家税务总局在何种权限范围内对法律、行政法规享有解释权必须予以明确和规范。否则，事先裁定将面临严重的合法性问题。

对于国家税权而言，事先裁定制度的生命在于赋予税务机关解释税法的法定通道，改变传统行政多为事后的"命令—控制"（Command – and – Control）模式，形成治理意义下的事前处理模式，体现税法的回应性。③ 毕竟，严苛的事后执行与处罚可能并不是最优的选择。④ 因此，事先裁定制度所分配的国家税权的横向和纵向结构在税法理论上的应然逻辑应当是：在"帝王原则"税收法定主义的笼罩下，税务机关应尽力恪守税法解释的边界。而且，理想状态的税法解释权应集中统一于中央层级，如果出于各种现实因素的考量而无奈下放到地方层级，应当建立起相应的配套机制以保证税法的权威和稳定。那么，接下来的问题是，是否需要公开裁定？以及公开裁定是否意味着要建立前述"公开裁定"和"私人裁定"的二元划分机制？就国家税权的逻辑而言，也就是事实上的"税收先例制度"是否可能？司法（法院）系统的案例指导制度⑤一定程度上是对普通法系"遵循先例"制度的借鉴。同样在税法领域建立这样的制度并没有法理上的障碍，其实在于立场的选择罢了。

（二）纳税人权利的逻辑：税收筹划空间的开启与信赖利益的保护

"税收筹划是纳税人在税法规定的范围内，通过对自身经营、投资、理财等活动的事先安排和筹划，合法减轻甚至免除自身应承担的或额外承担的税收负担，从而实现税后利益的最大化"⑥。因此税收筹划不论对纳税人或从事税务服务的专业人员来说，都十分重要，"私人财产的梳理、内容逐渐丰富，形成纳税人的财产权与国家的财政权的

---

① 张守文. 税权的定位与分配 [J]. 法商研究, 2000 (1).

② 张守文. 论税收法定主义 [J]. 法学研究, 1996 (6).

③ Valerie Braithwaite. Responsive Regulation and Taxation：Introduction [J]. Law & Policy, 2007：29 (1).

④ ［美］乔尔·斯莱姆罗德, 乔恩·巴基哲. 课税于民：公众税收指南 [M]. 刘蓉, 等译. 大连：东北财经大学出版社, 2013：185.

⑤ 最高人民检察院和最高人民法院都于 2010 年先后发布了本系统的《关于案例指导工作的规定》。

⑥ 叶姗. 税法之预约定价制度研究 [M]. 北京：人民出版社, 2009：73.

此消彼长、此起彼伏的动态二元结构。"① 在合法领域内追求少纳税乃至不交税不仅有利于纳税人减轻"税痛"，更有利于给纳税人最大化的经济利益。而一旦税收筹划权受到法律的保护，那么因行使筹划行为而获得的经济利益也受到法律的肯定。但在实务中，税收筹划与避税的界限往往难以认定，若纳税人的筹划安排被认定为避税安排，其交易安排及获得的经济利益不仅面临着被税务机关全盘否定的危险，更有可能遭受处罚。因而，某项交易安排经过筹划后，纳税人或专业辅助人员均希望获知该项安排会在税法上如何评价，最好的办法自然是知道税务机关将会如何看待与处理。当然同样的，事先裁定与税收筹划实际上也只有一步之遥，税务机关若掌握不好立场和界限有可能也异化成帮助纳税人进行税收筹划。

信赖保护原则是税务事先裁定制度的生存基础，纳税人正是基于对税务机关的信任才愿意向税务机关申请对预先交易进行税法适用解释；同样地，税务机关也是基于相信纳税人的请求和信息报告的真实性，才可能作出正确的判断，这是征纳之间的信赖合作基础。② 在上述信赖产生的过程中，我们有理由相信纳税人对税务机关可预期因素的不变性形成的合理期待是正当的，并且是值得保护的。③ 因此，如果税务机关因自身违法行为或者不可归因于纳税人的违信、违法行为而导致的错误或疏漏，那么此种信赖利益应予保护，这也是设置责任豁免的条款的法理基础。当然，如果纳税人按照事先裁定申请进行交易却不按照事先裁定进行纳税申报，有可能面临被检查或处罚的风险，并且这样的法律风险并没有正当理由应当被排除。

对于纳税人而言，事先裁定制度作为一项防范税务风险的重要制度安排，其逻辑无疑是赋予纳税人要求税务机关进行税法解释和对自身涉税行为予以税法认定以及获得进行税收筹划的合法权利；为纳税人向税务机关提交裁定请求，获得税务机关作出的裁定结果，从而求得税法适用上的确定性提供制度路径。实际上，事先裁定制度的意义就在于通过一系列法律规则设定了一个虚拟空间，为利益冲突的征纳双方提供了由法律拟制的博弈空间：在这个空间里，纳税人与税务机关保持具有治理意义的开放和透明的关系，纳税人通过法律赋予的一系列权利谱系（比如申请裁定的权利、要求相关信息保密的权利、责任豁免的权利等）与法律约束下的税务机关的国家税权进行互动博弈。

其实，在很多国家，学者在运用经济学等工具分析，试图完善事先裁定制度时，都提到这样一个现象："尽管在税法如此之高的不确定程度下，纳税人对申请事先裁定并没有表现出所预期的那样的强烈渴望。"④ 譬如在美国，事先裁定一般被用来保证大型交易获得确定性的税收待遇。⑤ 然而对作为事先裁定制度之一的私人信件裁定的利用并

① 张守文．财税法疏议［M］．北京：北京大学出版社，2005：36．
② 王明世．税务事先裁定程序规则的构建研究［J］．税收经济研究，2015（1）．
③ 刘剑文，熊伟．税法基础理论［M］．北京：北京大学出版社，2004：172－178．
④ Markus Diller, Pia Kortebusch, Georg Schneider. Do investors request advance tax rulings to alleviate tax risk（and do tax authorities provide them）? A joint taxpayers' and tax authorities' view on investment behavior［R］. WU International Taxation Research Paper Series No. 2014－06.
⑤ ［美］维克多·瑟仁伊．比较税法［M］．丁一，译．北京：北京大学出版社，2006：212．

不普遍。其理由并不仅仅是申请手续费或等待裁定结果所花的时间等直接成本，而且还由于利用事先裁定制度时，税务当局的监视和调查变得更为严格等不利因素非常大。①因此学者在推动日本的事先裁定制度中的"书面答复手续"形成正规法律制度时指出，要想使事先裁定制度变得更容易利用，需要在设计制度时考虑"申请人对税务当局的匿名性"和"保护营业秘密不泄露给其他竞争对手公司"的问题。② 纳税人申请事先裁定，并希望裁定能够产生对税务机关的单方法律拘束力，就必须将自己的未来交易信息"和盘托出"给税务机关。这些业务交易复杂、具有重大经济意义的信息（很可能是商业秘密），税务机关在裁定过程中乃至公布过程中存在泄露的可能，对于纳税人这意味着商业机会和利益重大损失的风险，因此，要在程序设计上加重税务机关的保密责任，消除秘密泄露的法律风险。"治理促进了机构、企业和协会之间的谈判式合作的多样化"。③ 这昭示我们需要保持对事先裁定实施和绩效的审慎乐观，并且，破解这样困惑的最根本的路径还在于治理理念的贯彻：如何设计具体规则，以更好地强调纳税人权利的保障。

三、中国税收事先裁定的语境与规则构造——兼议《修订草案》第四十六条的检讨与补足

（一）事先裁定制度的中国语境

我们必须清醒地意识到，税收从来就不是一个纯粹的经济现象，它总是游走在政治与经济交界的边缘。税法的制度变迁也是一个路径依赖的过程，因此中国的情境和政治经济社会结构无疑将影响中国的事先裁定的立法模式、制度构建和现实运行。《税收征管法》的作用和任务在于承认、确定、保障和实现税收征纳关系中所涉的各方主体的权益。我国应该借鉴其他国家事先裁定制度的有益经验。但是事先裁定在各国的运作和作用各不相同，每个国家都有自己的国情与语境。"应该把现代经济的规制工具，包括与某一个国家具体的政治背景和对这个国家的政治结构的把握深刻地结合起来。"④ 只是如何在"乱花渐欲迷人眼"的国际经验中寻求有益的、适合本土的经验并不容易。

那么，在我国需要考虑的中国语境是什么？

一是，在中央与地方二元关系下，在现行的税收征管系统分设的体系下，事先裁定的发展轨迹走过从直接税到间接税的全覆盖过程，⑤ 这对两套税收征管系统提出了挑战，一方面，如何保证税法解释的统一、一致是个不容回避的重大问题；另一方面，如

---

① Yehonatan Givati. Resolving Legal Uncertainty: The Unfulfilled Promise of Advance Tax Rulings [J]. Virginia Tax Review, 2009, 29 (137): 139.

② 神山弘行. 事前照会制度に関する制度の課題《研究ノート》, RIETI Discussion Paper Series 10 – J – 036.

③ ［法］让·皮埃尔·戈丹. 何谓治理［M］. 钟震宇，译. 北京：社会科学文献出版社，2014：97.

④ Gerard Roland. Transition and Economics: Politics, markets and firms [M]. The MIT Press, 2000.

⑤ Roy, Saloni. Advance ruling under indirect tax [J]. Businessline, 2011 (11).

何防止在中国政治经济语境下使得事先裁定不会因承载地方政府的政策导向功能而扭曲制度本意是个值得思考的命题。应"在继续保持国税与地税两套征管体系的情况下，打破二者之间税收征管交叉模糊的不规范格局，进一步厘清两套征管体系的责权"①。实际上"逐步健全地方税体系、赋予省级政府适当税政管理权限"② 的提出预示着税权分配未来的走向：省一级税务机关将拥有一定程度的税权。

二是，在立法、行政、司法三权构造之中，"由于税收法律的缺失、行政机关权力的无限制行使以及立法机关近乎放任的授权，加之税法本身所具有的经济性、技术性和复杂性等特征，在税法解释领域，税法行政解释已经占据了最主要的地位，实际上起到了准立法的作用。"③ 必须承认的是，在我国受各种客观因素（包括"人大对国务院税收法律授权条款"）的制约，税务机关一直在实际意义上行使着超越税法解释的税法规则创制权。并且，囿于各种因素，我国税务司法所起的监督作用十分有限。实际上，税务机关"垄断"着规则制定权，成为财税知识与规则最大的生产商与输出者。

三是，从国家与纳税人（政府与市场主体）的二元结构上，中国税务机关提供的纳税服务的重心已经发生改变，逐渐由改善服务态度、优化办税环境、降低纳税成本等浅层次内容，向引导纳税人遵从税法、帮助控制税务风险，以及提供个性化纳税服务等深层次发展。这也是税收征管法修订所宣示的立法目的。但遗憾的是，中国第三方涉税服务机构及有关的社会团体在与税务机关博弈、维护纳税人权利方面并未发挥理想的作用，致使形成税务机关强势、纳税人（社团）微弱的局面。

因此，如果我们不再以某种别国模式来苛求我国的制度建构而是立足于现实的语境作出适合选择和规制设计，那么第四十六条所构建的比照理想标准而有落差的事先裁定制度也就有了正当的解释。例如条款规定，省以上税务机关"可以"而不是"应当"在法定权限内作出裁定，暗含了对纳税人提出的申请应当要符合某种形式乃至实质条件的要求，实质上更多是出于税务机关征管资源、能力的不足和对纳税人滥用权利风险的担忧以及制度效率的现实考量，毕竟目前法条和学界大都肯定，税务机关应当无偿地为纳税人提供事先裁定服务。而推动政府购买服务，将事先裁定外包给社会组织再予以权威认可，虽不失为较好的策略选择，但其隐含的合法性问题还需解决。此外，还有一种现阶段较为稳妥缓和的制度选择，即一方面可通过案件分类将权力下移至省一级税务机关（如税法是明确的，但纳税人生产经营活动比较特殊，若按自己的理解申报纳税可能存在风险，需要税务机关提供税务处理意见）；另一方面参考加拿大、美国和澳大利亚的经验，考虑让有能力的纳税人（如大企业）在递交申请时提出并说明自己的观点，

① 楼继伟. 中国政府间财政关系再思考 [M]. 北京：中国财政经济出版社，2013：313.
② 中共中央关于制定国民经济和社会发展第十二个五年规划的建议 [EB/OL]. http：//www. china. com. cn/policy/txt/2010 - 10/28/content_21216295_5. htm，2015 - 04 - 05.
③ 孙健波. 税法解释研究——以利益平衡为中心 [M]. 北京：法律出版社，2007：223.

这有助于税务机关进行质量控制。[①]

最后，从目前的税收征管实务来看，实际上，事先裁定对于税务机关并不能说十分陌生，不仅有类似度的 APA 制度已运作多年，而且国家税务总局发布的《税收个案批复工作规程（试行）》（国税发〔2012〕14 号）在某种意义上即是对事先裁定制度规则设计的一种探索，已积累了一些经验，但如何统筹二者关系确实是需要考虑的命题。目前我国的事先裁定制度的概念和实践，都是在纳税服务的范畴中提出和实施的。根据公开的信息搜集整理的 8 个案例来看（见表 1），税务机关均是将其作为纳税服务进行宣传，将"为申请人上门服务"及"减轻税负"作为提供事先裁定的亮点。

表 1 事先裁定案例

编号	案例名称	作出裁定的机关	资料来源
1	厦门烟草工业公司购进固定资产抵扣项目	厦门市国家税务局直属分局	厦门国税. 直属分局丰富税收遵从协议，引入事先裁定［EB/OL］.［2017 - 08 - 05］. http: // www. xm-n-tax. gov. cn/content/329855. html.
2	湖北汉川银鹭食品对外支付股息红利适用协定待遇	汉川市国家税务局	借助事先裁定，享受协定待遇［N］. 中国税务报, 2016 - 01 - 29.
3	青岛史密斯集团吸收合并适用特殊重组	青岛市国家税务局	企业借助事先裁定延迟纳税 8000 万元［N］. 中国税务报, 2015 - 11 - 06.
4	江苏无锡境外股东合并适用特殊性税务处理	无锡市国家税务局	"事先裁定"让大企业吃上"定心丸"［N］. 中国税务报, 2015 - 11 - 06.
5	安徽马钢股份重组适用不征收增值税	安徽省国家税务局	国税局探索税收事先裁定，安徽马钢首试点案例［J/OL］. 第一财经日报［2017 - 08 - 04］. http: //money. 163. com/14/0814/03/A3J27KE300253B0H. html.
6	广州南沙恒合租赁不动产融资租赁业务	广州市南沙区国家税务局	南沙发全市首份税务事先裁定书［EB/OL］.［2017 - 08 - 04］. http: //www. gznsnews. com/index. php? m = content&c = index&a = show&catid = 21&id = 7132.

---

① Diller, Markus, Vollert, Pia. Economic analysis of advance tax rulings, Arqus – Diskussionsbeiträge zur quantitativen Steuerlehre, No. 122.

续表

编号	案例名称	作出裁定的机关	资料来源
7	厦门同安房地产项目暂不征收土地增值税	厦门市同安区地方税务局	厦门地税．同安区局积极探索试行大企业特定涉税事项"事先裁定"［EB/OL］．［2017 - 08 - 03］．http：//www. xm-l-tax. gov. cn/xmdsc-ms/content/N6783. html.
8	大连医诺生物股份改制转增资本公积不征收个人所得税	大连经济技术开发区地方税务局	事先裁定扫清企业上市障碍［N］．中国税务报，2017 - 06 - 02.

但是必须强调，"服务"一词本身并不是法律概念，而是作为一种工作精神和理念而存在的。当然"服务"也蕴含了纳税人权利保护之意，因而将事先裁定理解为纳税服务是有相当积极的意义的，无疑有助于消除征纳矛盾，推动和谐征纳关系的构建。但"如果将其仅仅视为税务机关对企业的纳税服务，无助于该制度的发展和完善"。毕竟，如果仅片面强调其"服务"属性，会掩盖其作为税法解释这样一种严肃的法律适用活动，有些不适当的做法甚至会扭曲事先裁定的原本功能和制度价值，并且可能招致税务机关的执法风险。

（二）规则选择与构造：围绕《修订草案》第四十六条的检讨与补足

"立法是执法的前提和基础，立法质量的高低直接影响着执法效果。"① 立法是利益和价值在最高层面的衡量和妥协，法律虽然不可能包罗万象，但确实需要适时的检讨和补足：有些制度的修补可以通过行政法规、部门规章乃至琐碎的规范性文件进行细化、补缺，但有些影响制度全局性的问题还是需要在法律层面进行充分的酝酿、规定。下文将依循前文对事先裁定制度的税法逻辑和中国语境的阐析，回应本文第一部分所提出的前三个问题（第四个问题其实是制度理念问题，是应贯穿制度设计始终的，因此不在本部分再行赘述），以完善《修订草案》第四十六条的表述。

1. 关于"公共裁定"的问题

事先裁定的公示和"公共裁定"虽然是不一致的两个问题，但却有着紧密联系：前者主要是一个程序问题，具有监督税务机关依法行政的意思；后者则更是一个实体问题，关乎事先裁定的税法解释的本质和法律效力。当然，二者都会涉及纳税人信息保护的问题。如果很多纳税人均就某一类问题集中递交裁定申请，有助于税务机关发现和了解税法中急需明确和完善的热点难点。"对于公开裁定，大多数国家的做法都类似，都是抽离消除部分敏感细节，比如纳税人的身份，以及具体可能涉及秘密的商业信息。"②

---

① 李万甫. 提高税收立法质量的思考［M］. 中国税务，2011（7）.

② Advance Tax Ruling System［J］. International Financial Law Review，2008（11）.

选取与公众利益相关的裁定在刊物及新闻公报网页内公布，所公布的裁定只供一般参考之用。① 因此，本文认为前述国家税务总局在《税收个案批复工作规程（试行）》所采取的比较"低调委婉"的方式是可取的，当然如果尝试建立起"税务先例指导制度"在目前的情境下也并非激进，真正的难度在于如何有效地保护纳税人的身份和隔离敏感的商业信息。因此，立法表述可以为"对于有普遍适用性的事先裁定，经制作、公示后具有效力"。

2. 纳税人救济权利的问题

绝大多数国家不允许就事先裁定申请复议或起诉。一是法律救济的是已经发生损害的情况；二是纳税人可以通过交易不成就来避开不利的事先裁定；三是如果纳税人对税务机关的事先裁定的结果有异议，又不愿意不实施申请的事项，可以在以后的纳税评估、税收检查等环节中提出异议、申请复议或诉讼，而无必要对事先裁定本身提起复议和诉讼。在事先裁定中，纳税人的救济权利的剥夺在大多数情况下都具有正当合理性，即法律应当直接表述，防止出现由低位阶的法规剥夺具有宪法意义的救济权的奇怪现象。因此，建议立法可以增加表述为，"除法律法规另有规定外，申请人不得就事先裁定提起行政复议和行政诉讼"。

3. 关于事先裁定权分配的问题

如果事先裁定权由省一级税务机关掌握，那么事先裁定在中国语境下是否会极端异化为某种变相的税收优惠政策，因实践尚未正式铺开我们不得而知。但可以肯定的是，不同于税收优惠政策可以归类于"适当而正当的税收竞争"，② 事先裁定毕竟不是课税要素的法律制定和变更，而只是一种税法解释，所以应当对事先裁定采取更为保守克制的限制，尽量避免来自地方政府对其的影响和扭曲。"税政管理权限适度下放既是完善分税制的重要措施，又意味着新一轮税制改革的重点将转向地方税税制改革。""任何一个技术细节都会直接影响税收征纳双方的权利义务、税务机关的税收征收率和纳税人的税法遵从度。无论采取税收分成还是税权分散模式，都需要很高的立法智慧。"③ 所以，在立法决定"省以上税务机关"享有事先裁定权的同时，应考虑增加"事先裁定应保证税法的统一和一致"的表述。

如前文所指出的，除了以上问题外，更为根本性的法律问题是税法解释的合法性问题，当然这不是一部税收程序法《税收征管法》所能解决的问题。毕竟税法问题本质上都是宪法问题，税法中的疑难争端最终都可以在宪法上找到答案。所以，要根本性解决税法解释的诸多问题，使得事先裁定不至于遭到合法性质疑，恐怕需要所谓的"税收基本法"予以奠基。

---

① 香港特别行政区政府税务局. 税务条例释义及执行指引 [EB/OL]. http：//www.ird.gov.hk/chi/ppr/dip.htm#a31, 2015 - 04 - 01.
② 邢会强. 税收优惠政策之法律编纂——清理规范税收优惠政策的法律解读 [J]. 税务研究, 2014 (3).
③ 叶姗. 税权集中的形成及其强化：考察近 20 年的税收规范性文件 [J]. 中外法学, 2012 (4).

四、结论

以建立现代税收征管体系为目标的《税收征管法》的修订，[①] 确立的事先裁定制度无疑将推动我国税法的完善和发展。本文无意描绘事先裁定的全部内容，而是意在提出一个大致的法律构造，阐释部分核心法律问题，以明晰若干困惑和争议。那么，我国在《税收征管法》中引入事先裁定，究竟想要处理什么问题，现有的条文设计又遗留了什么问题没有（或者无法）解决，甚至创造了什么新问题，至此，已有了答案：事先裁定的法律实质和制度定位是一种税法解释和适用活动，其所要处理的是税法的不确定性问题。把它视为征管服务的主张，对于强调纳税人权利、构建和谐征纳关系当然有相当之价值，但不可以忽视其真实本质；而强行归类于行政指导或行政契约则较为片面。实际上事先裁定本就是税法生产之制度，而非行政法上的概念，无须强行将之归类于行政法上的行政行为类型，而应挖掘自身的税法涵意。目前的规则设计还存在很多问题有待解决，因此，应为事先裁定设定合法性基础，构建法律空间；具有典型意义（通常是与公众利益相关的）的事先裁定，可以以某种法定程序和形式上升为具有普遍约束力的税法解释；应当为事先裁定排除纳税人的行政复议和行政诉讼设置法律依据；在目前的情况下，若把事先裁定权力分散到省一级税务机关是一把双刃剑且不符我国的税法解释体制，可能会产生出新问题；但若出于效率考量坚持为之，应当要严格限定权限配置，并建立起保障税法解释统一、一致的有效机制。要使得事先裁定在实践中真正发挥良好的治理绩效，必须以纳税人权利保障为核心细致、充分地检讨每一项规则设计。总之，我们期待通过《税收征管法》的修订，税务机关走向权力、能力与责任的新均衡；而对于纳税人而言，通过事先裁定制度的实施，使得写在纸上的权利更好地变为现实权利。

---

① 施正文. 论《税收征管法》修订需要重点解决的立法问题［J］. 税务研究，2012（10）.

论税收预约裁定的法律性质及可诉性

■ 吴凌畅

中国人民大学　博士研究生

内容摘要：税收预约裁定在法律性质上是一种"以行政解释为中心的行政允诺行为"，如纳税人满足裁定约定事项但税务机关却拒绝履行裁定，此时税务机关的不作为行为具有可诉性。对于预约裁定可诉性的论证，不能仅仅参照现行行政诉讼体系下的"行政允诺"概念，还须从其的信赖保护功能及行政契约属性两方面进行分析。预约裁定诉讼的司法审查分为法律审和事实审，判决类型上则有履行判决、确认判决以及驳回原告诉讼请求判决三种形式。

关键词：税收预约裁定　行政解释　行政允诺　可诉性

2015 年 1 月 5 日国务院法制办公布的《中华人民共和国税收征收管理法修订草案（征求意见稿）》第四十六条提出："税务机关应当建立纳税人适用税法的预约裁定制度。"预约裁定制度虽是相较于现行税收征管法而言新增的制度设计，但因其为国外立法移植之产物，故在此之前便已进入税法学者的研究视野。"预约裁定"的英文名为 advance ruling，亦有学者翻译为"事先裁定"及"事前裁定"。截至 2017 年 6 月 28 日，以"预约裁定"或"事先裁定"或"事前裁定"或"预先裁定"为搜索项对中国知网的文献进行题名搜索，共可搜得学术期刊 25 篇、硕士论文 5 篇及报纸报道 22 篇，其中最早的相关文献为谭珩发表于《税务研究》1996 年第 7 期的《我国应推行税收事前裁定制度》，但大多数文献发表年度集中在 2014 年以后（其中题目包含"预约裁定"的文献更是全部集中在 2015 年之后）。

这 52 篇相关文献大多为对国外现行预约裁定制度的考察与借鉴，

鲜有从法学理论方面对税收预约裁定制度的法律性质进行详尽分析的研究成果。由于对税收预约裁定的基础理论缺乏研究，因此对于预约裁定的诸多延展性问题持"人云亦云"的态度，其中最具代表性的便是预约裁定的可诉性问题。在当前的学术研究中，绝大多数文献认为，应借鉴大多数国家的做法，我国在进行预约裁定的制度设计时也应将其排斥在行政诉讼之外。① 然而，本文试图论证的是，税收预约裁定制度在法律性质上是一种"以行政解释为中心的行政允诺行为"，该允诺行为虽然与我国现行立法体系下允许行政诉讼的"行政允诺"概念有所差异，但其具备了法律效果要素，所以仍然具有可诉性，并于此基础上对预约裁定行政诉讼的司法审查及判决类型进行初步的分析。

一、税收预约裁定的法律性质

（一）作为行政解释的预约裁定

依据《中华人民共和国税收征收管理法修订草案（征求意见稿）》（以下简称《征求意见稿》）第四十六条，纳税人对其预期未来发生、有重要经济利益关系的特定复杂事项，难以直接适用税法制度进行核算和计税时，可以申请预约裁定。根据当前学者的归纳，预约裁定是由税务机关关于特定纳税人就其未来交易安排所涉及的涉税事项如何适用税法而专门发布解释性文件的程序的总称。② 因此从性质上来看，税收预约裁定是一种行政解释。

对税法进行行政解释的制度需要源于法律的明确性要求。在法的实践过程中，明确性意味着必须依照事先确定的规则给予实然行为以法律后果，即"在行为与法律后果之间建立稳定的因果联系，并且法律规范应该明白清晰、减少漏洞和矛盾，如此才能使行为人事先预期自己行为的法律后果"。③ 其中，规则适用的明确性是法明确性原则的目的，而将纸面上的条文规则落实到具体的应用情境之中则需要法律解释作为桥梁。法律解释存在于法律制定通过之后的实施领域，未经付诸实施的法律不会有真实的而非想象的解释问题出现，也只有从具体的应用情境对解释的角度进行限定才使得法律解释成为一项具有可操作性的任务，④ 因此这类在具体行政执法工作中就法律如何应用进行的解释可称为"行政解释"。

而在当前，税法的复杂性使得相当部分的纳税人由于能力所限而无法准确判定自身交易事项存在的税收风险，税收预约裁定制度可为市场主体提供税法适用的明确性。从国外经验来看，预约裁定的运行模式可根据裁定主导机关的不同而分为两类：一类是以

① 较为明确地提出此观点的文献有：刘磊. 事先裁定制度研究 [J]. 税务研究，2012（9）；罗飞娜. 香港税务事先裁定制度特点及其对内地的启示 [J]. 税收经济研究，2015（4）；樊勇，韩文达. 我国税收事先裁定制度之完善 [J]. 国际税收，2016（4）. 等。

② 施正文.《税收征管法》修订中的法律难题解析 [J]. 税务研究，2015（8）。

③ 雷振斌，汪全胜. 立法的明确性及其限度——基于规则与标准的经济分析 [M] // 唐清利，编. 光华法学（第六辑）. 北京：法律出版社，2012：12.

④ 张志铭. 法律解释学 [M]. 北京：中国人民大学出版社，2015：161 - 162.

最早（1911 年）建立预约裁定制度的瑞典及印度为代表的司法模式，由司法机关或准司法机关主导实施，裁定文件具有判例法的属性；另一类则是以美国、澳大利亚为代表的行政模式，预约裁定由税务行政机关主导实施，行政机关不能创制而只能解释税法。以美国为例，美国的国内收入局（Internal Revenue Service，IRS）所发布的私人信件裁定（Private Letter Ruling，LTR）具有预约裁定性质，即是关于纳税人将来从事交易之涉税问题的解释，从而帮助纳税人更好地遵从税法。① 我国本身并不属于判例法国家，且在拟实施的预约裁定制度中将实施机关界定为"省以上税务机关"，自然应为预约裁定运行模式中的行政模式，而行政机关在预约裁定中对适用税法所作出的法定权限之内的解释自然亦应为"行政解释"。

需要说明的是，预约裁定这一新型的行政解释与以往一般意义上的行政解释——"由上级税务机关依据法律的明确授权或依职权就税法的适用执行向下级机关发布的命令、指导中有关税法条文、税法规范、税法概念、税法原则等所作的解释"② 有所不同。税收预约裁定制度与一般意义上的行政解释相比，无论是从申请机制还是从效力约束来看都具有特定性，因而也更符合税法解释的目标。因为税法解释的目标"不在于探求法律文本的原意，而在于将立法中抽象的正义转化为适合于个案判决的具体的正义"③。

（二）作为行政允诺的预约裁定

德国将税收预约裁定视为政府"允诺"，④ 因此可以借鉴德国行政法中关于行政允诺的相关理论对预约裁定制度进行分析。1962 年，德国法学会于汉诺威召开第 44 届年会，会议主题即是"现行公法上有关告知及承诺的原则是否应予维持"，行政允诺（zusage）成为通常意义上的法学术语，而会议决议将此定义为"行政机关有权对外作成特定的公权力措施，其本身有权基于人民涉及将来的措施之承诺行为，是一种事先给予的将来拘束"。⑤ 在德国学者看来，"允诺"是行政机关以一定方式在将来做某事或不做某事的单方意思表示。⑥ 而德国的联邦行政法院则将行政允诺定义为"行政机关以约束的意思对将来的作为或者不作为自我设定主权性义务的行为"。⑦

在税收预约裁定中，我们可将税务机关作出裁定看作是税务机关对将来有可能发生之交易征税事项设定义务的自我约束行为。依据《征求意见稿》，纳税人遵从预约裁定而出现未缴或少缴税款的，免除缴纳责任。如前所述，当前税法的复杂性使得税法行政解释具有存在的必要性，而税务行政机关在行政解释的过程中又具有一定的裁量权。由于预约裁定作出之后，该份裁定在税务机关及特定纳税人之间便存在效力，只要纳税人

① 樊勇，韩文达. 我国税收事先裁定制度之完善 [J]. 国际税收, 2016（4）: 11.
② 伍劲松. 我国税法行政解释制度之反思 [J]. 税务研究, 2010（3）: 69.
③ 陈少英, 曹晓如. 论税法解释的目标 [J]. 税务研究, 2008（1）: 54.
④ 虞青松. 构建税务事先裁定制度 [N]. 中国社会科学报, 2013 – 11 – 20（A07）.
⑤ 袁文峰. 论行政承诺型式化 [J]. 政治与法律, 2014（8）: 54.
⑥ ［德］平特纳. 德国普通行政法 [M]. 朱林, 译. 北京: 中国政法大学出版社, 1999: 124.
⑦ 见《联邦行政法院判决汇编》第 26 卷, 第 31 页、第 36 页, 转引自: ［德］哈特穆特·毛雷尔. 行政法学总论 [M]. 高家伟, 译. 北京: 法律出版社, 2000: 215.

的实际交易活动完全符合预约裁定所规定之交易事实，那么税务机关就必须按照预约裁定中约定的方法对税法进行解释并征收税款，因此此时对于税务机关按照其他方法对该交易事项进行税法解释的行政裁量权就进行了限制。

行政允诺具有单方性、授益性及非强制性三大特征，[1] 这些特征也在税收预约裁定制度上得以充分体现。从单方性来看，预约裁定程序虽然是经特定纳税人申请而启动，但预约裁定是否作出解释及作出何种解释，只受到相应职权范围的规定而无须事先征求相对人的同意。例如，《中华人民共和国香港特别行政区税务局税务条例释义及执行指引》（第 31 号）第七条规定了税务局局长可以拒绝作出裁定的 4 种情形，第八条规定了局长不得作出裁定的 5 种情形，第九条则列举了裁定申请一般会遭到拒绝的 6 种情形。[2] 从授益性来看，预约裁定行为的内容是授予相对人一定的利益，这种利益是相对人在进行特定交易事项时税法确定性适用的信赖利益，后文将会对此进行详述。从非强制性来看，预约裁定本质上属于行政指导，不具有行政上的强制力。[3] 在预约裁定行为作出过程中，税务机关不可将自己的意志强加于相对人一方，相对人享有一定程度的意志自由。如果相对人认为执行该预约裁定于己不利，可以不按照裁定的方式进行交易，其并不负有一定按照约定事项进行交易安排的义务。

二、税收预约裁定的可诉性

在我国，行政诉讼的诉讼标的是具体行政行为。顺承上文德国法关于行政允诺的分析，行政允诺是否是行政行为在德国行政法学界一直是一个有争议的问题。德国法中的行政行为具有处理的属性，其是一种以实现某种法律后果为目的的意思表示，法律后果表现为法律权利或者义务的设定、变更、解除或者具有法律约束力的确认以及确定某个财产的法律归属等。[4] 据此出发，一种观点以设立义务的特性为出发点，认为许诺具有处理性，属于行政行为；另一种观点认为，许诺没有包含处理行为，而只是答应实施处理行为。[5] 这一分歧随着《联邦德国行政程序法》的出台而暂时划上休止符。该法第三十八条对"行政允诺"作出了规定，第 1 款的开头为："有权行政机关作出的有关以后作出特定行政行为或不作为的允诺，需具有书面方式方为有效。"从《联邦德国行政程序法》第三十八条第 1 款第 1 句的措辞来看，许诺的内容是以后作出行政行为，因此，许诺本身不是行政行为，而是行政前行为。[6]

反观我国的立法实践，早在 2004 年《最高人民法院关于规范行政案件案由的通知

① 闫尔宝. 行政行为的性质界定与实务 [M]. 北京：法律出版社，2010：267 – 268.

② http：//www. ird. gov. hk/chs/pdf/sc_dipn31. pdf，访问时间：2017 年 6 月 28 日。

③ 王明世. 税收预约裁定制度：路径与方法选择 [M]. 北京：中国税务出版社，2016：6.

④ [德] 哈特穆特·毛雷尔. 行政法学总论 [M]. 高家伟，译. 北京：法律出版社，2000：183.

⑤ [德] 哈特穆特·毛雷尔. 行政法学总论 [M]. 高家伟，译. 北京：法律出版社，2000：215 – 216.

⑥ [德] 汉斯·J. 沃尔夫，[德] 奥托·巴霍夫，[德] 罗尔夫·施托贝尔. 行政法 [M]. 第二卷. 高家伟，译. 北京：商务印书馆，2002：143.

（法发〔2004〕2 号）便在文末附录的"行政行为种类"中列举了"行政允诺"；2009年，最高人民法院印发的《关于依法保护行政诉讼当事人诉权的意见》（法发〔2009〕54 号）更是提出："要依法积极受理行政给付、行政监管、行政允诺、行政不作为等新类型案件。"然而，当前我国行政允诺案件多为招商引资过程中或政府实施公共管理时允诺特定相对人达到特定条件时所给予的奖励或补助，[①] 如法院系统就将"行政允诺"认定为"行政主体为履行自己的行政职责，向不特定相对人发出的，承诺在相对人实施了某一特定行为后由自己或自己所属的职能部门给予该相对人物质利益或其他利益的单方意思表示行为"，[②] 与本文所讨论的税收预约裁定仍有较大差别。因此，虽然税收预约裁定的法律性质是行政允诺行为，但与我国现行立法语境下的"行政允诺"概念并不相符，简单地将行政允诺可诉性的规定照搬至预约裁定，无异于"张冠李戴"。所以，应对税收预约裁定的本质属性进一步地提炼，并在提炼的过程中对预约裁定的可诉性展开分析。

当前学界普遍认为税收预约裁定应排斥在行政诉讼之外，典型的原因如下：其一，预约裁定决定的是特定纳税人尚未发生的事项，因此不存在纳税人受到损害的事实；[③] 其二，预约裁定的效力主要针对税务机关，纳税人如果对预约裁定存有异议的话，可以直接改变交易行为而不受预约裁定的约束；[④] 其三，预约裁定是行政程序决定税法适用的服务程序而非立法的组成部分，允许就预约裁定起诉反而可能对改进纳税服务产生不利影响。[⑤] 与这些观点相反，本文认为：预约裁定的可诉性并不针对裁定本身，而是讨论在税务机关不履行裁定时提起诉讼的可能性；预约裁定在作出之时就已经为特定纳税人提供了一种信赖利益，此种信赖利益受到法律的保护；进一步，可以将预约裁定看作是税务机关对于特定纳税人所发要约的承诺，双方之间形成了一种行政上的契约关系，此种契约为税务机关设定了行政法上的意定义务。

（一）预约裁定之信赖保护

《中华人民共和国行政诉讼法》第十二条对可以提起行政诉讼的行政行为进行了列举，最后的兜底条款阐明了公民、法人或其他组织认为行政机关侵犯其他人身权、财产权等合法权益的，可以提起行政诉讼。也就是说，被可诉行政行为侵犯的合法权益亦可能是除了人身权、财产权之外的其他权利。依据《最高人民法院关于执行〈中华人民共和国行政诉讼法〉若干问题的解释》第一条第二款的规定，"对公民、法人或者其他组织权利义务不产生实际影响的行为"不属于人民法院行政诉讼的受案范围。反之则可

---

① 作为例证，本文于裁判文书网以"行政允诺"作为关键词进行全文搜索，共可搜得 170 个结果，其中与"奖励"及"补助"有关的结果共有 84 个（以上搜索时间均为 2017 年 6 月 29 日）。

② 见《张洪齐上诉北京市人民政府其他一案》〔(2015) 高行立终字第 04257 号〕。法院系统在裁判文书上所体现的相同观点还可见《岳阳市金皇房地产开发有限公司与岳阳经济技术开发区管理委员会行政允诺二审行政裁定书》〔湘高法行再终字第 12 号〕；《杭州联庄实业投资有限公司与杭州高新技术产业开发区管理委员会、杭州市滨江区人民政府不履行法定职责二审行政裁定书》〔(2016) 浙行终 319 号〕等。

③ 熊晓青. 事先裁定热点问题研究 [J]. 国际税收, 2016 (4)：8.

④ 樊勇, 韩文达. 我国税收事先裁定制度之完善 [J]. 国际税收, 2016 (4)：12.

⑤ 刘磊. 事先裁定制度研究 [J]. 税务研究, 2012 (9)：48.

认为，只要行政相对人认为行政机关的行为对其权利义务产生了实际影响，则属于行政诉讼的受案范围。在税收预约裁定中，当税务机关不履行预约裁定时，即使不履行裁定的征税方法才是对税法的正确适用，但其已经实际影响了纳税人的信赖利益，对此信赖应予以保护。

法治行政过程当中，在行政主体作出具有一定授益性及可预见性的行为之后，公民、法人或其他组织会对此产生正当合理的信赖，行政主体理应对此信赖加以保护。[①]事实上，信赖保护正是税收预约裁定制度的基石。纳税人出于对预约裁定的信赖而筹划了自身的交易安排，从而使得纳税人可以将预期未来的税收负担作为一个确定的因素纳入企业财务管理的考虑范围之内，这正是预约裁定制度对于纳税人而言的积极意义。虽然拟修订的税收征管法规定了预约裁定对于税务机关的约束力，但这并不能成为预约裁定不可起诉（或没必要起诉）的理由。正如诸多可诉行政行为最终被法院判定为违法行政行为一样，在税务机关本身已不履行预约裁定的情况下，仅仅依靠行政内部救济渠道无法切实保障纳税人的合法利益，行政之外的司法救济才能为纳税人权利保护打开广阔的空间，而此时法律中关于预约裁定约束力的规定恰恰可以成为法院裁判的依据。

（二）预约裁定之契约属性

从行政契约论的角度来看，纳税人与税务机关之间达成的预约裁定类似于具有契约属性的行政协议，此类协议与传统的民事合同存在许多相似之处。可将纳税人申请预约裁定看作是要约，税务机关作出裁定视为承诺，因此在税务机关作出裁定之时合同便已成立。但需要注意的是，预约裁定更类似于附生效条件的民事合同，生效条件即为裁定中所约定的交易事项。只有当纳税人按照约定事项进行交易安排时，合同方才生效，生效的合同对于纳税人和税务机关均产生约束力，税务机关如若不按照裁定进行征税则构成违约行为，违反了其因意思表示而为自身所设定的行政法上的意定义务。

在现代行政之下，随着多元化行政手段的应用，行政主体的义务来源亦日趋多元化，并非只有法律规定一条路径，还可通过与行政相对人缔结行政契约而产生。责任的基本含义是违反或不履行义务所产生的后果，因此责任与义务如影随形，二者存在着主体、形式及程度三方面的对应关系。[②]观之我国《中华人民共和国行政诉讼法》（以下简称《行政诉讼法》）第七十八条，行政机关不依法履行、未按照约定履行或者违法变更、解除行政协议的，人民法院判决被告承担继续履行、采取补救措施或者赔偿损失等责任；行政机关变更、解除行政协议合法，但未依法给予补偿的，人民法院判决给予补偿。更进一步来看，预约裁定制度使得税务机关针对企业涉税事项由事后征缴变为事先预估裁定，有助于提高征税的行政效率，而行政效率又是税务行政管理的基本目标，[③]因此完全可以依照《最高人民法院关于适用〈中华人民共和国行政诉讼法〉若干问题

① 王贵松. 行政信赖保护论 [M]. 济南：山东人民出版社，2007：36 - 37.
② 杨解君. 中国大陆行政法的革命——契约理念的确立及其展开 [M]. 台湾：元照出版有限公司，2009：289 - 291.
③ 朱晓波. 税务行政管理目标模式的确立及相关要件选择 [D]. 大连：东北财经大学，2002：35.

的解释》第十一条的规定，将预约裁定定性为"行政机关为实现行政管理目标，在法定职责范围内，与公民、法人或者其他组织协商订立的具有行政法上权利义务内容的协议"，而此类协议无疑属于人民法院应当受理的行政诉讼立案范围。

三、税收预约裁定诉讼的司法救济

（一）预约裁定的司法审查

行政诉讼的司法审查侧重于法律审。虽然税收预约裁定诉讼是针对税务机关不履行裁定之行为提起的诉讼，但仍然要对该行为的依据——预约裁定本身的合法性进行审查。预约裁定的法律性质为行政解释，税务机关应在不与上位法抵触的前提下对税法适用作出解释。然而，税务问题属于高度复杂的专业领域，在当前法院税务案件审判经验尚缺的情形下，法院是否尊重行政解释成为专业领域中行政解释的司法审查所面临的主要问题。

1984年美国的谢弗林案[1]可以给予我们一定的启示。该案中，美国联邦最高法院提出了"两步法"来审查行政解释的效力，由此确立了著名的"司法尊重原则"：第一步，审查美国国会是否就所涉及的问题进行过准确的说明，如果有的话则应服从于国会明确表明的意图，如若没有则进入下一步；第二步，法院判断行政机关的解释是否基于一种允许的法律解释框架之下，只要行政机关的解释合理，法院就应予以尊重。[2] 司法尊重原则实际上是法院对于行政机关专业能力的尊重，在现代行政权广泛存在的背景下，行政机关由于专长于某一领域，在理解法律方面具有独特的优势，法院理应对行政机关作出的行政解释表示尊重，这种司法权对于行政权的尊重在税收领域也应存在。所以，在税收预约裁定审判的过程中，对于税务机关在裁定中对税法适用所作出的相对合理的解释，法院可以去尊重和考量。但是，在司法独立尚存问题的我国，也要注重强调法院应该保持自身独立判断的能力，且这种能力应随着税务案件审判经验的积累而逐步提升。

另外，预约裁定诉讼的司法审查还应包括事实审，主要审查的是纳税人的交易事项是否符合预约裁定的条件。在预约裁定诉讼的事实审查中，着重审查纳税人已进行交易的具体内容，是否属于一系列交易事项的一部分，以及与已进行交易有关的事实等内容，以便对预约裁定是否适用于该交易作出准确判断。需要说明的是，预约裁定司法审查中的法律审与事实审并非存在着泾渭分明的界限。正如美国联邦最高法院大法官威尔逊说的那样："在许多案件中，法律审与事实审水乳交融无法区分，在这种情况下对每一个问题的裁定必然涉及另一个问题的裁定……法律与事实的区别常常不是令人明白的

① Chevron USA v. Natural Resources Defense Council, Inc 467 U. S. 837, 104 S. Ct. 2778, 81 L. Ed. 2d 694, 21 ERC 1049（1984）
② 高秦伟. 政策形成与司法审查——美国谢弗林案之启示［J］. 浙江学刊, 2006（6）：144.

标准，永远不能自行划清界限。"①

（二）预约裁定的判决类型

根据我国行政诉讼法和最高人民法院的司法解释，我国行政诉讼判决包括维持判决、撤销判决、履行判决、变更判决、确认判决和驳回原告诉讼请求判决等六种形式的判决。结合预约裁定的法律性质及被诉行为，针对税务机关不履行预约裁定的诉讼案件，法院可以作出履行判决、确认判决以及驳回原告诉讼请求判决。

其一，履行判决。依据《行政诉讼法》第七十八条的规定，行政机关不依法履行、未按照约定履行行政协议的，人民法院判决行政机关承担继续履行、采取补救措施或者赔偿损失等责任。依据《中华人民共和国税收征收管理法》的规定，纳税人在提起行政诉讼之前存在着"纳税前置"。如法院认为预约裁定合法有效且纳税人的交易事项确乎符合裁定约定的，应判决税务机关履行预约裁定，税务机关应向纳税人返还多缴纳的税款并且向纳税人赔偿多缴纳的税款在此期间所产生的利息损失（建议按同期银行贷款利率计算）。另外，如果税务机关在预约裁定中对税法作出的行政解释与上位法相抵触，但在纳税人属于善意不知情的情况下，基于信赖保护原则，法院仍应作出履行判决。

其二，确认判决。依据《最高人民法院关于执行〈中华人民共和国行政诉讼法〉若干问题的解释》第五十七条的规定，被诉具体行政行为违法但不具备可撤销内容，或被诉具体行政行为依法不成立的，人民法院应当作出确认被诉具体行政行为违法或无效的判决。预约裁定诉讼中，虽然纳税人起诉的是税务机关不履行裁定的行为，但该行为的依据乃在于预约裁定；如果裁定本身不成立的话，不履行裁定的行为便成为了"无本之末"，自然也不成立，此时法院应作出确认无效判决。此情形发生于纳税人和税务机关双方恶意串通达成预约裁定之时，虽然在恶意串通之时少有纳税人提起诉讼（对此种情况还须有其他机制进行预防），但仍不可排除发生的可能性。另外，当税务机关在预约裁定中作出的行政解释不合法，但纳税人的交易事项也不符合裁定约定的，此时即使撤销税务机关不履行裁定的行为亦无实际意义，法院应作出确认违法判决，以纠正税务机关的违法行为。

其三，驳回原告诉讼请求判决。依据《行政诉讼法》的司法解释，当相对人起诉被告不作为理由不能成立时，人民法院应当判决驳回原告的诉讼请求。因此，当税务机关作出的预约裁定合法有效，但纳税人的交易事项不符合裁定约定时，税务机关不履行预约裁定的行为具有正当性，纳税人起诉税务机关不作为的理由不能成立，法院应判决驳回原告诉讼请求。

四、结语

2011 年全国税务系统依法行政会议就曾提出："要健全矛盾纠纷防范和化解机制，改

---

① ［美］伯纳德·施瓦茨. 行政法［M］. 徐炳，译. 北京：群众出版社，1986：556.

进执法方式，积极探索和运用行政指导、行政合同、服务、疏导、教育等柔性执法手段。"① 所谓柔性行政方式，指的是"行政机关实施的不具有强制命令性质的非权力作用性的行政活动方式"②。柔性执法具有着非强制性、互动性、平等性及灵活性四大特征，这些特征在税收预约裁定制度中都得到了淋漓尽致的体现。在转变经济发展方式、行政管理模式和政府法制转型、建设服务型政府和行政民主化的潮流中，税收柔性执法是税收执法未来转变的发展方向，而依法治税原则要求税务机关的任何活动都要在法律的框架内运行，税收柔性执法自然也不例外。针对当前税收柔性执法制度有待完善的现状，有学者提出"通过修订《行政复议法》《行政诉讼法》等法律制度，把因柔性执法方式造成纳税人损害的事项纳入到受理范围，以保护纳税人的合法利益"③。本文的研究视角与此类似。

然而，本文秉持的乃是解释论而非立法论的立场，仅力图在行政法理论及现行行政法的框架下对预约裁定的法律性质及可诉性进行分析。当前的研究普遍认为税收预约裁定不具有可诉性，这实际上是未深入行政法内部对预约裁定的法律性质进行挖掘的结果。财税法学在研究的过程中，需要更多地和其他部门法相结合，方能显示其"领域法学"的独特魅力。

---

① 全国税务系统依法行政会议召开，[EB/OL]. [2017-06-30] http：//www.chinatax.gov.cn/n810209/n810575/n811946/n812012/c1076195/content.html.

② 莫于川. 创新行政管理方式与转变经济发展方式——从建设服务型政府、推行柔性行政方式的视角 [J]. 四川警察学院学报，2012 (3)：5.

③ 田志明，侯昭华. 税收柔性执法探析 [J]. 税务研究，2015 (4)：89.

资源税改革的法治逻辑[①]

■ 张成松

武汉大学法学院经济法专业　博士研究生

内容摘要：资源税承载着筹集财政资金、平衡环境利益、保障能源安全、实现生态公平等多重功能，根本目的在于达成财政、环境和社会的永续。2016年《关于全面推进资源税改革的通知》明确矿产资源补偿费等收费基金适当并入资源税，将水资源税纳入改革试点，推行从价计征改革等，成为继营改增改革之后的又一大税制变迁及实践。目前，资源税改革与理想的税制模式尚有差距，需要明确资源税的目的取向，要更多地彰显地方税权，赋予地方一定的财政自主权，夯实改革的法治基础。与此同时，资源税制设计时要充分考虑与能源税、环境税、消费税等相关税种的协调，注重与相关税种的协同立法。唯有如此，各税种（税目）之间方能正向运行，资源税的财政、环保与纳税人权利保护目标亦才能实现。

关键词：资源税　水资源税　地方税权　协同立法　法治

环境问题的根源是制度失灵，而最常见的制度失灵是"市场失灵"和"政府失灵"。作为一种环境财政工具，资源税在环境保护领域市场失灵和政府失灵上极具价值与意义。众所周知，资源具有稀缺性，在经济发展与人口、自然资源、环境的矛盾冲突之下必须寻求资源的可持续发展，而课征资源税是其中的重要一环。因为它既能促进资源的合理开发与使用，提高生活质量，也同环境承载能力相协调，充分体现发展与环境是一个有机整体的动态过程。[②] 2016年5月10日，财政部、

---

① 本文原载于《当代经济管理》2017年第8期。
② 杨艳琳. 资源经济发展 [M]. 北京：科学出版社，2004：96。

国家税务总局联合发布《关于全面推进资源税改革的通知》（财税〔2016〕53 号），明确自 2016 年 7 月 1 日起全面推进资源税改革。并且，为切实做好资源税改革工作，《财政部　国家税务总局关于资源税改革具体政策问题的通知》（财税〔2016〕54 号）对资源税计税依据、适用税率的确定、资源税优惠政策及管理、共伴生矿产的征免税的处理、资源税纳税环节和纳税地点等问题做了具体规定。

诚然，"全面推进资源税改革"既是财税体制改革的重要内容，也是促进经济结构转型，实现经济、环境与社会永续发展的重大实践。一方面，资源税改革不仅有利于缓解油气资源税从量定额的计征方式与油气高价格之间的矛盾，改变资源税税负过低问题；另一方面，能够促使资源所在地分享到更多的资源开发收益，给地方治理污染、保护气候及环境等相应事项提供经费补助，进而达成资源税的环保功能。然则，"全面推进资源税改革"有何进步？存在哪些问题？比如河北省水资源税改革试点是费改税还是单独新设税目？水资源费改税需要什么样的基本准则？再如，改革中提及税率的规定，是否蕴含着地方税收立法权？税率的备案模式是否为未来税收立法提供了一种值得借鉴的法定化思路？等等。为此，本文基于"全面推进资源税改革"的现实语境与应然目标，聚焦资源税改革研究，其分析逻辑如下：其一，分析资源税改革的制度实践，梳理并找寻资源税改革的规律性共识；其二，分析资源税改革的目标导向，指出资源税的调控功能由财政收入向环保目的的倾斜（彰显绿色税制）；其三，根据资源税征收范围的拓展，分析水资源税改革试点的制度实践；其四，分析资源税改革中的中央与地方的关系，提出在改革中凸显地方税权；其五，提出资源税改革要注重与环境保护税类的协同立法，应寻求税制改革的整体化效用，以实现纳税人权益的有效保护。

一、资源税改革的制度实践

回顾我国资源税改革的演进历程，从 1984 年开始，历经多次调整，其征税范围不断扩大、税率逐步提高，计税依据亦实现了从超额利润到从价课征的转变。1982 年 1 月，国务院发布了《中华人民共和国对外合作开采海洋石油资源条例》，其中第九条规定，"参与合作开采海洋石油资源的中国企业、外国企业，都应当依法纳税，缴纳矿区使用费"。1984 年，国务院发布的《中华人民共和国资源税暂行条例》首次确立资源税制度，并决定先对开采石油、天然气和煤炭的企业开征资源税，征收基数是销售利润率超过 12% 的利润部分。1986 年 3 月 19 日，六届全国人大常委会第十五次会议通过并公布了《中华人民共和国矿产资源法》，其中第五条规定"国家对矿产资源实行有偿开采。开采矿产资源，必须按照国家有关规定缴纳资源税和资源补偿费"。从此，税费并存的制度以法律的形式正式确立下来。

20 世纪 90 年代，在全国财税体制改革的大背景下，资源税制历经重大调整，国务院于 1993 年发布了《中华人民共和国资源税暂行条例》和《中华人民共和国资源税暂行条例实施细则》。它秉承"普遍征收，级差调节"的原则，以从量定额的计征方式，对原油、天然气、煤炭、其他非金属矿原矿等应税矿产品和生产盐的单位和个人征收资源税，从而也构建起了我国现行资源税的主体框架。国家税务总局印发《资源税若干问题的规定》《财政部 国家税务总局关于调整石灰石 大理石和花岗石资源税适用税额的通知》（国税发〔1994〕15 号），对自产自用产品、资源税扣缴义务人适用税额、新旧税制衔接等做了具体规定。从此之后，资源税的制度框架基本保持不变，它的变化主要在于提高税额。例如，2003 年，调整石灰石、大理石和花岗石的税额标准《财政部 国家税务总局关于调整石灰石 大理石和花岗石资源税适用税额的通知》（财税〔2003〕119 号）；2004 年调整山西、内蒙古境内煤炭资源税税额《财政部 国家税务总局关于调整山西等省煤炭资源税额的通知》（财税〔2004〕187 号）；2005 年提高煤炭资源税适用税额《财政部 国家税务总局关于调整河南省煤炭资源税税额标准的通知》（财税〔2005〕79 号）、《财政部 国家税务总局关于调整安徽省煤炭资源税税额标准的通知》（财税〔2005〕80 号）、《财政部 国家税务总局关于调整宁夏回族自治区煤炭资源税税额标准的通知》（条款失效）（财税〔2005〕81 号）、《财政部 国家税务总局关于调整重庆市煤炭资源税税额标准的通知》（财税〔2005〕82 号）、《财政部 国家税务总局关于调整贵州省煤炭资源税税额标准的通知》（财税〔2005〕83 号）、《财政部 国家税务总局关于调整云南省煤炭资源税税额标准的通知》（财税〔2005〕84 号）、《财政部 国家税务总局关于调整福建省煤炭资源税税额标准的通知》（财税〔2005〕85 号）、《财政部 国家税务总局关于调整山东省煤炭资源税税额标准的通知》（财税〔2005〕86 号）、《财政部 国家税务总局关于调整湖北省煤炭资源税税额标准的通知》（财税〔2005〕169 号）、《财政部 国家税务总局关于调整湖南省煤炭资源税税额标准的通知》（财税〔2005〕170 号）、《财政部 国家税务总局关于调整广东省煤炭资源税税额标准的通知》（财税〔2005〕171 号）、《财政部 国家税务总局关于调整内蒙古自治区煤炭资源税税额标准的通知》（财税〔2005〕172 号）、调整油田企业原油、天然气资源税税额标准《财政部 国家税务总局关于调整原油天然气资源税税额标准的通知》（财税〔2005〕115 号）、调整钼矿石、锰矿石资源税适用税额标准《财政部 国家税务总局关于调整钼矿石等品目资源税政策的通知》（财税〔2005〕168 号）；2006 年恢复对有色金属全额征收资源税，调整铁矿石的减税政策，提高岩金矿资源税的税额标准，提高煤炭资源税的适用税额标准《财政部 国家税务总局关于调整江西省煤炭资源税税额标准的通知》（财税〔2006〕37 号）、《财政部 国家税务总局关于调整江苏省资源税税额标准的通知》（财税〔2006〕38 号）、《财政部 国家税务总局关于调整陕西省煤炭资源税税额标准的通知》（财税〔2006〕39 号）、《财政部 国家税务总局关于调整黑龙江省煤炭资源税税额标准的通知》（财税〔2006〕40 号）、《财政部 国家税务总局关于调整甘肃省煤炭资源税税额标准的通知》（财税〔2006〕106 号）、《财政部 国家税务总局关于调整吉林省煤炭资源税适用税额标准的通知》（财税〔2006〕131 号）、《财政部 国家税务总局关于调整四川省煤炭资源税适用税额标准的通知》（财税〔2006〕136 号）、《财政部 国家税务总局关于调整河北省煤炭资源税适用税额标准的通知》（财税〔2006〕137 号）、《财政部 国家税务总局关于调整辽宁省煤炭资源税适用税额标准的通知》（财税〔2006〕138号）；统一全国钒矿资源税的税额《财政部　国家税务总局关于钒矿石资源税有关政策的通知》（财税〔2006〕120号）；2007年，提高焦煤税额《财政部　国家税务总局关于调整焦煤资源税适用税额标准的通知》（财税〔2007〕15号），调整盐资源税税额《财政部　国家税务总局关于调整盐资源税适用税额标准的通知》（财税〔2007〕5号），大幅提高铅锌矿、铜矿石、钨矿石税额标准《财政部　国家税务总局关于调整铅锌矿石等税目资源税适用税额标准的通知》（财税〔2007〕100号），最高涨幅达到了原有标准的16倍；2008年，调整硅藻土、玉石等部分矿产品的资源税税额标准《财政部　商务部　国家税务总局关于老长贸合同适用出口退税政策的通知》（财税〔2008〕91号）。

　　进入21世纪以来，为调节资源短缺与浪费严重之间的矛盾，促进资源合理开发利用，政府颁布了一系列旨在提供矿产资源税负的调控措施和征管政策，对资源税制的完善起到了积极的促进功效。2007年，中共十七大首次把"建设生态文明"写入党的报告，要求"坚持节约资源和保护环境的基本国策"，加强能源资源节约和生态环境保护，增强可持续发展能力，促进国民经济又好又快发展。2009年，国务院批准的国家发改委《2009年深化经济体制改革工作的意见》明确提出：研究制订并择机出台资源税改革方案。《中华人民共和国国民经济和社会发展第十二个五年规划纲要》（2010）也以专章专节论及"推进环保收费制度改革"，指出："建立健全污染者付费制度，提高排污费征收率。改革垃圾处理费征收方式，适度提高垃圾处理费标准和财政补贴水平。完善污水处理收费制度。积极推进环境税费改革，选择防治任务繁重、技术标准成熟的税目开征环境保护税，逐步扩大征收范围。"2010年6月，财政部、国家税务总局公布《新疆原油天然气资源税改革若干问题的规定》，涉及原油和天然气两大资源，将计征方式从量计征改为从价计征，明确资源税按资源品销售收入的5%征收，从而实现了资源税与资源品价格的挂钩，引导企业进一步合理开发利用资源。换句话说，新疆资源税改革意味着我国酝酿数载的资源税改革，以新疆先行的方式正式拉开改革大幕，继而推广到西部12个省区市。正如财政部财科所所长贾康所言，"新疆资源税改革试点的正式启动，标志着我国资源税改革取得重大进展"[①]。

　　2011年11月，修改后的《中华人民共和国资源税暂行条例》开始施行，资源税改革推广至全国，在从量定额计征基础上增加从价定率的计征办法。2012年，党的十八大报告指出要"大力推进生态文明建设"，"深化资源性产品价格和税费改革"，"着力推进绿色发展、循环发展、低碳发展，形成节约资源和保护环境的空间格局"。且2012年年底召开的全国财政工作会议明确指出，2013年将继续推进资源税改革，扩大资源税从价计征范围。党的十八届三中全会更是明确要"加快资源税改革，推动环境保护费改税"，"实行资源有偿使用制度和生态补偿制度"。《中华人民共和国国民经济和社会

---

　　① 新疆资源税改革先行试点正式拉开全国改革大幕 [EB/OL]. [2016 - 07 - 16] http：//www. gov. cn/jrzg/2010 - 06/02/content_1619224. htm.

发展第十三个五年规划纲要》亦提出"实施资源税从价计征改革，逐步扩大征税范围"，"开征环境保护税"。2016 年 5 月 10 日，财政部、国家税务总局联合对外发文《关于全面推进资源税改革的通知》（财税〔2016〕53 号）（以下简称财税〔2016〕53 号文件），明确自 2016 年 7 月 1 日起全面推进资源税改革。通过将水资源税纳入改革试点，逐步将其他自然资源纳入征收范围、全面实施清费立税、从价计征改革，理顺资源税费关系，有效发挥税收杠杆调节作用，促进资源行业持续健康发展。并且，为切实做好资源税改革工作，《财政部　国家税务总局关于资源税改革具体政策问题的通知》（财税〔2016〕54 号）（以下简称财税〔2016〕54 号文件）对资源税计税依据、适用税率的确定、资源税优惠政策及管理、共伴生矿产的征免税的处理、资源税纳税环节和纳税地点等问题做了具体规定。总体来看，资源税改革是税制变迁的一部分，它不仅"与政治、经济、社会等要素密切关联，更与法律要素须臾不可分割"①。可以说，资源税改革的历程，就是税收法治不断走向现代化的过程。

二、资源税改革的目标导向：从财政目的到环境保护

资源税是以各种应税自然资源为课税对象而征收的一种社会目的税，旨在调节资源的级差收入，体现国有资源的有偿使用，促进国家资源的合理开发，提高经济效益。资源税的征收是建立在各个地区的资源结构和开发条件存在不同程度之上的，因此，资源税按其本身的性质可区分为一般资源税和级差资源税，体现税收政策的"普遍征收，级差调节"特质，即所有开采者开采的所有应税资源都应缴纳资源税；开采中、优等资源的纳税人还要相应多缴纳一部分资源税。② 在理论上，资源税承载着平衡环境利益、保障能源安全、实现生态公平的多种功能目标，征收资源税就是要减缓资源耗竭速度、减缓气候变迁的程度、矫正负的外部性，有助于资源的可持续发展。换句话说，资源税课征的必要性在于达成环境、社会的永续，可行性在于回应社会永续，效益性在于促进环境、社会和财政的永续。③

然则，资源税的性质究竟是财产税还是环境税？既有学者认为资源税是财产税的一种④，也有学者认为资源税属于环境税⑤，甚有观点认为资源税是与商品税、所得税、财产税等并行的一种单独税种。⑥ 实际上，资源税更多地体现了财产税的特点，最初也被界定为财产税的一种。但亦不难发现，随着环境保护意识的不断增强，资源税的立法目的正由传统的财政目的向环保目的倾斜，对资源保护、合理开发与利用等具有环境因

---

① 张守文. 税制变迁与税收法治现代化 [J]. 中国社会科学，2015（2）.
② 邓保生. 环境税开征立法问题研究 [M]. 北京：中国税务出版社，2014：62 - 64.
③ 邓为元. 公课理论之研究——以收取原则为中心 [D]. 台湾：台湾大学法律学研究所，2008.
④ 刘剑文. 财税法学研究述评 [M]. 北京：高等教育出版社，2004：364.
⑤ 徐孟洲，等. 财税法律制度改革与完善 [M]. 北京：法律出版社，2009：242.
⑥ 刘佐. 中国税制五十年 [M]. 北京：中国税务出版社，2000：31.

素和目的的环保特质越发凸显。只不过在时下的中国尚未完成，资源税依然具有很强的财产税特征，是地方财政收入的重要来源，与此同时，也开始融入更多的提高资源利用效率和环境保护的因素。①

"环境是一个社会正义问题"②，环境正义是一种融分配正义、程序正义、矫正正义和社会正义的综合性命题。资源税与环境正义紧密相关，其立法目的既兼顾财政目的，也涵盖环保护目的。早在资源税刚设定的 1984 年，资源税就赋予了调节资源开采的级差收入、促进资源合理开发利用的使命。《中华人民共和国新税制通释》更是明确赋予资源税五大调节功能，例如促进国有资源合理开采、节约使用、有效配置；合理调节由资源条件差异形成的级差收入，促进企业公平竞争等。财税〔2016〕53 号文件明确，要"牢固树立和贯彻落实创新、协调、绿色、开放、共享的发展理念"，有效发挥资源税在"组织收入、调控经济、促进资源节约集约利用和生态环境保护"等方面的作用。总体来说，这次全面推进资源税改革较好地诠释了资源税的性质和目标，对我国资源的可持续利用具有较好地指引作用，但是，资源税的运行法理究竟是什么？本次改革符合资源税的一般机理？到底是按照环境税原理来设计资源税，还是按照原有的所谓的"地租"设计，这在《关于全面推进资源税改革的通知》中并未明确。

根本而言，资源税究竟是以环境保护为导向抑或财政收入为目的，源税改革究竟属于税制绿化还是改造为环境税，这些在《关于全面推进资源税改革的通知》中均没有明确列明。资源税作为组织财政收入和调节宏观经济的重要手段，在实现人口—资源—环境—经济协调发展中发挥了积极作用，利于促进资源的可持续利用。从域外实践得知，资源税的设定目标在于兼顾财政收入和生态环境资源保护，但目的更倾向于资源保护。而且，随着环保压力的逐渐增加，资源税的生态环境保护功能将越加明显。例如，澳大利亚在其立法中明确规定立法的目的就是为了"促进能源的可持续利用、新能源的研究和开发，以达到维持资源总量，保护环境的目的"③。具体至环保目的，我国《中华人民共和国环境保护法》确立了"污染者付费、利用者补偿、开发者养护、破坏者恢复"的原则，意在要求自然资源的开发利用者为环境破坏治理付费，要承担相应的环境责任。亦正因如此，资源税的立法目的被明确为调节资源级差收入、促进企业公平竞争、资源的合理开采，以及增加一定的财政收入等。在资金用途上，资源税也主要体现环境与资源保护的目的，将资源税作为专项税。很多国家规定了资源税收入的专门用途，有的还建立了专门基金，比如瑞典《森林法》就明确规定林木税的用途是"确保更新造林的资金来源"。

资源税作为环境税费在自然资源保护立法上的一种体现，主要体现了自然资源利用与保护的目的。何况，我国资源税最初是为非环境因素而设置的，但却对环境目标具有

---

① 李大庆. 中国资源税改革之立法考量 [J]. 安徽大学法律评论, 2011 (2).
② 世界环境与发展委员会. 我们共同的未来 [M]. 王之佳, 柯金良, 等译. 长春：吉林人民出版社, 1997：52.
③ 叶莉娜. 中外资源税费法律制度对比及对我国的启示 [J]. 湖南财政经济学院学报, 2010 (5).

影响。要言之，资源税既承载着为国家经济建设提供财政资金保障的重任，也是为了环境成本内部化，促进资源的持续发展。当然，除开财政收入和环境保护功能外，资源税立法设计时尚须考虑纳税人权利保护。正所谓"纳税人权利是保障纳税人在宪法规定的规范原则下征收与使用税收的实定宪法上的权利。税法并非征税之法，而是保障纳税人基本权的权利立法"。[①] 至此，根据资源税的运行机理，它的首位目的是环境保护，次位目的是财政目的，底线是纳税人权利保护。[②] 资源税改革应该有更为清晰的定位，资源税改革应该将环境保护列为资源税的立法目标，彰显绿色税制，在制度设计上更多地规定环保内容，使其调控功能由财政目的向环保功能倾斜，促进经济、环境的可持续发展。[③] 即改革要以保护资源、提高资源开发利用效率效益为导向，要以保护生态环境、实现经济社会可持续发展为导向。此外，资源税改革要求逐步扩大征税范围、将从量计税改从价计税、全面清理收费基金等，有助于社会公平在税收领域的实现，这应属可取之举。

三、资源税征收范围的拓展：水资源税改革试点的实践

水是生命的源泉，是人类赖以生存和发展的不可或缺的物质资源。现实表明，我国地区自然环境差异较大，水资源分布严重不均，加之生态环境恶化，水源污染严重，城市人口剧增，使得本就贫乏的水资源面临着更加严峻的问题。资源税全面改革将水资源纳入试点，这不仅是落实全面深化改革特别财税体制改革的重要内容，更是促进水资源合理利用、有效保护水源的重要举措。根据《关于全面推进资源税改革的通知》，"鉴于取用水资源涉及面广、情况复杂，为确保改革平稳有序实施，先在河北省开展水资源税试点。河北省开征水资源税试点工作，采取水资源费改税方式，将地表水和地下水纳入征税范围，实行从量定额计征，对高耗水行业、超计划用水以及在地下水超采地区取用地下水，适当提高税额标准，正常生产生活用水维持原有负担水平不变"。财政部、国家税务总局、水利部联合发布的《水资源税改革试点暂行办法》（财税〔2016〕55号）更是专门就河北省实施水资源税改革试点做了详细部署，对水资源税的征税对象、计征方式、适用税额标准等做了详尽规定。无可否认，以河北作为水资源改革的突破口，既有助于改变河北省水资源禀赋较差，水量和水质性缺水均较为严重且地下水超采等突出问题，更利于打开水资源税改局面和税改经验探索，引领水资源税改在全国的顺利推进，推动水资源的可持续使用。[④]

从理论上讲，资源税的征收范围应当包括一切可供开发和利用的资源，不仅包括矿产资源、水资源，森林资源、土地资源等自然资源也应在应税范围之内。[⑤] 在国外，资

---

① ［日］北野弘久. 税法学原论［M］. 陈刚，杨建广，等译. 北京：中国检察出版社，2001：58.

② 叶金育. 环境税立法目的：从形式诉求到实质正义［J］. 法律科学，2017（1）.

③ 丛中笑. 环境税论略［J］. 当代法学，2006（6）.

④ 刘淑娜. 水资源税立法研究［D］. 河北大学，2011.

⑤ 陈少英. 生态税法论［M］. 北京：北京大学出版社，2008：102.

源税收法律制度的征收范围囊括了已经被开发利用的各种资源的领域，涉及矿产资源、土地资源、水资源、森林资源、草场资源以及海洋资源、地热资源、动植物资源等，其中以矿产资源、土地资源和森林资源、水资源等为主。如法国、瑞典等国将土地、森林、草原、滩涂、海洋和淡水等自然资源也列入资源税征收范围，有效地保护了这些资源的可持续发展。显然，无论与世界其他国家相比，还是与我国资源保护的要求相比，我国现行资源税征收范围都显得过窄。时下我国《中华人民共和国资源税暂行条例》及财税〔2016〕53号文件均规定资源税的课征对象仅限于原油、天然气、煤炭、其他非金属矿原矿、黑色和有色金属矿原矿、盐，以及水资源，征税范围过窄的问题仍未在根本上得到解决。如此一来，作为以调节级差收入和资源利用为主要目的的资源税，其征收范围过窄势必会导致调节广度的不足，以及提升资源的商品价格，难以发挥其调节功能。根据《关于全面推进资源税改革的通知》，"鉴于森林、草场、滩涂等资源在各地区的市场开发利用情况不尽相同，对其全面开征资源税条件尚不成熟，此次改革不在全国范围统一规定对森林、草场、滩涂等资源征税"，但也强调要"逐步将其他自然资源纳入征收范围"，"各省、自治区、直辖市（以下统称省级）人民政府可以结合本地实际，根据森林、草场、滩涂等资源开发利用情况提出征收资源税的具体方案建议，报国务院批准后实施"。根本而言，资源税要反映资源稀缺性和发挥促进可持续发展的功能，为了更好地保护资源，理应继续扩大资源税的征收范围，实现"普遍征收"，以真正发挥保护生态资源，促进资源可持续发展的终极目标。至于后续是税改是一次性完成，还是试点后再逐步扩大范围进而逐渐推开，目前还没有确定的安排，这还有待明确。

具体至水资源税，它是指以开采或使用各种水资源（包括地表水、地下水、地热水等）的行为为征税对象，以筹集水资源保护和水生态建设资金为目的的生态税种。从属性上看，水资源税是一种生态目的性，属于生态税中的资源保护税资金专门用于水生态建设和水资源保护的一般专项税。[①] 理想状态是，一方面，地表水、地下水、地下热水、矿泉水等均应纳入水资源税目，按照"优先生活用水、节约控制生产用水、严格控制污染水"的原则来实行差别税额制度；另一方面，资源税征收的资金必须专款专用，使资源税在环境保护和资源开发中发挥中真正发挥调节功能，促进自然资源的有效利用和环境保护。我国水资源供给矛盾突出，"全面推进资源税改革"将"地表水和地下水纳入征税范围"，可谓一大进步。但为了实现资源税"普遍征收"，水资源税的征收范围还有待深入。

值得注意的是，河北省开征水资源税试点改革[②]"采取费改税方式"进行，这无疑有利于发挥税的积极作用。费改税在我国不是一个新名词，它是指将某些具有税收特征

[①] 陈少英，王一骁. 论水资源税生态价值之优化——以央地收益权分配为视角［J］. 晋阳学刊，2016（2）.

[②] 作为资源税全面改革首个征期，2016年8月全国129个改革税目的资源税收入20.65亿元，和改革前政策相比，总体减负5.54亿元。"无论从重点税目来看，还是从重点企业来看，税费负担总体都是降低的……本次改革中，河北先行先试水资源税格外引人注目。首个征期，河北水资源税收入1.22亿元，比近3年水资源费月均收入增加0.56亿元，增幅为86%。水资源税抑制地下水超采的调控作用初步显现。参见：资源税改革首个征期税费减负5.54亿元［EB/OL］. http：//www. kuaiji. com/shiwu/3224011.

的政府收费改用课税的形式征收。费是对政府提供的有关行政服务的一种补偿，多由受益者付费，反映的是一种等价的服务关系；税是国家凭借政治权力，按照国家法律规定的标准，强制地、无偿地取得财政收入的一种分配关系，更多时候还受量能课税的影响。实行费改税，既有增强税收强制性和权威性、杜绝乱收费、税收环保条款能增强企业环保意识等优点，更有利于形成以税收为主的政府收入格局，规范财政运行机制，为财政支出提供稳定、充足的资金来源，更有利于专款专用。① 水资源在开采和使用过程中涉及水资源费、排污费、超标排污费、排水设施有偿使用费等规费，水资源费改税带来的好处就是，政府收费项目变少了，财政收入的规范性增强了。不过，这项改革隐藏着的另一个潜台词就是，我国政府收费缺乏法律约束，规范性不够，违法收费、随意减免的现象较为突出。一旦将收费改为税收，规范的税收立法和征管程序将自动适用，这对保障政府和财政相对人的利益都有好处。②

但是，资源税改革不能简单强调"清费立税"，税与费调整利益关系重合③，资源税和资源补偿费之间未必能够正确协调，因此必须从税和费的整体来研究资源税改革。水资源归国家所有，国家为体现自己的所有权，向使用者征收的一定的费用，既体现了天然水资源的价值，也是国家所有权的经济体现。而将水资源费改税，通过法律形式规定征收水资源税，既可增强执法的刚性和权威性，加强管理的规范性；也能增强企业环保意识，促进水资源税的合理利用。究其实质，将水资源"费改税"，既是对税收法定主义的践行，也与资源税的立法目的相通，利于提高环保财政资金使用的效率和实现环境正义。总之，将水资源纳入资源改革试点范围，特别是实行水资源费改税，既能调节资源开发者之间的级差收入，使资源开发者能在大体平等的条件下竞争，也能促进开发者合理开发和节约资源，促使整个水资源行业的可持续发展。通过水资源的费改税，可以对水资源的定价值予以合理化，充分考虑水资源的价值，以有效保护我国短缺的水资源。

四、资源税改革中的央地关系：凸显地方税权

在我国单一制模式下，地方往往只视为中央的派出机构，中央拥有很大的财政决定权。1994 年实行分税制财政体制改革之后，财权过度集中在中央，中央财政收入比重得到显著增加，地方缺乏相应的主体税种及税权，地方财政自主权陷入空洞化状态。特别是随着地方债问题的凸显，央地财政关系事权与财权不一致的矛盾表现得更加突出。④ 我国幅员辽阔，是一个经济发展十分不平衡的国家，由中央统一税权有必要性，但适度

① 王曦，周卫．论我国水资源费的若干法律问题 [J]．法学，2005（7）．
② 熊伟．财政法基本问题 [M]．北京：北京大学出版社，2012．
③ 魏敬淼．矿产资源收益体系的法律思考 [J]．月旦财经法杂志，2014（11）．
④ 高旭东，刘勇．中国地方政府融资平台研究 [M]．北京：科学出版社，2013：92．

下放税权也具有合理性。① 一方面，源于经济社会的快速发展，社会各方事项变得极为复杂化，仅靠中央立法来实现规范社会的目的越来越难达到；另一方面，相较而言，地方政府更了解本辖区内居民的偏好，更能代表本地区居民的利益，也就更能根据当地的空间特征和公共偏好确定公共产品的供给。② 综合判定，赋予地方一定的税收自主权既有必要性，也具有可行性与必然性。③

根据财税〔2016〕53 号文件，"对《资源税税目税率幅度表》中列举名称的资源品目，由省级人民政府在规定的税率幅度内提出具体适用税率建议，报财政部、国家税务总局确定核准"；"对未列举名称的其他金属和非金属矿产品，由省级人民政府根据实际情况确定具体税目和适用税率，报财政部、国家税务总局备案"。这是否蕴含了地方税收立法权呢？地方是否有权就资源税税率等构成要件作出具体的规定呢？总体很有可能被解读为对税收法定的背离，但税率的报批与备案模式是否为未来税收立法提供了一种值得借鉴的法定化思路？仔细审视发现，财税〔2016〕53 号文件明确"结合我国资源分布不均衡、地域差异较大等实际情况，在不影响全国统一市场秩序的前提下，赋予地方适度的税政管理权"。尽管地方享有的只是"税政管理权"，但也是地方税权的一部分，资源税改革的这一举措值得为其他税种立法所借鉴。

更何况，通览财税〔2016〕53 号文件和财税〔2016〕54 号文件，多处提及省级政府的税收权限，例如《关于全面推进资源税改革的通知》（财税〔2016〕53 号）中"逐步将其他自然资源纳入征收范围"，"各省、自治区、直辖市人民政府可以结合本地实际，根据森林、草场、滩涂等资源开发利用情况提出征收资源税的具体方案建议，报国务院批准后实施"。而且为保障地方财政收入，"此次纳入改革的矿产资源税收入全部为地方财政收入"，"水资源税仍按水资源费中央与地方 1∶9 的分成比例不变。河北省在缴纳南水北调工程基金期间，水资源税收入全部留给该省"。再如财税〔2016〕54 号文件，它明确"对鼓励利用的低品位矿、废石、尾矿、废渣、废水、废气等提取的矿产品，由省级人民政府根据实际情况确定是否给以减税或免税"。"纳税人在本省、自治区、直辖市范围开采或者生产应税产品，其纳税地点需要调整的，由省级地方税务机关决定"。不难看出，中央在许多资源税事项上均赋予了地方一定的税收自主权，如此既能确保中央的统一领导，也能极大地调动地方的积极性，有利于缩小中西部与东部的差距。

从现行体制来看，资源税属于中央与地方共享税税种，"海洋石油资源税 100% 归中央，其余资源税 100% 归地方"。但是，资源税虽名义上是央地共享税，实则大部分收入留归地方，属国家财政收入部分的所剩无几。事实上，自然资源最大的特点在于其禀赋的地域差异性，从而使得资源税的地缘性极强。不同的地区资源禀赋各异，就需要不同的资源管理方式。根据公共产品理论得知，地方政府更了解吸取居民的消费偏好，

① 付子堂，张善根. 地方法治建设及其评估机制探析 [J]. 中国社会科学，2014 (11).

② 陈共. 财政学 [M]. 北京：中国人民大学出版社，2004：15 – 16.

③ 蔡茂寅. 地方财政权之保障 [M] // 刘剑文. 地方财税法制的改革与发展 [M]. 北京：法律出版社，2014：50.

由其提供地方性公共物品是为最佳选择。何况，按照财力与事权相配合的原则，资源所具有的地域性特征决定了必须尊重资源的属地利益，故而赋予地方适当的税收立法权是必要和可行的。但是，根据《资源税法暂行条例》的规定，资源税立法权与解释权高度集中于中央，地方政府仅有征收管理权以及《资源税法暂行条例》中未列举名称矿产品开征资源税的权力，而这部分矿产品仅仅是那些地域性强、储量小、市场经济价值相对较小的矿产资源。即便煤炭跨区域开采资源税额标准的确定，也必须经各级地方政府层层上报国家税务总局和财政部审批，影响了行政效率和调控。相反地，放权于地方，这种更为主动的方式较之转移支付或许更为有效，既有利于调动地方积极性，也有利于缩小中西部与东部差距。为此，在地方财源难以自给的语境下，我国应适当地赋予地方一定的税收立法权，以此使地方能够根据市场的变化对资源税的相关制度进行及时地调整。① 当然，为兼顾中央的统筹力度以及维护税法的严肃性，赋予地方的立法权不宜层次过低。例如，美国、德国等一般都将地方资源税费立法权限制在州一级政府。应当在中央统一立法的基础上，适当赋予省、自治区、直辖市人民政府部分立法权，培育地方支柱税源，充分发挥资源税潜在的地方主体税种功能，比如可以考虑赋予省级人民政府税目税率调整权、减免税权等。此外，在资源税分配比例上，要坚持事权与财权相结合的原则，根据资源的种类和特性明确中央、地方共享机制，但为减少地方财政收入的损失，适当增加资源地区从资源开采中取得的收入份额，特别是民族地区的分成比例。

值得深思的是，资源税改革赋予地方适度的税政管理权是否违反税收法定原则？因为"税种的设立、税率的确定和税收征收管理等税收基本制度"② 只能制定法律。究其根本，在税收法治国度，"税制改革不仅要有形式上的合法性，更须具备实质正当性"③，中国的资源税改革应该走向法治之路。在整合现有的资源税法律法规与政策的基础上应通过全国人大及其常委会行使税收立法立权来制定一部资源税法，而不应该再由政府部门出台各种政策来对资源税进行规范。资源税改革当以法治为契机，进一步推进税收法定主义在我国的实现。在诸多影响立法的因素之下，立法者应当从资源税的性质出发，作出科学合理的判断，在设定立法目标时摒弃不必要的因素制约，确定关键的目标，循着立法目标简约化的思路，体现"简约法律的力量"。④ 与此同时，在具体的制度设计上，则要尽可能地细化，考虑资源税本身的各种课税要素、税权配置以及制度配套等问题，制定出契合实际的资源税法律制度。

五、资源税立法的联动：与相关税种的协同立法

资源税、能源税、环境税，以及消费税中的环境类税目四者相互交错，紧密相连，

---

① 张成松．共享税减免条件下的地方财政赋权［J］．重庆社会科学，2016（5）.
② 《中华人民共和国立法法》第八条第（六）项.
③ 张成松．税制改革的正当性研究——基于营改增的实践反思［J］．西部法学评论，2016（2）.
④ 李大庆．中国资源税改革之立法考量［J］．安徽大学法律评论，2011（2）.

均涉及生态保护，合理开发自然资源等内容，目的都在于实现社会环境的可持续发展。统观现行的税制体系，我国资源税主要涉及与土地有关的资源税、盐税，与矿产有关的资源税，资源税的范围比较狭小。资源税涵盖的能源类型比较有限，而其他与生产、生活密切相关的资源还被排除在资源税的调控范围之外，比如森林、草场、滩涂等资源。① 尽管我国现行税制中没有专门的能源税种，能源税的相关规定大都体现在消费税、资源税等税种之中，但资源税和能源税基本上都定位为一种特定目的税，主要考虑的都是促进国有资源的合理开发，节约资源、降低二氧化碳的排放量等环保目标。② 发达国家已经基本开征专门的环境税和资源税，环境税征收范围包括环境污染的各个领域及产品税等诸多方面，资源税主要涉及林、水、矿、生物等。

环境保护不仅是人类的生态保护问题，也是关系经济发展的一个重要问题。自20世纪末以来，随着环境的不断恶化，税收作为一种矫正负外部性的宏观调控工具，在促进能源节约和可持续开发与利用上的作用不断凸显，比如国外开征的能源消费税、碳税、燃油税、道路交通税等，环境税制不断涌现在大众的视野当中。顾名思义，环境税就是指为了实现环境质量改善和资源、能源可持续利用的目的，在污染防治、能源与资源利用、生态建设等领域征收的直接以保护环境为目标的税收。也就是说，征收环境税具有将将外部成本内部化、使污染控制的成本最小化、鼓励污染防治技术创新、增加收入减少超额负担等优点。③ 此外，现行消费税设有大量的环境保护类税目，一旦作为特定目的税的环境税开征，消费税如何应对，便成为不能回避的关键性问题。

从总体上看，纵使资源税、环境税、消费税的核心均是矫正环境价值的经济外部性，均力求生态环境的可持续发展，即便它们的征收环节不同，计税依据亦有差异，但由于资源产品的多样性和资源属性的多重性，几个税种之间相互交叉，关联性极强。例如，煤、水、林木等资源产品，既可以成为资源税的征收对象，也可以纳入消费税的征收范围，加上征管上的不同选择，有时其征收环节甚至可以产生重叠，结果便会导致征收不同性质的税种。因此，资源税制设计时要充分考虑我国的税制国情，要注意与环境税、消费税等相关税种的协调，资源税立法时必须顾及相关税种的制度设计。④ 只有注重协同立法，建立协调机制，各税种（税目）之间才能顺利运行，税制设计的目标亦才能有效地实现。当然，在法治国家的大背景下，资源税与各税种的协调立法必须恪守税收法定原则⑤，严苛立法目的，如此方能真正实现资源税的生态环保目标，亦才能彰显法治价值，实现社会及环境的永续发展。

---

① 刘立佳. 基于可持续发展的资源税制设计研究 [J]. 商业研究, 2013 (11).
② 林蔡承. 能源税作为能源政策手段之探讨 [D]. 台湾: 成功大学法律系, 2013.
③ 张景华. 中国资源税问题研究与改革取向 [J]. 经济与管理, 2009 (5).
④ 杜群. 环境法与自然资源法的融合 [J]. 法学研究, 2000 (6).
⑤ 刘剑文. 落实税收法定原则的现实路径 [J]. 政法论坛, 2015 (3).

也谈"计税依据明显偏低，又无正当理由"在实践中的应用

■ 朱长胜

国家税务总局税务干部进修学院　副教授

内容摘要： 纳税人出现"计税依据明显偏低，又无正当理由"的情形，税务机关有权行使核定应纳税额的税务行政裁量权。"计税依据明显偏低，又无正当理由"包括以下四点内容：第一，交易价格属于"计税依据"；第二，"偏低"是和公允价值等标准的比较结果；第三，"明显"不能用量化指标"一刀切"，而应结合"正当理由"综合判断；第四，"正当理由"是指不以税收利益为主要目的。为有效解决涉税价格争议，税收立法需要建立专门措施并修订既有税法条款，税收征管方面应当开辟涉税价格争议解决的第三方专业渠道。

关键词： 核定应纳税额　计税依据　正当理由　涉税价格争议

《中华人民共和国税收征收管理法》（中华人民共和国主席令第四十九号）（以下简称《税收征收管理法》）第三十五条规定："纳税人有下列情形之一的，税务机关有权核定其应纳税额：……（六）纳税人申报的计税依据明显偏低，又无正当理由的。"近年来，围绕该条款的解释和应用，实践中引发了越来越多的税企争议，行政诉讼时有发生。新疆瑞成房地产案、韶关市盈锦置业案、苏州工业园区的周建青案等，每一起涉税价格的行政诉讼都引发了对"计税依据明显偏低，又无正当理由"的深度思考和热烈探讨，由最高人民法院作出再审的广州德发房地产案更是将其推向了高潮。既然涉税争议和诉讼皆因价格而起，税法解释也就需要从价格学和资产评估学中汲取相关的理论和观点。

一、对"计税依据明显偏低，又无正当理由"的整体分析

核定应纳税额，是《税收征收管理法》赋予税务机关的一项税务行政裁量权。所谓行政裁量权，是行政机关依法行使行政处罚、行政许可、行政强制、行政征收、行政给付等职权时，根据法律、法规和规章的规定，依据立法目的和公平合理的原则，自主作出决定和选择行为方式、种类和幅度的权力。对纳税人出现"计税依据明显偏低，又无正当理由"情形，税务机关拥有核定应纳税额权力的意义在于，税务机关有权从税收上否定纳税人具有避税动机的异常交易价格，并按正常交易价格重新确定纳税人的纳税义务，从而维护国家税收利益。但是，核定应纳税额是一把双刃剑，滥用或误用会侵害纳税人的合法权益，同时也给税务人员带来执法风险。

令人遗憾的是，《税收征收管理法》及其他税收法律、法规和规范性文件没有对"计税依据明显偏低，又无正当理由"作出明确和可操作的解释，导致实践中存在不同理解，执行口径宽严不一。随着我国市场经济程度的不断加深，绝大多数商品和服务实行市场调节价，即市场经营者可以根据自身条件和市场竞争情况自主定价，税务机关和纳税人之间因理解差异产生的利益冲突越来越大，碰撞出了无数争议的火花。

二、对"计税依据明显偏低，又无正当理由"的展开分析

准确理解"计税依据明显偏低，又无正当理由"，需要掌握"计税依据""偏低""明显"和"正当理由"等四个关键词的内涵及相互关系，下面逐一展开分析。

（一）"计税依据"——包括交易价格

（1）计税依据的概念。计税依据，即税基，是课税对象"量"的表现，是计算应纳税额的根据，即计税依据乘以税率等于应纳税额。根据课税对象计量单位不同，分为从价计征和从量计征两种。从价计征时，计税依据以货币为单位；从量计征时，计税依据以"米""吨"等为单位。

（2）各税种计税方法不同，计税依据内涵也不同。具体见表1。

表1   各税种的计税依据

税种	计税依据	
	类型	组成部分
企业所得税	从价计征	应纳税所得税额（收入总额、不征税收入、免税收入、各项扣除、允许弥补的以前年度亏损）
个人所得税	从价计征	应纳税所得额（各税目计算规则不同）

续表

税种	计税依据	
	类型	组成部分
增值税	从价计征	应税销售额、允许进项抵扣或差额扣除的买价
消费税	从价计征 从量计征 复合计征	应税销售额 应税销售数量
土地增值税	从价计征	增值额（收入和扣除项目）
房产税	从价计征	自用的：房产余值 出租的：房产租金收入
契税	从价计征	成交价格（交换的为价格差额）、根据市场价格核定
城镇土地使用税	从量计征	纳税人实际占用的土地面积
车辆购置税	从价计征	计税价格（全部价款和价外费用、税务机关核定的最低计税价格）
印花税	从价计征 从量计征	应税凭证所载金额 应税凭证件数
资源税	从价计征 从量计征	应税产品的销售额 应税产品的销售数量
车船税	从量计征	辆、吨、米等

从价计征时，计税依据以收入、销售额、成交价格等为核心。因此，《税收征管法》第三十五条第六款的"计税依据"包括了应税商品和服务的交易价格。

（二）"偏低"——和公允价值比较的结果

没有比较，就没有高低之分。"计税依据偏低"是指计税依据低于税务机关所认可和掌握的标准。从价计征时，这个标准即公允价值。《企业会计准则第 39 号——公允价值计量》（财会〔2014〕6 号）第二条规定："公允价值，是指市场参与者在计量日发生的有序交易中，出售一项资产所能收到或者转移一项负债所需支付的价格。"

（1）公允价值在实践中的表现形式。公允价值是一个理论概念，在实践中常以市场价格和资产评估价值等形式表现。[①]《中华人民共和国企业所得税法实施条例》第十三条规定："企业所得税法第六条所称企业以非货币形式取得的收入，应当按照公允价值确定收入额。前款所称公允价值，是指按照市场价格确定的价值。"需要说明的是，拍卖采取公开竞价的形式进行，并且遵循公开、公平、公正、诚实信用等原则，因此，

---

① 朱长胜．资产评估涉税应用与案例解析〔M〕．北京：中国市场出版社，2016．

拍卖价格是市场价格的一种，也是公允价值的表现形式之一。资产评估是一种模拟市场来判断资产价值的行为①，也是获取公允价值的常用渠道。市场竞争形成的交易价格并非完美。一是，有些商品或服务，比如专利、股权等，个性化特点非常强且交易量很小，难以通过有效市场竞争体现真实价值②；二是，关联交易的市场竞争往往不充分或者是流于形式，而资产评估能够弥补这些不足。作为专门研究估值的学科，资产评估根据价值类型将公允价值进一步分为市场价值和非市场价值两大类，其中的市场价值可以视为会计中的公允价值。《以财务报告为目的的评估指南》（中评协〔2007〕169 号）第二十四条规定："在符合会计准则计量属性规定的条件时，会计准则下的公允价值一般等同于资产评估准则下的市场价值。"

（2）公允价值是一个合理的价格范围，而非精确的数值。这是由以下几点客观原因决定的：第一，价格的类型非常多。就同一件商品而言，流通环节有出厂价、批发价和零售价等，其中零售价根据具体销售情况又可以衍生出正常售价、促销价、处理价和团购价等，不同类型的价格金额都不相同。第二，影响价格的成因非常复杂，比如质量、商标品牌、供求关系、区域、交易时间、款项支付方式、交易数量、营销策略和消费者心理等，不同成因衍生出千变万化的价格。第三，资产评估过程受被评估资产的信息资料获取程度、方法选取和参数设置、资产评估师职业判断等多重因素影响而形成误差，同一资产也形成不同的评估结论。因此，只能判断商品和服务的交易价格在特定时点和特定环境下是否公允，而不能反过来说，商品和服务的公允价值就是某一个具体价格。

（三）"明显"——难以简单量化的衡量指标

从词意分析，"明显"是指"能够很容易被觉察到；可以充分观察到"。作为一个主观色彩浓厚的形容词，什么算是"明显"，因人而异，没有统一标准，也难以精准计量。税法目前除了在个人所得税中，对股权转让业务规定了 6 种"股权转让收入明显偏低"的情况③外，其他税种和其他业务都缺乏对"明显"的明确规定。

在实践中，为了便于操作，税务机关和纳税人会以 30% 作为"明显"的临界点，即纳税人申报的计税依据低于税务机关所掌握标准的 30% 以上，就属于"明显偏低"。该作法的背后有两种"殊途同归"的观点，第一种观点认为，应当参照执行白酒消费税最低计税价格的规定④。《国家税务总局关于加强白酒消费税征收管理的通知》（国税函〔2009〕380 号）的附件《白酒消费税最低计税价格核定管理办法（试行）》（以下简称《管理办法》）第二条规定："白酒生产企业销售给销售单位的白酒，生产企业消费税

---

① 刘云波，李挺伟. 公允价值与资产评估［J］. 中国资产评估，2007（5）.

② 专利交易的国内外现状表明，专利交易市场上一项专利的买方数量非常有限，经常只有 2、3 家竞价。

③ 《股权转让所得个人所得税管理办法（试行）》（国家税务总局公告 2014 年第 67 号）第十二条规定：符合下列情形之一，视为股权转让收入明显偏低的：（一）申报的股权转让收入低于股权对应的净资产份额的。……；（二）申报的股权转让收入低于初始投资成本或低于取得该股权所支付的价款及相关税费的；（三）申报的股权转让收入低于相同或类似条件下同一企业同一股东或其他股东股权转让收入的；（四）申报的股权转让收入低于相同或类似条件下同类行业的企业股权转让收入的；（五）不具合理性的无偿让渡股权或股份；（六）主管税务机关认定的其他情形.

④ 翟继光. 论"计税依据明显偏低又无正当理由"的判断标准［J］. 税务研究，2016（8）.

计税价格低于销售单位对外销售价格（不含增值税，下同）70% 以下的，税务机关应核定消费税最低计税价格。"第二种观点认为，"当税收法律缺乏明确规定时，税收执法可以援引其他法律法规的相关规定"，而《关于适用〈中华人民共和国合同法〉若干问题的解释（二）》（法释〔2009〕5 号）（以下简称法释〔2009〕5 号文件）第十九条规定："对于合同法第七十四条规定的'明显不合理的低价'，人民法院应当以交易当地一般经营者的判断，并参考交易当时交易地的物价部门指导价或者市场交易价，结合其他相关因素综合考虑予以确认。转让价格达不到交易时交易地的指导价或者市场交易价百分之七十的，一般可以视为明显不合理的低价；对转让价格高于当地指导价或者市场交易价百分之三十的，一般可以视为明显不合理的高价。"这两种观点的另一个相同之处在于，都认为如果申报的计税依据偏低幅度在 30% 以内，纳税人无须提供正当理由，税务机关也不能行使核定应纳税额的权力。

以 30% 作为"明显"的临界点，这种简单"一刀切"的作法违反市场价格客观规律，对应的两种观点也都存在明显不足而值得斟酌。第一种观点，忽略了《管理办法》的出台背景和立法目的而作出了不恰当地类推。《管理办法》将白酒生产企业消费税最低计税价格设定为销售单位对外销售价格的 70%，不考虑是否存在正当理由，但是仅限于与该白酒生产企业存在关联性质的销售单位，这是防止纳税人滥用白酒消费税"生产并销售"的征收特点进行避税而设计的条款，具有很强的针对性。第二种观点，援引法律依据错误。税收执法援引税法以外的法律法规是否合理合法，有待进一步探究。但法释〔2009〕5 号文件是对《中华人民共和国合同法》（以下简称《合同法》）第七十四条①的司法解释，而《合同法》第七十四条仅适用于《税收征收管理法》第五十条所规定的情况，即"欠缴税款的纳税人因怠于行使到期债权，或者放弃到期债权，或者无偿转让财产，或者以明显不合理的低价转让财产而受让人知道该情形，对国家税收造成损害的，税务机关可以依照合同法第七十三条、第七十四条的规定行使代位权、撤销权"。也就是说，法释〔2009〕5 号文件中的"转让价格达不到交易时交易地的指导价或者市场交易价百分之七十的"只适用于《税收征收管理法》第五十条所规定的"欠缴税款的纳税人以明显不合理的低价转让财产而受让人知道该情形，对国家税收造成损害的，税务机关可以请求人民法院撤销纳税人的行为"情形，而不能作为判断《税收征收管理法》三十五条第六款计税依据偏低是否"明显"的法律依据。

以 30% 判断计税依据偏低是否"明显"的"一刀切"作法，和人民公社时期某些地方规定农民"养鸭子少于三只是走社会主义路线，养鸭子超过三只就是留资本主义尾巴"一样，流于表象，迷失本质。"明显"没有统一量化标准，计税依据偏低是否"明显"应当结合"正当理由"作出综合判断。

---

① 《合同法》第七十四条规定："因债务人放弃其到期债权或者无偿转让财产，对债权人造成损害的，债权人可以请求人民法院撤销债务人的行为。债务人以明显不合理的低价转让财产，对债权人造成损害，并且受让人知道该情形的，债权人也可以请求人民法院撤销债务人的行为。"

（四）"正当理由"——不以税收利益为主要目的

（1）正当理由的内涵。和"明显"类似，除了个人所得税对股权转让业务设定了 4 种"视为有正当理由"的情形①外，其他税种和其他业务都鲜有明确规定。近年来，税收立法体现出以"合理商业目的"替代"正当理由"的趋势。比如，2008 年 1 月 1 日开始实施的《中华人民共和国企业所得税法》（中华人民共和国主席令第 63 号），首次引入了"合理商业目的"的概念；2012 年 1 月 1 日起率先在上海试点、随后推广到全国的营业税改征增值税改革，将税务机关核定纳税人销售额的判断依据之一"无正当理由"替换为"不具有合理商业目的"。合理商业目的，是指一项交易具有主要的或明显的商业目的，而不是单纯的为减轻税收负担②。对于什么是"商业目的"，各国法律并未给出明确的定义。从英国、美国等国家的一些司法判决结果来看，商业目的大体可以归纳为③：①商业目的是指交易的客观结果，而不是纳税人的主观动机或意图；②商业目的并不必然和税收有关；③商业目的不能排除获取税收收益。由于上述判断存在很大的主观性和难度，在实践中各国税法多从反面加以认定，即"不具有合理商业目的"。经济合作与发展组织（OECD）在《转让定价指南》中提到，如果一项交易的主要目的是为了获得税收收益，并且如果没有税收收益该交易很可能就不会发生，那么该交易就不具有合理商业目的。我国的企业所得税法和增值税法也都明确规定，不具有合理商业目的，是指以减少、免除或者推迟缴纳税款为主要目的。虽然"合理商业目的"非常抽象和难以把握，但是相比"正当理由"，至少指明了"不以减少、免除或者推迟缴纳税款为主要目的"的判断原则。需要说明的是，纳税人的经营活动往往具有多重目的，可能或多或少地会涉及税收目的。只有纳税人具备"以减少、免除或者推迟缴纳税款为主要目的"的主观故意，税务机关才能依据《税收征收管理法》第三十五条第六款的规定，重新核定纳税人的应纳税额。

（2）"正当理由"应当与计税依据"偏低"的幅度匹配。比如，某台设备的正常售价为 100 万元，买方通常分 3 年支付货款。在买方期初一次性付清款项的情况下，设备最终以 96 万元成交。如果货款分 3 年支付与期初一次性付清的时间价值和 4 万元（100 - 96）相差不大，即"正当理由"与计税依据"偏低"的幅度基本匹配，无存在"明显"偏低，税务机关不应当核定应纳税额。但是，如果卖方以 60 万元出售设备的理由仍然是"买方期初一次性付款"，显然"正当理由"难以和计税依据"偏低"的幅度相匹配，税务机关可以认定"计税依据明显偏低"而核定应纳税额。

---

① 《股权转让所得个人所得税管理办法（试行）》（国家税务总局公告 2014 年第 67 号）第十三条规定：符合下列条件之一的股权转让收入明显偏低，视为有正当理由：（一）能出具有效文件，证明被投资企业因国家政策调整，生产经营受到重大影响，导致低价转让股权；（二）继承或将股权转让给其能提供具有法律效力身份关系证明的配偶、父母、子女、祖父母、外祖父母、孙子女、外孙子女、兄弟姐妹以及对转让人承担直接抚养或者赡养义务的抚养人或者赡养人；（三）相关法律、政府文件或企业章程规定，并有相关资料充分证明转让价格合理且真实的本企业员工持有的不能对外转让股权的内部转让；（四）股权转让双方能够提供有效证据证明其合理性的其他合理情形。

② 罗伊·罗哈吉. 国际税收基础 [M]. 林海宁，范文祥，译. 北京：北京大学出版社，2006：374 - 377.

③ 李砚海. 刍议关联企业税务管理 [J]. 涉外税务，2010（3）.

计税依据"偏低"是一个直观的量化差异，而"正当理由"却并非总是能够量化，两者的匹配机理类似于风险与报酬的关系。在理论研究探索出类似 CAPM 模型这样的换算方法之前，暂时依赖税务人员根据行政效率原则和职业经验作出判断。

三、完善建议

经过分析，《税收征收管理法》第三十五条第六款"纳税人申报的计税依据明显偏低，又无正当理由的"，可以解释为：纳税人申报的交易价格等指标，低于税务机关所能接受的公允价值或者其他标准，并且纳税人提供的理由不能和偏低幅度相匹配，税务机关由此可以认为，纳税人的低申报行为是以减少、免除或者推迟缴纳税款为主要目的。

要有效解决商品和服务价格放开后所引发的涉税价格争议，需要在税收立法和税收征管方面作如下改进和完善。

（一）制定促进涉税价格争议解决的税收立法措施

（1）制定和颁布涉税价格争议解决的专门办法，建立一套完整的涉税价格争议解决机制，具体包括程序流程、方式渠道、岗位权责、风险控制以及纳税人行政救济措施等内容。

（2）修改既有税收法律规范中的相关规定。一是，逐步将《税收征收管理法》、个人所得税法、消费税法等中的"正当理由"修改为"合理商业目"，统一税法口径；二是，在相关政策法规中，对容易引发价格争议的房地产、无形资产、股权等交易，明确要求纳税人提供包括资产评估报告在内的作价公允的合法性证明；三是，借助新《税收征收管理法》修订的契机，将第三十五条第六款的"纳税人申报的计税依据明显偏低，又无正当理由的"修改为"纳税人申报的计税依据明显偏低或者偏高且不具有合理商业目的的"，并作出明确解释，以弥补现有的缺陷。

（二）开辟涉税价格争议解决的第三方专业渠道

价格学是一门内涵丰富而复杂的学科，相应地，价格争议也就需要借助专业机构的协调和裁定。政府价格主管部门设立的价格认证机构，具有价格认定的法定职能。《国家发展改革委 国家税务总局关于开展涉税财物价格认定工作的指导意见》（发改价格〔2010〕770 号）明确："涉税财物价格认定可以广泛应用在税收征管工作的各个环节。各级税务机关在纳税评估、税款核定、税务稽查、税收保全或强制执行过程中，或者税务机关在部分行业税收管理中认为'需要提供价格认定协助'时，可以按照分级管理的原则，与同级政府价格主管部门共同开展涉税财物价格认定工作。"国家发展改革委颁布的《价格认定规定》（发改价格〔2015〕2251 号）进一步明确"价格认定机构作出的价格认定结论，经提出机关确认后，作为纪检监察、司法和行政工作的依据"。因此，价格认证机构可以成为协助解决涉税价格争议的第三方机构，对税务机关在征税过程中出现的价格不明、价格有争议的情况进行计税价格认定，增强税收征管工作的科学性、客观性和公正性，有效减少和解决税收征纳双方在价格方面的纠纷。

论对走逃（失联）企业判定及其开具增值税专用发票处理之完善

■ 王忠涨

杭州市律师协会税务专业委员会主任、浙江君安世纪律师事务所合伙人

内容摘要： 2016 年 12 月 1 日，国家税务总局发布了《关于走逃（失联）企业开具增值税专用发票认定处理有关问题的公告》（国家税务总局 2016 年第 76 号公告，以下简称国家税务总局 2016 年第 76 号公告），该公告对走逃失联企业的判定及其开具的增值税专用发票处理作出了规定，本文从国家税务总局 2016 年第 76 号公告对走逃失联企业判定及其开具的增值税专用发票处理的性质、程序、条件的设置，以及对部分纳税人合法权益是否存在影响等方面进行剖析，并针对以上问题，提出了相应的完善意见。

关键词： 走逃（失联）企业　判定　增值税专用发票　处理　完善

2016 年 12 月 1 日，国家税务总局发布了国家税务总局公告 2016 年第 76 号，对走逃（失联）企业判定及其开具的增值税专用发票如何处理进行了规定，其本意在于防止国家税款流失，加强对增值税一般纳税人开具增值税专用发票行为的监管。但国家税务总局 2016 年第 76 号公告对走逃（失联）企业判定及其开具的增值税专用发票处理在性质的认定、程序、条件上的设置以及对纳税人权益的处置等方面值得商榷，本文认为，只有准确厘清走逃（失联）企业判定及其开具的增值税专用发票处理的定性和程序等问题，才能真正的处理好税收征管关系。

一、国家税务总局 2016 年第 76 号公告对走逃（失联）企业判定及开具的增值税专用发票的相应规定及解读

（一）走逃（失联）企业判定的规定及解读

首先要明确的是，何为走逃（失联）企业，国家税务总局 2016 年第 76 号公告对此的定义是，不履行税收义务并脱离税务机关监管的企业，而对如何具体界定"不履行税收义务并脱离税务机关监管"，国家税务总局 2016 年第 76 号公告规定为：根据税务登记管理有关规定，税务机关通过实地调查、电话查询、涉税事项办理核查以及其他征管手段，仍对企业和企业相关人员查无下落的，或虽然可以联系到企业代理记账、报税人员等，但其并不知情也不能联系到企业实际控制人的，可以判定该企业为走逃（失联）企业。这个界定所涵盖的内容其实更多的是从是否脱离税务监管这个角度去认定，而关于是否存在不履行税收义务，其实并不能得出直接的结论，而是需要通过税务稽查等程序去确定，即涉及走逃（失联）企业实际是否存在偷逃税之情形，应通过税务稽查等程序才能予以确认。

（二）走逃（失联）企业开具增值税专用发票的处理之规定

（1）国家税务总局 2016 年第 76 号公告对走逃（失联）企业开具的增值税专用发票的处理主要包含三个方面的内容，一是针对走逃（失联）企业自身的，对走逃（失联）企业异常增值税扣税凭证的认定，其规定为：走逃（失联）企业存续经营期间发生下列情形之一的，所对应属期开具的增值税专用发票列入异常增值税扣税凭证（以下简称异常凭证）范围：①商贸企业购进、销售货物名称严重背离的；生产企业无实际生产加工能力且无委托加工，或生产能耗与销售情况严重不符，或购进货物并不能直接生产其销售的货物且无委托加工的；②直接走逃失踪不纳税申报，或虽然申报但通过填列增值税纳税申报表相关栏次，规避税务机关审核比对，进行虚假申报的。二是针对受票企业，即增值税一般纳税人取得异常凭证如何处理，其规定为：①尚未申报抵扣或申报出口退税的，暂不允许抵扣或办理退税；②已经申报抵扣的，一律先作进项税额转出；③已经办理出口退税的，税务机关可按照异常凭证所涉及的退税额对该企业其他已审核通过的应退税款暂缓办理出口退税，无其他应退税款或应退税款小于涉及退税额的，可由出口企业提供差额部分的担保；④经核实，符合现行增值税进项税额抵扣或出口退税相关规定的，企业可继续申报抵扣，或解除担保并继续办理出口退税。三是对异常凭证的处理规定，规定为：异常凭证由开具方主管税务机关推送至接受方所在地税务机关进行处理，具体操作规程另行明确。①

（2）是不是所有走逃（失联）的企业，开出去的发票都是属于异常凭证呢？这个答

---

① 国家税务总局发布了《关于走逃（失联）企业开具增值税专用发票认定处理有关问题的公告》（国家税务总局 2016 年第 76 号公告）。

案显然是否定的，根据前面所阐述的国家税务总局 2016 年第 76 号公告规定，对于异常凭证的范围是有限定的，走逃（失联）企业开出去的所有增值税专用发票并非都是异常凭证。但对于异常凭证而言，这里容易产生争议的主要是两种情形，一是"直接走逃失踪不纳税申报"；二是"虽然申报但通过填列增值税纳税申报表相关栏次，规避税务机关审核比对，进行虚假申报的"，特别是对于第一种情形，并不必然会是虚假的交易，因此，对于受票企业而言，就可能受到了开票企业未申报纳税带来的牵连。

二、对国家税务总局 2016 年第 76 号公告规定之商榷

（一）对走逃（失联）企业判定之商榷

1. 判定企业为走逃（失联）企业的性质之认定

2016 年 12 月 8 日，国家税务总局办公厅关于《国家税务总局关于走逃（失联）企业开具增值税专用发票认定处理有关问题的公告》的解读对国家税务总局 2016 年第 76 号公告出台背景进行了解读，认为是"少数违法分子开具增值税专用发票后走逃（失联），致使国家税款严重流失，税收经济秩序遭到破坏，也侵害了守法经营纳税人的合法权益。为加强对增值税一般纳税人开具增值税专用发票行为的监管，保护公平竞争的市场环境，维护国家利益，特制定本公告"①。从这个解读来看，国家税务总局 2016 年第 76 号公告包含了两方面的内容，一是对于走逃（失联）企业的认定，其核心的内容实质系对税收的征收管理问题；二是对异常凭证的处理，实质涉及的是发票管理问题。再结合本文在前面已经阐述过的国家税务总局 2016 年第 76 号公告对走逃（失联）企业的定义，因此，对走逃（失联）企业进行认定的应有之意之一应包含"不履行税收义务"，那么既然这是一个认定企业不履行税收义务的行为，也就是说，从认定走逃（失联）企业这个环节来看，其实应该就是个税收征收管理的问题，那么就要对认定企业为走逃（失联）企业税收管理行为的性质作出定性，以确定行政相对方是否具有相应的救济途径。

2. 判定企业为走逃（失联）企业的程序问题

首先，既然认定走逃（失联）企业为"不履行税收义务并脱离税务机关监管"，那么从程序上是作税务处理决定，还是作税务事项通知；是由征税部门管辖，还是由稽查部门管辖，这个需要明确。其次，从国家税务总局 2016 年第 76 号公告对走逃（失联）企业认定方式来看，其关键点主要是"企业相关人员查无下落"，但从法律程序上来看，即使"企业相关人员查无下落"，作为企业来讲，仍然是独立的民事主体，同样，税务机关的相关处理决定或税务事项通知如果没有送达相对方，是否产生法律效力，值得商榷，即这里涉及一个送达以及对行政相对人产生效力的问题。因此，本文认为在相关人员无法直接送达的情况下，应根据《中华人民共和国税收征收管理法实施细则》

---

① 国家税务总局办公厅关于《国家税务总局关于走逃（失联）企业开具增值税专用发票认定处理有关问题的公告》。

第一百零六条"有下列情形之一的，税务机关可以公告送达税务文书，自公告之日起满30日，即视为送达：（一）同一送达事项的受送达人众多；（二）采用本章规定的其他送达方式无法送达"之规定进行送达，在送达后，才能对走逃（失联）企业以及相关的受票企业产生效力；最后，根据《中华人民共和国行政诉讼法》第二十五条"行政行为的相对人以及其他与行政行为有利害关系的公民、法人或者其他组织，有权提起诉讼"之规定，企业被判定为走逃（失联）企业，作为与走逃（失联）企业有利害关系的受票企业，是否有权提起复议或行政诉讼，以及具体的程序如何处理，这里存在很大的困惑。根据《中华人民共和国税收征收管理法》（以下简称《税收征收管理法》）第八十八条"纳税人、扣缴义务人、纳税担保人同税务机关在纳税上发生争议时，必须先依照税务机关的纳税决定缴纳或者解缴税款及滞纳金或者提供相应的担保，然后可以依法申请行政复议；对行政复议决定不服的，可以依法向人民法院起诉"之规定，这里有个复议前置以及先交纳税款、滞纳金的问题。而根据国家税务总局2016年第76号公告，走逃（失联）企业认定条件之一是有"不履行税收义务"，如相关受票企业作为相关利害人提出对认定走逃（失联）企业的复议，是否涉及开票企业的税款、滞纳金的缴纳问题。另外，如果仅仅针对异常凭证而言，受票企业是否只要作了进项税额转出，就可以直接申请税务行政复议，这些问题都需要明确，如果将异常凭证的处理作为认定走逃（失联）企业所衍生的程序，那么受票企业的救济途径可能就会受到限制。

3. 判定企业为走逃（失联）企业的条件问题

国家税务总局2016年第76号公告对走逃（失联）企业的认定涉及两方面的内容，一是对走逃（失联）企业的定义做了解释，即认为系是指不履行税收义务并脱离税务机关监管的企业；二是对何为走逃（失联）企业进行了相应的界定，但其对走逃（失联）企业认定的界定条件中却无法体现税收行政相对人是否有不履行税收义务之问题，其认为认定企业为走逃（失联）企业的关键点是"企业和企业相关人员查无下落的，或虽然可以联系到企业代理记账、报税人员等，但其并不知情也不能联系到企业实际控制人"，其更多侧重的是逃避税收机关的问题，那么是否上述相关人员一旦出现，认定走逃（失联）企业的税收行为的效力就自动失效。而如果认为走逃（失联）企业的条件包含了"不履行税收义务"，对于是否"履行税收义务"，显然需要根据《税收征管法》之规定程序进行认定，如直接凭国家税务总局2016年第76号公告所涉及的电话查询等方式就直接认定为"不履行税收义务"，显然在实务操作中和《税收征管法》规定的相关税务检查等程序规定是有冲突的，在程序上是有问题的。

（二）对走逃（失联）企业开具增值税专用发票的处理之商榷

1. 对走逃（失联）企业开具增值税专用发票的处理性质之问题

根据《税务行政复议规则》第十四条："行政复议机关受理申请人对税务机关下列具体行政行为不服提出的行政复议申请：（一）征税行为，包括确认纳税主体、征税对象、征税范围、减税、免税、退税、抵扣税款、适用税率、计税依据、纳税环节、纳税期限、纳税地点和税款征收方式等具体行政行为，征收税款、加收滞纳金，扣缴义务人、受税务机关委托的单位和个人作出的代扣代缴、代收代缴、代征行为等。……（三）发票管理行为，包括发售、收缴、代开发票等。"国家税务总局2016年第76号公告显然涉及了抵扣税款以及对发票的管理等问题。那么，税务机关在对走逃（失联）企业开具增值税专用发票作出处理时，对于走逃（失联）企业开具增值税专用发票的处理和认定走逃（失联）企业是否要分别作出事务处理或税务事项通知，这个也需要明确。

2. 对走逃（失联）企业开具增值税专用发票的处理程序问题

如前所述，基于对走逃（失联）企业增值税专用发票的处理实质涉及抵扣税款以及发票管理等问题，实质上应属于税收征收以及发票管理的争议问题，那么，跟判定企业为走逃（失联）企业一样，对于相关增值税专用发票被认定异常凭证时，基于增值税专用发票的抵扣特性，其更多侧重的是抵扣功能，因此对于受票企业而言，其受到的影响更大，那么，对于被认定异常凭证的增值税专用发票，对于出票企业和受票企业是否都需要出具税务事项通知或税务处理决定，以及涉及的文书送达，是否有救济途径等问题，都需要进一步予以明确。

3. 对异常增值税扣税凭证在调查核实前就进行进项转出的上位法的法律依据问题

国家税务总局2016年第76号公告对增值税一般纳税人取得异常凭证如何处理，其规定为已经申报抵扣的，一律先作进项税额转出，同时规定经核实，符合现行增值税进项税额抵扣或出口退税相关规定的，企业可继续申报抵扣，或解除担保并继续办理出口退税。那么这里就涉及上位法的法律依据问题，税务部门要求受票企业一律先作进项税额转出的上位法依据在哪里，有的观点认为依据是《中华人民共和国增值税暂行条例》第九条："纳税人购进货物或者应税劳务，取得的增值税扣税凭证不符合法律、行政法规或者国务院税务主管部门有关规定的，其进项税额不得从销项税额中抵扣"，这里提到一个国务院税务主管部门有关规定的问题，但这里不得不提到《中华人民共和国立法法》（以下简称《立法法》）的问题，《立法法》对立法的权限是有规定，即国务院税务主管部门作出有关规定时必须要有上位法的支撑，如前所述，如税务机关的行为属于可行政复议的受案范畴，即属于税款抵扣或发票管理行为，如行政相关对方，特别是受票企业提出复议，如涉及上位法的问题，这个上位法的法律依据是否能得到支撑，将是个问题。

4. 国家税务总局2016年第76号公告是否又回到了上游违法后果由下游承担的老路，出现了"进销连坐"之后果

有观点认为，加强对增值税一般纳税人开具增值税专用发票行为的监管，保护公平竞争的市场环境，维护国家利益，就是最大的保护守法经营者的利益。如果经核实，符合现行增值税进项税额抵扣或出口退税相关规定的，企业可继续申报抵扣，或解除担保并继续办理出口退税，并未损害一部分守法纳税人的利益[1]，但由于税务部门既然已经

---

[1] 国家税务总局2016年76号公告理解上的10个误区［EB/OL］http：//www. zhcpa. cn/news - detail. php? ID = 2633.

认定开具增值税专用发票的企业为走逃（失联）企业，相关人员无法联系，则这个调查核实的推进就存在难度，从期限上来讲可能就比较漫长，那么，如何规范受票企业的救济途径，显然是十分必要的，也就是说，国家税务总局 2016 年第 76 号公告中所涉及的"经核实，符合现行增值税进项税额抵扣或出口退税相关规定的，企业可继续申报抵扣"，这个核实的程序如何启动，是由受票单位主动提出，还是走复议程序，还是要等税务部门对走逃（失联）企业是否存在"不履行税收义务"的税务案件程序结束，这些程序都必须要明确。而且，从有利于行政相对方的角度考虑，如果行政相对方提供了相关证据材料，基于走逃（失联）企业相关人员无法联系这一客观事实，本文认为，即使在未对走逃（失联）企业进行进一步核实的情况下，就应先认定受票企业的交易是真实的；否则，就会出现下游企业的权益救济途径缺失，致使其合法利益无法及时得到维护之情形。

5. 异常增值税凭证由受票方税务机关认定的问题

国家税务总局 2016 年第 76 号公告规定，异常凭证由开具方主管税务机关推送至接受方所在地税务机关进行处理，具体操作规程另行明确。这里用了"推送"两字，那么异常凭证处理的管辖部门到底是推送方还是受推送方，对于异常凭证的处理和认定走逃（失联）企业到底是否可以分别作出处理认定，还是只要作出一个走逃（失联）企业的认定，其他的均是其后续衍生的程序，这些都需要明确。该公告对异常凭证增值税一般纳税人取得异常凭证如何处理已经比较明确，即暂不允许抵扣或办理退税或一律先作进项税额转出或暂缓办理出口退税等，但对后续的其他具体操作规程需另行明确，特别是对于受票企业如何去主张其合法权利，没有相应的实施细则，显然对纳税人的权益保护存在障碍。

三、对走逃（失联）企业判定及其开具增值税专用发票处理之完善

（一）明确走逃（失联）企业判定及其开具增值税专用发票处理的性质

首先，虽然走逃（失联）企业相关人员失联了，但税务机关仍需按照《税收征收管理法》等规定执法，企业相关人员失联，并不能作为税务机关作出税务行政行为简略的理由，对于走逃（失联）企业的认定，牵涉开票企业和受票企业的权益，因此，应根据《税收征管法》的规定程序作出认定，并作出相应的税务处理决定，即应明确这是一个税务处理行为；其次，对走逃（失联）企业开具增值税专用发票处理，亦应作税务事项通知或税务处理的决定，即应明确为是一个税务事项通知或税务处理决定行为。

（二）对走逃（失联）企业判定及其开具增值税专用发票处理进行程序上的完善

1. 对走逃（失联）企业判定及其开具增值税专用发票处理告知事项的完善

根据国家税务总局 2016 年第 76 号公告规定，走逃（失联）企业并不必然会涉及接受其开具的增值税专用发票的进项税额转出的问题，而是在只有认定走逃（失联）企

业开具的增值税专用发票为异常凭证的情形下，才涉及进项税额转出的问题。由于走逃（失联）企业涉及的受票单位往往不是一家，就涉及两个税务行政相对方：一个是走逃（失联）企业，另一个是受票企业。基于该行为系对税款抵扣以及发票管理等实施的税务行政行为，涉及纳税人的权益，并会产生实质的影响，因此，从程序上，对异常凭证的认定以及要求受票企业作进项税额转出，必须另行要有相应的税务事项通知或税务处理决定，同时这也有利于受票企业主张其权益。

2. 对走逃（失联）企业判定及其开具增值税专用发票处理送达事项的完善

走逃（失联）企业判定及其开具增值税专用发票处理并非系税务部门内部的行为，是对行政相对方产生权利影响的行为，因此，履行送达程序应是必经程序。而走逃（失联）企业的重要特点之一是相关人员无法取得联系，但不能因为税务部门的工作底稿上记载有走逃（失联）企业的相关人员无法联系之记录，就忽略了送达程序，即送达给行政相对人是税务行为产生效力的要件；同时，如在送达过程中出现有人签收之情形，则应重新调查核实是否属于走逃（失联）企业判定依据中的相关人员查无下落之情形，即是否应认定为走逃（失联）企业。

3. 走逃（失联）企业判定及其开具增值税专用发票处理之救济途径应明确

既然走逃（失联）企业判定及其开具增值税专用发票处理系对行政相对方的权利义务产生实质的影响，那么就应该给予书面的税务事项通知或税务处理决定，并告知行政相对方相应的救济途径，应明确其有权进行陈述、申辩，告知其有权申请进行听证、进行复议和行政诉讼的权利；同时，基于《税收征收管理法》对税务复议和行政诉讼等的一些特别的规定，应在实施细则上进一步予以明确，比如根据《税收征收管理法》第八十八条规定之特别规定，对于受票企业而言，对于先行缴纳税款和滞纳金的问题，应该仅仅局限在受票企业已作进项税额转出这一范围内。

（三）对一般纳税人取得异常凭证之完善

①对于增值税专用发票是否可以抵扣，一般增值税纳税人进行抵扣的时候，税务部门本身就进行审查，因此，只要一般纳税人能提供购销合同真实、一致的相关材料，符合认证要求的，税务部门就应先予以抵扣。国家税务总局2016年第76号公告作出的相应暂不允许抵扣或办理退税或一律先作进项税额转出或暂缓办理出口退税等规定缺乏上位法的支撑。因此，对于一般纳税人增值税发票是否可以抵扣，税务部门只能针对该一般纳税人所提供的资料进行审查，而不能延伸到其认定的走逃（失联）企业是否已经纳税申报的问题上。②在受票企业能当场直接提供相关可以抵扣进行税额的相关材料后，是否还有必要先做进项税额转出，值得商榷。③基于进项税额转出往往涉及年度税款抵扣等的处理，为减少税务处理的麻烦，根据国家税务总局《纳税担保试行办法》（国家税务总局令第11号）第三条规定："纳税人有下列情况之一的，适用纳税担保：（一）税务机关有根据认为从事生产、经营的纳税人有逃避纳税义务行为，在规定的纳税期之前经责令其限期缴纳应纳税款，在限期内发现纳税人有明显的转移、隐匿其应纳税的商品、货物以及其他财产或者应纳税收入的迹象，责成纳税人提供纳税担保的；

（二）欠缴税款、滞纳金的纳税人或者其法定代表人需要出境的；（三）纳税人同税务机关在纳税上发生争议而未缴清税款，需要申请行政复议的；（四）税收法律、行政法规规定可以提供纳税担保的其他情形。"受票企业是否可以先提供纳税担保，而不是一律先作进项税额转出。

本文认为，对税收的征管，在强化税收征管的同时，亦应从有利于维护税务行政相对方的合法权益的角度考虑，才能真正体现税收法定原则，而国家税务总局 2016 年第 76 号公告对走逃失联企业判定及其开具的增值税专用发票处理的规定有值得商榷的地方，应对其进行完善，这样才能真正维护国家税收的利益，才能真正维护纳税人的合法权益。

增值税发票开具之民事救济的请求权基础

■ 王潭海
　　浙江金道律师事务所管理合伙人
■ 徐日升
　　浙江省法学会财税法研究会理事

内容摘要：增值税作为我国第一大的税种，是在销售货物，提供加工、修理修配劳务，销售服务、无形资产及不动产过程中国家所征收的一种流转税。销售方为购买方开具增值税发票是一项法定义务。但在实务中为逃避增值税纳税，销售方常以各种手段拒开增值税发票，以致于购买方无法取得商事凭证甚至无法抵扣增值税进项税额，权利遭到侵害。在权利遭到侵害或有遭侵害之虞时，公权力并不主动介入。权利人寻求救济的常规方式是向人民法院提起诉讼。为此，本文主要探寻在合同未约定销售方开票义务的前提下，购买方可以依据合同法规范寻找要求购买方开具增值税发票的请求权基础，以期支撑购买方的增值税发票开具之诉讼请求。

关键词：增值税发票　合同义务　民事救济　请求权基础

1979 年我国开始引入增值税，增值税作为我国的第一大税种，影响范围非常广泛。我国增值税采用税款抵税制度，利用发票计税，凭票抵扣进项税额，即增值税应纳税额为销项税额与进项税额的差值。

增值税是以商品（包括应税劳务、服务）在流转过程中产生的增值额作为计税依据而征收的一种流转税。从计税原理上说，增值税是对商品生产、流通、服务中多个环节的新增价值或商品的附加值征收的一种流转税。实行价外税，也就是由消费者负担，有增值才征税没增值不征税。

在实际当中，商品新增价值或附加值在生产、流通、服务过程中是很难准确计算的。因此中国也采用国际上普遍采用的税款抵扣的办法。即对于一般纳税人的增值税计征采用税款抵税制度，利用发票计税控税，凭票进行抵扣进项税额，即增值税应纳税额为当期销项税额与当期进项税额的差额。本文所称的增值税发票主要指前述一般纳税人据以计税扣税的增值税专用发票，也包括增值税普通发票、增值税电子普通发票和机动车销售统一发票。

在实务中，销售方为逃避缴纳增值税，常常利用各种方法和理由拒绝向购买方开具增值税专用发票，导致购买方难以抵扣进项税。为挽救经济上的损失，购买方常常诉诸法院，要求销售方向其开具增值税发票。但由于缺乏统一的规范，对于开具增值税发票能否作为单独的诉讼请求，实务界争议很大。有观点认为：开具增值税发票属于行政法律关系而非民事法律关系，购买方在诉讼中要求销售方开具增值税发票，法院可行使释明权，提示其变更为要求赔偿因未开具增值税发票所致不能抵扣进项税款的损失、开具的增值税发票无效所致被税务机关追缴所抵扣进项税款的损失，如其坚持原诉讼请求，法院应驳回起诉。亦有观点认为：开具增值税发票属于合同项下销售方义务，购买方在诉讼中有权要求销售方开具增值税发票；各地法院对此类问题的处理亦不尽相同。特别是对合同未明确约定销售方开票义务的情况下，购买方能否单独以增值税发票开具作为诉讼标的的问题争议颇多。因此，寻找支撑购买方这一诉讼请求的请求权基础成为关键。

一、问题的提出与研究思路

当前审判实践中出现了以开具增值税发票为诉讼标的的新类型案件。举一案例如下：

卖方 A 钢材公司与买方 B 建筑公司签订钢材买卖合同，约定 B 建筑公司向 A 钢材公司购买钢材用于其施工工地，合同约定买方于次月 5 日前结算上个月的货款。A 钢材公司向 B 建筑公司交付合计 560 万元的钢材，后因 B 建筑公司未按约付款，A 钢材公司停止供货并将 B 公司起诉至法院要求其按约支付 560 万元钢材及相应的违约金。

诉讼中，B 建筑公司承认收货及货款数额属实，但辩称其未付款是因为 A 钢材公司未向其开具增值税专用发票，并提起反诉，要求 A 公司向其开具增值税专用发票。而 A 钢材公司则认为，合同中并未约定开票义务，法院不应受理 B 建筑公司的反诉。

目前各地法院对此类案件处理方式亦各异，有支持者，但寥寥。更多的是认为 B 建筑公司不能提起诉讼，应当去税务机关举报。最高人民法院民一庭编写的《民事审判实务问答》第二问明确指出："开具发票不能作为独立的诉讼请求提出。"① 而《上海市高级人民法院关于当前商事审判若干问题的意见》第十条规定："买受人可以单独诉请出

---

① 黄松有. 民事审判实务问答［M］. 北京：法律出版社，2005：4.

卖人履行给付增值税专用发票的从给付义务，对此法院应当予以受理。"鉴于司法实践中各地法院迥异的观点，本文认为，在民事诉讼中，原告能提出哪些诉讼请求，取决于原告能否寻找到支撑这些诉讼请求的请求权规范。非如此，原告所提出的诉讼请求将缺乏法律支持，成为无本之木，无法赢得法院的赞同。从法律适用思维顺序角度观之，法官必须先行判断民事诉讼原告所援引的请求权规范能否支撑其所提出的用以救济损害的诉讼请求，方能裁判准许或否认其诉讼请求。因此，开具增值税发票诉讼请求问题的要害之一在于探寻其民事救济的请求权基础。

二、增值税发票开具的性质

在销售货物，提供加工、修理修配劳务，销售服务、无形资产及不动产过程中，销售方有义务向购买方开具增值税发票，买受人也有权向销售方索要增值税发票。销售方开具增值税发票的义务，受到行政法规和民事规范的双重调整，并且当因未开具增值税专用发票逃避纳税达到法定数额违反刑法规定时还将受到刑法规范的调整。销售方在公法上的开票义务（即包括开具在内的发票管理等法律法规），不在本文探讨之内。因此，本文首先从民事义务与民事权利两方面对销售方开具增值税发票在民事领域上的义务以及购买方要求开具增值税发票的民事权利进行分析。

（一）从民事义务分析

1. 合同义务

通常而言，交易可分为三个阶段：第一阶段是谈判阶段，在此阶段，买卖双方负有遵守诚实信用原则进行善意谈判的义务，称为"先合同义务"。第二阶段是履行阶段，该阶段交易双方承担的是合同义务，违反合同义务承担的是违约责任。第三阶段是后合同阶段，即合同终止后，买卖双方仍负有一定的义务，称为"后合同义务"。在履行阶段的合同义务又可以分为主合同义务、从合同义务、附随义务三种。

主合同义务，亦称主给付义务。是指合同关系固有的、必备的，并用以决定合同类型的基本义务。在《中华人民共和国合同法》（以下简称《合同法》）中，主合同义务通常规定在某一种有名合同的定义性条款中，例如《合同法》第一百三十条规定。从合同义务，亦称从给付义务。从合同义务不决定合同的性质和类型，但具有辅助主合同义务之功能，是确保债权人利益能够获得最大满足、合同能够完整履行所必不可少的义务。附随义务是债务人以诚信原则于契约及法律所规定的内容之外所附有的义务。[①]

2. 增值税发票开具是从合同义务

从合同义务发生的主要原因包括：①基于法律的明文规定；②基于当事人的约定和交易习惯。从法律的规定上看，《中华人民共和国增值税暂行条例》（以下简称《增值税暂行条例》）第二十一条规定："纳税人销售货物或者应税劳务，应当向索取增值税

---

① 王泽鉴. 民法学说与判例研究［M］. 北京：中国政法大学出版社，1997：98.

专用发票的购买方开具增值税专用发票，并在增值税专用发票上分别注明销售额和销项税额。"《中华人民共和国发票管理办法》（以下简称《发票管理办法》）第十九条规定："销售商品、提供服务以及从事其他经营活动的单位和个人，对外发生经营业务收取款项，收款方应当向付款方开具发票；特殊情况下，由付款方向收款方开具发票。"《财政部　国家税务总局营业税改征增值税试点管理办法》第五十三条规定："纳税人发生应税行为，应当向索取增值税专用发票的购买方开具增值税专用发票，并在增值税专用发票上分别注明销售额和销项税额。"根据上述规定，开具增值税发票是出卖人的从合同义务。同时，基于交易习惯，出卖人亦应当开具增值税发票。

（二）从民事权利分析

如上文所述，开具增值税发票是销售方的法定义务。一般而言，权利和义务总是相对应的概念。在有义务的情况下，必定有某种权利存在。如果义务是一种法律的束缚或法律上的不自由，那么权利就是一种意见自由。因此，关于销售方开具增值税发票义务性质的讨论有必要切换成购买方要求开具增值税发票的权利的讨论。而从权利角度的讨论，亦为下文的开具增值税发票请求权基础铺垫前提。

1. 民事权利

"权利"是法学中重要的一个概念，除了技术性规范外，大部分的法律规范都直接或间接地涉及了当事人的权利。[①] 有法学家称：法学是权利之学。人们也经常以权利语言来讨论法律规则，例如父母对孩子的权利，孩子对父母的权利；房东对房客的权利，房客对房东的权利；买方对卖方的权利，卖方对买方的权利。为了加深对出卖人开具增值税发票性质理解，我们有必要从买受人的权利角度进行分析。

根据权利所依据的规范的种类可以分为公权利与私权利。[②] 公法是指基于公法关系所产生的权利，主要有平等权、言论自由、选举权等。私权则是基于私法关系所产生的权利。大致可分为"财产权"和"非财产权"。而财产权又可以区分为债权、物权以及知识产权，非财产权则有人格权、身体权、身份权。就权利的作用区分可以分为支配权、请求权、形成权、抗辩权。根据前后两个权利或义务之间的因果关系可以划分为原有权利和义务与救济性权利和义务。[③] 原有权利称为"第一性权利"，它与救济性权利（又称为"第二性权利"）存在这样一种因果关系，即后者是在前者受到侵害或受到违反时为了补救前者而产生的权利。

2. 增值税发票开具的原有权利

原权，又称为基础权，是民事法律关系中存在的权利。物权、债权、继承权、人身权、知识产权均属原权。其中债权是指权利人享有的请求特定人为一定行为或不为一定行为的权利。从原有权利角度分析，如果销售方没有向购买方开具发票，购买方便不能

① 王海南，李太正，法治斌，等. 法学入门 [M]. 台湾：月旦出版公司，1993：26.
② ［日］美浓部达吉. 公法与私法 [M]. 黄冯明，译. 北京：中国政法大学出版社，2003：72.
③ 孙笑侠. 法理学 [M]. 杭州：浙江大学出版社，2011：82.

进行进项税抵扣，其财产权便受到侵害，此时购买方便对销售方产生了债权，该民事权利便是开具增值税发票的原有权利。原有权利受到侵害时即可通过民事诉讼来得到救济。下文讨论开具增值税发票的救济性权利，即请求权。

三、增值税发票开具的请求权基础

（一）民事诉讼与请求权

私法领域，权利遭到侵害或有遭侵害之虞时，公权力并不主动介入。权利人寻求救济的常规方式是向人民法院提起诉讼，在这里，权利人向人民法院起诉的权利就是救济性权利，即诉权。诉权是人们启动民事诉讼程序以获得司法裁判，实现实体权利和维护其权益的一项基本权利。[①]

1. 权利之私法救济的样式

根据诉讼请求的性质和内容可以将诉分为确认之诉、形成之诉和给付之诉。其中，确认之诉是指原告请求法院确认其主张的法律关系存在或不存在。确认之诉的实体规范基础如《中华人民共和国物权法》第三十三条："因物权的归属、内容发生争议的，利害关系人可以请求确认权利。"形成之诉是指原告要求法院变动或消灭一定法律状态（权利义务关系）的请求，如撤销之诉、离婚之诉等，也称为"权利变更之诉"。确认判决的意义仅仅在于确认法律关系存在与否，并不指令当事人为某种行为，形成判决则一经生效，法律关系即为之改变，因而，两者均无执行的问题。需要执行，同时也是对于权利救济最具普遍意义的，是给付之诉。给付之诉，是指原告向被告主张给付请求权，并要求法院对此作出给付判决的请求。这里所谓的给付，并不仅仅指被告对原告金钱或实物的交付，还包括被告履行原告所要求的行为（作为或不作为）。[②] 在权利遭到侵害或有遭侵害之虞时，无论是要求妨害防止、妨害排除、返还原物，还是主张损害赔偿，均以给付请求的形式表现。

权利人享有给付请求权是给付之诉成立的前提，给付之诉旨在实现实体请求权。[③]请求权构成权利救济的核心概念。

2. 请求权与请求权基础

请求权是一种指向他人的权利，要求其他人作为或不作为某种行为的权利，特点在于权利的行使总是牵涉到其他人的行为。请求权在很多场合基于债的关系产生，但是也会基于物权产生，如所有物返还请求权。另外基于身份关系同样会产生身份法上的请求权，如配偶请求履行同居的义务。[④]

① 张卫平.民事诉讼法［M］.北京：高等教育出版社，2011：99.
② 张卫平.民事诉讼法［M］.北京：高等教育出版社，2011：105.
③ ［德］罗森贝克，施瓦布，戈特瓦尔德.德国民事诉讼法（下）［M］.第16版.李大雪，译.北京：中国法制出版社，2007：646.
④ 孙笑侠.法理学［M］.杭州：浙江大学出版社，2011：78.

欲使请求权得到实现，需要有相应的规范支持。该规范被称为"请求权基础"。"无请求权基础即无请求权。"所以，以请求权为思考导向，其主要工作即在于，"探寻得支持一方当事人，向他方当事人有所主张的法律规范"。[①]

请求权基础分请求权规范与法律行为两类。请求权规范是确立请求权的法律一般规范，通常被规定于制定法，它由构成要件和法律效果组成。当事人的请求权主张可能体现为给付价金、损害赔偿的要求，也可能体现为要求让与物权或债权，可能体现为一定的不作为请求，而上述主张均体现在规范的法律效果部分，包含这些法律效果的规范即请求权基础规范。法律行为（尤其是契约）则是确立请求权的个别规范，表现为当事人的意思表示。法律行为之为请求权基础，源于私法自治。

在寻找请求权基础之前，首先需要对请求权作一类型化整理。作为"第二性权利"救济权的请求权，乃系于基础权利而发生，因此，一般情况下，有哪些类型的基础权利，就有相应的请求权类型。为此，请求权大体可分为人格权请求权、债权请求权、物权请求权、亲属权请求权（如亲子领回请求权）、继承权请求权等。各项请求权的规范基础，亦大致在相应法域。

3. 请求权基础的检视序列及排序规则

请求权的不同类型，表明了案件所适用的不同规范基础。请求权虽由当事人提出，但他并无义务显示其请求权性质。一般情况下，当事人的主张只需要以"请求对方作为某事"或"请求对方不作为某事"等方式提出即可。为其请求权寻找恰当的规范，更多是纠纷裁决者的任务。[②] 民法有关请求权的规范难以胜数，为了不至于陷入盲目的大海捞针式搜寻，法官一般对请求权的性质有一先在判断，然后根据此先在判断展开法律适用过程。为了节约成本，提高准确度，某种以合目的性考量为标准的检视序列即成为必要。[③]

请求权检视排序不是正确与否的问题，而只是基于合目的性考量。基本考虑在于：考察一项请求权规范的适用时，不应该因存在其他规范作为前提问题而陷入循徊检视，即讨论应尽量避免受到前提问题的束缚。[④] 具体而言：

第一，基于契约的请求权列于首位。先于无因管理请求权的原因在于，无因管理系"无委任的事务管理"，此即意味着，在考虑适用无因管理请求权之前，必须先确认当中无契约关系（委任关系）存在；[⑤] 先于物权返还请求权，因为契约能够提供占有的本权，而排除返还请求权；[⑥] 先于因不法行为而产生的请求权，则是因为，如果某种行为

---

① 王泽鉴. 民法思维：请求权基础理论体系 [M]. 北京：北京大学出版社，2009：41.

② 当事人实体法上的请求权与其诉讼请求以及法官审理对象之间的关系，在民事诉讼法学上是"诉讼标的"理论所要解决的问题。在德国学者看来，"诉讼标的涉及的是民事诉讼的中心概念。"参见［德］汉斯·约阿希姆·穆泽拉克. 德国民事诉讼法基础教程 [M]. 周翠，译. 北京：中国政法大学出版社，2005：86 页以下；［德］奥特马·尧厄尼希. 民事诉讼法 [M]. 周翠，译. 北京：法律出版社，2003：197 页以下.

③④ 王泽鉴. 民法思维：请求权基础理论体系 [M]. 北京：北京大学出版社，2009：58.

⑤⑥ 王泽鉴. 民法思维：请求权基础理论体系 [M]. 北京：北京大学出版社，2009：59.

通过契约得以正当化，则不存在"不法"的问题。①

第二，基于准契约关系的请求权紧随契约请求权之后。道理在于，此类请求权与契约请求权极为接近，绝大多数都产生于未生契约效力的契约订立过程之中。② 梅迪库斯将基于缔约过失的请求权置于无因管理请求权之前，是因为，前者与契约存在依存关系，后者则尚未出现契约。③

第三，物权请求权应在侵权行为损害赔偿请求权与不当得利返还请求权之前得到检视。原因在于，前者直接与物权变动相关，只有在物权不存在时，才考虑损害赔偿与利益返还问题。④ 另外，基于不法行为而产生的损害赔偿请求权以行为人的过错为前提，而物权请求权的权利人则无此项证明要求。因此，在受侵害之物依然存在的情况下，针对物权的法律救济必须首先被考虑。

第四，不当得利返还请求权的排序各有考虑。布洛克斯将其置于末列，系基于不当得利"无法律原因"之特性。申言之，为了确定得利人所获得的利益"无法律原因"，包括契约请求权在内的所有"法律原因"都必须被排除。⑤ 王泽鉴教授的见解则有不同。在他看来，不当得利返还请求权涉及物权变动问题，应紧随物权请求权得到检视，侵权行为损害赔偿请求权置于其后，则是因为它不是任何请求权的前提，得与契约上请求权（尤其是契约损害赔偿请求权）、物权请求权及不当得利返还请求权竞合并存。⑥

（二）开具增值税发票的请求权基础

1. 单个请求权基础的检视

按上文所述，根据"法律效果"预选请求权规范并确定检视顺序之后，对每个请求权规范基础的进一步探寻就必须考虑规范的构成要件。即将案件事实"涵摄"于特定请求权规范的构成要件之下，并将案件事实与其构成要件不符的请求权规范从经预选的规范中剔除。请求权规范的要件通常由多个构成要件特征组成，为涵摄之前，须分解各个要件，而各构成要件又含蕴着法律概念，每个法律概念须经由定义化予以具体，使其在内容上更接近于案件事实。

2. 开具增值税发票请求权基础探寻

根据《发票管理办法》第十九条、第二十二条规定，开具增值税发票的前提是销售方与购买方存在契约关系，否则便构成虚开。所以首先需要检视的是契约请求权，若该请求权成立，则无须再检视其他请求权，为此须检视：销售方与购买方之契约未约定开票义务，购买方是否享有要求销售方开具增值税发票的请求权。

按上文我们知道请求权是义务的相应概念，请求权的实现有赖于义务的履行，如果没有义务作保障，请求权便是虚置。那么从义务人的行为角度分析，义务人能否自由选择为一定之作为或不作为？当然不行，因为义务是设定或隐含在法律规范中、实现于法律关系中的、主体以相对受动的作为或不作为的方式保障权利主体获得利益的一种约束

①② 王泽鉴. 民法思维：请求权基础理论体系 [M]. 北京：北京大学出版社，2009：59.
③④⑤⑥ 王泽鉴. 民法思维：请求权基础理论体系 [M]. 北京：北京大学出版社，2009：60.

手段。① 权利人有放弃权利的权利，而义务人没有放弃义务的权利。根据债的定义和特征，债是按照合同的约定或者按照法律的规定，在当事人之间产生的特定的权利和义务关系。② 因此，义务的产生是源于债，而债源于合同的约定或者法律的规定。《合同法》第一百三十六条对出卖人的从给付义务作了规定，据此，出卖人出具增值税发票的义务为《合同法》一百三十六条所规定，属法定义务。据此，首先应检视的请求权基础为：

《合同法》第一百三十六条规定："出卖人应当按照约定或者交易习惯向买受人交付提取标的物单证以外的有关单证和资料。"

以下就《合同法》第一百三十六条展开分析：

若开具增值税发票请求权成立，则须满足《合同法》第一百三十六条所规定之要件：其一，双方合同有约定，或按交易习惯出卖人要向买受人开具增值税发票；其二，向买受人出具增值税发票就是向买受人交付增值税发票；其三，有关单证和资料中包含了增值税发票。

《最高人民法院关于适用〈中华人民共和国合同法〉若干问题的解释（二）》第七条规定："下列情形，不违反法律、行政法规强制性规定的，人民法院可以认定为合同法所称"交易习惯"：（一）在交易行为当地或者某一领域、某一行业通常采用并为交易对方订立合同时所知道或者应当知道的做法；（二）当事人双方经常使用的习惯做法。"

从上述条文来看，"交易习惯"即包含交易双方订立合同时所知道或者应当知道的做法。纳税是公民的义务，销售方应当知道对外发生经营业务，应当开具发票。

《增值税暂行条例》第二十一条规定："纳税人销售货物或者应税劳务，应当向索取增值税专用发票的购买方开具增值税专用发票，并在增值税专用发票上分别注明销售额和销项税额。"《发票管理办法》第十九条规定："销售商品、提供服务以及从事其他经营活动的单位和个人，对外发生经营业务收取款项，收款方应当向付款方开具发票；特殊情况下，由付款方向收款方开具发票。"《财政部 国家税务总局营业税改征增值税试点管理办法》第五十三条规定："纳税人发生应税行为，应当向索取增值税专用发票的购买方开具增值税专用发票，并在增值税专用发票上分别注明销售额和销项税额。"根据上述条文可知，从税法体系来考量，向购买方开具增值税发票即是向购买方交付增值税发票。

《买卖合同司法解释》第七条规定："合同法第一百三十六条规定的'提取标的物单证以外的有关单证和资料'，主要应当包括保险单、保修单、普通发票、增值税专用发票、产品合格证、质量保证书、质量鉴定书、品质检验证书、产品进出口检疫书、原产地证明书、使用说明书、装箱单等。"据此可知，增值税发票包含在"提取标的物单证以外的有关单证和资料"中。

---

① 孙笑侠. 法理学 [M]. 杭州：浙江大学出版社，2011：83.
② 陈信勇. 民法 [M]. 杭州：浙江大学出版社，2011：319.

综上，购买方可以根据《合同法》第一百三十六条向销售方请求开具增值税发票，《合同法》第一百三十六条即是这一诉讼标的的请求权基础主要规范，《合同法司法解释（二）》《买卖合同司法解释》即是请求权基础主要规范的辅助规范。

四、结语

税法学作为一门兼容经济学、会计学、法学等知识内涵的复合性学科，在其发展过程中，曾经被认为是一种特别行政法，也曾经一度被认为是"民法附随法"。实践中，律师、会计师、税务师等不同专业领域人员对税法的理解与适用分歧明显甚至观点迥异的情况会时常出现。因为税法研究主体多来自不同背景的知识群体，对税法的解释无疑都带有各自思想与立场，容易引发观点的相互碰撞甚至尖锐对峙。

我国《发票管理办法》《营业税改征增值税试点管理办法》只规定，销售商品、提供服务以及从事其他经营活动的单位和个人，对外发生经营业务收取款项，收款方应当向付款方开具发票，并未确立"开具增值税发票民事救济"责任的法律效果。从而，实务中很多税收执法部门、法院以及会计师、税务师专业领域人员均认为销售方开具发票属于税收法律关系，应当被界定为公法上的法定之债，属于税收执法部门管辖。显然，这一认识是错误的。因为如果完全按照税法的视角进行相对独立的解释将使购买方的民事救济无法实现。这既关系到税法与民法之法律秩序的安定，也关系到税法功能的实现，两者之间的关系存在如何在冲突中协调的问题。对此，德国哲学家伽达默尔在其成名作《真理与方法》中阐明的诠释学思想值得我们借鉴。他认为，文本的阅读与解释过程实际上是一个理解的过程。在理解文本意义的过程中已经融入了解释者自己的思想。就此而言，解释者将自己的视域与作者及其他解释者的视域进行融合，各方的意见与观点均得到充分的展开与表达，从而使文本的内容与意义得到更充分的体现与升华。这种思想无疑对税法研究具有极其重要的借鉴与指导意义。

《发票管理办法》《营业税改征增值税试点管理办法》本应对销售方就未开具增值税发票承担何种民事责任予以明确规定，但是，令人遗憾的是，上述法律规范所设置的这些条文却语焉不详，将这一法律任务转化成法学任务，付之于法学研究者。因此，税法研究者需要进行学理澄清，从合同法等民商事法律规范中寻找增值税发票开具之民事救济的请求权基础，帮助民事诉讼原告找到用以支持其所提出的诉讼请求的法律依据，亦为法官勾画出以增值税发票开具为诉讼请求的民事诉讼法律适用路线图，避免因肆意选择适用某一规范而排除其他法律规范所造成的法律适用规范不统一，克服司法实践的混乱。

合法行政视野下的税收"黑名单"制度

■ 翟小健

南京市六合区国家税务局政策法规科

内容摘要： 税收"黑名单"制度在我国现行法律、法规、规章中没有直接规定，该项制度的有效运行依赖于国家税务总局相关规范性文件。在法律性质上，"黑名单"制度属于行政处罚，以规范性文件为设立依据，既不利于保护纳税人的合法权益，也不利于规范行政主体职权的合法行使。从合法行政角度而言，国家税务总局应审慎对待税收"黑名单"制度，将合法行政的相关构成要件嵌入到制度设计中，并及早提请有权机关对其法律化，在打击税收违法犯罪行为和保护纳税人合法权益中实现平衡。

关键词： 税收"黑名单"　行政处罚　合法行政　权利救济

一、脉络：税收"黑名单"制度的建立与发展

为落实党的十八届三中、四中全会关于建立健全社会诚信体系，褒扬诚信、惩戒失信的总体要求，更好地保障国家税收收入，打击税收违法行为，提高税法遵从度，国家税务总局发布了一系列规范性文件，构成了我国税收领域的"黑名单"制度体系（见表1）。

表 1　　　　　　　　　　　税收"黑名单"制度的相关规定

颁布时间	文件名称	简称	主要内容与意义
2014 年 7 月	《重大税收违法案件信息公布办法》（国家税务总局公告 2014 年第 41 号）	41 号公告	对重大税收违法案件公布原则、公布机关、公布标准、公布内容、管理措施、公布期限、异议处理等内容进行了明确，拉开了我国税收领域"黑名单"制度建立的序幕
2014 年年底	《关于对重大税收违法案件当事人实施联合惩戒措施的合作备忘录》（发改财金〔2014〕3062 号）	合作备忘录	各机关在各自职责范围内依法对列名纳税人采取惩戒措施，强化了税收"黑名单"的惩戒作用
2016 年 4 月	《重大税收违法案件信息公布办法》（国家税务总局公告 2016 年第 24 号）	24 号公告	统一了重大税收违法案件标准，修订了公布方式，增加了纳税人的救济渠道

　　税收"黑名单"制度，指国家税务总局根据 24 号公告，向社会公布重大税收违法案件信息，并将信息通报相关部门，共同实施严格监管和联合惩戒的制度。在具体操作层面上，当纳税人的税收违法行为符合 24 号公告规定的重大税收违法案件标准，税务机关在重大税收违法案件公布信息系统录入相关信息，通过省税务机关门户网站向社会公布。同时，国家税务总局门户网站设立专栏链接省税务①机关门户网站的公布内容。据新华社报道，截至 2017 年 6 月末，全国各级税务机关累计公布税收违法"黑名单"案件 4606 件，失信企业受到阻止出境等多种限制，共有 900 户纳税人在主动缴清税款、滞纳金和罚款（合计 61.8 亿元）后撤出"黑名单"。

　　税收"黑名单"制度是实践的产物。但是，众所周知，行政权天然地具有扩张性，不仅是积极主动干预社会生活以保障人民权利、增进公共利益、强化社会秩序，也会存在谋取私利、恶意扩张的可能性。② 依据"法无授权不可为"的基本原则，有必要在合法行政的视角下重新审视国家税务总局将税收违法案件信息列入"黑名单"管理，并联合多部门对违法纳税人采取制裁措施的行政行为。税收"黑名单"制度属于何种性质的行政行为？是否符合依法行政的要求？其制度是否需要进一步完善？在打击税收违法行为与保障纳税人合法权益之间寻求平衡方面具有进一步探讨的空间。

---

① 摘自新华网：《我国累计公布税收违法"黑名单"案件 4606 件》。
② 刘素梅. 论行政权力的扩张 [J]. 苏州大学学报（哲学社会科学版），2006（2）.

二、价值：税收“黑名单”制度存在的现实必要性

（一）税收行政权行使的必然结果

随着社会不断发展，市场经济乃至社会领域等各个层面发生了天翻地覆的变化，但部分领域立法较为滞后或现有法律暂无法对新问题作出及时有力回应，且行政权在处理紧急问题的时候效率要远高于其他国家机关，这使行政权在宪政实践中往往处于优势地位，行政机关往往会主动作为，通过部门规章或是规范性文件对新问题予以规制。①

“黑名单”制度在食品安全监管、旅游安全监管等各个领域遍地开花，各行政主管部门对“黑名单”制度情有独钟，仔细检视行政违法事实公布的适用领域，不难发现其所维护的社会公共利益在当下的中国是何等重要和迫切。环境利益是最典型的公共利益，环境污染、生态破坏已经到了无以复加的地步……②为了维护公共利益，在立法权滞后、司法权被动的情形下，行政权必须有所作为。

具体到税收领域，2015年新修订的《中华人民共和国立法法》虽然规定了税收法定原则，但就我国当前征管实践而言，完全落实税收法定原则尚需时日，除几部税收法律外，维持税收征管秩序的仍是行政法规、国家税务总局规章及大量的规范性文件。在税收立法技术尚未成熟之际，国家税务总局作为国家税收征管的主管部门，积极制定和完善税收“黑名单”制度，是其主动行使行政权的必然结果。

（二）加强行政审批改革后续管理的有力举措

本届政府一直聚焦行政审批改革，多次召开国务院常务会研究决定推进政府职能转变，推出简政放权改革措施。国家税务总局近年来同样是大刀阔斧地取消大量行政审批事项，目前税务系统保留的行政许可只有7项，23项需审批事项列为其他权力事项。在“放管服”③工作要求下，传统行之有效的保姆式的管理服务已经远远无法适应当前税收征管工作。为了更好地配合行政审批改革，避免一放就乱，维护税收征管秩序，推进税收领域信用建设，税收“黑名单”制度应运而生。正如上文所述，在当前的征管实践中，该制度发挥了巨大作用。

三、检讨：税收“黑名单”制度存在的依据与性质

（一）税收“黑名单”制度性质辨析

纳税人被列入国家税务总局税收“黑名单”，究竟会带来哪些不利影响，其人身、财产权利又是被如何处分的？《合作备忘录》载明，依据《中华人民共和国税收征收管

---

① 丁晓东. 法律能规制紧急状态吗？——美国行政权扩张与自由主义法学的病理［J］. 华东政法大学学报，2014（3）.
② 章志远. 行政法学总论［M］. 北京：北京大学出版社，2014：200.
③ “放管服”指的是持续推进简政放权、放管结合、优化服务，不断提高政府效能。

理法》（以下简称《税收征收管理法》）及其实施细则，公安部门配合阻止人员出境；依据《最高人民法院关于限制被执行人高消费的若干规定》第三条，对税务机关申请人民法院强制执行的行政处罚案件的当事人，由执行法院依法纳入失信被执行人名单，采取禁止乘坐飞机、列车软卧和动车等高消费惩戒措施……不论是公安部等国家行政机关或是如中国铁路总公司等法律、法规授权组织，都是现行行政法律规范体系中的行政主体，其对税收"黑名单"列名纳税人采取行政制裁行为，都不同程度地对纳税人的人身或财产权益产生了法律上的影响，符合行政处罚的特征。

行政处罚是指特定的行政机关或法定授权组织、行政委托组织依法对违反行政管理秩序但尚未构成犯罪的个人或组织予以制裁的行政行为。[①] 行政处罚具有制裁性（对违法者的制裁）、处分性（处分了相对人的权利与义务）、不利性（对相对人不利）和法定性（必须依法设定和依法实施）的特征。[②] 从行政处罚的概念和构成来看，税收"黑名单"制度符合行政处罚的特征。税收"黑名单"制度以行政主体行使行政管理权为保障，多部门联合对存在税收违法行为的纳税人实施不同程度的限制，明显对纳税人造成法律上人身、财产的制裁效果，具有制裁性。这种制裁可能会限制人身自由，可能会限制纳税人参与某种市场经济活动，最终结果是减损了纳税人的权利，增加了纳税人的义务，权利的减损必然对纳税人带来不利的后果，因此具备处分性和不利性的特征。税收"黑名单"制度施行的主要依据是24号公告，其第一条即表明制定依据为《税收征收管理法》和《国务院关于印发社会信用体系建设规划纲要（2014—2020年）的通知》（国发〔2014〕21号），在形式上具备法定性的特征。

综上，在法律性质上，税收"黑名单"制度属于行政处罚。

（二）税收"黑名单"设定合法性辨析

税收"黑名单"制度作为对违法纳税人的行政处罚，表明该违法行为符合应受行政处罚行为构成要件，设定行政处罚亦应符合合法行政基本原则。

1. 应受行政处罚行为合法性辨析

应受行政处罚行为是指行政管理相对人实施了违反行政法上的义务，依法应当受到处罚的作为或者不作为。其基本构成要件如图1所示。[③]

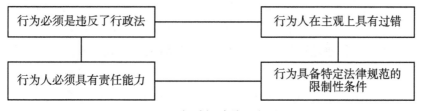

图1　应受行政处罚行为

① 应松年. 行政法学新论［M］. 北京：中国方正出版社，1999：370.
② 胡建淼. "黑名单"管理制度，行政机关实施"黑名单"是一种行政处罚［J］. 人民法治，2017（5）.
③ 江必新. 论应受行政处罚行为的构成要件［J］. 法律适用，1996（6）.

41 号公告是国家税务总局建立税收"黑名单"制度的初步尝试，因其本身存在诸多不完善之处，现已被 24 号公告代替，研究纳税人违法行为是否应被列入税收"黑名单"管理，应以 24 号公告规定为准。24 号公告第六条规定了八种应被列入税收"黑名单"的情形，这八种情形都是严重扰乱税收征管秩序的情形，部分行为情节严重的甚至涉嫌犯罪应移送司法机关处理。从应受行政处罚行为构成要件来看，被列入税收"黑名单"的纳税人都违反了税收征管领域的法律、行政法规等规定，如虚开发票、逃避缴纳税款；主观上都存在一定的故意，企图达到少缴税款的目的；作为市场主体都具备责任能力；都应该依法纳税，但实际上都违反了税收法律的禁止性规定。24 号公告规定的八种税收违法行为从法理上而言，均为理应受到行政处罚的行为，属于应受行政处罚行为的范畴。

2. 设置"黑名单"行政处罚制度的合法性辨析

合法行政原则作为现代行政行为的基本原则之一，要求行政主体行使行政职权时，主体合法、权限合法、依据合法及程序合法。著名行政法学家胡建淼将行政合法性原则内容归纳为五项内容：一是行政主体的行政职权由法设定与依法授予；二是行政主体实施行政行为必须依照和遵守行政法律规范；三是行政主体的行政行为违法无效；四是行政主体必须对违法的行政行为承担相应的法律责任；五是行政主体的一切行政行为（法律另有规定的除外）必须接受人大监督、行政监督和司法监督。① 就 24 号公告创设了税收"黑名单"这一行政处罚而言，本文认为需要结合《中华人民共和国行政处罚法》（以下简称《行政处罚法》）重新检视该行为合法性，国家税务总局该项职权是否依法取得，实施行政处罚是否依照和遵守行政法律规范有待进一步分析。

《行政处罚法》第八条列举了六种行政处罚措施，并设置了兜底条款"法律、行政法规规定的其他行政处罚"。六种行政处罚措施分别为：警告；罚款；没收违法所得、没收非法财物；责令停产停业；暂扣或者吊销许可证、暂扣或者吊销执照；行政拘留。学理上，通常将行政处罚的种类分为四种：一是人身罚；二是行为罚，又称能力罚、资格罚；三是财产罚；四是申诫罚。② 如前文所述，税收"黑名单"制度效果最终会影响纳税人的人身、财产权益，既有人身罚，亦有资格罚乃至财产罚等，属于综合性的行政处罚。《行政处罚法》第三条第二款明文规定："没有法定依据或者不遵守法定程序的，行政处罚无效。"《行政处罚法》第九条至第十三条分别规定了法律、行政法规等不同层级的法律渊源设定行政处罚的权限，第十四条明确规定"其他规范性文件不得设定行政处罚。"24 号公告制定的依据主要有《税收征管法》和国务院《国务院关于印发社会信用体系建设规划纲要（2014—2020 年）的通知》（国发〔2014〕21 号），《税收征管法》作为税收领域的实体兼程序性法律文件，没有明确授权国家税务总局可以制定税收"黑名单"。24 号公告制定的另一大依据国务院文件在"税务领域信用建设"版块明确

① 胡建淼. 关于中国行政法上的合法性原则的探讨 [J]. 中国法学，1998（1）.
② 杨海坤，章志远. 行政法学基本论 [M]. 北京：中国政法大学出版社，2014：171.

提出"建立税收违法黑名单制度。推进纳税信用与其他社会信用联动管理，提升纳税人税法遵从度"，但该文件严格来讲不属于行政法规。

税收"黑名单"制度作为一种行政处罚，根据合法行政原则及《行政处罚法》的规定，必须以法律、行政法规或规章等法律形式为依据，且不同的法律渊源设置行政处罚的权限也不完全相同。根据《规章制定程序条例》（国务院令第 322 号）规定，国务院部委制定规章应遵循严格程序，24 号公告的出台及发布并不符合该文件规定，它仅是规范性文件，不属于规章。换言之，24 号公告制定税收"黑名单"制度本身无上位法依据，从文件形式而言，其本身也无设定行政处罚职权。

3. 税收"黑名单"制度对列名纳税人陈述、申辩权的阻滞

合法行政内涵包括程序合法，尽管我国尚未制定统一的行政程序法，但《行政处罚法》作为一部单行法，其本身规定了行政处罚的程序性问题。《行政处罚法》第三条第二款规定："没有法定依据或者不遵守法定程序的，行政处罚无效。"第六条规定："公民、法人或者其他组织对行政机关所给予的行政处罚，享有陈述权、申辩权……"税收"黑名单"制度作为一项对违法纳税人权利义务产生重大影响的行政处罚，应遵循行政处罚的一般性原则，及时听取纳税人的陈述、申辩。尽管 24 号公告第六条第二款规定："符合前款规定的重大税收违法案件，由税务稽查局作出了《税务处理决定书》或《税务行政处罚决定书》，且当事人在法定期间内没有申请行政复议或者提起行政诉讼，或者经行政复议或法院裁判对此案件最终确定效力后，按本办法处理。"即该公告认为纳税人因税收违法行为接受了税务机关的税务处理及罚款（税务处罚以罚款为主要形式）后，无须再就列入税收"黑名单"单独作出告知，接受其陈述、申辩。税务处理及罚款与列入税收"黑名单"本身是两个单独的行政行为，不能因前一行政行为遵循了行政处罚一般原则，就必然推论出后一行政行为自然地符合行政处罚原则。实务中，先是作出税务处理及罚款，后根据规定将违法纳税人信息自下而上层层上报，最终列入"黑名单"。纳税人在接受税务处理及处罚时，并不当然知晓其会被列入税收"黑名单"，更无从知晓其会被多个部门联合惩处。尽管 24 号公告是公开的，纳税人可以自由查询，不能因其不知晓法律法规而免其过错，但从合法行政角度而言，税务机关应履行一般程序处罚中的告知义务，积极听取纳税人的陈述、申辩，乃至举行听证，确保行政处理决定合法、合理。

四、路径：税收"黑名单"制度的完善与建议

税收"黑名单"制度作为一项对违法纳税人实施的行政处罚，本身应遵循行政处罚的基本原则和现代法治行政执法的基本理念，如行政控权、权利救济、权责相当等原则。就 24 号公告而言，相比之前 41 号公告已经有了很大进步。该文统一了全国重大税收违法案件公布标准，避免各自为政；统一了公布渠道，统一调整为通过省局一个平台对外公布，国家税务总局门户网站统一链接各省局的公布信息；增加救济措施，降低了

纳税人被列入税收"黑名单"在社会上的负面影响。尽管如此，税收"黑名单"制度仍体现出因其立法层级太低而表现出来的弊端，仍需在加强信用建设的同时注重贯彻法治理念。

（一）提升立法层级，坚持法律保留原则

尽管大部分研究税收法定类型的文章谈论解决问题路径时，首要方法都倾向于提高立法层级，完善立法体系，但并没有深入阐述为何需要提高立法层级，为何不能以国家税务总局规章或是规范性文件来规范某项税收征管行为。本文认为，法治的意义在于确定合理期待性，尤其是对纳税人权利义务产生重大影响的，应积极完成由规范性文件到税收规章、行政法规乃至税收法律的蜕变。实务中紧扣经济宏观调控的，需要征管中灵活掌握的，由国家税务总局出台规范性文件未尝不可，不能一概而论，立法程序本身是一项浩大的工程，统统走立法程序不现实。当前我国民事及刑事领域，已经建立起社会主义法律体系，高谈阔论加强立法等措施不免与上层定调不符。但就行政法领域而言，因我国行政法起步较晚，依法行政理念尚未得到全面贯彻，行政执法领域仍以大量行政法规、规章甚至是规范性文件为主。新《中华人民共和国行政诉讼法》第六十三条规定："人民法院审理行政案件，以法律和行政法规、地方性法规为依据。地方性法规适用于本行政区域内发生的行政案件。人民法院审理民族自治地方的行政案件，并以该民族自治地方的自治条例和单行条例为依据。人民法院审理行政案件，参照规章。"在行政诉讼中，规章仅是参照，更何况是规范性文件。从税务机关依法行政角度而言，作出行政行为没有法律、行政法规或规章依据，其行政行为在行政诉讼中如何能坦然地接受司法审查？24 号公告仅作为国家税务总局制定的规范性文件，即使其附件《合作备忘录》由 20 多个中央部门联合签署，声势浩大，也无法改变其效力层级低的弊病，且《合作备忘录》对纳税人采取限制措施的依据既有法律，也有国务院文件，还有部门规章及规范性文件，形式杂乱，非常不严谨。因此，为确保合法行政，应及早将税收"黑名单"相关制度通过法律形式予以完善。

税务行政处罚作为对纳税人违法行为的制裁，必须坚持法律保留原则。法律保留原则，最初的意义或称经典意义是指行政机关如果要对私人的财产和自由进行干预，必须得到议会所制定的法律的明确授权，否则就构成违法。[①] 我国《行政处罚法》第九条至第十三条规定充分体现了法律保留原则，只有法律、行政法规、地方性法规、规章等可以设定行政处罚或者具体规定行政处罚幅度，其他任何法律规范都不能设定行政处罚，如限制人身自由只有法律才能设定，行政法规就不能设定限制人身自由的行政处罚。根据《行政处罚法》的规定，国家税务总局即使制定规章，以总局令的形式发布文件，仍存在违背法律保留原则的情形。合法行政要求权限合法、依据合法，规章只能设定警告和罚款，但不能设置其他形式的行政处罚。

---

① 黄学贤. 行政法中的法律保留原则研究［J］. 中国法学，2004（5）.

（二）完善税收"黑名单"中列名纳税人的陈述申辩权

有权利就有救济。为了充分保护纳税人的合法权益不受强大的行政机关职权侵害，我国行政法领域设定了行政复议、行政诉讼、行政赔偿等一系列救济制度，但此类救济制度发挥作用仍滞后于行政行为的作出。听取陈述及申辩制度是现代行政程序制度中一项较为常见的制度。行政机关在作出行政处罚等具体行政行为时保障行政相对人的陈述、申辩权，是法治社会发展的必然趋势，也是行政处罚决定的正确作出、行政处罚程序合法的重要条件。① 行政处罚中行政相对人享有陈述申辩权，该项权利具有法定性、正式性，是行政相对人对抗行政行为的权利，也是其自我保护的权利。② 陈述权是指当事人对行政机关及其工作人员实施行政强制所认定的事实及适用法律是否准确、适当，陈述自己的看法和意见的同时也提出自己的主张和要求的权利。申辩权是指当事人针对行政机关及其工作人员提出的证据和处理决定，提出不同意见，申述理由，加以辩解的权利，是意见交锋的过程。③ 没有严格按照《行政处罚法》规定的程序履职，纳税人的合法权益无法得到充分保障，尽管此类纳税人严重违反了税收法律。《行政处罚法》通过设立告知程序、调查程序、听证程序等程序性规定，规范执法机关行政处罚行为，避免弱小的行政相对人在和强大的行政机关博弈时处于不利地位。税务机关将纳税人列入税收"黑名单"，应充分保障纳税人的陈述申辩权，主动告知纳税人享有陈述申辩权。税务机关可以在听取纳税人陈述、申辩的同时，对其讲解税收政策，坚持教育和处罚相结合的原则，促使纳税人及时纠正其违法行为，降低执法成本。从纳税人角度而言，应积极争取作为行政相对人享有的合法权利，提出抗辩事由，从行政实体和程序上维护自身合法权利。

维护行政相对人的陈述、申辩权，是一个逐步完善的过程。就目前我国立法进度而言，在《行政处罚法》《中华人民共和国行政许可法》和《中华人民共和国行政强制法》三大行政单行法中规定了陈述、申辩权，其他行政执法领域单行法散落规定了陈述、申辩权，但未得到执法人员的充分重视。与之相印证的是在司法实践中，行政机关败诉的行政案件，原因往往集中在程序不合法，未及时告知纳税人享有陈述、申辩权，如最高院指导案例6号"黄泽富、何伯琼、何熠诉四川省成都市金堂工商行政管理局行政处罚案"，因行政机关作出没收较大数额涉案财产的行政处罚决定时，未告知当事人有要求举行听证的权利，最终被司法机关认定该行政处罚违反法定程序。

法谚"程序是法治和恣意而治的分水岭"。税务机关作为执法机关，应当承担起责任，在行政执法中遵从法定程序，逐步完善税收"黑名单"制度，追求打击税收违法行为和保护纳税人合法权益的平衡。

---

① 姜明安. 行政程序研究 [M]. 北京：北京大学出版社，2006：166.
② 关保英. 行政相对人申辩权研究 [J]. 东方法学，2005（1）.
③ 法律出版社法规中心编. 中华人民共和国行政强制法配套解读 [M]. 北京：法律出版社，2012：22-23.

"三流一致"在企业善意取得虚开的增值税专用发票案件中的应用

——以"真实交易"为视角

■ 陆黛霞　郑发国

　　浙江和义观达律师事务所律师　　浙江和义观达律师事务所律师

　　内容摘要：因增值税专用发票的含金量之高，虚开增值税专用发票行为层出不穷，在涉及企业是否善意取得虚开的增值税专用发票的案件中，是否存在真实交易系判断的要件之一。对于如何判断"真实交易"，应辩证地认识和应用税法实务中常采取的"三流一致"观点。因贸易环境与商业模式的多样化，货物流与部分资金流的不一致并不必然认定为非真实交易，不能简单地以三流不一致而否定真实交易，也不能因三流一致而认定交易的真实性。

　　关键词：虚开　三流一致　善意取得　真实交易

　　在我国全面施行营改增并采取以票抵税、以票控税、以票查税的税务制度的背景下，因为增值税抵扣链条的全面打通，越来越多的企业为取得增值税专用发票来抵扣进项税额而煞费脑筋，由此也催生了很多专门为企业提供增值税专用发票的"票贩"。

　　从税法和刑法规定上来看，虚开的定义为以下三种情形：①没有货物购销或者没有提供或接受应税劳务而为他人、为自己、让他人为自己、介绍他人开具增值税专用发票；②有货物购销或者提供或接受了应税劳务但为他人、为自己、让他人为自己、介绍他人开具数量或者金额不实的增值税专用发票；③进行了实际经营活动，但让他人为自己代开增值税专用发票。实务中，企业利用增值税现有的征管漏洞而采取的虚开手段形形色色，有利用农产品收购发票的，有利用零售贸易的个人消费者不需要开具增值税专用发票的，有利用部分企业留存大量进项税额的，有利用优惠政策中即征即退、出口免抵退及招商过程中财政返还的，等等，这些都成为虚开发票的票源。

很多企业认为只要自己不虚开增值税发票就万事大吉，殊不知在取得增值税专用发票的过程中也存在着种种法律误区，轻则导致取得的增值税专用发票不能抵扣，补缴税款；重则还会承担相应的刑事责任。

一、善意取得虚开的增值税专用发票概述

国家税务部门对于纳税人取得虚开的增值税专用发票的情况，以出台规范性文件的方式明确规定，主要的规定包括《国家税务总局关于加强增值税征收管理若干问题的通知》（国税发〔1995〕192号）、《国家税务总局关于纳税人取得虚开的增值税专用发票处理问题的通知》（国税发〔1997〕134号）以及《国家税务总局关于〈国家税务总局关于纳税人取得虚开的增值税专用发票处理问题的通知〉的补充通知》（国税发〔2000〕182号）。

根据上述文件内容，纳税人取得与实际交易不符、或销售方以非法手段取得的增值税专用发票，均会被处罚，轻则不得抵扣、补缴税款，同时缴纳滞纳金及罚款；重则承担刑事责任。但是，如果武断地认定虚开行为，在购货方不知道取得的增值税专用发票是销售方虚开的情况下，将会引起严重的税企对立，大大降低纳税人的税收遵从度，不利于税收征管环境的和谐。

因此，国家税务总局借鉴民法善意第三人的理念，出台了《国家税务总局关于纳税人善意取得虚开的增值税专用发票处理问题的通知》（国税发〔2000〕187号）（以下简称国税发〔2000〕187号文件），在税法意义上确定了善意取得虚开的增值税专用发票的特别规则。

（一）"善意取得"在民法和税法上的应用结果不同

善意取得制度源于日耳曼法，经大多数国家的认可与承认，现在已经成为现代民法的一项基本制度。其设立的主旨在于保护交易安全，保障善意第三人的利益。在满足上述条件的情况下，善意取得财产的受让人善意无过失而取得财产的所有权，不因无权处分人无权处分行为承担不利的后果。[①]

税法借鉴了民法上的善意取得制度，并根据善意取得制度的基本出发点，规定只要购货方能够证明纳税人已尽到了合理注意义务，且不知道开票方的发票是以非法手段取得的，就保护善意取得方的利益，这也是国税发〔2000〕187号文件、《国家税务总局关于纳税善意取得虚开增值税专用发票已抵扣税款加收滞纳金问题的批复》（国税函〔2007〕1240号）出台的本意。

然而，税法上的善意取得虚开的增值税专用发票制度，又不完全等同于民法中的概念。虽然文件规定在认定购货方善意取得增值税专用发票的基础上，对购货方不以偷税

---

① 张伟. 善意取得的增值税专用发票问题再探析［EB/OL］.［2017－03－20］www. shui5. cn/article/ff/72738. html.

或者骗取出口退税论处，不加收滞纳金，但是仍应按有关法规不予抵扣进项税款或者不予出口退税；购货方已经抵扣的进项税款或者取得的出口退税，应依法追缴。

有观点认为，既然认定了善意取得，就应该全面保护善意取得方的利益，允许善意取得方进行进项税额的抵扣，而不仅仅是上述文件规定的不处罚不收滞纳金。税法作为"公法"领域的部门法，显然有不同于"私法"的权力配置和政治因素，因此该观点在目前现行税法下显然缺少法律依据。

（二）善意取得虚开的增值税专用发票的构成要件

根据国税发〔2000〕187 号文件，认定购货方善意取得虚开的增值税专用发票必须满足四个要件：

1. 购货方与销售方存在真实的交易；

2. 销售方使用的是其所在省（自治区、直辖市和计划单列市）的专用发票；

3. 专用发票注明的销售方名称、印章、货物数量、金额及税额等全部内容与实际相符；

4. 没有证据表明购货方知道销售方提供的专用发票是以非法手段获得的。

实务中，对于上述第一个要件所涉的"购货方与销售方是否存在真实交易"的认定存在较大争议，尤其是法院系统和税务系统对真实交易的认定方法与标准有较大的差距。

（三）实务中对"真实交易"存在不同的认定标准

笔者在实务过程中碰到关于企业是否善意取得虚开的增值税专用发票的案例，该案例足见法院和国税部门对"真实交易"的不同认定标准。

【案例 1】

原告诉称：2014 年，原告（注册在 A 市的企业）通过一个中间人与被告（注册在 B 市的企业）的业务人员余某某进行联系，向被告采购钢材，并签署了合同。双方口头约定，被告将货物直接发到注册在辽宁的某企业（以下简称辽宁公司），货到后，被告开具增值税专用发票给原告，原告支付货款。合同开始履行，辽宁公司收到了货物，被告向原告开具了增值税专用发票，原告根据发票金额向被告支付了全部货款。之后，原告将增值税专用发票向国税进行了认证并抵扣。2015 年，被告所在的 B 市国税部门认定被告系虚开增值税专用发票，要求原告所在地 A 市国税对此进行协查，A 市国税对原告的交易情况进行检查后认定原告为善意取得虚开的增值税专用发票，对原告作出追缴增值税款的处理决定。原告补缴税款后，向 A 市法院起诉被告，要求被告赔偿因无法抵扣增值税专用发票造成的税款损失。原告为证明其主张提供了购销合同、付款凭据、发货单、辽宁公司的货物收据、A 市国税出具的责任处理决定书等。

被告答辩：经 B 市公安机关查实，被告系向全国各地企业购买增值税专用发票进行抵扣，并在没有真实交易的情况下虚开给全国 200 多户企业，因此被告与原告没有真实货物交易，原告系虚开增值税专用发票的共犯，不得要求赔偿因自己违法犯罪而受到的损失，但被告愿意返还原告开票手续费。

法院裁决：法院经过审理，在综合了原被告的所有相关证据以后，认为从合同、发票的开具、资金的往来以及货物的交接来看，存在"三流"不一致，且被告已被公安机关查实虚开增值税专用发票，原告提供的相关证据不足以证明存在真实交易，因此否定原告是善意取得虚开的增值税专用发票，裁定驳回起诉，并将案件移送公安机关处理。

从该案件可见，税务部门从合同、货款支付、货物的交付及上下游交易等方面进行审核后，认为原告是真实交易，因此认定构成善意取得。但是法院却依据原、被告双方的证据，特别是被告提供的 B 市公安部门及检察院的起诉意见书和起诉书，再结合原告提供的合同、付款凭证、运输单据等方面的证据，机械地理解"三流一致"，认为不足以证明存在真实交易，因此否定了原告系善意取得的结论。两者在认定上存在重大差别。

二、"三流一致"在认定真实交易中的应用边界

税法上的善意取得虚开的增值税专用发票的构成要件中虽然规定了需要具备真实交易，但是目前尚无任何规范性文件对"真实交易"有明确的定义。

而在坊间，特别是在税务稽查部门早年"三流一致，才能抵扣"的口号宣传下，无疑把"三流一致"等同于真实交易。而基于税法的专业性及税务诉讼案件数量的微乎其微，这一观点被个别法院教条化地援引，导致法院对事实的认定错误。

那么应该如何看待"三流一致"在认定真实交易中的应用呢？

（一）"三流一致"的起源

"三流一致"的出处是《国家税务总局关于加强增值税征收管理若干问题的通知》（国税发〔1995〕192 号）（以下简称国税发〔1995〕192 号文件）。该文件一共四条，大部分条款因已与现实状况大大脱节而被废止，但却保留了被称为"三流一致"源头的这一条款："（三）购进货物或应税劳务支付货款、劳务费用的对象。纳税人购进货物或应税劳务，支付运输费用，所支付款项的单位，必须与开具抵扣凭证的销货单位、提供劳务的单位一致，才能够申报抵扣进项税额，否则不予抵扣。"在该文件出台的相当一段时间内，业界普遍认为进项税额能够抵扣的前提是交易的货物流、资金流、发票流的流向必须与购销指向一致，即为"三流一致"。更具体一点说，是指交易中的发货人、收货人、收款人、付款人、开票方、受票方中的发货人、收款人、开票方必须是销售方，而收货人、付款人、受票方必须是购货方。

（二）商业环境的变化使得真实交易中存在大量表面上"三流"不尽然都一致的情形

国税发〔1995〕192 号文件的出台在当时贸易方式传统、监管稽查手段单一的背景下确实较好地稳定了税源、保证了税收。但随着贸易形式的多样化，电子商务的兴起，商业信用与结算的创新与多元化，该条款的继续存在会给税务机关与纳税人造成不同程度的误解。多维新兴的商业模式需要遵从 20 世纪 90 年代的规定吗？如果需要，势必与

社会经济的进步相背离；如果不需要，又如何与尚有法律效力的 20 世纪 90 年代的条款无缝衔接呢？

1. 货物流不一致之指示交付

传统贸易中，货物流的一致是指物流的流向必须是从销售方流向购货方。但随着商业模式的创新，货物流的两个终端均偏离的情况大有所在。大宗货物、特定种类货物的发货地往往是货物的开采地、生产地、加工地、进口地、仓储地等，而销售方不管是以"先买后卖"，还是以"先卖后买"方式，为了节省运输成本、减少交易时间、提高资金周转率，都会考虑将货物从所在地运往目的地，而不是从销售方所在地运往目的地。

这种情况在实务中又可以分为两大类：一类是销售方在发货地设立仓库，以自己的名义发货；第二类是销售方在取得货物的所有权后，指令第三方，包括但不限于货物的原所有权人向目的地发货。后一种即为民法意义上的"指示交付"。显然，后一种情况因为经济便利在实务中更为常见。而购货方在购货时，若货物还需再加工，或购货方是贸易商，则又会出现购货方要求将货物运至第三方或货物实际使用地的情形。

由此，货物流虽不一致，但交易却是真实的。本文认为，只要证明销售方对货物有货权，就不能因货物流与交易的购销双方的不一致而否定真实交易。

2. 资金流不一致之委托付款

我国合同法明确规定，合同权利义务的终止有多种方式，包括债务清偿、债务抵销、债务免除、债务混同等。债务清偿是合同履行的最朴素的方式之一。在实务中的三方贸易甚至多方贸易中，资金的流向在符合法律法规的前提下，势必按照最经济便利的方式流动。所以，很多情况下会出现资金的流转次数大大少于贸易的单量，这在多方贸易中尤其突出。比如，甲企业向乙企业采购货物，需要向乙企业支付货款，而甲企业又拥有对丙企业的债权，所以甲企业委托丙企业向乙企业支付货款。这样，三方的债权债务均履行完毕。这就是民法上的"委托付款"，虽然形式上资金流与交易的购销双方不一致，但资金的实质走向却是与交易吻合的。这完全符合税法上的实质课税原则[①]。

《国家税务总局关于纳税人对外开具增值税专用发票有关问题的公告》（国家税务总局公告 2014 年第 39 号）（以下简称国家税务总局公告 2014 年第 39 号）规定，不属于对外虚开增值税专用发票的情形之一为："纳税人向受票方纳税人收取了所销售货物、所提供应税劳务或者应税服务的款项，或者取得了索取销售款项的凭据。"这里的"索取销售款项的凭据"即为债权凭据，包括"合同""提货单""验货证明"等，只要销售方或提供劳务一方对购买方或接受劳务一方拥有债权，就能满足债的履行。显然，从"债权债务关系的方向"与购销双方是否相符的角度判断"资金流"是否一致更具有合理性，也体现了"政府课税不扭曲市场机制的正常运行"的税收中性原则[②]。

---

① 郑砺. 税收理论与实务［M］. 成都：西南财经大学出版社，2015：10.

② 宋凤轩. 财政与税收［M］. 北京：人民邮电出版社，2017：205.

（三）"三流一致"的价值体现

值得指出的是，从税收征管原理及财务管理上来说，不能全盘否定"三流一致"。任何一项经济活动的目的都是用销售货物、无形资产、不动产或提供劳务、服务的方式使资金流入企业，而资金的流入会形成收入，在符合相应税种的课税条件后，必须依法纳税。而在我国目前以票控税（特别针对增值税）的监管手段下，发票的开具方必须与收款方一致。这是一个浅显易懂的逻辑。比如：甲企业向乙企业采购货物，需要向乙企业支付货款，乙企业向甲企业开具增值税专用发票，若乙企业对丙企业负有债务，有观点认为，乙企业可以指令甲企业向丙企业支付货款，甲乙丙之间的三方协议可以作为抵扣增值税的依据。这种观点的依据是国家税务总局公告 2014 年第 39 号及《财政部　国家税务总局关于推开营业税改征增值税试点的通知》（财税〔2016〕36 号），"取得索取销售款项凭据的当天，是指书面合同确定的付款日期；未签订书面合同或者书面合同未确定付款日期的，为服务、无形资产转让完成的当天或者不动产权属变更的当天"。也就是说，这里的三方协议即为国家税务总局公告 2014 年第 39 号中所称的"索取销售款项的凭据"。

本文认为，国家税务总局 2014 年第 39 号公告并不是放之四海皆准，不能把所有的三方协议均认定是"索取销售款项的凭据"。上述乙企业指令甲企业向丙企业支付货款为内容的三方协议将会导致收款方与发票开具方不一致。这与税收本质相违背。

因此，"三流一致"中发票的开具方和收款方必须一致的这一理论与价值内涵应被肯定并应用，这也是国税发〔1995〕192 号文件中的这一条款仍然有效的根本原因。

（四）在对真实交易的认定中，应辩证理解"三流一致"的规定，注重实质审查

结合上述对真实交易中存在的三流不一致情形的分析可见，时至今日仍然机械地强调"三流一致"并不妥当。

根据国税发〔1995〕192 号文件解读出来的"三流一致"实际上是对该文件的扩大解释，不符合立法本意。事实上，国税发〔1995〕192 号文件的出台是为进一步明确《国家税务总局关于加强增值税征收管理工作的通知》（国税发〔1995〕15 号，以下简称国税发〔1995〕15 号文件）的，而国税发〔1995〕15 号文件早在 21 世纪初开始就逐条被废止，至 2009 年 2 月 2 日起全文失效。再加上，国家税务总局发布了《国家税务总局关于诺基亚公司实行统一结算方式增值税进项税额抵扣问题的批复》（国税函〔2006〕1211 号）。基于上述情况，理论界与实务界对"三流一致"的条款早有了不同的解读，这些解读或以字面解释、或遵扩充解释，都来揣测国家税务总局单一批复的模糊态度。业界认为，因为国家税务总局态度模糊，以及我国各地税收环境税收政策的较大差异以及税法的"公法"性质，导致落于实践中的结论也因此各有不同。

本文认为，如上文所述，国税发〔1995〕192 号文件只是规定收款方与发票的开具方须一致，且文件仅适用销售货物、提供劳务及运输，并不适用营改增后的服务贸易。相信在不久的将来，在认定真实交易时，以发票为载体，以形式交易为基础的增值税监管体系必将被突破和改进，实质课税原则不应仅被适用在所得税领域，在增值税监管

中，也应对交易做实质性的审查，而不仅仅关注单一的合同、发票与付款。

三、税务稽查与民事审判，谁能揭开"真实交易"的面纱

结合前文所述"善意取得"制度在民法与税法上的不同应用，在认定真实交易时，税务稽查与民事审判是否也存在着差异？

税收是基于政治权力和法律规定向居民和非居民的财产或特定行为无偿征收金钱的制度，是国家最主要的一种财政收入形式。因其对实现国家公共财政职能的重要性以及近年来税收工作任务的艰巨，稽查职能成为了税收征管中的重要职能与手段，也是各地税务机关完成税收任务的重要方式。这种情况下，税务部门的稽查权力必定集中，稽查手段必定先进。本文案例中，在 B 市国税部门认定被告系虚开增值税专用发票后，B 市国税部门以通知 A 市国税部门进行协查的方式对被告的上下游交易方均进行了调查。因被告又涉嫌刑事犯罪，通过税警联合办案，税务部门对被告的虚开行为进行了处罚，公安部门也对此案立案侦查，并已由 B 市法院进行审理。

而案例中的 A 市法院之所以作出原告不符合善意取得虚开的增值税专用发票的构成要件，最主要的原因是被告提交的 B 市刑事判决书，该判决书认定被告在不存在真实交易的情况下向全国上百家企业开具增值税专用发票的犯罪事实，根据这一结论推断出被告与原告也不存在真实交易。同时，在审查原告提交的合同、付款凭证、物流单据、收货凭证时，机械地搬用了税务部门"三流一致"① 的作法，形而上地认为真实交易必须满足"三流"严格一致的条件，从而忽视了现代化的交易与传统"三流"不一致的正常现象，基于这一认识，作出了驳回原告的起诉，将案件移送公安机关处理的裁定。

事实上，案件到这里尚没有法律上的定论。因为要证明原告确实不存在真实交易并不能以被告向上百家企业虚开增值税专用发票而推断得出。待公安机关认定原告是否存在真实交易后，本案将会进一步审理。

四、结语

在涉及企业是否善意取得虚开的增值税专用发票的案件中，是否存在真实交易系判断的要件之一。而在判断是否存在真实交易时，"三流一致"并非错误，重点是如何理解并应用。实务中存在大量不符合"三流一致"的真实交易，既不能简单地以"三流一致"来确定存在真实交易，也不能武断地以"三流不一致"而否定真实交易。因此，无论是税务部门还是司法机关，均应当综合全案情况，个案分析，综合认定。

---

① "三流一致"是指，资金流、票流和物流相互统一。

商业模式创新视野下的税前列支项目判定标准研究

■ 沈江汉

　　浙江财经大学法学院硕士研究生

　　内容摘要： 本文主要研究当前我国没有具体规范性文件规制的税前列支项目的判定标准。商业模式创新属于企业的自主性行为，但是当在对商业模式创新导致的相关税前列支项目进行界定时，存在部分相关税前列支项目无法在当前现有的相关规范性文件中找到列支依据，只能通过税法给出的相关性与合理性这两个标准进行判断的情况，而税法并未对这两个标准进行细化，导致企业所得税法在关于税前列支项目的规定上产生了一个相对模糊的地带，而这一不确定性在税收执法中主要依靠税务机关的自由裁量。税前列支项目存在的不确定性给企业在商业模式方面的创新造成困扰，导致国家的税收利益与企业的经营利益产生冲突，企业稍有不慎可能就面临不确定的税负成本和调查成本。明确的税前列支判定标准可以使企业在进行商业模式创新时更有针对性地避免被税务机关纳税调增，同时对于税务机关来说可以减少税法上的不确定性造成的困扰，同时有利于构建和谐纳税环境。

　　关键词： 税前列支标准　企业所得税　商业模式创新　经济利益流向　经济实质

　　商业社会繁荣的具体表现之一为推陈出新的商业模式，商业模式的创新是生产力发展的重要表现形式。商业模式本身就具有复制其他交易模式的经济属性的能力。由于每一种商业模式都包含了在合同或准合同下取得或支付货币或货币价值的权利和义务，故通过将不同商业模式中的某些权利和义务混合或拆分，可创造出新的权利和义务，进而实现商业模式创新。商业模式创新的结果，可能设计出法律形式与经济实质不一致的商品。但税法适用于日益富有创造性的商业模式时，能否明辨繁复的商业模式依据税法原则进行公平合理纳税呢？

一、商业模式创新对现行税前列支项目判断方式的挑战

（一）商业模式创新中税收征纳双方的认识分歧

T（某汽车（中国）投资有限公司）公司是一家外商独资企业，主营业务为：作为某品牌进口车辆在中国大陆地区的总经销商，在中国境内认定经销商，进口，在国内销售（不含零售）该品牌车辆，并负责后续管理、运营其在中国大陆的销售及售后市场。由于受经济增速放缓及进口汽车销售市场日趋激烈等因素的影响，T公司于2012年、2013年度实施了名为"在库融资利息补贴"的促销政策：在库融资利息补贴，是T公司为给予经销商适宜库存存量的指导，并促进经销商及时、足额支付货款，允许经销商以从金融机构贷款以及银行承兑汇票等方式支付货款的商业模式。T公司、金融机构及经销商三方签订协议，T公司依据协议向金融机构支付其指导经销商库存30天部分的贷款利息或汇票贴现利息（见图1）。

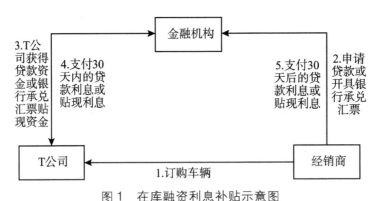

图1　在库融资利息补贴示意图

资料来源：图片来自《中国税务律师评论》第107页。

北京市国家税务局在发现这一情况后作出了《税务处理决定书》，认为T公司在企业所得税税前扣除在库融资业务中的利息支出不属于税法允许的税前列支范围，应当纳税调增。

但是T公司认为其在库融资利息补贴应当属于正当的支出，且符合税法所规定的税前列支条件，应当允许扣除。T公司认为，首先，其在库融资利息补贴并未违反现行法律，当前《中华人民共和国企业所得税法》（以下简称《企业所得税法》）第十条并未禁止在库融资利息补贴在税前扣除。其次，T公司推出在库融资业务的商业目的在于促进进口汽车在中国市场的销售。这些商业目的具体包括：①实现T公司最适宜的商品周转率；②促进经销商的适量采购，保证T公司完成销售目标；③降低T公司的库存成

本；④提高 T 公司的回款速度；⑤降低 T 公司的坏账风险。操作上 T 公司认为其在库融资利息补贴政策主要是通过引入第三方银行以实现缓解自身以及经销商的资金压力。在经销商通过向金融机构申请贷款或者开具银行承兑汇票后，经销商资金压力得以减少，而且 T 公司通过获得贷款资金或者银行承兑汇票贴现资金使得自身的资金周转速度得以提升，这一手段可提高经销商向 T 公司进货的积极性，同时再结合 T 公司的其他两项政策（金融贴息奖励金以及基础奖励金政策）可实现汽车的促销。这一双赢的局面的成本是 T 公司承担 30 天内的贷款利息或者贴现利息，经销商承担 30 天后的贷款利息或者贴现利息。这一安排符合 T 公司的经济利益，属于公司的促销政策，符合税法规定的相关性与合理性要求。

（二）税收征纳双方认识分歧产生的根源

这个案例反映了不同的主体对于税前列支项目不同的认识，而且认识的差异主要集中在《企业所得税法》第八条所规定的相关性上。那么为何会产生这种差异，本文认为主要是由于不同主体对于税法条文理解的不同导致的。根据《企业所得税法》第八条，企业可以税前列支的项目要求为实际发生的，且要求与收入具有相关性，同时要求该支出具有合理性。同时《企业所得税法》第十条规定了不得扣除的支出，包括股息等与取得收入无关的支出。由于法律同时规定了允许扣除的支出与不允许扣除的支出，导致了允许扣除与不允许扣除法律规定间出现了一个模糊区域，而对于模糊之处的理解导致了上述案例的不同主体持有不同观点。

税务机关把相关性判定为极其密切相关，认为只要不属于传统常见的可扣除项目且没有法律法规明确允许扣除的，都不具有相关性。这样的判定使得相关性的范围极其狭窄。因此税务机关认为 T 公司的在库融资利息补贴这一商业模式创新导致的支出与其取得的收入无关，不符合税前列支的相关规定，不允许记入税前列支的范围内。

但是在 T 公司的立场上，只要税法没有明确禁止的皆可以抵扣。基于这一认识基础，T 公司认为其在库融资利息补贴这一商业模式创新导致的支出增加部分，虽然《企业所得税法》第八条没有明确规定其属于允许抵扣的范围，但是《企业所得税法》第十条也没有明确规定其属于不可抵扣的范围。而且其在库融资利息补贴实施最主要的目的就是为了促进经销商的适量采购，保证 T 公司完成销售目标，增加企业收入。因此该行为满足税前列支条款的相关性要求。

综上所述，税务机关以及企业双方关于相关性与合理性的认识具有较大差距，这一差距正是导致 T 公司纳税调增案的原因所在。

二、现行我国税前列支项目判断的税法构成分析

现行我国税前列支项目判断的税法构成如图 2 所示。

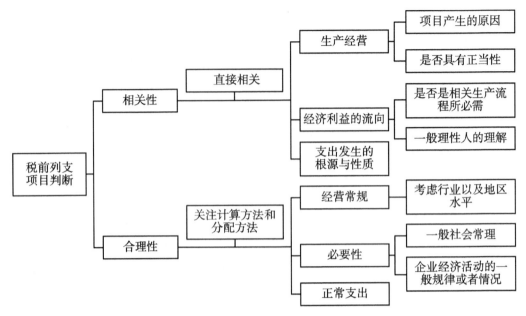

图 2 现行我国税前列支项目判断的税法构成

根据《企业所得税法》第八条规定，与取得收入有关的、合理的支出可以扣除。在《企业所得税法》第十条中，法律规定了不可扣除项目为与取得收入无关的支出。根据这两个法条，本文得出法律中规定的可以扣除项目与不可扣除项目区分的原则为相关性原则与合理性原则。

对于相关性问题，根据《中华人民共和国企业所得税法实施条例》（以下简称《企业所得税法实施条例》）第二十七条，在判定相关性时，需要符合"直接相关"这一定义。根据该条，本文得出符合"直接相关"这一要求的支出应当是在"生产经营"这一过程中产生的，且必须是在这一过程中必然或者经常会发生的支出，或者因为某些不可抗拒的意外所导致的支出。对于"生产经营"的含义《企业所得税法实施条例释义》（以下简称《实施条例释义》）有明确的规定："指生产产品、提供劳务、销售商品等过程。"[①] 根据《实施条例释义》的上下文中所列的成本、费用、税金以及损失的具体内容，那么是否属于生产经营过程对于是否具有相关性显得尤为重要。根据这一定义再结合《实施条例释义》，本文总结出判断是否符合"生产经营"标准先看税前列支相关项目产生的根源，观察企业将相关项目列为支出的动因是什么，基于何种目的才产生相关税前列支项目；然后再看相关税前列支项目的性质是否具有正当性，正如《实施条例释义》列举的为企业经营管理人员支付其个人诉讼费就不属于正常的税前列支项目，不具有正当性。企业相关税前列支行为基于何种目的往往难以觉察，因为如果企业在相关扣

---

① 企业所得税改革工作小组. 企业所得税法实施条例释义 [N]. 中国税务报, 2007 - 12 - 24 (5).（以下简称《实施条例释义》）

除项目上面造假往往会全套造假，不会留下不确定性。而在实际执法中正当性不易把握，容易出现模棱两可的情况。

根据《实施条例释义》中的解释与说明，在判定相关性时，需要从支出发生的根源和性质方面入手进行分析与判定。《实施条例释义》认为在判定相关性时不能无限制地扩大相关标准，否则将会导致企业税前列支的支出范围过大，最终将导致相关性原则被架空，税基受到侵蚀。因此将"具有相关性"定义为"企业所实际发生的能直接带来经济利益的流入或者可预期经济利益的流入的支出"。本文认为《实施条例释义》在判定相关性时把握了"经济利益流向"这一判断标准，如果支出能为企业现实或者在将来预期能够带来实际的经济利益，那么相关支出就是具有相关性的。流入的经济利益又分为实际的经济利益与预期的经济利益。判断某一税前列支项目是否会导致实际的经济利益流入的标准主要为是否是相关生产流程所必需的，比如仓储支出、职工薪酬支出等税前列支项目。判断税前列支相关项目是否符合导致预期的经济利益流入的主要标准为一般理性人的理解，即理性的企业经营管理人在面对相同的条件下会如何选择，这一判断标准完全由税务机关把握，在税收执法中需要明确相关的标准以供参考，下文在提出裁量标准时将会针对该标准提出。

同时，在《实施条例释义》中，提出在判定相关性时应当"从支出发生的根源和性质方面进行分析"，对于支出的结果不需要过于关注。如果相关支出的发生仅仅是为了解决相关员工的个人开支，且该开支与企业无关，虽然如果企业支付相关开支后该员工能安心工作，对企业有利，但从性质上来说这是应该归属于员工的个人开支，企业没有相关义务支付，因此与企业不相关，属于不可在税前列为支出的开支，不能扣除。

对于合理性问题，《企业所得税法实施条例》将认为相关项目应该产生在企业日常行为中，且为企业日常经营所必要的支出。《企业所得税法实施条例》如此规定似乎赋予企业一定的权利，只要企业能够证明相关扣除项目产生于企业的日常经营行为，且是日常经营中必要的支出就可扣除。但是在实践中，存在企业认为是符合税法要求的扣除项目而税务机关认定扣除项目时不认同企业意见的情况，产生税收征纳争议，而且往往出现公说公有理、婆说婆有理的局面。因此，相关规定仍要在《企业所得税法实施条例》的基础上进一步细化。

对于合理性的判定可以根据《国家税务总局关于企业工资薪金及职工福利费扣除问题的通知》（国税函〔2009〕3号）中的相关规定。该文件在判定工资是否合理时指出：判断工资的合理性应当参考行业以及地区水平，开列工资应当不以减少或逃避税款为目的。本文认为该文件有一大亮点，其指出税务机关在判断合理性时应当从行业以及地区水平出发，税务机关的自由裁量应当受到企业所处的行业以及地区水平的限制，虽然该文件仅仅针对工资薪金，但是仍然可以作为判断合理性的相关参考标准。当然，国家税务总局也出台了相关文件直接规定某一项税前列支项目的扣除范围，比如在《企业资产损失所得税税前扣除管理办法》（国家税务总局公告2011年第25号）中，国家税务总局规定了企业允许申报扣除损失的种类、范围、条件以及程序，对货币以及非货币财产损失的确认进行了详细的规定。

根据《实施条例释义》中的解释与说明，对于合理性的判断标准从税前列支项目的计算和分配方法的角度，应当符合三个要素。一是符合一般的经营常规；二是具有必要性；三是属于正常的支出。对于经营常规这一判断要素，《实施条例释义》认为主要应该考虑企业是否有利用不合理的支出调节利润水平从而规避税收，造成对于税基的侵蚀的情况。对必要和正常的支出的判断方式是"一般社会常理"以及"企业经济活动的一般规律或者情况"这两项①。但是对一般社会常理以及一般规律或者情况未做进一步说明，于是导致了一系列的问题：由谁最终决定企业的某一扣除项目符合一般的社会常理或者规律？"一般"和"非一般"的界限何在？

从以上的分析中，本文得出合理性判定中需要把握相关税前列支项目是否具有正当的理由，或者项目税前列支项目是否属于其他企业普遍采取的做法，即正当性或者普遍性。

对于普遍性的判断要比正当性容易。因为税务机关可以以相关的统计数据以及自身的执法经验得出企业的相关做法是否具有普遍性。而对于正当性的判断，需要税务机关结合企业提供的材料以及相关的实际情况做具体判断。所谓正当性，目前并没有一个统一而且权威的解释，因为多样化的企业经济活动以及复杂的社会实际情况等多种因素共同决定了税务机关不能以一个机械的、可直接套用的公式或者相关的词语来判定企业的某项税前列支项目是否符合税法规定。因此，税务机关在判断企业的某项特定行为是否具备正当性时需要借助自身平时在税收征纳过程中累积的社会经验，结合相关企业自身的性质情况、规模大小、整体业务范围、相关开支的目的以及相关支出的预期效果等多种因素，进行综合的考虑与判断。

综上所述，当税务机关在判断税前列支项目是否符合要求时应当把握相关性与合理性。经过以上的分析，本文得出二者的判断标准在某些方面具有相似性，同时也存在各自的特有的判断标准，下文将针对这一特点提出税前列支项目能否扣除的相关裁量标准。

三、税前列支项目判定标准的构建基础与前提

本文认为税务机关税前列支在自由裁量时属于对于法律的解释范畴，应当受到法律解释规则的限制。同时，对于税前列支项目的自由裁量作为税法项下的行为，应当受到税收法定原则和税收公平原则的限制。同时，对于税前列支项目的裁量应当参考税收中性原则。这几项原则共同构成税前列支项目判断标准建立的价值判断基础。

（一）税前列支项目判定标准的构建基础

在裁量处于不确定性的税前列支项目是否属于法律允许抵扣的范围时，其重点在于

---

① 企业所得税改革工作小组. 企业所得税法实施条例释义（连载五）［N］. 中国税务报，2008－01－14（12）.

《企业所得税法》第八条和第十条中的"其他"二字如何解释。在解释其他二字时本文主张遵循法律解释的一般原则，同时由于其作为税收法律的一部分，应当遵循现行法律已经确立的税法原则。在运用规则时，必须考虑相应的法律原则，以使法律解释更符合法律要求，使相应的法律更具整体性。

税收法定原则作为税法的基本原则之一，属于税前列支裁量时必须遵守的税法原则。具体包括以下三个具体规则：课税要素法定、课税要素明确和依法稽征。税收法定的核心精神在于对纳税人的权利保障。当前我国税收法定原则规定于《中华人民共和国立法法》第八条，规定对于税种的设立、税率的确定以及对于税收征收管理等税收基本制度必须由法律规定，法规以及以下层级的文件不得进行规定。但第九条规定了人大及其常务委员会可以授权国务院在部分尚未制定法律的方面制定行政法规，这其中包含了税收法律领域。

税收公平原则是税法的基本原则之一，并且作为近代平等性的政治以及宪法原则在税收法律制度中的重要体现，其在税法中的地位仅次于税收法定原则，与税收法定原则相辅相成，具有重要地位，在税前列支的裁量中亦需要被遵守。

（二）现阶段税法价值导向对税前列支判断标准的影响

在执法机关进行税前列支项目的裁量时，除必须遵守法律解释规则以及税收法定和税收公平两个原则之外，仍然需要受到其他税法价值判断原则的影响。由于我国当前法律上并未明确税收中性原则以及税收效率原则，但是税收中性原则与税收效力原则在学界探讨较多，且在税法原则中地位也较高，因此本文将税收中性与税收行政效率原则列为税前列支裁量时的价值判断的重要参考原则。

税收中性原则要求税收机制尽可能减少对市场正常运行的干预。在个体方面，税收中性原则要求税收政策在一般情况下不能对企业的自主决策进行干预，税收政策不应当左右企业行为，成为企业进行生产经营决策的最主要考量因素。

税收行政效率原则属于税收效率原则的一个子原则。税收效率原则脱胎于税收中性原则，指在制定、执行税收制度和税收政策时，不仅需要考虑税收政策所带来的收入，而且需要考虑税收政策的实际效率。税收行政效率原则要求税务机关在税务行政管理方面要保持一定的效率。

综上所述，在分析个案的扣除项目是否符合相关性以及合理性时不仅需要遵循法律的解释规则，还要遵循税收法定和税收公平原则，参考税收中性以及税收行政效率原则。最重要的是相关裁量应当符合法律法规的一致性要求，尽可能做到"遵循先例"的要求，让企业能够合理预期，否则不利于企业的经营创新。

四、税前列支项目判定标准的再构建：基于保护商业模式创新的视角

本部分将根据本文第二部分整理的内容，再结合第三部分讨论的法理基础与价值导

向，在前文的分析基础上提出相关裁量标准，同时结合本文第一部分的案例对相关标准进行论述。

（一）标准一：经济利益流向

该标准主要要求税务机关在判断某一税前列支项目时不应只着眼于企业的某一具体的生产或者商业环节，而是将该税前列支项目放置于整个商业流程内部考虑，整体分析与该税前列支项目相关的经济利益最终流向何处，是否会导致企业最终整体利润的提高；还是纯粹的产生不带来任何经济利益的多余支出，并导致最终企业所得税的税基受到侵蚀。该标准由于能够较为准确地确定税前列支项目的性质，因此使用顺位位于其他两个标准之前。

这一判断标准主要是在上文中对于相关性的分析基础上结合税法公平原则、税收中性原则，以及税收行政效率原则提出。在判定相关性时，当前相关法律规范要求税务机关从相关税前列支项目的根源和性质方面着手进行分析，而税前列支项目的根源必须进行溯源才能够确定，其性质也必须在整体流程中才能够把握。因此只有从企业的商业流程整体上进行把握才能最终确定相关税前列支项目的根源和性质。

由于当前企业形式众多，商业模式也不尽相同，如果要求税务机关对每一家企业的商业模式进行细致研究需要投入大量的人力，这会导致行政效率的下降，与税收行政效率相违背。因此，在判断相关税前列支项目是否具有相关性时只要把握其产生的经济利益在整个流程中的流向如何即可。

在进行经济利益流向判断时，本文认为需要做到实质课税。实质课税主要是基于税收公平原则的要求产生的。基于第三部分的分析，税收公平原则要求实现税负在各个纳税人之间公平分配。实质课税原则要求税务机关在进行税前列支项目的分析时把握相关项目的本质以及产生根源，这与《实施条例释义》的要求不谋而合。税务机关在经济利益流向判断中应当基于企业自身的情况进行分析，关注经济利益的存在与否，相关经济利益的最终归属，是否与符合税法上的课税要件相符等。

在裁量税前列支项目时关注经济利益的流向还有助于保护商业模式创新。当前我国税务机关对商业模式创新裁量的执法法律依据除了《企业所得税法》第八条和第十条之外还有属于特别纳税调整制度的第四十七条，在第四十七条规定了税务机关对于企业商业模式创新拥有调整权①。该条属于兜底性条款，其目的是克服成文法律所固有的滞后性导致的个别性条款对新型逃避行为无法适用的问题。它和《企业所得税法》第八条和第十条一样，属于启动税务机关税法解释权的制度设计。

但是根据税收中性原则的要求，税收制度不应当成为企业进行决策的主要动因，因此以上相关的兜底性条款不应当成为企业进行商业模式创新的绊脚石。推陈出新的商业模式是社会生产力发展的重要表现形式之一。税法在面对日益纷繁复杂的商业模式时，

---

① 《企业所得税法》第四十七条规定："企业实施其他不具有合理商业目的的安排而减少其应纳税收入或者所得额的，税务机关有权按照合理方法调整。"

需要进行一定的辨别，以使新的的商业模式得以依据税收公平原则以及税收中性原则公平合理地纳税。例如，在 T 公司纳税调增案中，T 公司推出在库融资业务的商业目的在于促进进口汽车在中国市场的销售。T 公司在库融资业务中承担利息支出是为了提高其在中国大陆市场的汽车销量和竞争力，实现最适宜的商品周转率，并在客观上降低自身的营运成本和控制坏账风险，具有合理的商业目的，在库融资业务中，由于该笔利息支出是 T 公司实际发生的成本费用，经销商未在税前扣除，且金融机构已就其取得的该利息所得计算缴纳企业所得税。北京市国家税务局的《税务处理决定书》加重了 T 公司和经销商的税收负担，致使税收负担在 T 公司、经销和其他纳税人之间不公平地分配，违背了税收公平原则。本文认为，T 公司在库融资业务中的利息支出具有合理的商业目的，能给企业带来经济利益，且相关经济利益并未流出税收链条。

综上所述，面对不同的商业模式创新，税务机关应当对这些商业模式进行经济利益流向分析。税务机关执法时应遵循税收中性原则，尽量减小税收对纳税人经济行为的影响。税务机关不能仅根据纳税人经济行为的外观和形式确定是否予以课税，而应该从其经济目的的实质出发，判断是否符合课税要素。并且课税应保证税收公平，使各个纳税人之间的负担水平保持均衡，避免造成重复征税。

（二）标准二：同行商业模式

本条标准是基于合理性的要求结合税收公平原则提出的。根据本文第二部分的分析，合理性要求税务机关在税前列支项目判断时要进行普遍性判断。普遍性判断必然要求税务机关将目标企业与同行业其他企业的税前列支项目进行对比分析，而后得出相关税前列支项目是否具备普遍性。

普遍性判断必须基于一定的依据，不能仅由税务机关凭借自身经验作出主观的判断。普遍性判断的基础就是行业其他同业者的相关数据。这些相关数据来源往往为相关国家机关相关的统计数据以及自身的执法经验，并据此得出企业的相关做法是否具有普遍性。只要符合税收执法地域范围内企业的普遍做法，则可以认为企业的相关税前列支行为具有普遍性。但是对区域内部唯一类型的企业，在判断普遍性时可以要求其提供能够证明其相关税前列支行为具有普遍性，属于行业通行做法的材料，税务机关再根据其情况进行相应的调查核实。

现行纳税评估中运用的分析方法以及收集的数据可以在判断相关性时使用。纳税评估的预警值在测算时需要综合考虑地区、企业规模、企业类型、企业生产经营季节等因素，同时需要考虑目标企业的同行业、相近规模、类型相似的纳税人各类相关指标，取其若干年度的平均水平而不是仅仅只是某一年的单一数据，这样可以使预警值更加地真实、准确，更加具有可比性。本文认为这一思路可以运用在判断企业某一税前列支项目是否具有普遍性时。在判断普遍性时可以结合企业所处行业的特点，针对不同行业制定不同的判断标准，同时根据企业的规模筛选进行对比的目标企业。2016 年 3 月 31 日，国家税务总局发布了《关于全面开展企业所得税重点税源和高风险事项团队管理工作的通知》（税总函〔2016〕148 号）。在该文件中，国家税务总局要求对重点企业以及重点行业进行认真研究，明确其经营特点和盈利模式，分析其成本费用等税前列支项目的情况，利用行业指标以及征管数据等内容对相关企业进行企业所得税的征收。虽然该文件出台的目的是为了更准确地掌握企业具体的经营数据，以便企业所得税能够准确、顺利地征收，并非是专门针对普遍性的判断标准所颁布的，但是如果按照该文件的要求，税务机关掌握了相关的税收数据，对于普遍性的判断将更为容易。

税务机关在进行普遍性的判断时对于自身管辖区域内部的企业和管辖区域外部的企业可以使用不同的手段进行数据收集。对于管辖区域内部的企业，税务机关可以结合自身对相关行业的税收征纳经验以及自身在税收征纳中所掌握的数据进行分析，确定某一税前列支项目是否具有普遍性。对于辖区外的企业，如果仅仅涉及少数其他税务机关辖区的，税务机关可以要求相关机关提供历年汇算清缴数据、税收征管数据等相关信息用作普遍性判断时进行行业对比；如果涉及多个辖区的，税务机关可以通过研究相关的行业指标、第三方涉税信息等，通过对比财务会计数据、上市公司公告信息，查看企业营销广告等信息。

（三）标准三：经济实质

该标准属于补充性标准，当经济利益流向标准和同行商业模式标准判断不同或者存有争议时可以适用该标准作为有益补充。税前列支的相关性与合理性两个原则皆涉及正当性这一要求。而在判断正当性时，我国当前具有指导意义的相关文件要求基于理性经济人的角度进行判断。但是理性经济人是经济学家在经济分析时所创立的一个假设，其核心是假设经济主体都是理性的，皆追求利益最大化这一目标。[①] 要求税务机关掌握这一标准进行判断势必会较为困难，因此，我们需要对正当性这一标准进行进一步的细化。

涉及正当性时，基于税收法定原则以及税收中性原则，本文认为需要关注企业具体税前列支项目的经济实质，对税前列支项目进行详细分析。但是税收行政效率原则要求税务机关在对税前列支项目的判断时要保持一定的效率。因此，对经济判断可以基于一定的标准流程，规范化的判断流程可以节约税收征纳双方的时间。

在税法上，存在"经济实质原认定原则"，该原则主要针对企业并购中的交易安排是否仅仅基于避税目作出。本文认为在税前列支项目的判断中可以借鉴该原则，对税前列支项目的经济实质进行判断。经济实质原则要求"一项交易安排必须同时具有主观的商业目的和客观的经济实质"。[②] 在税前列支项目的正当性判断中，本文认为可以将税前列支项目通过商业目的和客观的客观经济实质两个标准进行判断。在判断商业目的时，税务机关需要根据企业提交的对于待判定税前列支项目的说明进行判断，分析企业是否仅仅是出于避税的目的设立税前列支项目。参考美国国内税务署所列的判断标准，结合当前我国企业的实际情况，本文列出了以下几点可供税务机关在判断商业标准时的建议：

（1）企业能否从该商业安排中获得利益，相关利益并非一定为货币形式。

① 陈美衍. "经济人"假设与人的有限理性［J］. 经济评论，2006（5）：21－25.

② 陈锦城. 经济实质原则的法理分析与借鉴［J］. 黑龙江省政法管理干部学院学报，2012，3（96）：101－103.

（2）企业是否存在除了避税安排之外的商业理由。

（3）企业实行税前列支项目相关商业模式前是否进行了相关的市场评估或者市场调查。

（4）企业对于税前列支相关商业模式是否投入了一定的资本。

（5）该税前列支相关的商业模式是否严重侵蚀了税基。

在判断客观经济实质时，税务机关需要关注企业基于税前列支相关的商业模式所产生的"利润"。就"利润"而言，美国主要根据司法判例进行界定[①]，但是在我国这并不现实。本文主张此处的"利润"因当为广义的利润，包括货币形式与非货币形式，而且除了显性的利润之外还包括潜在的利润。在判断时，本文认为只要企业的相关税前列支项目涉及的商业模式能够为企业带来非税的利润就算符合了"利润"这一项要求。

五、结论与立法形式建议

当前我国《企业所得税》的税前列支相关条款存在着不确定性，这一不确定性造成了税务机关与企业之间的认识差异，本文通过对当前现存的相关法律法规进行梳理，并结合相关税法理论，得出了在税前列支项目判断时可以适用的三个标准：经济利益流向、同行商业模式、经济实质。这三个标准涵盖了企业商业模式创新中的纵向脉络和横向脉络，同时兼顾了企业自身的实际情况。

为了维护税收法律规范的统一性，便于同样的商业模式创新在不同地区能够得到相同的对待，规范税收执法行为，构建和谐的纳税环境，本文认为行政法规较为合适作为税前列支裁量标准的立法形式，相关的税前列支标准可以通过《企业所得税法实施条例》规定。因为相对于法律和部门规章，国务院出台的行政法规具有中庸的性质，并具有一定的稳定性与权威性。国家税务总局作为国务院的一个职能部门，国务院的行政法规对其具有仅次于法律的约束力，能够对税收执法机关的自由裁量产生约束。同时，由于国务院的规章的修改并不是由国家税务总局单方面能够决定的，因此其相对部门规章具有稳定性，同时修改程序也比法律简单，成本也比法律修改低，能够适应时代的变化。

商业模式的创新属于企业创新的一种，在我国当前大力鼓励企业创新的背景下，税前列支中的不确定性时刻束缚着企业进行商业模式创新的手脚，令企业在进行商业模式创新时疑虑重重。本文认为这三个标准的提出能让企业在进行商业模式创新之前少一些疑虑，可以进行相应的准备，应对税务机关的稽查；同时使税务机关在对税前列支项目判断时也能够具有一定的参考价值。法治精神是中国能够继续列入世界大国行列一员的重要基石，而税法作为公民与政府之间的重要契约，其所包含的每一个字都不应该存在模糊之处，必须拥有相应的规范使其得以明确。我们每一个人都应该捍卫我们一直所坚信的税法价值观：税收法治。

---

① 霍煜延. 论经济实质原则在企业并购税法中的运用 [D]. 武汉：武汉大学，2013.

中国企业投资"一带一路"国家税收协定适用与争议解决

■ 王 强

北京华税律师事务所律师

内容摘要：税收协定在解决跨国所得双重征税的问题上具有至关重要的作用。中国企业在赴"一带一路"沿线国家或地区投资过程中应当积极主动地了解和适用双边税收协定的优惠待遇，降低企业的涉税风险和成本；在与投资东道国发生税务争议时，要利用法律救济途径维护自身的合法权益，同时要不断增强预防和管理涉税争议风险的能力。本文着重介绍中国与几个"一带一路"沿线国家或地区签订的税收协定的主要优惠待遇条款内容，以案例研究的方式分析税收协定优惠待遇的筹划和适用，并对预防和解决税收协定适用争议的主要方法和途径进行介绍。

关键词：一带一路 税收协定 税收筹划 争议解决

一、"一带一路"沿线上的税收协定

税收协定是指国与国（或地区）之间签订的避免对所得双重征税和防止跨国偷漏税的国际条约，属于国际法范畴，对签订国具有法律约束力。税收协定的核心宗旨是为了避免对跨境所得的双重征税，公平划分居住国与来源国之间的税收管辖权，并相互给予一定的税收优惠待遇。

税收协定是一个国家或地区税法体系的重要组成部分，其效力甚至高于国内的税法规定。当税收协定的规定比国内税法的规定更有利时，该国税务机关应当按照税收协定的规定执行。同时，这并不影响国内税法制定比税收协定更加优惠的规定。

税收协定的主要内容分为三个方面：①适用范围及定义；②各类所得的冲突规则及税收抵免规则；③相互协商、情报交换等程序事项。各类所得的冲突规则是税收协定中最为重要和核心的内容。相互协商程序是解决纳税人与税务当局就税收协定适用争议的重要救济程序。

截至 2017 年 10 月底，我国已与 116 个国家和地区建立了双边税收合作机制，签订双边税收协定、安排和协议已达 106 个，其中属于"一带一路"沿线国家的有 54 个，形成了世界上第三大协定网络，覆盖了中国主要对外投资目的地。

二、"一带一路"沿线税收协定具体规则的优惠安排与适用

在所得税的范畴下，一国政府确定其税收管辖权的原则主要有两个，一是属地管辖（不考虑税收国籍，对来源于该国家的所得全部征税）；二是属人管辖（不考虑所得来源，对属于该国纳税人的全球所得全部征税）。世界上的大多数国家均适用属地与属人相结合的原则确定其税收管辖权，即先按照属人原则划分税收居民与非税收居民并对税收居民来源于全球所得征税，再按照属地原则对非税收居民来源于本国的所得征税。划分居民与非居民的考察因素主要包括国籍、经常居住地、实际控制管理机构所在地，等等，因各国税法规定的不同而存在差异。税收协定的核心内容是各类所得的冲突规则，这些冲突规则就是为解决居住国与来源国就某一所得均依照其各自国内税法享有税收管辖权时如何合理划分征税权而制定。本文将结合有关商业案例着重介绍适用频率较高的协定条款及其所得类型。

（一）股息条款

对于跨国股息所得，通常居住国与来源国根据其各自税法规定都具有征税权，从而导致重复征税。在税收协定中，股息条款解决双重征税的基本原则是：

（1）承认居住国和来源国都具有征税权；

（2）对来源国的征税设置限定税率（通常低于来源国税法规定的税率）；

（3）要求居住国实行税收抵免。此外，部分税收协定对股息所得来源国设置的限定税率会与持股比例相挂钩，通常持股比例高则税率底。

【案例1】 某中国公司在蒙古设立了一家子公司，年末蒙古子公司拟向中国母公司分配股息。根据蒙古税法的规定，中国母公司取得蒙古子公司支付的股息属于来源于蒙古的所得，蒙古政府有权对该项所得征税，适用的税率为 10%；根据中国税法的规定，中国政府有权对该中国母公司来源于全球的所得征税，显然包括其取得蒙古子公司的股息所得。由此导致针对中国母公司取得的来源于蒙古子公司的股息所得，中国政府和蒙古政府都具有税收管辖权，产生重复征税。

中蒙税收协定优惠待遇根据中国与蒙古签订的税收协定第十条股息的规定，尽管中

国政府和蒙古政府对跨境股息所得都有权征税，但蒙古政府对中国母公司取得该项股息所得征税的税率不能超过5%。根据税收协定优于国内税法的原则，中国母公司可以向蒙古政府申请适用中蒙税收协定的股息条款优惠待遇，按照5%的税率缴纳股息预提所得税。同时，根据中蒙税收协定第二十三条税收抵免的规定，中国母公司在向蒙古政府缴纳5%的股息预提所得税后，可以向中国的主管税务机关申请抵免该部分税款，从而实现避免承担双重税负的效果。

（二）利息条款

利息与股息在性质上都属于消极所得，同样会存在来源国与居住国双重征税的问题。税收协定的利息条款在解决来源国与居住国对跨境利息双重征税时采取的原则与股息条款基本一致，即：

（1）承认来源国与居住国均具有征税权；

（2）要求来源国适用限定税率；

（3）要求居住国实行税收抵免。

区别之处在于利息条款会根据贷款方主体的不同设置不同的税率及免税待遇。有的税收协定将提供贷款的主体划分为金融机构和非金融机构，金融机构取得跨境利息的税率要低于非金融机构；有的税收协定规定，当提供贷款的主体、贷款资金来源满足一定条件的"政府背景"（如贷款方为政府机构、中央银行、完全为政府所拥有和控制的金融机构，或贷款资金来源于上列主体，或贷款方的债权得到了上列主体的担保，等等）的，则其取得的利息直接予以免税。

【案例2】 某中国公司在马来西亚投资设立了一家子公司，为确保子公司项目设施建设的资金保障，该中国母公司给予子公司一笔低息的长期借款，同时子公司取得了一笔由中国农业发展银行提供的短期借款。期末马来西亚子公司向中国母公司和中国农业发展银行支付借款利息。根据马来西亚税法的规定，支付给非居民纳税人的利息所得适用的预提税率为15%。马来西亚子公司支付利息时应先履行预提并缴税的义务。

中马税收协定优惠待遇根据中国与马来西亚签订的税收协定第十一条利息第二款的规定，利息来源国应适用10%的限定税率，因此中国母公司可向马来西亚政府申请适用10%的协定优惠税率。根据税收协定第十一条利息第三款及双方换函的规定，中方的中国农业发展银行属于免税金融机构，其取得的来源于马来西亚的利息应予免税，因此马来西亚子公司可向马来西亚政府申请对应向中国农业发展银行支付的利息直接适用免税待遇。中国母公司负担马来西亚的利息预提税后可向中国的主管税务机关申请享受税收抵免。

（三）特许权使用费条款

在税收协定中，特许权使用费通常是指一方使用另一方的专利权、商标权、著作权、非专利技术（又称专有技术）以及其他特许权的使用权而向另一方支付的报酬，此外，大多数税收协定也会把工业、商业、科学设备等有形动产的租金认定为特许权使用费。特许权使用费也是消极所得的一种类型，也存在来源国与居住国的双重征税。税收协定在划分来源国和居住国的征税权时也遵循了股息条款的基本原则。在此基础上，有的税收协定还会对有形设备租赁的特许权使用费设置更为优惠的税率。例如，中国与保加利亚签订的税收协定直接规定工业、商业、科学设备租赁报酬的限定税率为7%，其他特许权使用费的限定税率为10%。

中国企业在适用税收协定的特许权使用费条款和营业利润条款时需要重点关注如何区分技术服务贸易和技术许可贸易。在跨境技术贸易中，存在专有技术许可贸易和专有技术服务贸易两种类型，甚至也会出现技术许可和技术服务相结合的贸易类型。根据税收协定营业利润条款的规定，非居民企业在境外提供技术服务取得的报酬，支付报酬一方所在国对该技术服务报酬不享有征税权。因而，不同贸易性质的认定对于服务提供方的纳税义务将会产生至关重要的影响，而如何区分技术服务和技术许可往往存在较多争议。

【案例3】 中国A公司成立于2007年，是美国B公司在中国出资设立的外商独资企业，B公司持有A公司100%股权。A公司的主营业务是医疗器械、医疗设备的生产与制造。A公司生产医疗器械设备的关键技术均从B公司引进。

2011年2月，A公司与B公司签订了一份技术服务合同，合同主要内容包括以下两个方面：①B公司根据A公司本土化战略实施计划，提供支持相关产品的开发、认证和测试的境外技术协助；②B公司在A公司请求下，按照A公司特定要求在境外对相关产品进行持续的工程工作，以及提供与相关产品修改和变更有关的行政性支持。此外，该技术服务合同还特别说明，"为避免存疑，B公司向A公司提供的上述服务均在中国境外提供"。

2012年4月，A公司向B公司支付2000万美元的技术服务费。2012年5月，A公司向主管税务机关办理备案手续，并提交了技术服务合同、B公司在美税收居民身份证明以及《非居民享受税收协定待遇备案报告表》。B公司取得该2000万美元的技术服务费免于在中国缴税。

2012年10月，中国A公司的主管税务机关对A公司与B公司的上述技术服务合同进行审核评税，认为B公司取得的2000万美元收入在性质上属于特许权使用费，A公司应当依法履行代扣代缴B公司的预提所得税，其理由系：技术服务合同的内容是B公司对其现成技术能够适应中国市场而进行的改进和升级，如果没有这些技术服务和支持，A公司无法顺利使用之前引进的专有技术，两者密不可分，因此，该技术服务是许可专有技术使用权的重要组成部分，应视为特许权使用费，依法应当征收企业所得税。A公司则坚持认为该项合同为独立的劳务合同，其中许多技术项目都是按照国内要求而重新开发的，与之前引进的技术没有必然联系。税企双方针对该合同的性质认定产生争议。

如何区分专有技术服务与许可：专有技术一般是指进行某项产品的生产或工序复制所必需的、未曾公开的、具有专有技术性质的信息或资料，即税收协定中"有关工业、商业、科学经验的情报"。结合国家税务总局的相关规定，专有技术服务与专有技术许可的区别见表1。

表 1 专有技术服务与专有技术许可的区别

项目	服务贸易	许可贸易
合同形式	技术服务（劳务）合同	技术许可（引进）合同
专有技术使用人	技术提供方	技术接受方
技术使用结果和质量风险	技术提供方承担	技术接受方承担
成果所有权归属	技术接受方	技术提供方
所得性质	营业利润	特许权使用费
所得来源国的征税权	无征税权	有征税权

在区分两者时，以下特殊情形需要予以关注：

（1）在许可专有技术使用权过程中，如果技术许可方派人员为该项技术的应用提供有关支持、指导等服务，并收取服务费，无论是单独收取还是包括在技术价款中，均可被视为特许权使用费；

（2）在专有技术服务过程中，如果服务提供方使用了某些专门知识和技术，但并不许可这些技术，则此类服务不属于特许权使用费范围；

（3）对于尚未存在的专有技术，一方委托另一方进行技术研发后形成新的技术成果，如果该技术成果归委托方所有的，则另一方取得的报酬属于研发服务所得，不属于特许权使用费；如果该技术成果归受托方所有并许可委托方使用的，则另一方取得的报酬属于特许权使用费。

在上述案例中，B 公司为 A 公司提供的技术服务属于对新技术的研发服务，且所形成的本土化技术成果归 A 公司所有，不存在技术许可行为，因而 B 公司取得的技术服务报酬不应认定为特许权使用费，而应认定为境外劳务所得享受协定的免税待遇。

（四）资本利得条款

税收协定中的资本利得条款（又称财产收益条款）主要是指一方转让不动产、常设机构经营财产、船舶飞机等交通工具和公司股份形成的收益。中国企业在海外进行投资后必然会面临投资退出的商业安排，而股权转让是最常见的投资退出形式。由于股权转让所产生的收入往往较为可观且存在来源国和居住国双重征税的问题，因而"走出去"的中国企业在拟订投资方案前需要特别关注投资退出环节税收协定的规定，提前做好筹划。

通常在税收协定的资本利得条款中，针对股份转让收益，首先会承认居住国具有征税权，其次在一定条件下承认来源国拥有征税权，这些条件主要包括：①当转让方在股份转让前的一定期间内持股比例达到某个比例以上；②所转让股份的价值主要由来源国的不动产组成。但对来源国不会单独设置限定税率。

例如，根据中国与新加坡签订的税收协定第十三条财产收益条款的规定，中国企业转让其持有的新加坡公司的股份取得的收益，中国的税务当局具有征税权；在满足以下任一条件时，新加坡政府也有权征税：①被转让的新加坡公司的股份价值的50%以上直接或间接由位于新加坡的不动产组成；②中国企业在转让其新加坡公司股份行为发生前12个月内曾直接或间接持有该新加坡公司至少25%的股份。

另外，由于国与国之间的特殊关系与政治背景，有些税收协定还会给予更为优惠的待遇，直接免除来源国的征税权。例如，根据中国与韩国签订的税收协定第十三条财产收益条款的规定，中国企业转让其持有的韩国企业股份取得的所得，韩国政府不享有征税权，除非被转让企业的股份价值主要由位于韩国的不动产组成。

三、中国企业在海外防范和解决税收协定适用争议的主要途径

（一）税收协定适用争议的主要类型

税收协定适用争议主要有两种类型，第一种类型是发生于一国政府与跨国纳税人之间因税收协定具体条款的解释和适用而引发的争议；第二种类型是由于纳税人和缔约国之间的争议触发纳税人的主管当局启动相互协商程序后引起的国与国之间的税收协定适用和解释争议。当跨国纳税人与缔约国政府发生税收协定争议后，通常既可以选择在第一个争议层次解决争议，也可以通过履行法律程序将争议上升到第二个层次并通过政府与政府之间的协商程序加以解决。

中国企业在赴海外投资经营的过程中，往往会与投资所在国税务机关乃至中国税务机关在以下问题上产生税收协定的适用争议。

1. 双重税务国籍

中国居民企业在海外依据投资所在国的法律设立了项目投资公司，但公司的实际管理机构仍然设置在中国境内时，这一项目投资公司可能会根据中国税法以及投资所在国税法的规定既是中国居民企业又是投资所在国居民企业。如果项目投资公司没有与中国税务当局以及投资所在国税务当局事先协商确定其单一税务国籍，那么将无法享受税收协定优惠，由此可能引发税务争议。

2. 受益所有人身份被否认

中国投资者在海外投资所在国获取股息、利息或者特许权使用费等消极收入时，应当依照中国与投资所在国签订的税收协定规定及投资所在国税法的具体规定的要求向投资所在国税务当局证明自身的受益所有人身份，从而适用税收协定规定的优惠税率，降低在收入来源地国的税负。如果中国投资者作为受益人没有实质上的经营管理活动，是一个空壳公司或者导管公司，那么其受益所有人的身份将会很难被投资所在国税务当局认可，由此可能引发税务争议。

3. 营业利润与特许权使用费区分争议

中国居民企业或个人向位于"一带一路"沿线国家或地区的商业客户提供技术服

务并收取技术服务费的，该笔收入属于税收协定规定的营业利润，中国居民无须在客户所在国缴纳所得税。但是，如果中国居民的技术服务行为兼具技术授权使用行为的，容易引发税务争议。这种混合行为极易被客户所在国税务当局全盘认定为技术授权行为，中国居民收取的费用属于特许权使用费，因此要求中国居民在客户所在国缴纳所得税。中国居民应当事先主动做好区分，明确技术服务与技术授权两部分收入，避免税收成本增加。技术服务费与技术授权费的区分问题是税收协定争议高发地带。

4. 常设机构的认定争议

中国投资者在"一带一路"沿线国家或地区获得营业收入是否应当在收入来源国履行纳税义务很大程度上取决于常设机构的认定。通常，中国投资者在收入来源国的场所、人员构成常设机构的，其营业利润应当在收入来源国纳税。中国投资者应当尽量争取避免其在收入来源国设置的场所、人员被收入来源国税务当局认定为常设机构。常设机构的具体认定问题容易引发税务争议，同时也是中国投资者应当着重关注的税务风险点。

在场所型常设机构认定方面，通常中国与其他国家或地区签订的税收协定会规定专为准备性、辅助性目的的设立的场所且其全部活动属于准备性或辅助性活动的，不属于常设机构。如何认定准备性、辅助性活动和目的，是中国投资者与收入来源国税务当局之间的争议高发点。

在工程型常设机构认定方面，如果中国投资者或者经营者为收入来源国商业客户提供工程服务，应当高度审慎地遵循税收协定关于常设机构认定规定，尤其是工程期限的把控，同时准确区分工程地与场所的区分，以免引发争议。

在服务型常设机构认定方面，要审慎把控雇员的服务时限，避免超过期限而被认定为常设机构。此外，中国经营者既提供技术转让又提供技术支持服务的，应当避免超时限而被认定为常设机构。

在代理型常设机构认定方面，中国投资者或者经营者要确保其在收入来源国的代理人符合独立代理人的条件，否则将会被认定为中国投资者或者经营者在收入来源国的常设机构。

（二）中国企业解决海外税收协定适用争议的法律途径

1. 在地救济途径

中国企业在与"一带一路"国家发生税收协定适用争议时，应当充分运用投资所在国当地救济的争议解决方式，借助于国内外税收法律专家的支持提高寻求当地救济的能力。通常，世界各国涉税争议的解决方式主要包括行政复议、行政诉讼，有些国家和地区还规定有仲裁方式。在地救济途径的优势主要在于能够充分尊重投资所在国的管辖优先、具有明确具体的处理时限、裁判结果对在地政府具有法律约束力等。

2. 寻求中国主管税务机关的帮助

中国企业在诉诸投资所在国当地救济程序的过程中，也可以一并向中国的主管税务机关寻求支持和帮助，咨询税收协定适用的有关问题，请求出具必要的证明性材料及函件，以确保自身适用税收协定的优惠待遇符合实质和形式的双重要求。

3. 相互协商程序

相互协商程序是税收协定中的一项重要条款，其意义在于缔约国一方居民与缔约国另一方税务当局产生税收协定适用争议后，缔约国一方居民可以寻求所在国政府的正式协助，启动国与国之间的协商程序，维护自身权益。国家税务总局在 2013 年 9 月发布了《税收协定相互协商程序实施办法》，为中国企业适用税收协定中的相互协商程序条款提供了国内法依据。中国企业应当了解该实施办法所规定的适用范围、适用条件、启动程序等，以在争议发生后能够积极合法地运用这一程序，从而有效解决争议。

（三）中国企业预防海外税收协定适用争议的主要方法

尽管中国企业可以诉诸多种途径解决其与收入来源国或投资所在国税务机关之间的税收协定适用争议，但无论是在地解决途径还是相互协商程序，其共同的缺点是时间期限长且受限于海外税收执法及司法环境。尤其是相互协商程序，其主要缺点在于缺乏时限规定，可能使得各个程序阶段久拖不决，导致争议解决效率低下，对中国投资者产生更为不利的影响。因此，中国投资者应当注重增强防范和避免海外税收协定适用争议的能力，尽力避免在项目投资或者经营过程中产生与收入来源国或投资所在国税务机关之间的税务争议，强化税务风险管理，确保在海外的投资或经营能够实现最优化的经济目标。

1. 全面了解中国与投资所在国之间签订的税收协定及在地税法的具体规定

防范税收协定争议的核心工作环节在于决策阶段。中国投资者应当在投资或经营决策阶段对投资所在国税法以及双边税收协定的具体规定进行充分考察与准确理解，结合自身的投资项目或经营活动识别税务风险，合理地进行税务规划，严格按照投资所在国税法及双边税收协定的具体规定安排自身的投资、经营活动。

2. 完善税务风险的内部控制与应对机制

中国企业作为"一带一路"沿线投资者应当特别注重建立税务风险的控制与管理机制，制定涉外税务风险识别、评估、应对、控制以及信息沟通和监督的相关工作机制，尤其要注重准确、全面地识别自身的税务风险点，并制定税务风险应对预警方案。中国企业应当结合在海外的投资或经营的业务特点设立专门的税务管理机构和岗位，配备专业素质人员，强化税务风险管理职能以及岗位职责。

3. 与投资所在国税务当局开展充分的沟通与交流

中国投资者应当在全面了解投资所在国税法、双边税收协议具体规定以及准确把握自身涉税风险点的基础上，进一步做好与投资所在国税务当局进行沟通与交流的准备工作，备齐相关的证明材料，就一些关键税务风险点的处理与投资所在国税务当局开展充分的沟通和交流，努力获得投资所在国税务当局的承认或者谅解，必要时可以启动投资所在国的预约定价安排程序以及事先裁定程序，尽力将税务争议风险进行锁定。

4. 寻求中国政府及有关方面的帮助

检索和考察投资所在国税法以及双边税收协定的具体规定是中国投资者不得不为但又十分困难的一项工作。中国投资者可以在投资和经营决策初期积极寻求中国政府方面的帮助，获取相关税收规定以及政策信息，并与中国政府相关方面保持良好的沟通关系。能够给中国企业提供投资咨询的机构主要有中国驻海外使领馆经商处、在地的中国商会，等等。

5. 寻求税法专业人士的帮助

中国投资者应当在决策阶段及时寻求税务律师、注册会计师等税法专业人士的帮助，借助税法专业人士的专业优势进行周详的税法尽职调查，制定合理的税务筹划方案，实施符合自身投资或经营特点的税务架构，控制和管理整个项目各个阶段的税务风险。

四、总结

中国企业等投资方赴"一带一路"沿线国家和地区投资合作时应当特别关注中国与投资所在国的税收协定，理解税收协定的相关规则，借助于税收协定规定的税收优惠待遇有针对性地实施商业安排，同时要用好税收协定的相互协商程序妥善解决涉税争议，有效降低投资的税务成本和风险。

论关税征纳中销售环境测试的证明责任与标准[①]

——以转让定价同期资料的使用为例

■ 陈映川

北京金诚同达（上海）律师事务所律师

内容摘要： 在关税征纳的过程中，如果进口货物的买卖双方存在关联关系，则海关不能直接采用成交价格确定货物的完税价格，而需用销售环境测试判定成交价格是否受到关联关系的影响。转让定价同期资料由于本身包含与货物销售相关的信息，因此近年逐渐被用于销售环境测试中。虽然销售环境测试与转让定价调整的目标都是确定一个公平的交易价格，但直接税与间接税之间存在的固有差异，且海关和税务机关所采取的方法常常会因为自身动机和目的存在差异而有所差别甚至互相矛盾。因此转让定价同期资料在销售环境测试中的使用必须受到行政法规则的约束，避免其变成为多征税款而被选择性适用的工具。

关键词： 海关审价 销售环境测试 证明责任 证明标准

一、问题的提出——销售环境测试中的证明责任

（一）背景

根据《海关审定进出口货物完税价格办法》（以下简称《审价办法》）的规定，进口货物的完税价格，由海关以该货物的成交价格[②]为

---

① 本文曾被法律出版社 2017 年 8 月出版的《税法解释与判例评注第八卷》收录。

② 进口货物的成交价格，是指卖方向中华人民共和国境内销售该货物时买方为进口该货物向卖方实付、应付的，并且按照本章第三节的规定调整后的价款总额，包括直接支付的价款和间接支付的价款。

基础审查确定。但如果进口货物的买卖双方存在特殊关系（关联关系），则一般不能适用成交价格作为基础确定完税价格，而应当由海关与纳税义务人进行价格磋商后，依次以相同货物成交价格法、类似货物成交价格法、倒扣价格法、计算价格法及合理方法确定该货物的完税价格。①

但是，如果海关经对与货物销售有关的情况进行审查，认为符合一般商业惯例的，可以确定关联关系未对进口货物的成交价格产生影响。② 在此种情况下，货物成交价格可以作为确定完税价格的基础。我们一般将这种审查称为销售环境测试（circumstance of the sales test）。

虽然目前我国现行法律法规没有对"转让定价"进行直接、明确的规定，③ 但在海关的内部文件中，却早已对"转让定价"作了明确定义。④ 转让定价同期资料是由纳税人或者其顾问编制的一类特别的文件，旨在向税务机关报送他们识别转让定价风险和评估纳税人转让定价合规性的信息。转让定价同期资料中包含的很多信息描述了纳税人的业务活动和关联交易的细节。⑤

近年来，鉴于跨国集团的转让定价同期资料⑥可提供一些涉及货物进出口关联交易的有用数据，因此全球范围内，海关在审定关联交易进出口货物的价格时，均开始尝试审查转让定价资料，以期从资料中获得相关数据，作为销售环境测试的证据支持。⑦

海关通过销售环境测试，判定关联交易是否影响成交价格的处理流程如图 1 所示。

---

① 《审价办法》第六条："进口货物的成交价格不符合本章第二节规定的，或者成交价格不能确定的，海关经了解有关情况，并且与纳税义务人进行价格磋商后，依次以下列方法审查确定该货物的完税价格：

（一）相同货物成交价格估价方法；

（二）类似货物成交价格估价方法；

（三）倒扣价格估价方法；

（四）计算价格估价方法；

（五）合理方法。

纳税义务人向海关提供有关资料后，可以提出申请，颠倒前款第三项和第四项的适用次序。"

第七条："进口货物的成交价格，是指卖方向中华人民共和国境内销售该货物时买方为进口该货物向卖方实付、应付的，并且按照本章第三节的规定调整后的价款总额，包括直接支付的价款和间接支付的价款。"

② 《审价办法》第十八条："海关经对与货物销售有关的情况进行审查，认为符合一般商业惯例的，可以确定特殊关系未对进口货物的成交价格产生影响。"

③ 《特别纳税调整实施办法》（征求意见稿）第三条："转让定价管理是指税务机关对企业与其关联方之间的业务往来（以下简称关联交易）是否符合独立交易原则进行审核评估和调查调整等工作的总称。"

④ 《海关对跨国公司转移定价估价指导意见》（署管函〔2008〕335 号）第一条："跨国公司转移定价是指跨国关联企业之间在转移货物、无形财产或提供服务等业务往来过程中，按照约定确定成交价格的方式，关联企业在其相互的商业或财务关系上制定或附加不同于独立企业之间的条件时，其中一方应取得而没取得的利润，应纳入其成交价格并予以征税。"

⑤ WORLD CUSTOMS ORGANIZATION. WCO GUIDE TO CUSTOMS VALUATION AND TRANSFER PRICING, 2015：114.

⑥ 转让定价同期资料是由纳税人或者其顾问编制的一类特别的文件，旨在向税务机关报送他们识别转让定价风险和评估纳税人转让定价合规性的信息。转让定价同期资料中包含的很多信息描述了纳税人的业务活动和关联交易的细节［EB/OL］. http：//www. oecd. org/ctp/transfer-pricing/discussion-draft-transfer-pricing-documentation. pdf.

⑦ 虽然目前没有转让定价同期资料的统一的编制标准，但是一国的要求还是有一定程度的连贯性，同时有很多国际和区域的指南。经济合作与发展组织正在修订其指南，旨在使用一种双层结构文档的方法（主文档和当地文档），并且《联合国操作手册》的第七章中也包含了对不同方法和关键问题进行的总结。至于区域方面，欧盟有"欧盟关联企业转让定价行为标准"，环太平洋税务机关协会编制了转让定价同期资料文件包，国际商会发布了转让定价同期资料政策声明，并提供了转让定价同期资料的模板，［EB/OL］. http：//www. iccwbo. org/Advocacy – Codes-and – Rules/Document-centre/2007/Transfer – Pricing – Documentation – Model – (2008)/.

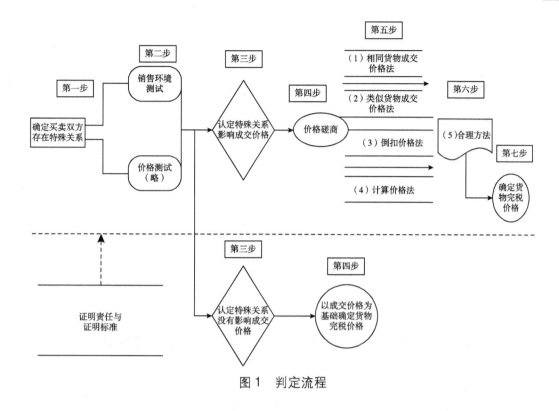

图 1 判定流程

如图 1 所示，本文将围绕销售环境测试中的证明责任与证明标准，以转让定价同期资料的使用为例进行讨论。

（二）案例呈现——A 手机被认定关联关系影响成交价格补税案①

1. 案情简介

2009 年，某海关在发现 A 电脑贸易（上海）有限公司（简称 A 公司）进口商品编码 8517121090 项下 A 手机的买卖双方同属某跨国集团下子公司，经审核发现双方存在关联关系，海关对 A 公司提供的转让定价同期资料进行审核后认为关联关系影响成交价格。最终某海关使用合理方法，对 A 公司进口的 57 万台、价值 1.7 亿美元的 A 手机估价补税 1.1 亿元。

2. 案情分析

本案中，A 公司对买卖双方存在关联关系并无异议，但不认为关联关系影响了成交价格。针对海关提出的价格质疑，A 公司与海关进行交涉，认为其进口申报价格是根据经济合作与发展组织（OECD）转移定价原则和国内税法要求合理制定的，具体定价原则是：在标准成本上加上确定百分比，该标准成本包括材料、生产及生产相关费用和生产商利润，而确定百分比的加成是为确保生产及经营各环节的 A 企业获得与其各自承担的责任和风险相对应的利润。A 公司的加成为确保其获得涵盖其分销职能所对应的合理

---

① 深圳海关. 某手机特殊关系影响成交价格估价案例［J］. 海关估价案例汇编（第四卷），2010：22 - 24.

利润。

海关不仅要求企业继续就转移定价政策及定价合理性作详细解释并提供数据支持，而且用了将近5个月时间寻找可比数据以确定特殊关系是否影响成交价格。最终海关认为：①A公司进口的A手机在国内属初次进口，是市场热销商品，售价较高；②从A公司功能利润上看，其承担的主要功能为：中国区非独家授权分销和与分销相关的一些如收集市场信息、提供售后服务等事宜，功能单一；③但其手机销售毛利率为47%~52%，近年来手机市场竞争非常激烈，分销利润普遍较低，① A公司的手机分销毛利率大幅高于同行业水平。

僵持中，据说A公司未向海关进一步解释价格和利润差异的合理性。

最终，海关认定A公司进口的A手机成交价格受到买卖双方特殊关系影响，决定对该批货物采用合理方法予以估价补税。②

在该案中，转让定价同期资料作为海关补税的重要证据，其中的合法性与合理性，与销售环境测试中的证明责任息息相关。本文将在下文进行讨论。

二、销售环境测试中的行政法约束——证明责任与标准

（一）行政程序的证明责任

销售环境测试虽然有其高度专业性与特殊性，但归根结底，它是行政机关作出的一种具体行政行为。既然销售环境测试是一种行政行为，那么它应当受到行政程序法的约束。而"证明责任"这个概念写入行政程序法始于《美国联邦行政程序法》，普及于各国程序法典及研究则是近20年的事。③

传统意义上的行政行为往往表现为"行政主体搜集证据、在搜集证据的基础上作出决定"。而"证明责任"存在的基础就在于证据。在现代行政程序中，行政相对人获得了完全且独立的行政法主体资格，亦具备了提出证据和质证的能力。这样行政主体与行政相对人之间便会形成"证据的不同"，中立裁判者判决将取决于证明责任由谁承担。

域外的行政程序证明责任分配规则大致可分为以下几种。④

1. "谁主张，谁举证"

澳门《行政程序法》第八十四条以"证明责任"标题明确规定："利害关系人负证

---

① 例如：国内手机分销龙头企业某通信控股股份有限公司，2009年中期的销售毛利率仅为9.58%，所在行业平均毛利率也仅为12.86%（数据来源于该公司公开披露的上市公司账务报告）。

② 根据《审价办法》第六条的相关规定，海关应依次适用该条款规定的五种方法审查确定进口货物的完税价格。由于海关无法找到和企业无法提供非特殊关系下的相同/类似货物成交价格资料，故排除相同或者类似货物成交价格估价方法；虽然掌握了该货物在境内第一环节销售的价格，且符合使用倒扣价格估价的5项条件，但是缺乏相同/类似货物在境内第一环节销售的利润和一般费用的客观量化数据，因此无法使用倒扣价格估价方法；虽然海关掌握了生产A手机所使用的原材料成本和加工费用，但A手机内置的软件成本无可量化数据，因此也无法适用计算价格估价方法。海关最终使用合理方法对进口A手机实施估价，估价调整幅度约50%。经与企业及其授权代理人举行多次价格磋商，企业不得不同意海关估价决定，补缴税款1.1亿元。

③ 肖萍，洪发胜. 行政程序证明责任研究 [C] //行政法学研究会2009年年会论文集，2009：116.

④ 本部分统计内容来源于：应松年，主编. 外国行政程序法汇编 [M]. 北京：中国法制出版社，2004：1-165.

明其陈述之事实之责任。"同时该法第八十五条还赋予了当事人对"提出证据的命令"的拒绝权。即当出现违反职业保密、法律禁止或需要保密的事实，可能造成当事人精神或物质上损害等情形出现时，可以拒绝提供证据。同样的规定也可见于葡萄牙《行政程序法》第 88 和 89 条。

美国《联邦行政程序法》第 556 条第 4 款以"证明责任"的标题规定了"除法律另有规定外，规章或裁决令的提议方负有举证责任"。该款同时规定，当事人有权"用口头或书面证据提出其意见或辩解，有权提出反驳证据"。

2. 行政机关承担主要证明责任

希腊《行政程序法》17 条第 3 款规定："行政决定依职权作出时，由主管机关主动收集证据。利害关系人请求作出行政决定的，利害关系人有义务提供相关规定中规定的证明文件。"

瑞士《行政程序法》13 条规定，在"程序系因该当事人之申请而开始者"；"于他人申请之程序中，为独立之声明者"及"依据其他联邦法律，当事人有提出报告及公开之义务者"三种情况下，"当事人有义务参与事实关系之确定。"

3. 行政相对人有提出证据的权利

中国台湾地区《行政程序法》第三十七条规定："当事人在行政程序中得自行提出证据。"

4. 行政相对人有提供证据的义务

这一模式仅存于德国，《联邦德国行政程序法》第 26 条第 2 款规定："参与人应参加事实的调查，参与人尤其应当提供知道的事实和证据。"

我国目前没有统一的行政程序法，关于行政程序中的证明责任与证明标准立法极为鲜见。但值得注意的是于 2008 年发布实施的《湖南省行政程序规定》，其第七十二条规定："行政机关对依职权作出的行政执法决定的合法性、适当性负举证责任。行政机关依申请作出行政执法决定的，当事人应当如实向行政机关提交有关材料，反映真实情况。行政机关经审查认为其不符合法定条件的，由行政机关负举证责任。"可以看到，类似于瑞士的立法模式，该规定区分了依职权作出与依申请作出的行政行为不同的证明责任。其中，依职权作出的行政行为的证明责任，由行政机关承担证明责任。

（二）销售环境测试证明责任的理解分歧

《审价办法》第八条规定："进口货物的成交价格应当符合下列条件：……买卖双方之间没有特殊关系，或者虽然有特殊关系但是按照本办法第十七条、第十八条的规定未对成交价格产生影响。"随后第十八条中规定："海关经对与货物销售有关的情况进行审查，认为符合一般商业惯例的，可以确定特殊关系未对进口货物的成交价格产生影响（销售环境测试）。"

上述两个条款相互联系之后，会出现以下两种理解，当买卖双方存在特殊关系时：

理解一：首先推定成交价格受到特殊关系影响，除非行政相对人向海关提供材料（举证），证明货物销售符合一般商业惯例，从而说服海关认定特殊关系未对成交价格产生影响，否则视为特殊关系对成交价格产生影响，不能适用成交价格作为基础确定完税价格。

理解二：海关首先需要对与货物销售有关的情况进行审查，符合一般商业惯例的，可确定特殊关系未对成交价格产生影响，以货物的成交价格为基础审定完税价格；不符合一般商业惯例的（海关举证），视为特殊关系对成交价格产生影响，不能适用成交价格作为基础确定完税价格，而应当在价格磋商后，依次以其他方法确定该货物的完税价格。

基于上述两种理解，销售环境测试的举证责任分配将会截然不同（见图2）。

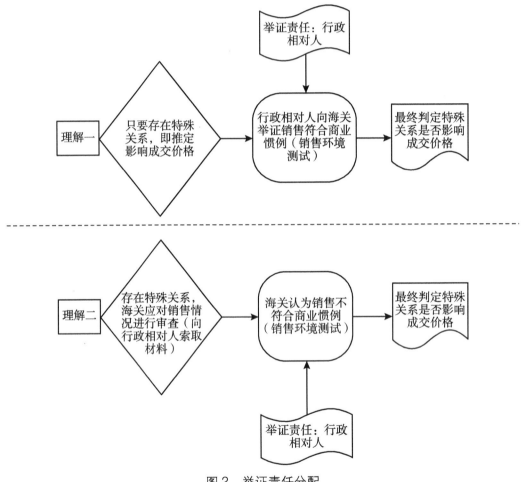

图2　举证责任分配

目前在实践中，普遍倾向于第一种理解。在本文呈现的案例中，海关也是遵循这种理解最终作出了补税决定。但本文认为销售环境测试应当遵循第二种理解。

（三）追本溯源——《海关估价协议》中销售环境测试的证明责任

世界贸易组织（WTO）《海关估价协议》（The WTO Valuation Agreement）作为乌

拉圭回合达成的"一揽子"多边贸易协议之一，适用于世界贸易组织的所有成员，其根本目的在于在国际上建立一套公平、统一、中性的海关估价制度。① 2001 年，我国正式成为世界贸易组织成员，按照我国政府的对外承诺，我国海关在入世之后全面实施《海关估价协议》。目前我国的《审价办法》亦被看作是《海关估价协议》在国内的转化适用。②

《海关估价协议》的附件一"解释性说明"中明确："当买方和卖方存在特殊关系时，应审查有关销售的情况，如果这种关系不影响该价格，则成交价应作为海关估价的依据。但这并不是说，对买卖双方有关系的一切情况都要进行审查。只有对价格的可接受性发生疑问时，才需要进行此种审查。当海关当局不怀疑价格的可接受性时，就应视为接受该价格而无须再要求进口商提供资料。"③

由此可见，作为我国《审价办法》的渊源，《海关估价协议》的解释印证了理解二的观点。也就是说，海关应当就"特殊关系影响成交价格"首先承担证明责任。

（四）证明责任的重要内涵——证明标准

当确定了海关应当承担销售环境测试的证明责任后，还应当确定其证明标准。按照《汉语大词典》的解释，"标准"就是"衡量事物的依据或准则"。④ 而行政程序中的证明标准，则是衡量行政程序证明结果正确与否的依据与准则，即行政机关提出的证据所必须达到的程度和水平。

在谈及行政程序的证明标准时，应当区分两个层次的问题：

（1）基础事实的证明标准；

（2）有效反驳的证明标准。

基础事实的证明标准是负有举证责任的一方履行证明责任时所应当达到的标准。我国行政程序中没有关于"证明标准"的明确规定，三大诉讼法（民事、刑事、行政）中，关于基础事实的证明标准则统一为"案件事实清楚，证据确实充分"。有学者认为，这种"一元化"的证明标准不能体现民事法律关系、刑事法律关系和行政法律关系的特点和价值取向的差异，我们应当确立"多元化的证明标准体系"。⑤ 其中，由于行政法律关系中兼有私权利证明和公权力证明的特征，因此应采取"二分法"，即行政相对人的证明适用民事诉讼中"优势证据"的证明标准，行政机关的证明标准则适用高于民事诉讼但低于刑事诉讼的"明晰可信"的证明标准。⑥

---

① 周杰.《海关估价协议》在我国的转化适用［D］. 上海：复旦大学，2009：7.

② 周杰.《海关估价协议》在我国的转化适用［D］. 上海：复旦大学，2009.

③ AGREEMENT ON IMPLEMENTATION OF ARTICLE Ⅶ OF THE GENERAL AGREEMENT ON TARIFFS AND TRADE 1994, ANNEX Ⅰ, Paragraph 2（a）.

④ 罗竹风，主编. 汉语大词典（第四卷）［M］. 北京：汉语大词典出版社，1998：1266.

⑤ 何家弘. 论推定规则适用中的证明责任和证明标准［J］. 中外法学，2008（6）.

⑥ 这是美国司法审判中适用于一些特殊民事诉讼的证明标准。它高于一般民事诉讼的"优势证据标准"，但又低于刑事诉讼中的"排除合理怀疑"标准。其原文是 Clear and convincing evidence or Clear and convincing proof. 其含义为：证据表明待证事实的存在具有很高的可能性或者合理的确定性。参见：Bryan A Garner. Black's Law dictionary［M］. seven edition. West Group, 1999：577. 转引自：何家弘. 论推定规则适用中的证明责任和证明标准［J］. 中外法学，2008（6）.

由于行政相对人并不承担对基础事实的证明责任，因此在理论上，其对基础事实的反驳不存在证明标准问题。具体到销售环境测试中，即行政相对人当然可以举出反证来证明基础事实（即关联关系影响成交价格）不能成立，但是这种举证是权利而非责任。如 WTO《海关估价协议》中规定："如果海关当局不能接受成交价又无法获得相关材料时，海关当局应给予出口商一个机会，让他们提供更详细的资料，以使海关当局能够审查有关销售情况。在这种情况下，海关当局应做好准备，审查这笔交易的有关方面（包括买卖双方组成商业关系和达成价格的方法），以便确定此种关系是否影响了价格。"①

三、案例复盘——销售环境测试中转让定价同期资料的使用

本文案例存在两个问题，在销售环境测试中：

第一，转让定价同期资料作为销售环境测试证据的合法性；

第二，转让定价同期资料作为销售环境测试证据的合理性。

而上述问题，在厘清了销售环境测试中的证明责任之后，似乎都得到了回应。

（一）转让定价同期资料作为销售环境测试证据的合法性

从合法性而言，虽然世界海关组织曾经在《海关估价与转让定价指南》中提出了"转让定价同期资料可能会对海关审查货物销售环境时有用"，但目前我国并无立法规定转让定价同期资料可以作为海关估价的依据。因此，海关是否能够直接凭转让定价同期资料作为销售环境测试的证据，尚有疑义。但如上一段所述，由于行政相对人并不承担对基础事实的证明责任，因此在理论上，其对基础事实的反驳不存在证明标准问题。

故本文认为，A 公司主张其进口申报价格是根据 OECD 转移定价原则和国内税法要求合理制定的，并无问题。A 公司的具体定价原则是：在标准成本上加上确定百分比，该标准成本包括材料、生产及生产相关费用和生产商利润，而确定百分比的加成是为确保生产及经营各环节的 A 公司获得与其各自承担的责任和风险相对应的利润。A 公司的加成为确保其获得涵盖其分销职能所对应的合理利润。

（二）转让定价同期资料作为销售环境测试证据的合理性

从合理性而言，虽然销售环境测试与转让定价的调整的目标都是确定一个公平的交易价格，但海关估价与转让定价从属于两个不同的税种体系，具体异同参见表 1。②

---

① AGREEMENT ON IMPLEMENTATION OF ARTICLE Ⅶ OF THE GENERAL AGREEMENT ON TARIFFS AND TRADE 1994，ANNEX Ⅰ，Paragraph 2（b）.

② 田雯琦，罗伯特·史密斯，韦伟. 企业面临的重要税务议题——转让定价与海关估价 [J]. 国际税收，2012（9）：41.

表 1 海关估价与转让定价的异同

项目	转让定价	海关估价
法律依据	《企业所得税法》《特别纳税调整实施办法（试行）》	《审价办法》
定价原则	独立交易原则	客观、公平、统一的原则且关联关系不对交易价格构成影响
征税依据	直接税：根据企业经营活动征税	间接税：通常根据货物及部分服务征税
估税标准	应纳税所得额（通常是看公司整体利润）	单项交易
征税时间	每年	每笔跨境交易进口、出口时
对交易定价的考虑因素	进口价格过高、企业利润过低或企业应纳税所得额过低	纳税申报价格过低、企业利润过高或应缴纳关税及其他间接税额过低
交易估价的方法	（1）可比非受控价格法 （2）再销售价格法 （3）成本加成法 （4）交易净利润法	（1）成交价格法 （2）相同产品成交价格法（类似可比非受控价格法） （3）类似产品成交价格法（类似可比非受控价格法） （4）倒扣价格法（类似再销售价格法） （5）计算价格法（类似成本加成法） （6）合理方法（海关拥有极大自由裁量权）
估价方法优先权	无	优先级别由上栏所列方法自上而下
证明文件	转让定价同期资料和可比性分析（通常针对公司层面，允许将不同类型交易合并在一起测试）	每项产品/交易的价格证明（不可合并，每项产品/交易都需要单独证明）
申报要求	转让定价同期资料（针对满足条件的企业）和关联交易申报表	无须主动提交报告以说明/支持定价方法

从表 1 对照的异同可以看出，一方面，独立交易原则可能被海关用作比较关联企业进口货物价格（可能受到关联关系影响）与非关联企业进口货物价格的一个原则。虽然海关估价的目的可能与 OECD 所认可的转让定价法目的不一致，但海关估价对税务机关评价受控交易的转让定价是否符合独立交易原则有一定帮助，反之亦然。但另一方面，海关和税务机关所采取的方法常常会因为自身动机和目的存在差异而有所差别，甚至互相矛盾。

因此，在本文呈现的案例中，A 公司提供的转让定价同期资料并不必然成为海关已经履行证明责任的依据，它还必须达到"明晰可信"的证明标准。就如世界海关组织所提倡的，"转让定价同期资料对于海关审查销售环境有时有用，它可以作为海关判定成交价格是否受到关联关系影响的信息来源之一，但有时并不相关或者并不适用，需具体案例具体分析。"①

四、结语

行政程序中的证明责任与证明标准有三个不同层次上的含义。② 第一层含义是证明责任与证明标准的性质，即证明的根本目的是要正确认识发生在过去的事实，所以这层含义的证明责任与证明标准是"谁"来证明"真实"，是最抽象的一层含义；第二层含义是证明责任与证明标准的法律表述，即在法律上用何种语言表述"谁"的"证明"应当达到的程度与水平，如"证据确实充分""排除合理怀疑"，等等；第三层含义是具体的、明确的、具有可操作性的证明标准与证明责任分配，这是最有实用价值但是也最难制定的证明标准。回归到关税征纳的行政法律关系中，本文认为在证明特殊关系是否影响成交价格环节时，海关应负举证责任。同时在证明标准上，应采取"二分法"：行政相对人的证明适用民事诉讼中"优势证据"的证明标准；行政机关的证明标准则适用高于民事诉讼但低于刑事诉讼的"明晰可信"的证明标准，最终实现限制海关权力滥用的目的。

---

① WORLD CUSTOMS ORGANIZATION. WCO GUIDE TO CUSTOMS VALUATION AND TRANSFER PRICING, 2015：114.

② 何家弘. 论推定规则适用中的证明责任和证明标准［J］. 中外法学，2008（6）：875.

招商引资中的税收优惠政策争议成因与对策分析

■ 唐　波
　　北京余庆唐律师事务所主任律师
■ 刘　峰
　　北京余庆唐律师事务所合伙人律师

内容摘要： 自2015年下半年以来，面临经济下行压力，国家层面松紧搭配的宏观政策、积极有效的财政政策以及适度稳健的货币政策使经济出现企稳回升。与此同时，各地配合积极的招商引资政策，结合地域优势吸引优质企业进驻，实现项目落地，拉动区域经济发展。但是在招商引资中双方的企业、政府可能达成性质不同的协议，在拉动区域增长及企业发展的同时也为争议、纠纷埋下隐患，本文立足招商引资中的税收优惠政策争议界定、产生原因以及争议解决进行阐述，力争为政策落地，区域发展奠定良好的基础。

关键词： 招商引资　税收优惠政策　争议

一、招商引资中税务优惠政策争议的界定

招商引资，简而言之就是地方区域吸引投资者的相关活动。从经济学角度来讲，招商引资是市场经济概念，是区域经济要素与投资者投资力及欲望的结合，企业的目标是追求利润最大化，其行为主要由市场规律支配，因此当区域所在地经济要素与投资者运营战略吻合时，投资者便会在该区域扎根发芽。从招商引资经济角度，嫁接投资者与区域之间的桥梁就是当地的区域优势，或是资源、资本，或是服务、信息、技术。本文探讨的税收优惠政策就是地区塑造的经济要素之一，其从服务与资本角度助力企业落地。

（一）招商引资背景下的税收优惠政策概述

通过税收优惠政策招商引资的经济因素具有两面性。招商引资源于改革开放初期的中国政府，当初为有效引进外资制造业落地中国大陆，在财政、税收等政策方面给予企业相应的支持，外资企业推动当地就业、财政增长、经济总量不断攀升。伴随着招商引外资效应的显现，各地政府也陆续推出招商引资战略，跨省、跨市，甚至跨县的招商政策，不断在扶持政策上推陈出新，而税收优惠政策作为招商引资的主要措施之一的效果愈加明显。税收优惠政策在拉动区域经济增长以及在企业投入阶段起到了积极作用，但是风险也随之出现：一方面，因为税收优惠政策的滥用，导致合法税收受到侵蚀，人为造成地区之间税负不公；另一方面，企业方与政府因税收优惠政策的执行产生争议，诉至法院。

《国务院关于清理规范税收等优惠政策的通知》（国发〔2014〕62号）（以下简称国发〔2014〕62号文件）中提到"近年来，为推动区域经济发展，一些地区和部门对特定企业及其投资者（或管理者）等，在税收、非税等收入和财政支出等方面实施了优惠政策（以下统称税收等优惠政策），一定程度上促进了投资增长和产业集聚。但是，一些税收等优惠政策扰乱了市场秩序，影响国家宏观调控政策效果，甚至可能违反我国对外承诺，引发国际贸易摩擦"。该通知规定：未经国务院批准，各地区、各部门不得对企业规定财政优惠政策。对违法违规制定与企业及其投资者（或管理者）缴纳税收或非税收入挂钩的财政支出优惠政策，包括先征后返、列收列支、财政奖励或补贴，以代缴或给予补贴等形式减免土地出让收入等，坚决予以取消。其他优惠政策，如代企业承担社会保险缴费等经营成本、给予电价水价优惠、通过财政奖励或补贴等形式吸引其他地区企业落户本地或在本地缴纳税费，对部分区域实施的地方级财政收入全留或增量返还等，要逐步加以规范。

同时，财政部下发了《财政部关于贯彻落实国务院清理规范税收等优惠政策决策部署若干事项的通知》，要求省、市、县级财政部门要会同税务等有关部门开展专项清理，认真排查本地区自行制定出台的税收等优惠政策，对各类文件载体，特别是与企业签订的合同、协议、备忘录、会议或会谈纪要以及"一事一议"形式的请示、报告和批复等进行全面梳理，确保没有遗漏。

但是上述文件下发不久，《国务院关于税收等优惠政策相关事项的通知》（国发〔2015〕25号）规定：各地区、各部门已经出台的优惠政策，有规定期限的，按规定期限执行；没有规定期限又确需调整的，由地方政府和相关部门按照把握节奏、确保稳妥的原则设立过渡期，在过渡期内继续执行；各地与企业已签订合同中的优惠政策，继续有效；对已兑现的部分，不溯及既往。

两部文件也对招商引资中的税收优惠政策表明了态度，那就是逐步填平税收洼地，对已有的有效政策在有效期内继续执行，逐步清理，落实到位。

招商引资税收优惠的争议并不仅仅是税收优惠政策本身的问题，更突出的是关于政府与企业之间的税收优惠政策协议的落地争议。于政府而言，涉及"税收保底"条款能否实现，为区域经济发展带来助推作用，同时承诺税收优惠政策是否违背上位法的规定，条款是否有效；于企业而言，涉及税收优惠政策能否落地，企业能否获取政府当初招商引资的承诺。

（二）招商引资税收优惠政策的经济、法律分析

招商引资是欠发达地区推行经济赶超战略的重要组成部分，强迫机制、模仿机制和效率机制成为招商引资行为趋同的内在逻辑。招商引资行为是政府行为与市场行为的结合，衡量招商引资的边际收益与边际成本是其效能标准。这种内在的衡量标准以及招商引资行为的复合性为税收优惠政策执行争议埋下隐患。

我们可以从经济学、法学以及税之本身三个方面界定招商引资中税收优惠政策的争议的实质。

1. 区域经济理论下的政府与市场关系

区域经济理论是企业选址的重要理论之一，在招商引资中地方政府正是通过资源、资本、技术亦或是财政、税收、公共服务以及产品监管等方面培育经济因素下的区域竞争优势，不断刺激企业的投资欲望。实质上讲招商引资的税收优惠政策是政府主导下的市场资源竞争。未来的预期为企业拉动区域就业、增加地方财政收入；同时地方政府通过税收、财政等优惠政策反哺企业，从而形成良性循环。近年来，江苏、天津等地的招商引资政策取得了明显的效果。

从政府与市场的关系看，市场要在资源配置中起决定作用，政府这只手不宜过长地去干预经济，于招商引资也是如此。我们必须清醒地认识到利用税收优惠政策进行招商引资"理想很丰满，现实很骨感"，在招商引资税收优惠政策的落地中往往因为地方政府利益与企业利益的偏位，造成两者的纠纷出现，一方面落地企业期初因为地方环境等因素运营的协调性欠缺，营收、净利润等指标不能令人满意，但是政府部门碍于政绩又必须去实现税收的保底条款，出现两难的招商困境；另一方面，因政府运作机制以及决策程序等问题，可能导致引进当初的相关税收优惠政策落地进度缓慢，甚至无法落地。互补信任的危机为投资环境带来隐忧。

2. 法律性质下的行政与民事关系

民事、行政之分也就是其所调整的法律关系之分，招商引资条款或协议的性质在法律界一直有争议，究竟是行政合同还是民事合同众说纷纭。不一样的法律关系也决定了纠纷处理方式的不同。部分学者认为该协议由不平等主体之间达成，一方为政府，一方为企业，是不平等主体的对话，因此应该认定为行政合同。但是本文认为简单地以主体的性质认定合同或者协议的性质是不妥的。

行政与民事的纠结是税收优惠政策的争议因素之一。一旦因为招商引资中的税收优惠承诺产生争议是提起民事诉讼还是行政诉讼呢？尽管合同的主体是不平等的，但是在招商引资合同中，双方的权利义务是经过友好协商的共同意思表示，符合民事合同的特征。部分学者认为招商引资协议的民事合同性质并不影响合同中存在的行政承诺或者行政奖励的行政行为性质，应分别对待不同条款的性质认定。

3. 税收优惠政策的背后的中央与地方财权关系

自分税制以来，各地政府的财政包干体制取得了显著的效果，但是伴随着招商引资的趋同与模仿效应，各地纷纷出台了多种多样的优惠政策，其中税收优惠政策便是其中之一。

关于税收优惠政策制定权限，根据税收征管法以及国务院相关文件，税收优惠政策除特殊区域外均应该在中央层面统一制定，统筹规划，这也使得地方政府行政承诺性质的税收优惠政策或者变相的财政扶持政策与法不一。在下文将进一步阐述税收优惠政策的法律位阶之争，以便深入了解该问题导致的落地争议。

二、招商引资中税收优惠政策争议原因分析

上文简单阐述了经济、法律以及财权等宏观角度的税收优惠政策争议成因，本文第二部分将从税收优惠政策制定权限、地方政府政策执行延续性以及税收优惠政策协议要素本身进行微观分析。

（一）招商引资中的税收优惠政策约定违背上位法

依据《中华人民共和国立法法》第八条：税种的设立、税率的确定和税收征收管理等税收基本制度只能制定法律；《中华人民共和国税收征收管理法》第三条："税收的开征、停征以及减税、免税、退税、补税，依照法律的规定执行；法律授权国务院规定的，依照国务院制定的行政法规的规定执行。"除法律、行政法规、自治条例及单行条例等作出规定，任何机关、单位和个人不得超越权限，擅自作出税收开征、停征以及减税、免税、退税、补税和其他同上位法相抵触的税收优惠政策。

自1994年分税制以来，从国家税法体制来看，除特别授权外，地方立法机关及其地方政府均无权进行税收减免。《国务院关于实际分税制财政管理体制的决定》（国发〔1993〕85号）规定，"妥善处理原由省级政府批准的减免税政策问题。考虑到有的省、自治区、直辖市政府已经对一些项目和企业作了减免税的决定，为了使这些企业有一个过渡，在制止和取缔越权减免税的同时，对于1993年6月30日前，经省级政府批准实施的未到期地方减免税项目或减免税企业，重新报财政部和国家税务总局审查、确认后，从1994年起，对这些没有到期的减免税项目和企业实行先征税后退还的办法。这部分税收中属中央收入部分，由中央财政统一返还给省、自治区、直辖市政府，连同地方收入部分，由省、自治区、直辖市政府按政策规定统筹返还给企业，用于发展生产。"

1998年，《国务院关于加强依法治税严格税收管理权限的通知》规定，"中央税、共享税以及地方税的立法权都集中在中央，各地区、各部门要依法治税，依法理财，不得超越权限擅自制定、解释税收政策，也不得越权批准减免税收、缓缴税和豁免欠税。除屠宰税、筵席税、牧业税的管理权限已明确下放到地方外，其他税种的管理权全部集中在中央，地方政府不得在税法明确授予的管理权限之外，擅自更改、调整、变通国家税法和税收政策"。

以上文件均体现了税收的法治原则，但是各地政府为谋取"政治资本"依旧出台各种形式的税收优惠政策，引进企业，拉动地方经济指标的增长。国发〔2014〕62 号文件出台以后，各种隐蔽形式的税收返还成为"主打歌"。

以四川某地为例，四川省南充市蓬安县人民法院《招商企业违约成被告引发的思考——以 S 省 P 县法院为样本》提到：P 县省级工业园区主要对接成渝、沿海产业转移，招商缺乏比较优势，唯有靠打"政策牌"，在信贷资金、土地使用权、劳动力、产权等生产要素配置和产品销售方面提供优惠条件，在税费负担给予多项减免优惠待遇，其优惠力度明显超过国家规定对鼓励项目可实行"两免三减半"（即新增企业前两年内免税，后三年减半征收）优惠政策。譬如"凡在我县投资兴办的生产型工业企业，土地使用税按规定标准收取，其县级留成部分全额奖励给企业"，这明显违反了税收法定原则。①

（二）招商引资中的税收优惠政策延续性

2016 年 8 月，中央全面深化改革领导小组第 27 次会议审议通过了《关于完善产权保护制度依法保护产权的意见》，该意见明确提出，完善政府守信践诺机制。该意见规定："地方各级人民政府及有关部门要严格兑现向社会及行政相对人依法作出的政策承诺，认真履行在招商引资、政府与社会资本合作等活动中与投资主体依法签订的各类合同，不得以政府换届、领导人员更替等理由违约毁约，着力解决政府不依法行政、政府失信导致行政公权力侵害企业和公民产权等问题。"

在招商引资中可能会出现"朝令夕改"的现象，而且该现象较为普遍。政府换届或者领导变更后很有可能出现当初引资的包含税收优惠政策在内的相关优惠政策难以延续执行，对于申请的税收优惠政策、财政补贴等均难以实现，也成为"政策短期流变"的典型。该现象令政府公信力下降，反而破坏当地招商引资环境。

《黑龙江省大庆市人民政府与大庆市 A 房地产开发有限公司招商引资债务纠纷上诉案》中，"1998 年黑龙江省大庆市人民政府（以下简称市政府）实施大开放、大招商的经济发展战略，利用政府的优惠政策吸引社会资金参与城市基础设施建设。1998 年 4 月 27 日，大庆市 A 房地产开发有限公司（以下简称 A 公司）向市政府递交 A 公司关于投资建设新村集中供热系统工程的请示。1999 年 1 月 22 日，市政府办公会议就如何落实讼争项目优惠政策问题进行讨论并形成办公会议纪要，包括关于五项重点招商开发建设项目政策调整的会议纪要、大庆市人民政府关于开发建设东风新村锅炉房的优惠政策。因市政府主要领导变更，市政府停止向 A 公司支付因优惠政策未到位的抵顶款项……"

对于地方政府换届带来的税收优惠政策延续，无论从民事角度还是行政角度都难以言说。从民事角度而言，双方虽然非平等主体，但是为双方意思一致的对等主体，因此应该尊重并遵守双方的真实意思表示；从行政角度而言，行政法之确定力，又称不可变

---

① 中国法院网民事研究，http://www.chinacourt.org/article/detail/2013/11/id/1150529.shtml.

更力，行政机关行政行为的内容具有确定性，非经有权主体、依照法定程序，不得随意变更或撤销。该案中政府部门因为领导变更就不再延续相关的税收优惠政策承诺，是对于行政法确定性的挑战。

（三）招商引资税收优惠政策条款争议

法律层面讲，即使法律、行政法规、自治条例及单行条例等作出规定可以制定相应税收优惠政策的地区，同样会因为税收优惠政策的落地产生争议，比如优惠政策中涉及的财政补贴、返还的金额、时间等。

第一，关于期限，在招商引资中关于税收优惠政策的政府承诺往往为"先征后返"的模式，这其中便涉及企业获得优惠落地的时间为缴纳税款之次年，甚至为之后的几年内分期返还。因此返还期限常见的问题为公历年度（会计年度）还是投资落地之日的12个月。

S公司与X县达成关于再生资源产业园项目合作协议书，协议书就政策支持约定如下："S公司在项目建设过程中产生的各类税收的县级留成部分的35%返还S公司用于支持项目基础设施建设……"该协议中我们看到合同约定建设过程中产生的各类税费进行相应的税收返还，关于"建设过程"协议并没有明确约定，为未来双方的优惠政策使用期限纠纷留下隐患。这类期限是投资协议中常见的争议问题。

第二，关于金额，在税法口径中存在应纳税额以及已缴税额的不同，也就是存在税款所属期的问题。引进资金在招商合同中也出现计算税收返还时的计算基数问题。

以上述S公司为例，协议约定"各类税收的县级留成部分的35%返还"，一方面，项目建设期企业一般处于经营亏损或者略盈状态，企业的主体税种也就是所得税应纳税所得额几乎为零，也就是对企业较高税负的所得税优惠成为泡影；另一方面，该企业与X县政府的协议没有明确各类税收的概念，统计口径是应缴还是实缴成为争议。因此在签订相关投资协议时必须明确相关金额的确认基数。

第三，关于主体，在当前的招商引资主体中，承诺主体与落地主体错位。作出相关税收优惠承诺的往往为市级政府，而作为执行落实政策的往往为县级政府财政部门（商委、发改委等部门牵头，财政局最终归集支付）。

甲企业位于S省J市J县，2011年被J市招商引资政策吸引，在J县投资设立食品加工企业，根据当地政府承诺，自公司盈利年度起3年免征企业所得税，地方级留成部分先征后返，当年所缴纳之部分次年6月底前返还。2012年该公司应纳税所得额为2000万元，实际缴纳企业所得税400万元，J市地方级留成80万元。按照投资协议，地方级留成部分160万元应于2013年6月底前完成返还，但是该县级政府2013年财政完成欠佳，只完成了J市下达半年目标的45%，因此迟迟未对税收优惠政策承诺部分进行返还，双方产生纠纷。该案例中投资协议的签约双方为甲企业与J市政府，但是具体落实财政返还的主体为J县财政，主体不一致造成了后续税收优惠政策的落地纠纷。

三、招商引资税收优惠政策争议解决方式

纵览税收优惠政策作为招商引资的资源因素，无论从宏观还是微观角度都为政策的执行埋下了争议的种子，我们要从以政策依据、性质界定、要素规范以及财税处理四个方面审慎应对，将税收优惠政策执行争议风险降到最低。

（一）明确税收优惠政策法律依据以及纠纷解决方式

国发〔2014〕62号文件下发不久，《财政部关于贯彻落实国务院清理规范税收等优惠政策决策部署若干事项的通知》（财预〔2014〕415号）即刻发布，对于清理规范税收优惠进行了明确，"把握节奏、确保稳妥"，这也被视为对清理优惠政策设置了过渡期。

依国发〔2014〕62号文件通知，对于已经履行的相关优惠不溯及既往，但是各地区、各部门此后制定出台新的优惠政策，未报国务院批准就执行属于无效文件。因此在企业与地方政府进行招商引资协议签订时，需要明确其中税收优惠政策的法律依据，对于与上位法冲突，或者由无权机关制定的税收优惠政策，投资方必须予以注意，避免埋下隐患。如果企业无法确认协议给出的税收优惠政策是否合法，从谨慎原则出发，企业需要政府机关对于未来可能的税收优惠政策清理风险予以补偿承诺，并明确纠纷解决机制。

例如某公司PPP污水项目协议约定："甲方（企业）按现行税收政策缴税，据实与乙方（政府）进行结算，支付周期和时间与污水处理劳务费的支付同步。企业所得税执行'三免三减半'的优惠政策，如相关税收政策调整，则相应调整水价。"该协议尽管将潜在的税收政策调整进行了明确，但是并没就相关的程序以及时间进行规范。

（二）界定招商引资税收优惠政策协议约定

招商引资中的税收优惠政策条款究竟是是什么性质？是民事还是行政合同？从最高人民法院对黑龙江省大庆市人民政府与大庆市振富房地产开发有限公司招商引资债务纠纷上诉案的态度来看，终审判决中认为政府与企业投资者之间关于优惠政策制定以及协议履行中的地位不平等，不具备民法原则的基本要求，即不是平等主体之间的意思一致，认定原审法院不应作为民事纠纷予以受理。在招商引资之中，一旦出现税收优惠政策争议，以行政合同性质解决争议较为烦琐。因此，企业应该从以下三个方面做好税收优惠政策条款性质的界定。

首先，企业在签订投资协议前应该与政府相关机关形成良好的互动机制。在相关条款的约定上要予以多次协商与沟通，体现出双方的意思自治。同时需要做好被认定为行政性质的准备。以江苏为例，《江苏省高级人民法院关于为促进我省中小民营企业健康发展提供司法保障的意见》（苏高法发〔2010〕9号）规定："政府在招商引资合同中承诺为投资人提供政策上的优惠或税费上减免等，视为行政合同。中小民营企业作为投资方已经履行了合同约定的投资义务，要求地方政府履行在招商引资合同中承诺的优惠

条件或优惠政策的，人民法院应予支持；地方政府对于其承诺的事项没有权限或超越权限，事后又未能获得上级政府及有权部门追认或批准的，依法认定无效，投资方要求赔偿损失的，应当根据过错责任的大小确定赔偿责任。"对于视为行政合同的条款纠纷，相关企业需从行政法原理与规定出发解决相应的争议。

其次，完备的协议形式是争议解决的先行条件。协议无论是民事合同性质还是行政合同性质，完备的协议是不可缺少的。企业在面对招商引资税收优惠政策承诺时需要审慎应对"空头承诺"。无论是合同、协议、备忘录，还是会议或会谈纪要都是相应的优惠政策形式，但不同的形式对未来争议解决所产生的证据力是不同的。从便于企业争议解决角度来讲，企业与政府之间应形成规范的合同或协议。

最后，列明争议救济方式以及补偿规定。近年来伴随着经济下行趋势，各地均面临较为严峻的财政压力，招商引资税收优惠政策成为重头戏，但是与此同时税收法治原则逐步深入人心，国务院逐步出台相应文件，清理地方滥用的税收优惠政策。这种两难的境地使得投资企业面临潜在风险，因此在招商协议中必须列明争议解决的方式，包括诉前争议的沟通渠道、部门、解决时限等具体问题。此外，明确在出现第三方原因导致争议时具体的补偿措施。当前各地政府在出现类似争议时，政府会通过其他方式弥补企业，例如科技扶持资金、文化产业扶持资金等形式的补偿。

（三）明确协议中税收优惠政策要素条件

例如某协议约定"对年纳税额1000万元（含1000万元）以上的生产性企业，实现的增值税地方财政所得部分（即增值税的15%部分），自纳税之日起三年内，由同级财政按第一年度60%，第二年度50%，第三年度40%的比例，安排专项资金扶持企业"的规定执行。

第一，明确税收优惠政策的执行期限，即起始点与到期日。常见条款为"自××之日起×年内"，起始日通常有两种约定方式，一是纳税口径；二是企业投资项目进度口径。应明确纳税口径下的经营年度、获利年度、申报期、所属期等；界定投资项目进度口径下项目建设期、竣工结算日、投产日等。

第二，明确税收优惠政策落地进度。在招商引资税收优惠政策落地时，如何约定扶持（返还）进度成为必要项目之一。一方面，应在投资协议中规范税收返还的时间点；另一方面，应在协议中明确返还的比例。例如协议中明确约定"甲方（政府）于次年3月31日前返还上一年度实缴税额的60%"。

第三，明确优惠政策基数确认。招商引资中的税收优惠政策重要元素之一就是税收返还。如果该税收返还是按照一定基数乘以相应的比例计算得出的，需明确这个基数如何确定。在政府与企业的相关投资协议中要明确该基数是按照年度应纳税额（所属期概念）计算还是企业年度实缴税额计算，避免未来的潜在风险。

（四）做好税收优惠政策之财税处理

J县税务稽查部门在对辖区内甲企业纳税情况进行检查的过程中，发现2012—2014年甲企业收到政府财政返还收入1300万元，企业将该收入视为不征税收入，未计入企业收入申报企业所得税。该收入是根据当初甲企业与 J 县签订的投资协议的税收优惠政策予以返还确认记录的，就该问题税企双方产生争议。

依据《中华人民共和国企业所得税法》第七条规定、《财政部　国家税务总局关于财政性资金、行政事业性收费、政府性基金有关企业所得税政策问题的通知》（财税〔2008〕151 号）、《财政部　国家税务总局关于专项用途财政性资金企业所得税处理问题的通知》（财税〔2011〕70 号），企业收到的政府财政返还收入，首先确认该项收入是否属于税法规定的不征税收入，还要满足以下条件：企业能够提供规定资金专项用途的资金拨付文件；财政部门或其他拨付资金的政府部门对该资金有专门的资金管理办法或具体管理要求；企业对该资金以及以该资金发生的支出单独进行核算。如果不能满足相关要求，企业应该确认应纳税所得。

招商引资作为区域经济发展具有显著性作用，但是地方政府要从经济发展的长远目标出发、从政府服务质效等角度不断提升，而非单一地钟情于税收优惠政策，甚至是与上位法相冲突的无效、越权政策，进而完善地方政府绩效考核机制，全方位多角度实现考核评定。从企业角度，企业作为经济下的理性人，需从区域经济资源优势、企业战略发展方向考虑投资区域，全面审慎应对区域税收优惠政策，并在政策依据、协议形式，协议要素方面做好争议防范，避免纠纷出现。政企双方应以法律为准绳，妥善合理处理相关纠纷。

海关税收原则与国际贸易策略设计

■王　勇

浙江京衡律师事务所律师

内容摘要： 海关税法有相对独立的税收原则和完整的税收技术性规范。本文在对国际货物贸易总体税收进行概述后，围绕"完税价格"这个海关税法的核心基础，对比分析"成交""价格"这两个概念在海关税法和民商事法律中的不同；在此基础上，结合海关税收与国税税收，结合流转税和所得税，从公平企业税负的角度，通过国际贸易与投资、服务贸易货物贸易混合、国际贸易交易方式优化、跨境电子商务机遇和海关特殊监管区域合理利用等五个方面，以案说法，并提出法律建议。

关键词： 海关税收　国际贸易　策略设计

一、国际货物贸易中的总体税收审视

（一）中国进口不同原产地的货物适用不同进口货物关税税率

中国进口关税税率按从高到低的顺序包括：普通税率（无任何多边和双边贸易条约优惠）、最惠国（WTO）税率、暂定税率（中国实施的临时优惠）、（地区和双边自由贸易）协定税率和（给予最不发达国家）特惠税率。同一种货物，因原产地不同，适用不同的关税税率。不少税率间差距还不小。见表1—表3。

表 1   税率（一）

税则 号列	商品 名称	最惠国 税率（%）	普通税 率（%）	协定税率（%）				
				东盟	亚太	中国香港	中国澳门	中国台湾
09023010	乌龙茶	15	100	0	7.5	0	0	0

资料来源：《2016 中国进出口税则》第 57 页。

表 2   税率（二）

税则 号列	商品 名称	最惠国 税率（%）	普通 税率（%）	协定税率（%）					
				智利	新加坡	秘鲁	瑞士	澳大利亚	韩国
12079991	牛油树果	20	70	0	0	6	14	12	17.3

资料来源：《2016 中国进出口税则》第 718 页。

表 3   税率（三）

税则 号列	商品 名称	最惠国 税率（%）	普通 税率（%）	特惠税率（%）					
				缅甸	老挝	柬埔寨	33 国	14 国	2 国
12079991	牛油树果	20	70	0	0	0	0	0	0

资料来源：《2016 中国进出口税则》第 993 页，有删改。

　　进口商可以根据关税优惠税率的不同，选择合适的贸易伙伴。如，对于进口工业产品，可以关注中国—瑞士、中国—澳大利亚、中国—韩国等的自由贸易协定中规定的较低税率；进口农产品或初级产品，可以关注中国—新西兰、中国—智利的自由贸易协定税率，以及给予非洲、亚洲最不发达国家的特惠税率。

　　进口货物缴纳关税后，还要依据《中华人民共和国增值税暂行条例》由海关代为征收增值税，海关增值税税票可以抵扣。有的进口货物还要缴纳消费税。

　　（二）有些贸易以货物贸易和服务贸易混合的形态出现

　　比如进口美国药品，并同时对药品中含有的专利配方和商标付费；修理韩国船舶，并同时对修理中用到的零件材料收费；研发芯片，然后将设计图交给日本公司生产并进口芯片；进口德国成套设备，并购买德国设备安装调试的劳务。货物贸易的税收由海关管辖，但服务贸易的税收由国税管辖，服务贸易的进口还涉及企业所得税。在货物贸易和服务贸易混合的情况下，如果税收筹划不好，企业会存在海关和国税"重复"征税的情况。

　　（三）有些国际货物贸易和国际投资密不可分

　　对于"走出去"企业，必然会通过贸易利用中国和投资东道国两个市场，国际贸易是国际投资的结果，国际投资是国际贸易的延伸。国际贸易仅涉及流转税，中国进出口税率稳定透明，但国际投资会涉及不同国家的税收规则、税收种类、课税方式和税率，以及中国和投资东道国间的税收协定。如到底是通过贸易的方式将利润转入国内，还是通过股息的方式汇入国内，就涉及不同税收法律政策，产生不同的纳税负担。跨国经营企业可在对投资、经营进行规划的基础上，估算出各种决策方案所产生的税负，从中选出最为合理且有助于企业实现利润最大化目标的方案。[①]

二、对海关征税原则的税法解读

海关税多为从价税，对完税价格的"审查确定"是海关税款征收行为的核心。《中华人民共和国进出口关税条例》（国务院令第 392 号，以下简称《进出口关税条例》）第十八条规定，"进口货物的完税价格由海关以符合本条第三款所列条件的成交价格以及该货物运抵中华人民共和国境内输入地点起卸前的运输及其相关费用、保险费为基础审查确定"。这一条揭示了如下原则。

（一）符合海关税法要求的"符合条件"的成交

成交是买卖双方达成一项或一笔交易。从民事法律关系的角度，只要不违反法律禁止性规定，买卖双方对交易内容和条件均可自由约定。然而，这种民事法律关系上的成交，并不当然是海关税法上的"成交"。民事法律关系上"成交"的范围大于税法上"成交"的范围。这是海关税收技术的焦点，也是纳税争议的主要起因。

《进出口关税条例》规定："进口货物的成交价格应当符合下列条件：（一）对买方处置或者使用该货物不予限制，但法律、行政法规规定实施的限制、对货物转售地域的限制和对货物价格无实质性影响的限制除外；（二）该货物的成交价格没有因搭售或者其他因素的影响而无法确定；（三）卖方不得从买方直接或者间接获得因该货物进口后转售、处置或者使用而产生的任何收益，或者虽有收益但能够按照本条例第十九条、第二十条的规定进行调整；（四）买卖双方没有特殊关系，或者虽有特殊关系但未对成交价格产生影响。"

可见，海关税法对民事法律上的"成交"做了"缩小"的定义，即要求：

1. 交易（商业）环境"独立客观公平"（排除双方关联关系和特殊销售关系，如搭售、返售、协助、捐赠、赠送等）。《中华人民共和国海关审定进出口货物完税价格办法》（海关总署令第 213 号，以下简称《海关审定进出口货物完税价格办法》）第十条对"交易环境不独立客观公平"也做了列举式规定："有下列情形之一的，应当视为进口货物的价格受到了使该货物成交价格无法确定的条件或者因素的影响：（一）进口货物的价格是以买方向卖方购买一定数量的其他货物为条件而确定的；（二）进口货物的价格是以买方向卖方销售其他货物为条件而确定的；（三）其他经海关审查，认定货物的价格受到使该货物成交价格无法确定的条件或者因素影响的"。（详见下文关于投

---

① 李晓静. 浅析我国跨国经营企业国际税收筹划及策略 [J]. 财经界，2015（36）：369.

资与贸易的案例）

2. 所有权完全发生转移，货物的风险、处分和收益权完全发生转移，货权不受限制。《海关审定进出口货物完税价格办法》第九条对"对货权受限制"做了列举式规定："有下列情形之一的，应当视为对买方处置或者使用进口货物进行了限制：（一）进口货物只能用于展示或者免费赠送的；（二）进口货物只能销售给指定第三方的；（三）进口货物加工为成品后只能销售给卖方或者指定第三方的；（四）其他经海关审查，认定买方对进口货物的处置或者使用受到限制的。"

如 L 公司向海关申报进口手机玻璃屏幕，进口方 L 公司和卖方 S 公司都是 A 品牌手机产业链上的手机玻璃屏幕代工厂。按照协议，L 公司对进口手机屏幕加工后只能销售给 A 公司指定的下游 B 公司。同时 A 公司向卖方 S 公司提供了大批不作价设备，这些不作价设备的价值未体现在进口货物价值中。这个案例就是"成交"和"价格"都不符合海关税法规定。

需要强调的是，海关税收是以报关单为单元，在买卖双方存在多个交易的情况下，即使整个交易环境是独立客观公平的，但如果报关单上所申报的那次"子交易"因整个交易安排而不独立客观公平，海关也会认为所申报的子交易不符合税法要求。（详见下文关于折扣的案例）

（二）符合海关税法要求的"符合条件"的价格

有了"符合条件"的成交，还需要"符合条件"的价格。

《海关审定进出口货物完税价格办法》第十一条对"应调整进口完税价格"的费用和价值做了列举式规定。分为四种费用。一是由买方负担的：1. 除购货佣金以外的佣金和经纪费；2. 与该货物视为一体的容器费用；3. 包装材料费用和包装劳务费用。二是与进口货物的生产和向中华人民共和国境内销售有关的，由买方以免费或者以低于成本的方式提供，并且可以按适当比例分摊的下列货物或者服务的价值：1. 进口货物包含的材料、部件、零件和类似货物；2. 在生产进口货物过程中使用的工具、模具和类似货物；3. 在生产进口货物过程中消耗的材料；4. 在境外进行的为生产进口货物所需的工程设计、技术研发、工艺及制图等相关服务。三是买方需向卖方或者有关方直接或者间接支付的"符合条件"的特许权使用费。四是卖方直接或者间接从买方对该货物进口后销售、处置或者使用所得中获得的收益。

可见，与海关只"管货"不同，海关"完税价格"扩张至服务贸易，包括境外相关设计研发及劳务，以及进口商随货物进口的知识产权。如境内 A 公司花费 1000 万元人民币在美国研发出芯片制图，然后免费提供给日本代工厂 B 公司生产芯片，其后从日本 B 公司进口芯片至中国。对于 A 公司免费提供给 B 公司的价值 1000 万元人民币的设计研发成果，海关会作为"协助费用"审定完税价格。

由于服务贸易税收由国税征收，如果筹划不好会存在海关和国税的"重复征税"。（详见下文关于货物贸易和服务贸易混合的案例）

（三）被海关否认"成交价格"后的程序和实体后果

《进出口关税条例》第二十一条对海关否认"成交价格"的程序后果做了规定，"进口货物的成交价格不符合本条例第十八条第三款规定条件的，或者成交价格不能确定的，海关经了解有关情况，并与纳税义务人进行价格磋商后，依次以下列价格估定该货物的完税价格"。即海关否认申报的成交价格后，就开展"海关估价"程序，要求纳税义务人向海关披露交易背景和价格资料，和纳税义务人进行完税价格磋商，并按照："（一）与该货物同时或者大约同时向中华人民共和国境内销售的相同货物的成交价格（相同货物）；（二）与该货物同时或者大约同时向中华人民共和国境内销售的类似货物的成交价格（类似货物）；（三）与该货物进口的同时或者大约同时，将该进口货物、相同或者类似进口货物在第一级销售环节销售给无特殊关系买方最大销售总量的单位价格，但应当扣除本条例第二十二条规定的项目（倒扣法）；（四）按照下列各项总和计算的价格：生产该货物所使用的料件成本和加工费用，向中华人民共和国境内销售同等级或者同种类货物通常的利润和一般费用，该货物运抵境内输入地点起卸前的运输及其相关费用、保险费（计算价格法）；（五）以合理方法估定的价格（合理方法）。纳税义务人向海关提供有关资料后，可以提出申请，颠倒前款第（三）项和第（四）项的适用次序。"

需要指出的是：与一般行政行为不同，海关根据税法否定申报成交价格，开展"海关估价"程序后，举证责任由纳税义务人承担，纳税义务人应当向海关提供费用或者价值的"客观量化数据资料"。纳税义务人不能提供的，海关与纳税义务人进行价格磋商后，按照《海关审定进出口货物完税价格办法》第六条列明的方法（合理方法）审查确定完税价格。

由于实践中，纳税义务人往往很难举出"客观量化数据资料"，所以一般都是采用合理方法。这就要求企业有很好的海关税收理论功底和说理能力。

经过海关估价程序后，纳税义务人按海关审定的完税价格纳税。海关估价是对企业申报成交价格的调整，只要企业申报价格不涉及伪报、瞒报，就没有走私违法的风险。

三、海关征税原则对企业国际贸易策略设计的几点影响

（一）对"走出去"企业的影响——如何统筹投资与贸易的利益

【案例 1】 某矿业公司以一般贸易方式向海关申报进口原产于南非的铜矿砂，申报 Cu 含量 30% ~ 35%，申报价格为 CIFUSD1.0/千克。海关审查进口单证发现国外出口商为"佳兴矿业有限公司"，具有中国色彩，不像非洲企业名称；与常规进口矿砂合同相比，该合同缺少一些必备条款；该公司进口该货物价格长期稳定，而国际市场价格变动较大。海关根据《海关审定进出口货物完税价格办法》要求企业提供书面材料进行解释和说明。企业解释"佳兴矿业有限公司"是其成立的南非子公司，进口价格由公司董事会决定等。

海关据此认定双方有特殊（关联）关系，影响成交价格，不接受申报价格，通过倒扣法实施估计，补征税款 200 万元。

【案例 2】 某公司是一家矿粉加工企业，将自伊朗购买的品位比较低的铁矿经加工后销售给钢铁公司。伊朗国有铁矿经常采取招标方式拍卖铁矿砂，价格往往大幅低于市场价格，而外国公司不能参加拍卖。该公司遂与伊朗 A 公司签订委托招标合同，委托 A 公司参加拍卖。由于 A 公司无能力承担投标保证金及其他招标费用，该公司以预付款名义提供 A 公司大批资金用于中标运作。中标后，该公司结清余款将矿砂进口至国内。A 公司根据委托招标合同获利。此外，该公司还向伊朗小矿山提供 50 万～100 万美元押款，帮助小矿山购买设备，其后以低于市场价格方式优先购买上述小矿山的矿砂进口至国内。

海关认为：①该公司预付大笔款项"借壳竞标"，是 A 公司参与招标的主要资金，对其中标起到重要作用，申报"中标"成交价格受到"无法确定的条件或因素影响"。②资助小矿山的押款不可能获得现金形式的返还，且该项目已作为成本记账，申报的成交价格亦受到"无法确定的条件或因素影响"。海关否认申报价格，估价补税 400 万元。

法律分析与策略建议：海关接受的是"独立、公平"的成交及价格。"走出去"企业一般都是兼有国际投资和贸易，与国内投资不同，企业不能以"合并报表"的思路看投资与贸易的关系，不能"拍脑门"制定转移定价。这样在投资东道国和中国都会遇到税收风险。

"走出去"企业董事会定价时应统筹国际投资收益和国际贸易收益的关系，聘请法律税务人才，充分了解海关税收、东道国所得税和国税企业所得税的规定，合理利用中国与投资东道国双边税收协定的规定，提前做好税收筹划，避免不必要的税收风险和税收成本。从法律适用上，充分利用双边协定下的双边磋商机制，能为跨境纳税人解决双重征税等涉税争议。税收协定的运用可以妥善处理境内外所得税抵免关系，同时对判定常设机构或对从境外取得的股息、红利、特许权使用费跨境税收有重要意义。[1] 如厦门"走出去"企业 2016 年共享受 796 万元税收抵免。[2]

（二）对与贸易对手同时有服务贸易和货物贸易企业的影响——怎么避免因海关、国税征税权不同多缴"冤枉"税

下面有两个案例，第一个是特许权使用费汇出被国税征收后，又被海关认定为构成成交价格的一部分，予以补追税。第二个是设备进口后的安装、调试等劳务费用已在进口合同总价中向海关申报纳税了，但国税对非纳税居民提供的劳务进行了再次征税。

【案例 3】 M 公司是 M 集团在中国开设的合资子公司，主要从事 M 品牌商品的进口和销售。M 集团负责采购和物流外，还承担商品设计、原料开发等，作为回报，M 集团在销售时，加成 10%～20%（符合转移定价规则）。此外，M 公司还向总部支付其销

① 曹明星，刘奇超．"走出去"企业三种跨境所得的国际税收筹划方式［J］．经济体制改革，2016（1）：106．
② 陈泥．厦门"走出去"企业共享 796 万元税收抵免［N］．厦门日报，2016－08－03（A03）．

售额的 5% 作为商标费。

根据《商标许可合同》的约定，以及进口货物上已附有授权商标的事实，海关认为根据《审价办法》，特许权使用费是用于支付商标权，且进口货物属于下列情形之一的：①附有商标的；②进口后附上商标直接可以销售的；③进口时已含有商标权，经过轻度加工后附上商标即可以销售的。因此，商标费是买方需向卖方或者有关方直接或者间接支付的费用，商标费构成进口商品完税价格的组成部分。2011 年，该公司支付商标费 5000 余万元，海关补税 800 万元。

虽然法律上海关征税有依据，企业却交了"冤枉税"，因为企业在对外支付商标费时，根据国税规定，对该特许权使用费已经代为扣缴进口服务贸易的 6% 增值税，并预提 10% 境外非居民所得税。从法律上讲，海关的纳税义务人为进口商，国税却是对服务商（出口商）征税，纳税义务人不同，税种也不尽相同，之间也不能扣减。

【案例 4】 2016 年 6 月，中国 A 公司与德国 B 公司签署协议，从德国 B 公司进口一批设备，德国 B 公司负责将设备运抵中国口岸，并负责设备安装调试，合同约定，全部费用为 1 亿元人民币，双方各自按税法承担各自的税费。预计安装时间为 1 年以上。合同中对设备价款和劳务价款没有区分。

《进出口关税条例》第二十条规定："进口时在货物的价款中列明的下列税收、费用，不计入该货物的完税价格：（一）厂房、机械、设备等货物进口后进行建设、安装、装配、维修和技术服务的费用；（二）进口货物运抵境内输入地点起卸后的运输及其相关费用、保险费；（三）进口关税及国内税收。"因为上述案例中的安装调试费用没有具体列明，海关接受申报时，对全部价款予以征税。

但根据《国家税务总局非居民企业所得税核定征收管理办法》（国税发〔2010〕19号）第六条规定：非居民企业与中国居民企业签订机器设备或货物销售合同，同时提供设备安装、装配、技术培训、指导、监督服务等劳务，其销售货物合同中未列明提供上述劳务服务收费金额，或者计价不合理的，主管税务机关可以根据实际情况，参照相同或相近业务的计价标准核定劳务收入。无参照标准的，以不低于销售货物合同总价款的 10% 为原则，确定非居民企业的劳务收入。因此，对于出口商，国税要核定非居民企业劳务收入，并据此征收增值税及附加和所得税。①

法律分析与策略建议：因为海关和国税有不同的征税权，纳税义务人也不同，从法律上并不构成"重复征税"，但从交易的实际税负来说，是交了"冤枉税"。如果合理设计交易结构是可以避免的。对于劳务费用，应和进口货物价款分列。对于特许权使用费，如果关税较低，可以将其直接定价在货物进口价格里，这样就没有国税的服务贸易课税对象。如果关税较高，就明确划清货物进口与特许权之间的关系，如对于专利费，明确收取专利费的是专利的方法而不是（含）专利的产品（货物）；或者在商业环境上明确，技术许可合同和货物销售合同是两个完全独立的商业行为。这样，海关就没有征

---

① 段从军，编著. 国际税收实务与案例［M］. 北京：中国市场出版社，2016：30.

税的依据。

（三）与贸易伙伴怎样定价，怎样确定代理费和佣金——优化交易方式避免不必要税收成本

【案例5】 S公司从外方H公司进口4万台c型号手机，由于H公司对上一批出口的3万台手机延迟交货及部分手机品质不良的原因，双方决定在这一批货中予以补偿，双方约定的交易条款如下：①鉴于中国市场手机降价较快，H公司同意将价格由单价200美元降为170美元；②鉴于前次延迟交货及部分手机品质不良，给予本次销售10%的折扣；③鉴于该型号存在部分手机品质不良的情况，再给予10%的折扣。出于贸易便利考虑，单机定价为150美元。海关认为：折扣①和③是公平贸易的价格，海关予以接收。但折扣②实质是将以前销售卖方欠买方的补偿款冲抵其后销售的货款，其行为已构成间接支付。① 海关在审价程序中，会将冲抵的补偿款加入完税价格。

【案例6】 某企业进口面膜在境内销售，定价为2美元/每片，因为是新品，外方向该企业支付推广费0.2美元/每片，因此直接作为折扣后1.8美元向海关申报。同样，海关认为，该折扣是冲抵货物价款构成间接支付。海关按2美元价格予以征税。其实，该企业通过出口"新品推广"的服务贸易也能收到0.2美元/每片的收益，而且服务贸易出口并无增值税和预提所得税。

【案例7】 某企业从非洲进口一批原木，为了确保原木品质、通关便利和交易安全，给中间人一笔佣金作为激励。但在这个买方、卖方和中间方的三方合同中，没有对这笔佣金进行准确定义，和海关产生了纳税争议，耽搁了货物通关时间。海关认为：应以中间人或代理人在交易中承担的功能作为判断标准，而不能简单地以合同的名称作为判断标准。如果中间人或代理人是买方自行找来，并根据买方的要求负责安排交易的，则为该中间人或代理人发生的费用属于购货佣金，不应计入进口货物的完税价格；否则，应作为销售佣金计入进口货物的完税价格。如果中间人或代理人属于独立行事的，或者进口商无法证明中间人或代理人是根据其要求承担责任的，则发生的费用应作为经纪费计入完税价格。因此，要在合同中对中间人职责进行定义和细化，如约定经纪方应勤勉尽职，为买方妥为寻找供应商、协调买卖双方、收集样品、检查货物、协调安排运输、保险等事宜，促进本合同顺利履行。

法律分析与策略建议：海关税法上"成交"及"价格"的定义与民事法律关系上的"交易"定义范围不一样。企业在设计交易方式时，要充分了解海关税法的规定，避免抵消、抵偿和赠送等交易设计，折扣的设计要符合"独立客观公平"的原则，并合理利用服务贸易出口免税的方式获得应有收益。在利用中间人、代理商时，在合同中对责任范围进行清晰的界定。（这实际上也有利于进口方对中间人的约束）

---

① 间接支付，是指买方根据卖方的要求，将货款全部或者部分支付给第三方，或者冲抵买卖双方之间的其他资金往来的付款方式。

（四）海关"跨电税"和行邮税——该如何应对"贸易碎片化"

随着"渠道上网"，跨境电商和海外代购方兴未艾，面对"贸易碎片化"的趋势，国际贸易的参与者应当了解海关"跨电税"带来的机遇，代购者应了解海关"行邮税"带来的法律风险。

"跨电税"并不是独立税种，是指在零售进口跨境电商（保税备货进口模式）这种特殊国际贸易形态下的海关纳税义务人、课税对象、方式和税率。其中消费者为纳税义务人，跨境电商企业或平台为代扣代缴义务人，消费者在购物限值内缴纳"跨电税"，超出限值的按照普通货物通关缴税。其中，消费者单次交易限值 2000 元以内，个人年度交易限值 2 万元以内的，免关税；进口环节增值税、消费税不设免征额，暂按法定应纳税额的 70% 征收。

例如：消费税税率为 30% 商品，增值税为 17%，货物申报价值为 100 元（包含运费）的计税公式如下：关税 = 0；消费税 = $100/(1 - 0.3) \times 0.3 = 42.8$ 元；增值税 = $(100 + 42.85) \times 0.17 = 24.29$ 元；跨电综合税 = $(42.85 + 24.29) \times 0.7 = 47$ 元。

因此，"跨电税"比一般贸易税收要优惠（见表 4）。此外，商检壁垒也比一般贸易要低。

表 4　　　　　　　　　　　一般贸易税与"跨电税"比较

类目	一般贸易税（%）			新跨境电商综合税（%）
	关税（最惠国）	增值税率	消费税率	仅供参考
婴儿奶粉	15	17	0	11.9
成人奶粉	10	17	0	11.9
尿不湿	10	17	0	11.9
巧克力	夹心关税 8% 不夹心 10%	17	0	11.9
坚果类	花生关税 30%， 其他坚果基本 10%	17	0	11.9

与"跨电税"的优惠相反，国家加强了对"代购"的管理。海关税法把"个人自用，并且在合理数量"的商品定义为物品，而且给予旅客 5000 元免税额度。但如果利用行邮税制度从事商业性代购的话，则所携带商品不再定义为"物品"，而是"货物"，不再有免税额度。个人偷逃税款 10 万元以上的，就涉嫌构成走私普通货物的刑事犯罪。

（五）利用好综保区等海关特殊监管区域——合理配置物流和税收资金成本

海关特殊监管区域是"境内关外"，境外货物进口保税、免进口许可证和商检通关单。但地理位置又在境内，在保税、"免证"的同时，方便进口商邀请专业人士查看货物品质，评估货物销售潜力。

【案例8】　A公司准备试进口一批红酒、橄榄油等食品在境内销售。食品进口商检成本很高，根据规定，每一规格型号的红酒和橄榄油必须经过商检。① 此外，红酒通关时海关征收的关税、增值税和消费税综合起来税率近50%。A公司如果将样酒全部清关进口，则商检费用高昂，海关税收压力巨大。但如果先将样酒等进口至海关特殊监管区域，请潜在客户"入区"品鉴，在确定畅销品种后，按单一规格型号大规模进口，则能通过提高一批次进口量摊薄商检成本，也能减轻税收资金压力。

【案例9】　B公司是铁矿砂贸易商，为节省运输成本，一次需要购买一船铁矿砂，但如果清关后再销售，税款金融成本巨大，于是将货物存放在保税港区，根据境内客户需要分批报关进口；同时该公司可通过持有境内保税仓单获得抵押融资。

四、结论

税收直接影响着交易的成本，海关税收作为跨境交易中的重要税制，分析理解海关税收制度，再结合企业跨境经营实际以及探析海关税收与国税税收的平衡关系，可为企业国际贸易策略和具体交易方式作出合理化设计，达到降低税负成本、提升交易效益的目的。

---

① 如在一批次红酒、橄榄油进口中，进口商为达到中国商检检验要求，需要如下成本和费用：卖方应向买方提供在中国报关、检验检疫及销售的文件、证明及授权，包括但不限于：①红酒：品质证书、瓶装证明、原产地证书、产区证明（小产区商检要求提供红酒产区证明）、自由销售证明、原厂商发票、原标（3份）。②橄榄油：原产地证、自由销售证明、健康证/卫生证、生产日期/保质日期申明、营养成分分析报告、国外检测报告、原标。买方还要制作酒标递交商检审核，审核后支付劳务费贴酒标，支付仓储费用存放仓库等待商检结果，支付劳务费用重新装车发运，等等。

后　　记

本书能够顺利付梓出版，离不开财税部门领导、专家学者、税务律师等税法专业人士的慷慨赐稿。在此对赐稿、投稿的作者表示衷心的感谢。另外，由于编者水平有限，难免存在疏漏与不妥之处，真诚欢迎读者批评与指正，以供再版修订完善。

希望读者继续关注《中国税务律师评论》，您如有佳作符合学术论文及出版的要求，请发邮箱：liutianyong@ hsg. net，或邮寄至：北京市朝阳区东三环北路霞光里 18 号佳程广场 B 座 20 层（邮编：100027）。编者诚挚希望收到您的赐稿。我们会根据论文质量及未来举办的中国税务律师论坛的主题安排，邀请部分作者参加中国税务律师论坛，与会发表高见，共襄盛举。

编　者
2017 年 11 月